ELOGIOS AL MENSAJE DE *Fuego extraño*

Testimonio de personas a las que la verdad de
Dios les cambió la vida

«Le doy gracias al Señor por John MacArthur y la forma clara en que expone los muchos errores de la enseñanza carismática».

—CARLA

«Permanecí seis años en la iglesia carismática, hasta que John MacArthur me ayudó a reevaluar la enseñanza al compararla con las Escrituras. Mi corazón se conduele por aquellos que aún forman parte del movimiento carismático y están siendo engañados. La prosperidad que les prometen los elude. Vi a personas dar todo lo que poseían de valor, esperando recibir el doble. Cuando la recompensa deseada no se hizo realidad, se les dijo que su fe era deficiente. Es algo muy triste».

—MADALENA

«Perdimos a una niña hace unos pocos años y varios miembros de la iglesia a la que asistíamos nos dijeron que no tuvimos suficiente fe para lograr su sanidad. Otros indicaron que debíamos tener algún pecado en nuestras vidas. Alabo al Señor por el ministerio de John MacArthur. Mi esposa y yo hemos aprendido mucho a través de sus libros y enseñanzas, lo suficiente para dejar el ambiente de la iglesia carismática, a la que pertenecimos por casi una década. Hay muchos carismáticos equivocados afuera que necesitan desesperadamente escuchar la verdad».

—MICHAEL

«Mi esposa y yo servimos durante dieciséis años en el África occidental de habla francesa. Los pastores en el oeste de Asia son bombardeados con enseñanzas falsas, en su gran mayoría provenientes de los teleevangelistas estadounidenses y los líderes de las iglesias carismáticas. Las enseñanzas de John MacArthur acerca del movimiento carismático me proporcionaron las herramientas necesarias para lidiar con los errores que enfrentábamos».

—LARRY

«Mi esposo y yo somos ya mayores, pero esto nos muestra que pese a la edad de una persona, el Señor puede obrar de manera poderosa. Hemos estado casados por casi cuarenta años, y durante los primeros treinta y ocho asistimos a una iglesia carismática donde los sentimientos y las experiencias tenían mayor prioridad que las Escrituras. Me sentía preocupada y no sabía qué hacer al respecto. Entonces John MacArthur nos ayudó a darle una nueva mirada al movimiento carismático a través del lente de las Escrituras. Él nos enseñó a ser como la gente de Berea».

—VALRAE

«Recientemente, he estado pensando muy a menudo que el movimiento de la Palabra de Fe representa una de las más grandes amenazas para el cristianismo hoy. El mensaje parece lo suficiente cristiano para los creyentes nuevos y jóvenes. Definitivamente suena bien en un mundo obsesionado con la prosperidad. Y resulta adecuado para las personas que desean ser ricas, saludables y felices. Yo solía asistir a una iglesia de la Palabra de Fe. En ella se enseña que Dios quiere que tengamos una victoria total: ¡en las finanzas, las relaciones y nuestra salud! Entonces, ¿por qué el pastor no es saludable? ¿Por qué las personas pierden sus trabajos? Ellas no son prósperas ahora en lo que respecta a sus finanzas. Luchan y no logran que el dinero les alcance. La gente comienza a preguntarse si Dios los ha abandonado. ¿Por qué él no cumple con su parte del trato? La doctrina de la Palabra de Fe constituye un evangelio falso peligroso, y estoy agradecido con John MacArthur por dirigirnos de nuevo a las Escrituras».

—Jeremy

«Tengo treinta y cinco años de edad y vivo en el occidente de Noruega. Como nuevo creyente, he asistido a una iglesia pentecostal por cerca de dos años. Lo que ellos enseñan y practican no son las cosas sobre las que leo en las Escrituras: tu mejor vida es ahora, confesión positiva, prosperidad material, fama terrenal y otras ideas por el estilo. Nunca he escuchado nada sobre el arrepentimiento o rendir mi vida, y ciertamente tampoco acerca de ser un esclavo de Cristo. Comencé a escuchar las enseñanzas de John MacArthur sobre estos temas hace alrededor de un año. Resulta liberador aprender y abrazar la verdad de que la Palabra de Dios, la Biblia, es mi verdadera autoridad, en lugar de ser esclavo todo el tiempo de mis propios sentimientos».

—Bjorn

«Crecí en una iglesia donde me enseñaron a hablar en lenguas y a escuchar a Dios hablándome de forma personal. El Dios en el que me enseñaron a creer era misterioso, extraño, místico y confuso. Todo era un caos total. Me sentía tan molesto por esas cosas, y por las profecías que nunca se cumplieron, que me alejé de todo lo que tuviera relación con la Biblia. Vagué espiritualmente y evité la Palabra de Dios por cerca de diez años. Sin embargo, sabía todo el tiempo que estaba mal, y creía en Dios. Solo no entendía cómo vivir para él. Hace cerca de tres años descubrí el ministerio de enseñanza de John MacArthur en línea. Inmediatamente busqué sus sermones sobre 1 Corintios para ver qué decía acerca de hablar en lenguas. Fue refrescante escuchar una predicación que tuviera sentido. Descargué incontables sermones. Estaba redescubriendo la Biblia. Me uní a una iglesia cercana con una estricta enseñanza bíblica y cuyo pastor está comprometido con la Palabra de Dios sin hacer ningún tipo de concesiones. Estoy muy entusiasmado por lo que el Señor está haciendo en mi vida».

—Justin

«Provengo de un trasfondo carismático y las enseñanzas de John MacArthur en realidad han abierto mis ojos. Le agradezco a Dios por librar a mi familia, y a nuestra congregación, de una total herejía».

—Crystal

FUEGO
EXTRAÑO

FUEGO
EXTRAÑO

———— ❖ ————

El peligro de ofender al Espíritu Santo
con una adoración falsa

JOHN MACARTHUR

GRUPO NELSON
Una división de Thomas Nelson Publishers
Desde 1798

NASHVILLE   DALLAS   MÉXICO DF.   RÍO DE JANEIRO

Editora en Jefe: *Graciela Lelli*
Edición: *Semantics, Inc.* y *Madeline Diaz*
Adaptación del diseño al español: *Grupo Nivel Uno, Inc.*

ISBN: 978-1-60255-964-6

Impreso en Estados Unidos de América

17 18 19 20 LSC 15 14 13 12 11 10

Contenido

Contenido

Introducción

Por amor a su nombre

Nadab y Abiú no eran chamanes ni vendedores de aceite de serpiente que se infiltraron en el campamento de los israelitas con el fin de difundir las supersticiones de los cananeos entre la gente. Ellos eran, según todas las apariencias, hombres justos, respetables y líderes espirituales piadosos. Eran sacerdotes del Dios único y verdadero. No se trataba de levitas mediocres. Nadab era heredero de la posición de sumo sacerdote y Abiú era el siguiente en la línea después de él. Eran los hijos mayores de Aarón. Moisés era su tío. Sus nombres encabezan la lista de «los príncipes de los hijos de Israel» (Éxodo 24.11). Aparte de su padre, Aarón, son los únicos mencionados por nombre la primera vez que las Escrituras hablan de los «setenta varones de los ancianos» de Israel, el grupo de líderes que compartía la supervisión espiritual de la nación hebrea (Números 11.16–24). Las Escrituras no los presentan como figuras siniestras u hombres notoriamente malos, todo lo contrario.

Estos dos hermanos, junto con los otros setenta ancianos, tuvieron el privilegio en el Sinaí de ascender hasta la mitad de la montaña y ver desde una distancia cómo Dios hablaba con Moisés (Éxodo 24.9–10). El pueblo de Israel había recibido instrucciones de permanecer al pie de la montaña, ordenándosele: «No subáis al monte, ni toquéis sus límites» (Éxodo 19.12). Mientras que Dios estaba allí hablando con Moisés, si tan siquiera una bestia perdida vagaba por la falda del Sinaí, ese animal debía ser apedreado o asaeteado (v. 13). Desde la base de la montaña, todo lo que los israelitas podían ver era humo y relámpagos. Sin embargo, Nadab y Abiú fueron nombrados expresamente por el mismo Señor, quien los invitó a subir con los setenta ancianos. «Y vieron a Dios, y comieron y bebieron» (Éxodo 24.11).

En otras palabras, Nadab y Abiú habían estado más cerca de Dios que lo que casi nadie había estado. A ningún otro israelita, excepto al propio Moisés se le había dado jamás un privilegio mayor. Estos hombres sin duda *parecían* ser piadosos, líderes espirituales confiables y fieles siervos de Dios: jóvenes de renombre. Ciertamente, casi todos en Israel los estimaban muchísimo.

Y no cabe duda de que todos en Israel se conmocionaron cuando Dios, de repente, hizo que Nadab y Abiú murieran con una ráfaga de fuego sagrado. Esto ocurrió, al parecer, en el primer día de su servicio en el tabernáculo. Aarón y sus hijos fueron ungidos en una ceremonia de siete días de duración una vez que la construcción del tabernáculo se completó. En el octavo día (Levítico 9.1), Aarón ofreció la primera ofrenda por el pecado que jamás se había hecho en el tabernáculo, y la ceremonia fue interrumpida con un milagro: «Salió fuego de delante de Jehová, y consumió el holocausto con las grosuras sobre el altar; y viéndolo todo el pueblo, alabaron, y se postraron sobre sus rostros» (Levítico 9.24).

Moisés registra lo que sucedió a continuación:

> Nadab y Abiú, hijos de Aarón, tomaron cada uno su incensario, y pusieron en ellos fuego, sobre el cual pusieron incienso, y ofrecieron delante de Jehová fuego extraño, que él nunca les mandó. Y salió fuego de delante de Jehová y los quemó, y murieron delante de Jehová. Entonces dijo Moisés a Aarón: Esto es lo que habló Jehová, diciendo: En los que a mí se acercan me santificaré, y en presencia de todo el pueblo seré glorificado. Y Aarón calló. (Levítico 10.1–3)

Lo más probable es que Nadab y Abiú tomaron fuego de alguna fuente que no era el altar de bronce y lo utilizaron para encender sus incensarios. Recuerde que Dios mismo hizo arder el altar con fuego del cielo. Al parecer, Nadab y Abiú habían llenado sus incensarios con fuego de su propia creación o con el carbón de alguna fogata del campamento de Israel. No se dice cuál fue la verdadera fuente de la que obtuvieron su fuego. Tampoco es importante. El punto es que utilizaron otro fuego distinto al que Dios mismo había encendido.

Su ofensa puede parecer insignificante para alguien acostumbrado al tipo de culto informal y autoindulgente por el que se conoce a nuestra generación. También pueden haber estado bebiendo y tal vez ingirieron lo suficiente como para que su juicio fuera pobre. (Levítico 10.9 parece sugerir que este era el caso.) Sin embargo, lo que la Escritura condena expresamente es el «fuego extraño» que ofrecieron. El punto crucial de su pecado fue acercarse a Dios de una manera descuidada, contumaz e inapropiada, sin el respeto que él se merecía. Ellos no lo trataban como santo ni exaltaron su nombre delante de la gente. La respuesta del Señor fue rápida y mortal. El «fuego extraño» de Nadab y Abiú encendió las llamas inextinguibles del juicio divino contra ellos, y fueron incinerados en el acto.

Este es un relato aleccionador y aterrador, y tiene implicaciones obvias para la iglesia en nuestro tiempo. Está claro que es un delito grave deshonrar al Señor, tratarlo con desprecio o adorarlo de una manera que detesta. Aquellos que adoran a Dios deben hacerlo de la forma que él lo requiere, tratándolo como santo.

El Espíritu Santo, el tercer miembro de la gloriosa Trinidad, no es menos Dios que el Padre o el Hijo. Por lo tanto, deshonrar al Espíritu significa deshonrar a Dios mismo. Abusar del nombre del Espíritu es usar el nombre de Dios en vano. Afirmar que él es quien le da poder a una adoración soberbia, caprichosa y no conforme a la Biblia es tratar a Dios con desprecio. Convertir al Espíritu en un espectáculo implica adorar a Dios de una manera que detesta. Es por eso que las muchas payasadas irreverentes y las doctrinas torcidas que se han infiltrado en la iglesia por el movimiento carismático contemporáneo son igual (o incluso peor) al fuego extraño de Nadab y Abiú. Constituyen una afrenta al Espíritu Santo y por lo tanto a Dios mismo, siendo motivos para el juicio severo (cp. Hebreos 10.31).[1]

Cuando los fariseos le atribuyeron la obra del Espíritu a Satanás (Mateo 12.24), el Señor les advirtió que semejante blasfemia de un corazón endurecido era imperdonable. Ananías y Safira cayeron muertos instantáneamente después de mentirle al Espíritu Santo. Como resultado de ello «vino gran temor sobre toda la iglesia, y sobre todos los que oyeron estas cosas» (Hechos 5.11). Simón el Mago, cuando pidió comprar el poder del Espíritu con dinero, recibió esta severa reprimenda como respuesta: «Tu dinero perezca contigo, porque has pensado que el don de Dios se obtiene con dinero» (Hechos 8.20). El autor de Hebreos, al escribirles a personas en peligro de insultar al Espíritu de gracia, les dio a sus lectores esta sobria advertencia: «¡Horrenda cosa es caer en manos del Dios vivo!» (Hebreos 10.31). Es evidente que el tercer miembro de la Trinidad resulta peligroso para cualquier persona que le ofrezca fuego extraño.

Reinvención del Espíritu Santo

Por supuesto, usted no puede entender esto a partir de la forma en que decenas de cristianos profesantes tratan al Espíritu Santo hoy. Por un lado, algunos evangélicos de las denominaciones principales son culpables de descuidar al Espíritu Santo por completo. Para ellos, él se ha convertido en el miembro olvidado de la Trinidad, mientras intentan hacer crecer a la iglesia mediante su propia inteligencia en lugar del Espíritu. En aras de lo que pide el público, dejan de enfatizar la santidad personal y la obra santificadora del Espíritu. Sostienen que la predicación bíblica, en la que la espada del Espíritu se blande con cuidado y precisión, es ahora cosa del pasado. En su lugar, ofrecen entretenimiento, crispación, ideas vanas e incertidumbre, intercambiando la autoridad de las Escrituras que el Espíritu inspiró por sustitutos baratos e impotentes.

Por otro lado, los movimientos pentecostales y carismáticos modernos[2] han empujado el péndulo hacia el extremo opuesto. Han fomentado una preocupación malsana por supuestas manifestaciones del poder del Espíritu Santo. Comprometidos carismáticos hablan incesantemente acerca de los fenómenos, las emociones y la última moda o sensación. Parece que tienen relativamente poco (a veces *nada*) que decir acerca de Cristo, su obra de expiación o los hechos históricos del evangelio.[3] La fijación carismática con la supuesta obra del Espíritu Santo constituye un honor falso. Jesús dijo: «Cuando venga el Consolador, a quien yo os enviaré del Padre, el Espíritu de verdad, el cual procede del Padre, él dará testimonio acerca de mí» (Juan 15.26). Así que cuando el Espíritu Santo se convierte en el punto central del mensaje de la iglesia, su verdadera obra se ve socavada.

El «Espíritu Santo» que se encuentra en la gran mayoría de la enseñanza y la práctica carismáticas no tiene semejanza alguna con el verdadero Espíritu de Dios revelado en las Escrituras. El Espíritu Santo real no es una corriente electrizante de energía extática, un charlatán que nubla la mente con expresión irracional o un genio cósmico que indiscriminadamente concede deseos egoístas de salud y riquezas. El verdadero Espíritu de Dios no causa que su pueblo ladre como perros o ría como hienas. Él no los lanza de espaldas al suelo en un estado de estupor inconsciente. Él no los incita a adorar de una manera caótica e incontrolable y, ciertamente, no realiza su obra del reino mediante profetas impostores, falsos sanadores y teleevangelistas fraudulentos. Al inventar un Espíritu Santo producto de imaginaciones idolátricas, el movimiento carismático moderno ofrece fuego extraño, el cual le ha hecho un daño incalculable al cuerpo de Cristo. Al reclamar estar enfocado en el tercer miembro de la Trinidad, en realidad ha profanado su nombre y denigrado su verdadera obra.

Cada vez que se deshonra a Dios, los que aman al Señor sienten tanto dolor como indignación. Esto es lo que David experimentó en Salmos 69.9 cuando exclamó: «Me consumió el celo de tu casa; y los denuestos de los que te vituperaban cayeron sobre mí». El Señor Jesús citó este versículo cuando limpió el templo, expulsando a los cambistas que habían tratado a la casa de Dios y la adoración de su pueblo con una desvergonzada falta de respeto. Siempre he sentido una carga similar en respuesta a las formas espantosas en que muchos en los círculos carismáticos difaman, maltratan y representan mal al Espíritu Santo.

Es una triste ironía que aquellos que pretenden estar más enfocados en el Espíritu Santo son en realidad los que cometen la mayor parte de los abusos, ya que lo entristecen, insultan, tergiversan, falsifican y deshonran. ¿Cómo lo hacen? Al atribuirle al Espíritu lo que no dijo, los hechos que no hizo, los fenómenos que no produjo y las experiencias que no tienen nada que ver con él. Ellos audazmente plasman su nombre en lo que no es su obra.

En tiempos de Jesús, los líderes religiosos de Israel blasfemaron atribuyéndole la obra del Espíritu a Satanás (Mateo 12.24). El movimiento carismático moderno hace lo inverso, atribuyéndole la obra del diablo al Espíritu Santo. Un ejército diabólico de falsos maestros, que marchan al ritmo de sus propios deseos ilícitos, propaga con gusto sus errores. Son estafadores espirituales, farsantes, ladrones y charlatanes. Podemos ver un desfile interminable de ellos con solo encender el televisor. Judas los llamó nubes sin agua, fieras ondas del mar y estrellas errantes «para las cuales está reservada eternamente la oscuridad de las tinieblas» (v. 13). Sin embargo, ellos dicen ser ángeles de luz, ganando credibilidad por sus mentiras al invocar el nombre del Espíritu Santo, como si no hubiera ninguna sanción a pagar por ese tipo de blasfemia.

La Biblia es clara en cuanto a que Dios exige ser adorado por quien realmente es. Nadie puede honrar al Padre a menos que honre al Hijo. Del mismo modo, es imposible honrar al Padre y al Hijo mientras se deshonra al Espíritu. Sin embargo, cada día millones de carismáticos ofrecen alabanza a una patente falsa imagen del Espíritu Santo. Se han vuelto como los israelitas de Éxodo 32, que obligaron a Aarón a fabricar un becerro de oro mientras Moisés estaba fuera. Los israelitas idólatras afirmaron que estaban honrando al Señor (vv. 4–8), pero en realidad adoraban una tergiversación grotesca, danzando alrededor de ella en vergonzoso desorden (v. 25). La respuesta de Dios a su desobediencia fue rápida y severa. Antes de que terminara el día, miles de personas habían sido ejecutadas.

He aquí el punto: no podemos hacer a Dios en la forma que nos gustaría. No lo podemos moldear a nuestra imagen, conforme a nuestras propias especificaciones e imaginación. No obstante, esto es lo que muchos pentecostales y carismáticos han hecho. Han creado su propia versión del becerro de oro del Espíritu Santo. Han lanzado su teología a los fuegos de la experiencia humana y adorado al falso espíritu que resultó, exhibiéndose delante de él con payasadas extravagantes y un comportamiento desenfrenado. Como movimiento, han ignorado persistentemente la verdad sobre el Espíritu Santo y con licencia imprudente han establecido un espíritu idolátrico en la casa de Dios, blasfemando contra el tercer miembro de la Trinidad en su propio nombre.

El caballo de Troya de la corrupción espiritual

A pesar de sus graves errores teológicos, los carismáticos exigen su aceptación dentro de la corriente tradicional evangélica. Y los evangélicos han sucumbido en gran parte a esas demandas, respondiendo con los brazos abiertos y una sonrisa de bienvenida. De este modo, el evangelicalismo tradicional ha invitado inadvertidamente a un enemigo a entrar. Las puertas se le han abierto de par en par a un caballo de Troya lleno de subjetivismo, experimentalismo, compromiso ecuménico y herejía. Los que se comprometen de esta manera están jugando con fuego extraño y poniéndose en grave peligro.

Cuando el movimiento pentecostal comenzó en el año 1900, los conservadores teológicos lo consideraron ampliamente como una secta.[4] En su mayor parte, fue aislado y mantenido dentro de sus propias denominaciones. Sin embargo, en la década de 1960, el movimiento comenzó a extenderse dentro de las denominaciones principales, ganando terreno en las iglesias protestantes que habían abrazado el liberalismo teológico y ya estaban muertas espiritualmente. El inicio del movimiento de renovación carismática suele atribuirse a la Iglesia Episcopal de San Marcos, en Van Nuys, California. Apenas dos semanas antes del Domingo de Resurrección en 1960 su pastor, Dennis Bennett, anunció que había recibido un bautismo pentecostal del Espíritu Santo. (Reveló que él y un pequeño grupo de feligreses habían mantenido reuniones secretas durante algún tiempo, durante las cuales practicaron el hablar en lenguas.)

Los líderes liberales episcopales se mostraron menos entusiastas con respecto al anuncio del padre Bennett. En realidad, Bennett fue pronto despedido de la iglesia de Van Nuys. No obstante, se mantuvo en la denominación episcopal y finalmente fue llamado a servir como rector en una iglesia urbana liberal y moribunda en Seattle. Esa iglesia comenzó a crecer de inmediato, de modo que el neopentecostalismo de Bennett se extendió de forma gradual y se afirmó en varias congregaciones secas espiritualmente. A finales de la década, las desesperadas y moribundas iglesias tradicionales en todo el mundo recibieron la doctrina carismática y vieron un crecimiento numérico como resultado.[5]

El experimentalismo emocional del pentecostalismo trajo una chispa a las congregaciones que estaban estancadas y para la década de 1970 el movimiento de renovación carismática estaba empezando a cobrar un impulso real. En la década de 1980, dos profesores en el Seminario Teológico Fuller, una escuela evangélica tradicional que había abandonado su compromiso con la infalibilidad de la Biblia en los primeros años de la década de 1970,[6] comenzaron a promover ideas carismáticas en sus aulas. El resultado ha sido denominado «La tercera ola», es decir, la teología pentecostal y carismática infiltrándose en el evangelicalismo y el movimiento de la iglesia independiente.

Los resultados de esta adquisición carismática han sido devastadores. En la historia reciente, ningún otro movimiento le ha hecho más daño a la causa del evangelio, distorsionado la verdad y sofocado la expresión de la sana doctrina. La teología carismática ha convertido a la iglesia evangélica en un pozo negro de errores y un caldo de cultivo para los falsos maestros. La adoración genuina se ha deformado mediante la emotividad desenfrenada, la oración se ha contaminado con galimatías privadas, la verdadera espiritualidad se ha viciado con un misticismo no bíblico y la fe se ha corrompido al convertirla en una fuerza creativa para expresar deseos mundanos que se hacen realidad. Al elevar la autoridad de la experiencia por sobre la autoridad de las Escrituras, el movimiento carismático ha destruido el sistema inmunológico de la iglesia, concediendo libre acceso sin ningún sentido crítico a todas las formas imaginables de la enseñanza y la práctica heréticas.

En pocas palabras, la teología carismática no ha hecho ninguna contribución a la verdadera teología o la interpretación bíblicas, sino que representa una mutación desviada de la verdad. Al igual que un virus mortal, obtiene su acceso a la iglesia manteniendo una relación superficial con ciertas características del cristianismo bíblico, pero al final siempre corrompe y distorsiona la sana doctrina. La degradación resultante, como una versión doctrinal del monstruo de Frankenstein, es un híbrido repugnante de la herejía, el éxtasis y la blasfemia torpemente vestido con los restos destrozados del lenguaje evangélico.[7] Se llama a sí misma «cristiana», pero en realidad se trata de una farsa, un simulacro de una forma de espiritualidad que continuamente se transforma como en un espiral errático de un error a otro.

En generaciones anteriores, el movimiento carismático pentecostal habría sido etiquetado como herejía. En cambio, ahora es la estirpe más dominante, agresiva y visible del llamado cristianismo en el mundo. Pretende representar la forma más pura y poderosa del evangelio. Sin embargo, proclama ante todo un evangelio de salud y riquezas, un mensaje totalmente incompatible con las buenas nuevas de las Escrituras. Todos los que se oponen a su doctrina son acusados de aflicción, apatía, resistencia e incluso de blasfemia contra el Espíritu Santo. No obstante, ningún movimiento arrastra su nombre por el fango con mayor frecuencia o audacia.

La ironía increíble es que los que hablan más sobre el Espíritu Santo por lo general niegan su verdadera obra. Ellos le atribuyen todo tipo de estupidez humana a Dios, ignorando el verdadero propósito y el poder de su ministerio: liberar a los pecadores de la muerte, dándoles vida eterna, regenerando sus corazones, transformando su naturaleza, proporcionándoles el poder para alcanzar la victoria espiritual, confirmando su lugar en la familia de Dios, intercediendo por ellos de acuerdo con la voluntad divina, sellándolos de forma segura para la gloria eterna y prometiéndoles la inmortalidad en el futuro.

Promulgar una noción dañada del Espíritu Santo y su obra es nada menos que una blasfemia, porque el Espíritu Santo es Dios. Él debe ser exaltado, honrado y adorado. Junto con el Padre y el Hijo, debe ser glorificado en todo momento por todo lo que es y todo lo que hace. Debe ser amado y recibir gratitud de aquellos en quienes mora. Sin embargo, para que eso ocurra, es necesario que sea adorado en verdad.

¿Cómo debemos responder?

Es hora de que la iglesia evangélica se levante y recupere un enfoque adecuado de la persona y la obra del Espíritu Santo. La salud espiritual de la iglesia está en juego. En las últimas décadas, el movimiento carismático se ha infiltrado en el evangelicalismo tradicional irrumpido en el escenario mundial a un ritmo alarmante. Es el movimiento religioso de más rápido crecimiento en el mundo. Los carismáticos suman ya más de quinientos millones en todo el orbe. Sin embargo, el evangelio que está conduciendo a esos números no es el verdadero evangelio y el espíritu detrás de ellos no es el Espíritu Santo. Lo que estamos viendo es, *en realidad*, el crecimiento explosivo de una iglesia falsa, tan peligrosa como cualquier secta o herejía que haya atacado al cristianismo. El movimiento carismático fue una farsa y un engaño desde el principio y no ha cambiado a algo bueno.

Es hora de que la verdadera iglesia responda. En un momento en el que hay un resurgimiento del evangelio bíblico y un renovado interés en la Reforma, es inaceptable permanecer con los brazos cruzados. Todos los que son fieles a las Escrituras deben levantarse y condenar todo lo que ataca la gloria de Dios. Estamos obligados a aplicar la verdad en una defensa valiente de la doctrina del Espíritu Santo. Si decimos que somos leales a los reformadores, debemos comportarnos con el mismo nivel de coraje y convicción que ellos mostraron contendiendo ardientemente por la fe. Tiene que haber una guerra colectiva contra los abusos generalizados con el Espíritu de Dios. Este libro es un llamado a unirse a la causa de honrarlo.

También espero recordarle cuál es el verdadero ministerio del Espíritu Santo. No es caótico, llamativo ni extravagante (como un circo). Por lo general, tiene lugar de manera oculta y discreta (la forma en que el fruto se desarrolla). Nunca podremos recordar demasiado que el papel principal del Espíritu Santo es *exaltar a Cristo*, sobre todo para lograr que *Cristo sea alabado* por su pueblo. El Espíritu hace esto de una manera personal y única, en primer lugar al reprobarnos y condenarnos, mostrándonos nuestro propio pecado, abriendo nuestros ojos a lo que es la verdadera justicia y haciéndonos sentir profundamente nuestra responsabilidad ante Dios, el Juez justo de todos (Juan 16.8–11). El Espíritu Santo habita en los creyentes, dándonos poder para servir y glorificar a Cristo (Romanos 8.9). Él nos guía y nos da la seguridad de nuestra salvación (vv. 14–16). Ora por nosotros con gemidos demasiado profundos para ser expresados con palabras (v. 26). Nos sella, nos mantiene seguros en Cristo (Efesios 4.30; 2 Corintios 1.22). La presencia diaria del Espíritu es la fuente y el secreto de nuestra santificación hasta que nos conforme a la imagen de Cristo.

Esto es lo que el Espíritu Santo está haciendo realmente en la iglesia, incluso ahora. No hay nada confuso, extraño o irracional con respecto a ser lleno del Espíritu Santo o guiado por él. Su obra no es producir un espectáculo ni fomentar el caos. En realidad, cuando vea esas cosas, usted puede estar seguro de que *no* se trata de la obra del Espíritu, «pues Dios no es Dios de confusión, sino de paz» (1 Corintios 14.33, 40). Lo que *es* del Espíritu de Dios produce fruto: «amor, gozo, paz, paciencia, benignidad, bondad, fe, mansedumbre, templanza; contra tales cosas no hay ley» (Gálatas 5.22–23).

Mi oración es que mientras lee este libro, el Espíritu mismo le dé una idea clara de su verdadero ministerio en su propia vida, de manera que usted adopte una perspectiva bíblica sobre el Espíritu y sus dones, haciéndole rechazar ser víctima del engaño de las muchas falsificaciones espirituales, falsas doctrinas y milagros falsos que compiten por nuestra atención hoy.

Soli Deo Gloria.

PRIMERA PARTE

CÓMO ENFRENTAR UN AVIVAMIENTO FALSIFICADO

Uno

La burla del Espíritu

Recientemente llegó a mi escritorio una columna editorial de un sitio web de noticias de África. Mientras la leía, me llamó la atención por su honestidad contundente y su perspicacia. El artículo, aunque escrito por un hombre pentecostal, era muy crítico con el caos que caracteriza el movimiento carismático en esa parte del mundo.

Después de criticar la «extraña posesión del espíritu» y las «prácticas rituales extrañas» del pentecostalismo de una manera general, el autor se centraba en el hablar en lenguas. Al observar a un hombre supuestamente lleno del Espíritu Santo, describió la escena frenética con estas palabras:

Uno ve el cuerpo del hombre agitado por los espasmos, con las manos temblando, la voz trémula y en murmullos entrecortados como: Je-Je-Je-Jee-sús... Jeee-sús... Je-Je-Je-Jee-sús... aassh... aassh... ah... aassh Jee-sús.

Le siguen algunos tartamudeos del habla en lenguas: shlabababa-ba-Jah-Jeey-Balika, un síndrome que el sicólogo estadounidense Peter Brent llama «una fijación del nacido de nuevo» y que un observador denomina como «un himno distintivo pentecostal». Hace poco un ministro de una iglesia ortodoxa preguntó: «Si el sacerdote vudú poseído dice: "Shiri-bo-bo-bo-boh" en un

balbuceo entrecortado sobre el bastón negro que lleva, y el poseído cristiano nacido de nuevo recita: "Shala-ba-ba -bah-shlabalika" con su Biblia, ¿cuál sería la
diferencia?».[1]

La pregunta retórica queda resonando en los oídos del lector.

El autor continúa con una exposición punzante de un culto en una iglesia
pentecostal, invitando a sus lectores a «ver un poco de oración poseída: algunos,
especialmente las mujeres, comienzan a brincar en una pierna como saltamontes,
y otros ruedan por el suelo, volcando bancos y sillas. El orden y la disciplina se han
ido, dando paso al caos ruidoso, a un murmullo estrepitoso». Con incredulidad, él
se plantea la pregunta obvia: «¿Puede ser esta la manera bíblica de servir a Dios?».
Una vez más, la pregunta retórica queda sin respuesta.

Luego pasa a relatar la historia de un encuentro de oración pentecostal llevado
a cabo unas pocas semanas antes, en el que una mujer «llena del Espíritu» cayó en
éxtasis y derribó a un chico que hablaba en lenguas. Después de chocar contra los
bancos, el muchacho se levantó, con un labio ensangrentado, y se lamentó en su
propia lengua materna: «Ah, ¿por qué?».

El incidente plantea más incógnitas sin respuesta. Nuestro autor se pregunta
por qué al «que habla en lenguas por el Espíritu, en una fracción de segundo,
comienzan a sangrarle los labios y habla en su dialecto nativo». No obstante, lo
más importante que quiere saber es: *¿cómo puede el Espíritu Santo ser responsable de
este tipo de caos?* Como él mismo explica: «De hecho, este incidente hizo fruncir el
ceño de los espectadores y visitantes ansiosos: ¿cómo era posible que el Espíritu
Santo en alguien derribara al Espíritu Santo en otra persona infringiéndole dolor?
¿Es que ahora el Espíritu se convirtió en pugilista, o en un boxeador que danza
como el antaño Cassius Clay para dar un golpe de gracia? Todo resultaba mistifi-
cado». Su desconcierto es comprensible. Sin duda, el Espíritu de Dios no heriría a
uno de los suyos. No obstante, este hecho los obliga a enfrentar un dilema imposible: si el Espíritu Santo no está detrás de toda esta algarabía, ¿quién lo está?

Aunque esta narración específica proviene de África, la descripción general
que da es similar a las de las congregaciones pentecostales y carismáticas en cualquier parte del mundo.[2] Las cuestiones planteadas por el autor del editorial son las
preguntas que todo creyente se haría, en especial los que forman parte de las iglesias carismáticas. ¿Por qué la versión moderna de hablar en lenguas tiene un

paralelo con las prácticas de adoración paganas? ¿Cómo puede un Dios de orden ser honrado mediante la confusión y el desorden? ¿Realmente hace el Espíritu Santo que las personas caigan como bolos? ¿Por qué el movimiento carismático convirtió al Espíritu Santo en algo que no es? Y lo más importante, ¿qué le sucede a la gente cuando se da cuenta de que él no es el que está detrás de la histeria?

Deshonra al Espíritu

Resulta muy irónico que un movimiento supuestamente dedicado a honrar y recalcar el ministerio del Espíritu Santo, en realidad, lo trate con tanto desprecio informal y condescendencia. En la práctica, los carismáticos a menudo parecen reducir al Espíritu de Dios a una fuerza o un sentimiento. Sus prácticas extrañas y sus reclamos exagerados hacen que se vea como una farsa o un fraude. La gloria soberana de su santa persona se cambia a menudo por la envoltura hueca de la imaginación humana. El resultado es un movimiento cuyos líderes (teleevangelistas, sanadores de fe, autoproclamados profetas y predicadores de la prosperidad) reclaman con audacia su nombre mientras que al mismo tiempo lo arrastran por el fango.

El número de fraudes y escándalos que surgen continuamente en el mundo carismático es asombroso. J. Lee Grady, editor colaborador de la revista *Charisma*, reconoció en *Christianity Today* que el mundo carismático «ha sido sacudido hasta sus cimientos en los últimos años por una serie de líderes bien reconocidos que se han divorciado o han tenido fracasos morales. Muchos carismáticos que conozco están preocupados por esto, y sienten que es hora de una profunda introspección, un arrepentimiento y un rechazo al cristianismo célebre y superficial que ha caracterizado gran parte de nuestro movimiento».[3]

Una de las demandas fundamentales de la enseñanza carismática es que los carismáticos poseen un poder espiritual santificador que no está disponible para todos los creyentes. Los que han tenido una experiencia carismática alegan que han sido bautizados con el Espíritu, y que esto les permite una obediencia sobrenatural, fomenta la santidad y produce el fruto del Espíritu. Si sus afirmaciones fueran ciertas, los carismáticos deberían estar produciendo líderes reconocidos por su semejanza a Cristo en lugar de por su extravagancia. Los fracasos morales, las argucias financieras y los escándalos públicos serían relativamente raros en su movimiento.

Sin embargo, los carismáticos dominan la lista de pastores y evangelistas famosos que han traído desgracia al nombre de Cristo en los últimos tres decenios, desde Jim Bakker y Jimmy Swaggart hasta Ted Haggard y Todd Bentley. Un artículo titulado: «Lista de los escándalos que involucran a cristianos evangélicos» en el popular sitio web *Wikipedia* identificó a cincuenta bien conocidos líderes desacreditados públicamente. El artículo etiqueta indiscriminadamente al grupo como «evangélico», pero por lo menos treinta y cinco de los que se enumeran son de trasfondo pentecostal y carismático.[4] Un escrito en *Wikipedia* puede no tener la autoridad para hacer uso de etiquetas doctrinales, pero sirve como un barómetro exacto de la percepción pública. Cuando los líderes carismáticos caen, ya sea por falta de moral o deshonestidad financiera, es la reputación del evangelicalismo la que resulta mancillada. Más importante todavía, el nombre de Cristo se ve empañado y el Espíritu de Dios es deshonrado.

Las doctrinas y los comportamientos extraños se han convertido en algo tan común en el movimiento carismático que ya apenas aparecen en los titulares. Las prácticas no bíblicas como hablar galimatías, caer de espaldas al suelo, reír sin control o retorcerse en el piso son vistas como elementos necesarios para que el Espíritu se esté moviendo. YouTube tiene una colección interminable de tonterías carismáticas que es francamente blasfema: congregaciones enteras que hacen «el baile Hokey Pokey del Espíritu Santo», gente simulando inhalar el Espíritu Santo y ponerse eufórica, como si él fuera un cigarrillo de marihuana invisible, y mujeres retorciéndose en el suelo, imitando el proceso de dar a luz.[5] Los pasados de moda que tomaban serpientes con sus manos parecen inofensivos en comparación.

Es algo salvaje y sin sentido, sin embargo, se le atribuye sin reparos al Espíritu Santo de Dios, como si fuera el autor de la confusión y el arquitecto del desorden. Autores carismáticos suelen describir su presencia con expresiones como «una corriente eléctrica»[6] y «una sensación notable de hormigueo electrizante [que] comenzó a extenderse por mis pies, mis piernas, hasta la cabeza, a través de mis brazos y hacia mis dedos».[7] No les importa el hecho de que tales descripciones no tienen precedente en las Escrituras y la misma Palabra de Dios nos advierte que Satanás puede hacer milagros y prodigios. ¿Qué pasaría si todo el hormigueo, los trances y los temblores son en realidad pruebas de actividad demoníaca? Esta preocupación no es del todo descabellada, dado el carácter oscuro, extraño y turbulento de muchos de estos fenómenos.

En nombre del Espíritu Santo se han cometido incluso ataques violentos. Kenneth Hagin dice que golpeó a una mujer en el estómago en un intento por curarla, ya que Dios le dijo que lo hiciera. Rodney Howard Browne le dio una bofetada a un hombre sordo con tanta fuerza que este cayó al suelo. Benny Hinn hace que las personas se caigan violentamente de manera regular. A veces lo logra como por arte de magia, agitando su abrigo o su mano hacia ellas. Otras veces las empuja hacia atrás con una fuerza considerable. El hecho de que una mujer mayor una vez resultó fatalmente herida en el proceso no le ha impedido hacer de esto una característica habitual de sus cruzadas de milagros.[8] Inimaginablemente, muchos actos absurdos se acreditan a la influencia del Espíritu. Por ejemplo, el evangelista carismático Todd Bentley justifica sus técnicas de curación brutales con afirmaciones como esta:

Le dije: «Dios, oré por unas cien personas lisiadas. ¿Ninguna [sanó]?». Él me contestó: «Es por eso que quiero que agarres las piernas tullidas de esa señora y golpees hacia arriba y hacia abajo en la plataforma como si fueran un bate de béisbol». Me acerqué, le agarré las piernas y empecé a dar golpes. ¡BAM! ¡BAM! Comencé a golpear hacia arriba y hacia abajo en la plataforma. Ella fue sanada. Y pensé: «¿Por qué no se mueve el poder de Dios?». Él me dijo: «Porque no has golpeado a esa mujer en la cara». Había una señora mayor adorando justo frente a la plataforma. *Y el Espíritu Santo me habló*; el don de fe vino sobre mí. Él me indicó: «¡Patéale la cara con tu bota de motociclista!». Me acerqué más y allá fue. ¡BAM! Tan pronto mi bota se puso en contacto con su nariz ella cayó bajo el poder de Dios.[9]

A pesar de estos comentarios escandalosos, Bentley fue aclamado por líderes carismáticos como Peter Wagner debido a su participación en el Reavivamiento de Lakewood 2008.[10] Aunque su ministerio se vio estancado temporalmente como consecuencia de una relación ilícita con una mujer miembro del personal, Bentley regresó al ministerio a tiempo completo solo un poco más tarde, después de haberse divorciado y vuelto a casar.

Benny Hinn fue noticia a principios de los años noventa cuando amenazó con utilizar al Espíritu Santo como arma en un ataque contra sus críticos. En una larga perorata durante un evento *Praise-a-Thon* de Trinity Broadcasting Network, Hinn replicó: «Los que hablan mal de nosotros son un montón de idiotas [...] Les diré que he buscado un versículo en la Biblia, pero no pude encontrarlo. Un versículo que dice: "Si no te gustan, mátalos". Realmente desearía poder encontrarlo [...] A veces me gustaría que Dios me diera un Espíritu Santo ametralladora. Les volaría la cabeza».[11]

Aunque no es tan hostil como su marido, la esposa de Benny, Suzanne, causó sensación en los medios por sí misma varios años más tarde, cuando hizo referencia al Espíritu Santo de una forma particularmente gráfica e inapropiada. Mientras se paseaba de manera frenética por el escenario, la señora Hinn declaró: «¿Sabes qué? Mis motores están a todo lo que dan. A altas revoluciones por minuto. ¿Qué tal los tuyos? Y si no es así, ¿sabes qué? Si tu motor no está a todo lo que da, ¿sabes lo que necesitas? *Necesitas un enema del Espíritu Santo por el trasero.* Porque Dios no tolerará, no tolerará ninguna otra cosa».[12] Cuando sus payasadas fueron posteriormente transmitidas por *The Daily Show* de Comedy Central, los abogados de Hinn amenazaron con una demanda por difamación, pero fue en vano. Ella misma se había convertido en el hazmerreír de todos. En realidad, la única persona cuyo carácter resultó difamado fue el Espíritu Santo.

El espíritu de fraude

El movimiento carismático pretende exaltar al tercer miembro de la Trinidad. A decir verdad, lo ha convertido en un espectáculo. Sería bastante malo si tal blasfemia se limitara a la audiencia privada de una congregación local. Sin embargo, el circo de sacrilegio se exporta sin cesar a través de una red global de medios de comunicación impresos, la radio y la televisión. Como antiguo pentecostal, Kenneth D. Johns explica: «En el pasado, la influencia de estos líderes desventurados ha tenido ciertas limitaciones. Su distorsión del mensaje de la Biblia estuvo limitada en su difusión a la predicación en la iglesia local, las aulas de un colegio o seminario, los libros y programas de radio. En los últimos treinta o cuarenta años todo eso ha cambiado gracias a la televisión».[13]

Influenciados por los predicadores más populares de la televisión, muchos carismáticos tratan al Espíritu soberano de Dios como si fuera su esclavo, un mayordomo celestial obligado a esperar cada una de sus órdenes. Su enseñanza no es sustancialmente diferente a la de la Nueva Era, cuyo veneno fue popularizado por el éxito internacional del año 2006, *The Secret (El Secreto)*, en el que la autora Rhonda Byrne indica: «Tú eres el Señor del universo, y el Genio está allí para servirte».[14] Teleevangelistas carismáticos y pastores célebres suelen predicar un mensaje similar. Se trata del falso evangelio de la prosperidad material conocido popularmente como la doctrina de la Palabra de Fe. Si usted tiene suficiente fe, según ellos, literalmente puede tener lo que diga.

En las palabras de Kenneth Copeland: «Como creyente, usted tiene el derecho de dar órdenes en el nombre de Jesús. Cada vez que permanece en la Palabra, le está ordenando a Dios hasta cierto punto».[15] Fred Price insta a sus seguidores a no ser tímidos o restringidos en lo que le exigen a Dios: «Si tiene que decir: "Si es tu voluntad" o "Hágase según tu voluntad", si usted tiene que decir eso, entonces le está llamando a Dios tonto, porque él es el que nos dice que le pidamos [...] Si Dios me va a dar lo que quiere que yo tenga, entonces no importa lo que le pida».[16]

Esta rama del movimiento carismático es sin lugar a dudas, la mayor, la más visible, la más influyente y la de más rápido crecimiento entre los carismáticos. En pocas palabras, los maestros de la Palabra de Fe representan la tendencia actual más grande del movimiento. Y la doctrina de la prosperidad que enseñan no tiene nada que ver con el verdadero evangelio de Jesucristo. Ellos están promoviendo la superstición crasa mezclada con falsas doctrinas robadas a los gnósticos y las sectas metafísicas, envueltas en términos y símbolos cristianos. No se trata de un cristianismo auténtico.

Para los cientos de millones de personas que aceptan la teología de la Palabra de Fe y el evangelio de la prosperidad, «el Espíritu Santo es relegado a un poder casi mágico por el que se consiguen el éxito y la prosperidad».[17] Como un autor observó: «Al creyente se le pide que utilice a Dios, mientras que la verdad del cristianismo bíblico es todo lo contrario: Dios usa el creyente. La Palabra de Fe o la teología de la prosperidad ve al Espíritu Santo como un poder para ser usado según la voluntad de los creyentes. La Biblia enseña que el Espíritu Santo es una persona que capacita al creyente para hacer la voluntad de Dios».[18]

Teleevangelistas elocuentes prometen con audacia salud y riqueza inagotables a todos los que tienen la fe suficiente y, lo más importante, a todos los que les envían su dinero. Programa tras programa se insta a la gente a «plantar una semilla» con la promesa de que Dios milagrosamente los hará ricos a cambio. Esto es conocido como el plan de la semilla de fe, llamada así por Oral Roberts, el pionero clave en el uso de la televisión para difundir la doctrina carismática. Los teleevangelistas más carismáticos y sanadores de fe utilizan el plan de la semilla de fe de Roberts o algo similar para manipular a los televidentes a fin de que donen más de lo que en realidad pueden dar.[19]

Paul Crouch, fundador y presidente de Trinity Broadcasting Network, es uno de los más acérrimos defensores de la doctrina. «Plante una semilla importante», escribió Crouch en una carta de TBN para recaudar fondos en el 2011. «Dé con la plena esperanza del retorno glorioso que Jesús prometió. Una nota final: nombre su semilla —«sin deudas», «trabajo», «casa», «esposo», «esposa»— o lo que usted desea de Dios».[20] Otra carta terminaba con estas palabras: «Sé que los precios de la gasolina y casi todo lo demás han aumentado, pero recuerde las palabras de Jesús: "Dad y se os dará"».[21] El mensaje no tiene nada de sutil. Un artículo en *Los Angeles Times* resume el enfoque de Crouch de esta manera:

> El pastor Paul Crouch lo llama «economía del dar de Dios» y así es como funciona: las personas que donan a la Trinity Broadcasting Network de Crouch cosecharán las bendiciones financieras de un Dios agradecido. Mientras más den a TBN, más se les dará a ellos. Estar en la ruina o en deuda no es una excusa para no escribir un cheque. De hecho, es una oportunidad ideal, porque Dios es especialmente generoso con los que dan cuando menos pueden hacerlo. «Él le dará miles, cientos de miles», dijo Crouch a sus espectadores durante un teletón en noviembre pasado. «Él le dará millones y miles de millones de dólares».[22]

Para Crouch y otros en la parte superior de esta pirámide, la teología de la prosperidad funciona a la perfección. Los espectadores envían miles de millones de dólares[23] y cuando no hay retorno de la inversión, Dios es el único considerado responsable.[24] O las personas que han enviado el dinero son las culpables de algún defecto en su fe que impidió que el codiciado milagro se materializara.[25] La decepción, la frustración, la pobreza, la tristeza, la ira y en última instancia la incredulidad son los principales frutos de este tipo de enseñanza, pero las peticiones de dinero solo se vuelven más urgentes y las falsas promesas más exageradas.

Enmascarada con el lenguaje de la fe y la generosidad, toda la farsa es un ardid engañoso diseñado para aprovecharse del codicioso y estafar al desesperado.[26] Se ha sustituido al Espíritu de Dios con un espíritu de fraude. A pesar de ello, tal mensaje de esperanza falsa sigue siendo muy popular y es fácil ver por qué: *hay una promesa de bienestar físico, riquezas materiales y una vida que con facilidad apela a la carne.* Se trata de pura carnalidad, no hay nada verdaderamente espiritual en ello.

Los predicadores de la prosperidad más moderados, como Joel Osteen, sazonan sus sermones con sutilezas y una sonrisa. No obstante, el mensaje de fondo sigue siendo el mismo: Dios está aquí para hacer que nuestros sueños se hagan realidad. Michael Horton lo resume así: «Osteen representa una variedad del deísmo terapéutico y moralizador que en versiones menos extremas parece caracterizar a buena parte de la religión popular en Norteamérica hoy. Básicamente, Dios está ahí para usted y su felicidad. Él tiene algunas reglas y principios para que usted consiga lo que quiere de la vida y, si los cumple, puede tener lo que desea. Solo *declárela* y la prosperidad vendrá».[27] Desde una perspectiva de mercadeo, esta es una fórmula eficaz. Un cheque en blanco de promesas de salud y riquezas, mezclado con una vana dosis de pensamiento positivo y temas superficiales, puede aumentar la audiencia y vender libros. Sin embargo, todo es una estafa masiva y no tiene nada que ver con el cristianismo bíblico.

Al pregonar su evangelio de codicia, materialismo y promoción personal, los maestros de la Palabra de Fe han hecho carreras lucrativas a partir de una mala teología, respaldando sus falsas enseñanzas al torcer las Escrituras o reclamar una nueva revelación de Dios. Algunos van tan lejos como para afirmar que los creyentes son *pequeños dioses* que pueden pedir que sus deseos mundanos se hagan realidad.[28] Paul Crouch respondió a sus detractores en la televisión nacional con estas palabras: «Yo soy un pequeño dios. Tengo su nombre. Soy uno con Dios. Estoy en una relación de pacto. Soy un pequeño dios. ¡Los críticos se esfumarán!».[29] Kenneth Copeland les dijo de manera similar a sus oyentes: «Ustedes son todos dioses. ¡No tienen a Dios viviendo en ustedes, son uno! Ustedes son parte integral de Dios».[30] Más recientemente, el teleevangelista Creflo Dollar se hizo eco de las enseñanzas de Copeland y Crouch: «Voy a decirles algo, *somos dioses* en esta tierra, y es hora de que empiecen a trabajar como dioses, en lugar de como un montón de simples humanos indefensos».[31] Solo un adjetivo describe plenamente ese nivel de arrogancia blasfema: *satánico* (cp. Génesis 3.5).

Aunque se elevan a sí mismos al estatus divino, los maestros de la Palabra de Fe niegan a la vez la soberanía del verdadero Dios.[32] Como Myles Munroe anunció a una audiencia de TBN: «¡Dios no puede hacer nada en la tierra sin el permiso de un ser humano!».[33] Andrew Womack, cuyo programa de televisión *The Gospel Truth* se transmite diariamente en Trinity Broadcasting Network, insiste en que Dios perdió su autoridad en este mundo al delegársela a Adán y la raza humana. Como resultado, el Espíritu Santo no tenía poder para llevar a Jesús a la existencia física, de modo que se vio obligado a esperar hasta que los participantes humanos estuvieran dispuestos a hacer posible la encarnación al hablar las palabras correctas de fe.

En una emisión del año 2009, Womack les dijo a sus espectadores: «La razón por la que se necesitaron cuatro mil años para la venida de Jesús es porque llevó cuatro mil años que Dios encontrara suficientes personas que se rindieran a él, le hablaran y dijeran las palabras que había que decir, las palabras inspiradas de Dios, para crear ese cuerpo físico del Señor Jesús [...] El Espíritu Santo tomó estas palabras y las impregnó en María».[34] Esta es una enseñanza herética, sin base alguna en las Escrituras. Viene directamente de la imaginación retorcida del que la proclama. Peor aun, insolentemente degrada al Espíritu Santo, como si Dios necesitara ayuda de los pecadores para enviar a su Hijo a este mundo.

Son muchos los ejemplos como estos. Lamentablemente, en el cada día más amplio movimiento carismático, tales atrocidades contra el Espíritu Santo no son la excepción, sino que se han convertido en la regla. Peter Masters describe con precisión esta tendencia:

> Con rapidez increíble los carismáticos han ido de un exceso a otro, de modo que ahora nos enfrentamos a un escenario de total confusión. Muchos en la fraternidad carismática han acudido a ideas y prácticas que provienen directamente de las religiones paganas, y un gran número de jóvenes y creyentes impresionables han sido espiritualmente dañados en el proceso. Han surgido líderes sanadores que unen los trucos sutiles del hipnotizador teatral con técnicas ocultas antiguas en su búsqueda de resultados y multitudes que les sigan.[35]

Cabe destacar que estas palabras fueron escritas hace más de dos décadas, casi al mismo tiempo que escribí *Charismatic Chaos* [Caos carismático].[36] Desde entonces, la situación ha empeorado de forma dramática.

En el oro confiamos

No se puede escapar al hecho de que todo tipo de engaño espiritual, error teológico y artimaña encuentra refugio en el mundo carismático, incluso el materialismo craso y el temerario egocentrismo del evangelio de la prosperidad. Sin embargo, algunos podrían argumentar que tales elementos heréticos representan solo a los lunáticos de un movimiento ortodoxo. A los carismáticos más moderados les gusta presentar a los predicadores de la prosperidad, los sanadores de fe y los teleevangelistas aislados de forma segura en un extremo del campo carismático.

Por desdicha, este no es el caso. Gracias a su alcance global e incesante proselitismo mediante la televisión religiosa y los medios de comunicación carismáticos, el extremo se ha convertido en la corriente principal. Para casi todos en el mundo, los falsos maestros con extravagantes herejías, tan ridículas como sus peinados, constituyen la cara pública del cristianismo. Y ellos propagan sus mentiras en nombre del Espíritu Santo.

En lo que respecta a la radiodifusión religiosa, Satanás es realmente el príncipe de la potestad del aire (las ondas). En redes como TBN, casi ninguna profecía falsa, doctrina errónea, superstición o reclamo tonto es demasiado extravagante para no recibir un tiempo en el aire. Con lágrimas en sus ojos, Jan Crouch ofrece un relato fantasioso de cómo su pollo mascota se levantó milagrosamente de la muerte.[37] Benny Hinn lo supera con la extraña profecía de que si los televidentes de TBN ponían los ataúdes de sus seres queridos muertos delante de un televisor y la mano de la persona fallecida tocaba la pantalla, la gente «sería levantada de entre los muertos [...] por miles».[38] Irónicamente, ni siquiera se necesita ser un trinitario ortodoxo para tener un programa en Trinity Broadcasting Network. El obispo T. D. Jakes, bien conocido por su asociación con el pentecostalismo unitario,[39] es un elemento básico en TBN. Y aunque más tarde se retractó, Benny Hinn les dijo a sus televidentes en TBN que hay nueve personas en la Deidad.[40]

Al ser la mayor cadena de televisión religiosa en el planeta, TBN transmite su producción veinticuatro horas los siete días de la semana a más de un centenar de países mediante setenta satélites a través de más de dieciocho mil canales de televisión y cable afiliados.[41] Su presencia se extiende a la Internet, que llega incluso más lejos. El medio de comunicación afirma que por el poder del Espíritu Santo alcanza a «un mundo lleno de problemas con la esperanza del evangelio».[42] Sin embargo, se trata de la *falsa* esperanza de un *falso* evangelio. Prácticamente todas las principales celebridades de la red abogan por la teología de la prosperidad, diciéndoles a los televidentes que Dios les dará sanidad, riquezas y otros bienes materiales a cambio de su dinero. Y TBN no es el único culpable. Los principales competidores (como Daystar y LeSEA) proporcionan plataformas similares para los maestros de la Palabra de Fe.

¿Es de extrañar que el evangelio de la prosperidad, la salud y las riquezas haya llevado a nuestro planeta a la tormenta?[43] En las dos terceras partes de Asia, África y América Latina, donde el movimiento carismático está creciendo a una velocidad sin precedentes, los expertos estiman que más de la mitad de los seguidores pentecostales y carismáticos aceptan el evangelio de la prosperidad.[44] Tal como John T. Allen explica:

> Quizás el elemento más controvertido de la perspectiva pentecostal es el llamado «evangelio de la prosperidad», es decir, la creencia de que Dios recompensará a los que tienen fe suficiente con prosperidad material y salud física. Algunos analistas distinguen entre los «neopentecostales», que se centran en el evangelio de la prosperidad, y el pentecostalismo clásico, orientado a los dones del Espíritu como sanidades y lenguas. Sin embargo, los datos del Pew Forum indican que el evangelio de la prosperidad es en realidad un rasgo definitorio de todo el pentecostalismo; las mayorías pentecostales sobrepasan el noventa por ciento en la mayor parte de los países que sostienen estas creencias.[45]

En realidad, la rápida expansión de la teología carismática se debe a la popularidad del evangelio de la prosperidad principalmente. No es la obra de convicción del Espíritu Santo la que está atrayendo a los conversos, sino el encanto de las posesiones materiales[46] y la esperanza de disfrutar la salud física.[47]

Las congregaciones carismáticas de más rápido crecimiento y más grandes predican todas alguna forma de este mensaje,[48] desde David Yonggi Cho en Corea del Sur, cuya iglesia afirma tener más de ochocientos mil miembros, hasta el obispo Enoc Adeboye de Nigeria, en cuyas reuniones mensuales de oración participan de forma regular trescientas mil personas. El historiador pentecostal Vinson Synan, claramente emocionado por los números crecientes, escribió: «Por lo general conocido como el "evangelio de la prosperidad" o el "movimiento de la Palabra de Fe", este movimiento es ahora una fuerza internacional que está ganando millones de seguidores entusiastas en todo el mundo. Dirigidos por populares maestros y evangelistas como Kenneth Copeland, David Yonggi Cho y Reinhard Bonnke, la enseñanza ha inspirado algunas de las congregaciones y cruzadas evangelísticas más grandes en la historia de la iglesia».[49] El éxito mundial del movimiento de la Palabra de Fe ha hecho del movimiento carismático pentecostal el grupo religioso de más rápido crecimiento en el mundo.[50]

Por supuesto, la entusiasta recepción de la prosperidad del evangelio no se limita a las iglesias fuera de los Estados Unidos. Incluso en suelo estadounidense este es uno de los segmentos de mayor crecimiento del cristianismo.[51] Pastores de alto perfil, guiando algunas de las iglesias más grandes del país, desvergonzadamente promueven un evangelio de salud, riquezas y felicidad, desde Joel Osteen hasta Joyce Meyer y T. D. Jakes. Su influencia está alterando de forma permanente el panorama religioso estadounidense: «El evangelio de la prosperidad se está extendiendo más allá de los confines del movimiento carismático, que ha sido tradicionalmente fuerte, y está echando raíces en la iglesia evangélica más amplia. Una encuesta reciente encontró que en los Estados Unidos, el cuarenta y seis por ciento de los autoproclamados cristianos están de acuerdo con la idea de que Dios les concederá riquezas materiales a todos los creyentes que tengan suficiente fe».[52]

Aunque la iglesia ha repudiado históricamente la codicia y el consumismo, esto parece estar cambiando rápidamente.[53] Casi la mitad de los cristianos de los Estados Unidos de cualquier denominación, y aproximadamente dos tercios de los pentecostales, ahora aceptan la premisa básica del evangelio de la prosperidad: Dios quiere que seas feliz, saludable y rico.[54]

Estudios recientes estiman que el número total de los pentecostales y carismáticos de todo el mundo es de más de quinientos millones; con ochenta millones en Norteamérica, ciento cuarenta y un millones en América Latina, ciento treinta y cinco millones en Asia, ciento veintiséis millones en África y treinta y ocho millones en Europa.[55] Estos números inicialmente lucen impresionantes, lo que sugiere que el cristianismo carismático representa una cuarta parte de la cristiandad mundial.[56] La realidad es que la gran mayoría de los pentecostales y carismáticos, que se cuentan en cientos de millones, aceptan algún tipo de evangelio de la prosperidad. En términos de números crudos solos, la teología de la salud y las riquezas se ha convertido en el aspecto definitorio de la mayor parte del movimiento.[57] Ted Olsen, escribiendo en la revista *Christianity Today*, observó que los pentecostales y carismáticos «mayoritariamente están de acuerdo en que "Dios concederá prosperidad material a todos los creyentes que tengan suficiente fe"».[58]

El evangelio de la prosperidad en la salud y las riquezas puede ser popular, pero no es el verdadero evangelio. David Jones y Russell Woodbridge destacan los contrastes:

> El mensaje predicado en algunas de las iglesias más grandes del mundo ha cambiado. Hoy se enseña un nuevo evangelio. Este nuevo evangelio resulta desconcertante,

omite a Jesús y hace a un lado la cruz. En lugar de prometer a Cristo, este evangelio promete salud y riquezas, y ofrece consejos como: declárate a ti mismo que todo lo que toques prosperará, ya que, en palabras de un destacado predicador del evangelio de la prosperidad: «Hay un milagro en tu boca». De acuerdo con este nuevo evangelio, si los creyentes repiten confesiones positivas, enfocan sus pensamientos y generan suficiente fe, Dios derramará bendiciones sobre sus vidas.[59]

Tal evangelio es incapaz de salvar. Está facultado por el deseo humano, no por el Espíritu Santo. Además, ofrece un alivio temporal a expensas de la vida eterna. Y aun así, a excepción de aquellas personas en las más altas posiciones de liderazgo, rara vez concede lo que anuncia.

El meollo del problema

Sin duda, el de la prosperidad es un «evangelio diferente», lo que en realidad no es ningún evangelio (Gálatas 1.6–8). Sin embargo, ¿cómo tan flagrante herejía ha logrado no solo sobrevivir, sino prosperar en los círculos carismáticos? La respuesta apunta a un defecto crítico y sistémico en la teología carismática, un defecto que da cuenta de casi todas las aberraciones teológicas o anomalías que tienen cabida en el movimiento carismático. Es el siguiente: *los pentecostales y carismáticos elevan la experiencia religiosa sobre la verdad bíblica.* Aunque muchos de ellos afirman reconocer la autoridad de la Palabra de Dios, en la práctica la niegan.[60]

Si la sola Escritura fuera realmente la autoridad final para ellos, los cristianos carismáticos nunca tolerarían las patentes prácticas no bíblicas, como el balbuceo en lenguas de oraciones sin sentido, el pronunciamiento de profecías falibles, la adoración desordenada o las caídas absurdas por el supuesto poder del Espíritu Santo. Ellos deben reinterpretar sus experiencias para que coincidan con la Biblia pero en lugar de eso, reinterpretan las Escrituras de formas novedosas y poco ortodoxas, para justificar sus experiencias.[61] Como resultado, cualquier enseñanza o práctica aberrante puede ser legitimada, en especial cuando una nueva «revelación de Dios» es convenientemente autenticada como teniendo la aprobación divina. Aunque escrito hace casi medio siglo, las palabras de René Pache todavía suenan a verdad:

La excesiva preeminencia dada al Espíritu Santo en sus devociones y su preocupación por los dones, los éxtasis y las «profecías» han llevado a descuidar las Escrituras. ¿Por qué estar atado a un libro del pasado cuando uno puede comunicarse a diario con el Dios vivo? Sin embargo, este es exactamente el punto peligroso. Apartados del control constante de la revelación escrita, pronto nos encontramos sumidos en la subjetividad y el creyente, aunque tenga las mejores intenciones, puede hundirse rápidamente en las desviaciones, el iluminismo o la exaltación. Que cada uno se recuerde a sí mismo la prohibición de quitarle o añadirle algo a las Escrituras (Deuteronomio 4.2; Apocalipsis 22.18–19). Casi toda herejía y secta se ha originado en una supuesta revelación o una nueva experiencia por parte de su fundador, algo fuera del panorama estrictamente bíblico.[62]

Al rechazar la autoridad final del texto bíblico, el movimiento carismático se ha hecho susceptible a los peores tipos de engaño doctrinal y abuso espiritual.[63]

Otros aspectos de la teología carismática solo agravan el problema: la denominación de los líderes de la iglesia como *profetas* y *apóstoles*, la búsqueda constante de milagros y sucesos sobrenaturales, el deseo de encontrar a Dios de formas místicas, y la voluntad de eludir el uso de la mente en la adoración. Con su falta de controles bíblicos y su énfasis en el subjetivismo experimental, el movimiento carismático está hecho a la medida para los falsos maestros y los estafadores espirituales.[64] Incluso aquellos que descaradamente blasfeman como predicadores de la prosperidad se sienten bienvenidos en su seno.

A pesar de lo preocupantes que son, los chanchullos constantes que tienen lugar dentro de los círculos carismáticos no son más que síntomas de este problema más profundo. En realidad, creo que por encima de todo es la elevación de la experiencia sobre la autoridad de las Escrituras lo que aflige y degrada al Espíritu Santo. Es el Espíritu quien inspiró la Palabra de Dios (2 Pedro 1.19–21) e ilumina su verdad en los corazones de su pueblo (1 Corintios 2.10–15). Por lo tanto, es una afrenta insolente a su autoridad reclamar una experiencia de su poder que va en contra de su Palabra. Torcer las Escrituras que el Espíritu Santo inspiró o ignorarlas por completo significa tratarlo con desprecio y falta de respeto. Sin embargo, esto es exactamente lo que pasa en el mundo carismático a diario, desde las herejías más ominosas de los principales teleevangelistas hasta las revelaciones privadas de los autoproclamados profetas en las pequeñas congregaciones.[65] Todo es un insulto a la verdadera persona y obra del Espíritu Santo. Bien dice Christopher Wright:

> Están los teleevangelistas y los proveedores del «evangelio» de la prosperidad (un abuso del término, ya que dista mucho de ser una buena noticia), que apelan a la explotación y al lucro, la codicia innata de las cosas materiales de la gente en nombre de la bendición de Dios. A esto se añade las afirmaciones exageradas y la publicidad extremadamente insensible de algunos de los grandes comerciantes de los «milagros de sanidad». E incluso en el nivel modesto de las iglesias locales comunes están los que abusan del Espíritu Santo, afirmando su autoridad en cuanto a la más reciente «revelación» o la última teoría de la moda, el estilo, la canción o el método.[66]

Esto nos lleva de nuevo al punto de partida de este capítulo. Resulta profundamente irónico que el movimiento más interesado en destacar quién es el Espíritu Santo, en realidad sea el que lo trata con el mayor desprecio y arrogancia.

Dos

¿Una nueva obra del Espíritu?

Transcurría el amanecer del siglo veinte, en las primeras horas de la mañana del día de Año Nuevo de 1901. Un grupo de estudiantes de la Biblia se había reunido horas antes para celebrar un culto de oración la víspera de Año Nuevo. Sin embargo, a pesar de que ya era pasada la medianoche, todavía estaban allí, tratando sinceramente de sentir la presencia y el poder del Espíritu Santo. Todos ellos esperaban con ansias algo increíble.

Durante las semanas anteriores, los alumnos habían estado estudiando atentamente porciones del libro de los Hechos. Se hallaban interesados en particular en lo que el registro apostólico enseñaba sobre el bautismo del Espíritu Santo, una experiencia que, de acuerdo con sus antecedentes de santidad wesleyana, creían que tuvo lugar con posterioridad a la conversión. El estudio terminó centrándose en el fenómeno milagroso de hablar en lenguas, en cuanto al cual los estudiantes concluyeron que era la verdadera señal del bautismo del Espíritu.[1] Observaron cómo los apóstoles habían hablado en lenguas en el día de Pentecostés, así como Cornelio en Hechos 10 y los antiguos discípulos de Juan el Bautista en Hechos 19. Y reflexionaban que si el hablar en lenguas era una señal de la presencia del Espíritu en los tiempos apostólicos, tal vez lo seguía siendo en el siglo veinte.

En el momento en que se reunieron para el culto de oración en la víspera de Año Nuevo, todos habían llegado a las mismas dos conclusiones, a saber, el hablar en lenguas era la señal del bautismo del Espíritu Santo y el don de lenguas estaba todavía disponible para ellos. Así que con determinación sincera le rogaron a Dios que los bautizara con su Espíritu. Su maestro, un ministro metodista del movimiento de santidad llamado Charles Fox Parham, los había animado durante el tiempo de estudio de la Palabra. Y ahora estaban deseosos de experimentar el poder del Espíritu de primera mano.

En algún momento de esas primeras horas de la mañana sucedió algo extraordinario. Uno de los estudiantes, una joven mujer llamada Agnes Ozman, le pidió a su maestro que pusiera sus manos sobre ella y orara para que recibiera al Espíritu Santo.[2] Lo que sucedió después cambiaría el curso de la historia de la iglesia moderna. Como más tarde Charles Parham relató: «Puse mis manos sobre ella y oré. Apenas había completado tres docenas de frases cuando una gloria cayó sobre la joven, un halo parecía rodear su cabeza y su rostro, y empezó a hablar en idioma chino sin poder comunicarse en inglés durante tres días. Cuando trató de escribir en inglés para contarnos su experiencia, lo hizo en chino».[3]

La experiencia de Ozman pronto sería difundida tanto por su maestro como por sus compañeros. Durante la serie de reuniones de avivamiento que siguieron, el poder sobrenatural del Espíritu permitió hablar más de veinte idiomas diferentes, incluyendo ruso, japonés, búlgaro, francés, bohemio, noruego, húngaro, italiano y español. El mismo Charles Parham dijo haber hablado en sueco y otros idiomas.

De este modo se dio inicio al movimiento pentecostal moderno. El historiador pentecostal Vinson Synan explica: «La de Ozman se convirtió en la experiencia prototipo para todos los millones de pentecostales que seguirían».[4] En una década, más de cincuenta mil personas experimentarían el mismo fenómeno que Agnes Ozman. El entusiasmo continuó extendiéndose, especialmente en la costa oeste, donde otro de los estudiantes de Parham, un hombre llamado William J. Seymour, promocionó de manera similar el hablar en lenguas como la señal del bautismo del Espíritu. Nadie podía imaginarse cómo una reunión de oración sencilla en una pequeña escuela bíblica en Kansas iba a cambiar al mundo. Poco más de un siglo después, los movimientos pentecostales y neopentecostales crecerían hasta incluir a más de quinientos millones de seguidores carismáticos.

¿Un nuevo Pentecostés?

Los inicios del pentecostalismo pueden parecer sobrenaturales e incluso un poco románticos. Charles Parham le llamó a su nuevo grupo el «Movimiento de la Fe Apostólica», y afirmó que sus experiencias constituían un nuevo Pentecostés.[5] Él y sus estudiantes estaban convencidos de que habían recibido al Espíritu Santo de la misma manera que los apóstoles en Hechos 2. Sus experiencias en 1901 fueron la chispa que encendió el fuego del movimiento carismático moderno.[6]

Sin embargo, investigaciones posteriores ponen en tela de juicio la legitimidad de las afirmaciones de Parham al menos en tres aspectos. En primer lugar, hay versiones contradictorias de la historia, incluso de los principales actores involucrados. Como se señaló anteriormente, Parham dijo que Ozman no habló en inglés durante tres días después de su experiencia, pero esta informó haber orado en inglés después de un solo día.[7] Parham afirmó que la experiencia de Ozman ocurrió la víspera de Año Nuevo, mientras que ella insistió en que fue el día de Año Nuevo.[8] Aunque Parham se atribuyó el mérito de dirigir a sus estudiantes con el libro de los Hechos antes de la histórica reunión de oración, Ozman contradice esa afirmación al decir «que no participó de algún estudio bíblico dado por Parham antes de su experiencia de hablar en lenguas. En realidad, afirma que ella misma les indicó a los estudiantes que fueran a Hechos 2 en respuesta a sus preguntas sobre su experiencia glosolálica».[9] Discrepancias como estas han causado que historiadores como Martin E. Marty cuestionen los aspectos fundamentales de la historia:

> Como todas las historias emitidas de forma mítica, esta tenía ciertas características que siguen siendo una cuestión abierta. En un testimonio anterior, la señorita Ozman indicó que habló en lenguas tres semanas antes del día de Año Nuevo, una fecha menos ordenada, pero que otros corroboraron. También afirmó que se dio cuenta de la importancia de su lengua solo más tarde, pero se sabe que Parham había dado instrucciones por adelantado de buscar precisamente esa señal.[10]

Por otra parte, aunque Agnes Ozman interpreta su experiencia a través del lente de Hechos 2, no todos sus compañeros estaban convencidos. «El diario *The Topeka Daily Capital* informó que no todo el mundo en la escuela abrazó la nueva experiencia. En una entrevista con el periódico, S. J. Riggins dijo de Parham y sus compañeros: "Yo creo todos están locos"».[11]

En segundo lugar, y más importante, Charles Parham, Agnes Ozman y los otros estudiantes en realidad nunca experimentaron la señal sobrenatural que buscaban. Ellos estaban convencidos de que hablar en lenguas conllevaba la capacidad milagrosa de hablar en idiomas auténticos, como lo hicieron los apóstoles el día de Pentecostés en Hechos 2.[12] *Ese* era el don que tanto deseaban. Sin embargo, el «regalo» que experimentaron consistía en nada más que un absurdo balbuceo.[13] Esta realidad se hizo dolorosamente evidente cuando Parham insistió en que los misioneros pentecostales podrían ir al extranjero sin necesidad de asistir a una escuela de idiomas.[14]

Parham se jactaba en el *Topeka State Journal*: «El Señor nos dará el poder de la palabra para hablarle a la gente de las diversas naciones sin tener que estudiar en las escuelas».[15] Varias semanas más tarde, le dijo al *Kansas City Times*: «Parte de nuestra labor será la de enseñarle a la iglesia la inutilidad de pasar años preparando a los misioneros para el trabajo en el extranjero, cuando todo lo que tienen que hacer es pedirle a Dios el poder».[16] En pocas semanas, los periódicos en lugares tan lejanos como Hawai resonaban con la promesa de Parham, embellecida al parecer con una serie de falsedades:

TOPEKA, mayo 20. —El Rvdo. Charles F. Parham, del «Colegio de Bethel», en Topeka, y sus seguidores se preparan para darle a la gente de las iglesias un nuevo trabajo en la actividad misionera.

Su plan es enviar a las naciones a las personas que han sido bendecidas con el «don de lenguas», un don que, según él, a nadie más se le ha conferido alguna vez desde los tiempos apostólicos. Sus misioneros, como él mismo señala, tendrán la gran ventaja de contar con el conocimiento milagroso de los idiomas de los diversos pueblos entre los que trabajen, sin la molestia de tener que aprenderlos de manera laboriosa como lo hacen los otros misioneros potenciales.

[Parham dijo:] «No hay duda de que en ese momento se les otorgará el "don de lenguas" si son dignos y buscan con fe, creyendo que así van a ser capaces de hablar con las personas a las que ministran en el propio idioma de ellas, lo que, por supuesto, será una ventaja inestimable.

»Los estudiantes del Bethel College no necesitan estudiar de la manera antigua para aprender los idiomas. A ellos se les confieren milagrosamente. Distintos estudiantes ya han sido capaces de conversar con españoles, italianos, bohemios, húngaros, alemanes y franceses en su propio idioma. No tengo dudas de que varios dialectos de los pueblos de la India y la lengua de los salvajes de África serán recibidos durante nuestra reunión de la misma manera. Espero que este encuentro sea el más grande desde los días de Pentecostés».

———

Parham afirma que él y sus discípulos han recibido todos los dones que Cristo les confirió a sus primeros discípulos.[17]

Por desgracia, ese mismo tipo de testimonio adornado de manera deliberada y exagerado en extremo es muy común en los círculos carismáticos incluso hoy día. No obstante, los ingenuos todavía aceptan tales informes al pie de la letra, confundiendo credulidad con fe.

A pesar de la confianza garantizada que resonaba de parte de Parham, su estrategia misionera resultó un fracaso bastante contundente. Jack Hayford y David Moore, autores carismáticos, reconocen el gran fallo de las expectativas de Parham: «Lamentablemente, la idea de las lenguas xenoglosolálicas [es decir, los idiomas extranjeros] más tarde resultaría en un fracaso vergonzoso cuando los obreros pentecostales fueron a los campos misioneros con su don de lenguas y encontraron que sus oyentes no los entendían».[18] Robert Mapes Anderson añade:

S. C. Todd de la Sociedad Bíblica Misionera investigó a dieciocho pentecostales que fueron a Japón, China y la India «esperando predicarles a los nativos de esos países en su propia lengua» y encontró, según ellos mismos reconocieron, que «en ningún caso fueron capaces de hacerlo». Cuando estos y otros misioneros regresaron decepcionados y sintiendo que habían fracasado, los pentecostales se vieron obligados a reconsiderar su punto de vista inicial del hablar en lenguas.[19]

Además de hablar en lenguas, Agnes Ozman y otros pentecostales también «escribieron en lenguas», anotando lo que creían eran caracteres de una lengua extranjera. Las fotografías de estos mensajes fueron publicadas en periódicos como *Topeka Daily Capital* y *Los Angeles Daily Times*.[20] Los rayones no formaban parte de ningún lenguaje conocido y eran completamente incomprensibles.[21]

En tercer lugar, el carácter personal de Charles Parham pone en duda si el Espíritu Santo podría provocar un avivamiento en todo el mundo mediante su ministerio. Poco tiempo después de que sus alumnos hablaron en lenguas, a pesar de sus predicciones de que el crecimiento masivo estaba a punto de comenzar, Parham se vio obligado a cerrar la escuela bíblica en Topeka. Viajó a otras partes de Kansas y a los estados del Medio Oeste, celebrando servicios de sanidad y avivamiento y reuniendo discípulos. Pronto estaba proclamando que tenía más de cinco mil devotos.[22] Se refirió a su creciente red de seguidores como el Movimiento de la Fe Apostólica (haciéndose eco del nombre de su revista quincenal, *Apostolic Faith*) y se dio a sí mismo el título de «Proyector del Movimiento de la Fe Apostólica».[23]

Sin embargo, el movimiento apenas sobrevivió a una sucesión de duros golpes a la reputación de Parham. En el otoño de 1906, celebró una serie de reuniones en Zion, Illinois, y unos meses después cinco de sus seguidores golpearon hasta la muerte a una mujer con discapacidad en un intento por expulsar de ella al demonio del reumatismo. Aunque el propio Parham había desaparecido de Zion cuando la mujer fue golpeada, el juicio por asesinato subsiguiente ganó publicidad a escala nacional y los periódicos de todo el país identificaron a los asesinos como «miembros de la secta de Parham».[24] Cuando los principales autores del crimen fueron encontrados culpables, los medios de comunicación nacional informaron: «Se esperan otros arrestos en el caso como resultado de las pruebas presentadas en la investigación y Parham, líder de la secta de los que ahora están en la cárcel, puede ser puesto bajo vigilancia».[25] Parham no fue acusado en este caso, pero su nombre se convirtió en sinónimo de un fanatismo religioso mortal.

Cuando una niña en Kansas murió porque sus padres se negaron a darle tratamiento médico y en su lugar buscaron la sanidad mediante el ministerio de Parham, el evangelista pentecostal se vio obligado a abandonar Kansas e ir a Texas.[26] Fue allí donde conoció a William J. Seymour, un afroamericano de treinta y cinco años de edad, quien después de aceptar las enseñanzas de Parham sobre el Espíritu Santo y el don de lenguas, posteriormente provocó el avivamiento de la Calle

Azusa en Los Ángeles en el año 1906. Sin embargo, la amistad entre ellos pronto se dañó. Cuando Parham visitó la obra de Seymour en el sur de California, él mismo no estuvo de acuerdo con el comportamiento salvaje que caracterizaba las reuniones.[27] Trató de imponer su liderazgo sobre el avivamiento, pero fue rechazado.

A partir de ahí, la historia de Parham empeoró rápidamente. El 19 de julio de 1907 fue arrestado en un hotel de San Antonio, Texas, bajo cargos de sodomía. Lo pusieron en libertad cuatro días después. Aunque afirmó que era inocente, sus opositores alegaron que había escrito una confesión completa a cambio de su libertad.[28] A pesar de sus protestas en sentido contrario, la reputación de Parham fue mancillada de forma permanente y su influencia comenzó a disminuir. Como lo explica R. G. Robbins: «Lo que realmente ocurrió aquella noche calurosa de verano puede que nunca se sepa, pero la posición de Parham sufrió un daño irreparable a pesar del hecho de que las acusaciones fueron retiradas posteriormente. Las noticias del escándalo se difundieron a través de los círculos de santidad y pentecostales, deleitando a los enemigos de Parham y a su ya desalentado y diezmado grupo de amigos. Mientras tanto, el Movimiento de la Fe Apostólica se hizo añicos».[29]

En un intento desesperado por salvar su reputación, Parham decidió que tenía que hacer algo verdaderamente notable para distraer la atención de las denuncias. Comenzó una campaña de recaudación de fondos para una expedición a Tierra Santa, en la que se comprometió a encontrar tanto al arca de Noé como al arca perdida del pacto.[30] No obstante, el viaje terminó antes de empezar. El biógrafo de Parham, James R. Goff, explica lo que sucedió: «Después de delinear el plan ante la prensa y recaudar fondos suficientes, Parham viajó a Nueva York en diciembre de 1908 para abordar un barco a vapor hacia Jerusalén. [Pero] el billete para el Oriente Medio nunca se compró. Parham regresó a Kansas en enero de 1909 con el dinero que le prestó un amigo. Abatido, les explicó a sus seguidores que lo habían asaltado poco después de llegar a Nueva York y ni siquiera tuvo la oportunidad de comprar su boleto».[31]

Al igual que la mayoría de los predicadores afiliados al movimiento de santidad en esa época, Parham se sintió atraído por las doctrinas que eran secundarias, novedosas, extremas o totalmente no ortodoxas. Fue un ardiente defensor de la inmortalidad condicional (la idea de que los impíos serán aniquilados y no sometidos al tormento eterno) y a veces sonaba como universalista.[32] Tenía una visión poco ortodoxa de la naturaleza humana caída, claramente no entendía la esclavitud del pecado. Parecía creer que los pecadores podrían redimirse con una combinación de su propio esfuerzo y la ayuda de Dios, y al parecer consideraba la gracia como algo que Dios le debía a la humanidad. Enseñó que la santificación garantiza la sanidad física y, por lo tanto, es un acto de incredulidad recibir tratamiento médico por cualquier enfermedad.[33]

Parham también abogó por una forma de anglo-israelismo,[34] enseñando que las razas europeas occidentales (sobre todo las personas anglosajonas) descendían de las diez tribus de Israel después de que se dispersaron durante el cautiverio asirio y los blancos europeos, por lo tanto, eran el verdadero «pueblo elegido». Ese punto de vista, naturalmente, tiende a fomentar la intolerancia racial.[35] Y en efecto, a medida que pasaba el tiempo, Charles Parham se convirtió de forma cada vez más evidente en defensor de la segregación racial. En una ocasión afirmó que la razón por la cual Dios inundó el mundo fue como respuesta al matrimonio interracial. El sermón, titulado «Creación y formación», fue publicado el 13 de agosto de 1905 en la edición del diario *Houston Daily Post*. Según las propias palabras de Parham: «Así comenzó el lamentable matrimonio entre razas, por lo cual el diluvio fue enviado como castigo, y siempre ha sido seguido de plagas y enfermedades incurables hasta la tercera y cuarta generación de los hijos de tales matrimonios. Si con el tiempo continúan los matrimonios interraciales entre blancos, negros e indios de Norteamérica, la tisis y otras enfermedades no tardarán en barrer a los mestizos de la faz de la tierra».[36]

Después de visitar la Calle Azusa en 1906 y ser rechazado por sus excesos, Parham arremetió contra ellos. «Haciendo uso de insultos raciales crudos, Parham denunció a las mujeres blancas que se reunían con los hombres negros en el culto en la misión de Azusa, y lamentó que hombres y mujeres, blancos y negros, se arrodillaran juntos y cayeran unos sobre los otros. Tal "locura", acusó, había seguido a la obra de Azusa en todas partes».[37] Al final de su vida, Parham apoyó abiertamente al Ku Klux Klan, elogiando en público a la organización en 1927. Resumiendo las opiniones racistas de Parham, Frederick Harris señala que «el fundador teológico del pentecostalismo, Charles Parham, simpatizaba con el Ku Klux Klan, segregaba racialmente a los estudiantes de su escuela bíblica en Topeka, predicaba en contra de la mezcla de razas y creía que los anglosajones eran la raza superior».[38]

Tal como era de esperarse, el escándalo y el oprobio persiguieron las huellas de Parham y su reputación sufrió. Otros dentro de los círculos pentecostales pronto comenzaron a distanciarse de su fundador. «Junto con la preocupación por la gestión financiera, sus doctrinas excéntricas y sus actitudes racistas convirtieron a Parham en una vergüenza para el movimiento pentecostal que floreció en las primeras décadas del siglo veinte».[39] Sin embargo, nos guste o no, los pentecostales contemporáneos (y por extensión, todos los carismáticos) están vinculados con Charles Parham como el arquitecto teológico de su movimiento.[40] Anthony Thiselton explica: «Charles Parham es ampliamente considerado el fundador del pentecostalismo clásico [...] Parham formuló las cuatro marcas clásicas de la teología y la experiencia pentecostales: la salvación, el bautismo en el Espíritu Santo, la sanidad y la expectativa de la "segunda venida" de Cristo».[41]

Todo esto plantea preguntas importantes acerca de las declaraciones del movimiento pentecostal moderno, debido al carácter dudoso de sus comienzos: desde los testimonios contradictorios de los involucrados, la naturaleza absurda de las «lenguas» que se hablaron, hasta la mala reputación del primer líder del movimiento. Sumado a esto, el pentecostalismo surgió de la soteriología defectuosa del movimiento de santidad del siglo diecinueve, del que Charles Parham y William J. Seymour fueron parte.[42] A pesar de pasajes como 1 Juan 1.8–10, la teología de la santidad afirma erróneamente que los creyentes pueden experimentar una «segunda bendición» en algún momento después de su conversión, momento en el que alcanzan un estado de «perfección cristiana» en esta vida.[43] Algunos líderes de la santidad del siglo diecinueve también enseñaron una «tercera bendición», que se identificó con el «bautismo del Espíritu Santo», y que el pentecostalismo posteriormente vinculó con el hablar en lenguas.[44]

Sin embargo, he aquí el punto de toda esta historia: *si el Espíritu Santo quisiera recrear el día de Pentecostés, ¿sería esta realmente la forma en que lo haría?* Incluso una comparación básica entre lo que sucedió en Hechos 2 y lo que tuvo lugar diecinueve siglos después en Topeka, Kansas, pone de relieve grandes contrastes entre los dos sucesos. El día inicial de Pentecostés no surgió de una soteriología defectuosa, ni tampoco dio lugar a testimonios contradictorios. El don apostólico de lenguas no era una forma de vocalización irracional. Más bien, los apóstoles hablaron milagrosamente en auténticos idiomas que nunca habían aprendido (Hechos 2.9–12). Por otra parte, el poder del Espíritu no solo se exhibió en la predicación ferviente de ellos, sino también era evidente en su carácter piadoso, mientras el Espíritu continuaba santificándolos a lo largo de todas sus vidas.

El «nuevo Pentecostés» del movimiento carismático no podría haber sido más diferente. Surgió de la soteriología deficiente del movimiento de santidad, se caracterizó por testimonios incoherentes de testigos presenciales, produjo experiencias religiosas falsas y fue iniciado por un líder espiritual de mala reputación. Estos factores ponen su legitimidad en tela de juicio.

¿UN ENFOQUE DEL «NUEVO PENSAMIENTO»?

Casi al mismo tiempo que Charles Parham dirigía a sus alumnos a buscar las lenguas como la señal del bautismo del Espíritu, otro ministro estadounidense animaba a sus seguidores a utilizar la confesión positiva para expresar sus deseos y que se hicieran realidad.

«Lo que confieso, lo tengo».[45] Este lema, popularizado más tarde por los predicadores de la Palabra de Fe, lo acuñó por primera vez Essek William Kenyon, un pastor bautista de la corriente del libre albedrío y educador que vivió desde el 1867 hasta el 1948. Aunque se crió en un hogar metodista, Kenyon se convirtió en bautista por medio de la influencia del popular evangelista A. J. Gordon. Sin embargo, Kenyon también se expuso a las sectas metafísicas del siglo diecinueve y permitió que estos errores enturbiaran su teología.

En 1892, asistió a la Universidad Emerson de Oratoria en Boston, que se especializaba en adiestrar a académicos para las sectas de las ciencias metafísicas (en particular, del nuevo pensamiento metafísico).[46] El nuevo pensamiento se originó una generación antes debido a las enseñanzas de Phineas P. Quimby, un filósofo de Nueva Inglaterra, hipnotizador y sanador que enseñaba que las realidades físicas podían ser manipuladas y controladas por medios mentales y espirituales. Las enseñanzas del nuevo pensamiento hicieron hincapié en que una inteligencia superior o fuerza divina estaba presente en todas partes, que los seres humanos poseían una naturaleza divina, que podrían utilizar su mente para alterar la realidad física, y que al pensar correctamente podrían liberarse de la enfermedad y la pobreza.[47] Las ideas de Quimby fueron popularizadas por sus seguidores, entre ellos Mary Baker Eddy, quien incorporó la enseñanza del nuevo pensamiento a la secta de la ciencia cristiana.

Después de egresar de Emerson College, Kenyon fue pastor en varias iglesias bautistas. En 1898, inició el Instituto Bíblico Betel en Spencer, Massachusetts. Sirvió como presidente de la institución hasta 1923, cuando renunció «en medio de un remolino de controversias que nunca se hicieron públicas».[48] Dejando Massachusetts llegó al oeste, estableciéndose durante varios años en el sur de California antes de mudarse a Seattle, Washington, a principios de la década de 1930. Allí fundó la New Covenant Baptist Church, estableció el Instituto Bíblico de Seattle y transmitió sus enseñanzas mediante su programa de radio *Kenyon's Church of the Air*. Él no era pentecostal, pero «en sus últimos años, visitó reuniones pentecostales y fue invitado a hablar en el famoso Templo Angelus de Aimee Semple McPherson en Los Ángeles. Aunque murió justo después del final de la Segunda Guerra Mundial, muchos de los evangelistas sanadores destacados de los años de la posguerra fueron claramente influenciados por él y citan su obra».[49] Trace el fundamento doctrinal de cualquier maestro de la Palabra de Fe y encontrará que se remonta a E. W. Kenyon.

La enseñanza de Kenyon era seriamente aberrante en varios niveles. En su predicación y enseñanza, combinó elementos centrales de la filosofía del nuevo pensamiento con la teología cristiana, afirmando que las personas pueden cambiar sus circunstancias físicas simplemente haciendo una «confesión positiva de la palabra de Dios».[50] Por ejemplo, para ser sanados, los creyentes solo necesitan declarar que ya están curados. Como Kenyon explicó: «La confesión siempre antecede a la curación. No vea los síntomas, vea la palabra, y esté seguro de que su confesión sea valiente y vigorosa. No le haga caso a la gente [...] Es Dios el que habla. Usted está curado. La palabra dice que lo está. No le haga caso a los sentidos. Déle a la palabra su lugar».[51] Solo quienes hacen una confesión positiva pueden esperar resultados positivos. Por el contrario, aquellos que pronuncian palabras de pesimismo están condenados al fracaso.

Citando de nuevo a Kenyon: «Usted rara vez se eleva por encima de sus palabras. Si habla de enfermedad, se mantendrá al nivel de su conversación. Si habla de debilidad y fracaso, actuará de ese modo. Siga diciendo: "Yo no puedo conseguir trabajo" o "yo no puedo hacer esto", y sus palabras reaccionarán sobre su cuerpo. ¿Por qué sucede esto? Porque usted es un ser espiritual. No es un ser físico. Básicamente, es un espíritu, y el espíritu registra las palabras como un pedazo de papel secante absorbe la tinta».[52] Al hacer hincapié en el poder creativo de las palabras y la idea de que la enfermedad es espiritual, no física, Kenyon proveyó la premisa básica de lo que después sería la teología de la Palabra de Fe.[53]

Las enseñanzas de Kenyon también sentaron las bases para el énfasis en la prosperidad material de la Palabra de Fe. Para él, el evangelio no solo ofrecía la esperanza de una futura recompensa en el cielo, sino también prometía bendiciones materiales en la tierra, aquí y ahora. Él escribió: «El valor del cristianismo reside en lo que vamos a obtener de él. *Somos cristianos por lo que podemos conseguir en esta vida*, y reclamamos una esperanza de un mundo por venir [...] También *exigimos* que el Dios al que servimos y adoramos escuche nuestras peticiones, nos proteja del peligro, nos consuele en el dolor».[54] Según Kenyon: «Dios nunca planeó que viviéramos en la pobreza, ya sea física, mental o espiritual. Él convirtió a Israel en cabeza de las naciones económicamente. Cuando entramos en alianza con Dios, y aprendemos de sus formas de hacer las cosas, no podemos fallar [...] Él le dará la capacidad para hacer de su vida un éxito».[55] Si tales declaraciones suenan inquietantemente similares a la verborrea moderna de los predicadores de la prosperidad y los teleevangelistas reconocidos, sí que lo son. Ellos obtienen su material de Kenyon.

Sus ideas novedosas pronto se infiltraron en el movimiento carismático, donde dieron a luz al movimiento carismático Palabra de Fe. Tal como Dennis Hollinger observa: «Varios evangelistas sanadores pentecostales de las décadas de 1940 y 1950 habían leído las obras de Kenyon y a veces las citaron».[56] Sanadores por fe como William Branham y Oral Roberts sentaron la base sobre la que pudo ser el evangelio de la prosperidad en los círculos carismáticos.[57] No obstante, fue Kenneth Hagin, conocido como el «padre del movimiento de la Palabra de Fe», quien popularizó la obra de Kenyon, incluso plagiando gran parte de los escritos de Kenyon en sus propios libros.[58] Los predicadores de la prosperidad que le siguieron, desde Kenneth Copeland hasta Benny Hinn y Creflo Dollar, todos han sido influenciados por Hagin. Y como hemos visto en el capítulo anterior, el evangelio de la prosperidad se ha convertido en la *fuerza dominante* en los círculos pentecostales y carismáticos modernos.

De la misma manera que el carácter personal de Charles Parham proyecta una oscura sombra de sospecha sobre los inicios del movimiento pentecostal, la incorporación de los principios del nuevo pensamiento de E. W. Kenyon revela el verdadero origen del movimiento de la Palabra de Fe y el evangelio de la prosperidad. Para Parham, que esperaba hablar en auténticos idiomas, su experiencia inicial fue una falsificación. Para Kenyon, que integró la filosofía metafísica a sus sermones, su teología resultante fue una secta. Los maestros de la Palabra de Fe que siguen los pasos de Kenyon deben su origen a hombres como Phineas P.

Quimby, es decir, su teología pertenece a la misma familia que la ciencia cristiana, la teosofía, el mesmerismo, la ciencia de la mente, el swedenborgianismo y el nuevo pensamiento metafísico. El evangelio de la prosperidad resultante es una mezcla del dualismo neognóstico, el misticismo de la Nueva Era y el materialismo descarado. Se trata de «herejías destructoras» (2 Pedro 2.1), que proclaman salud y riquezas mientras sus víctimas quedan desamparadas moralmente y en bancarrota espiritual.

¿Por qué enfocarse en las contribuciones de Charles Parham y E. W. Kenyon? La respuesta es simple. Estos dos hombres son los responsables de las bases teológicas sobre las que todo el sistema carismático está construido. Representan sus raíces históricas. Como fundador y arquitecto teológico del pentecostalismo, Parham articula los principios e interpreta las experiencias que provocaron el movimiento carismático moderno, por lo que sus errores y fracasos ponen en tela de juicio el fundamento sobre el cual se construyó todo el sistema. Como el abuelo del movimiento de la Palabra de Fe, Kenyon les proporciona a los posteriores predicadores de la prosperidad una receta para el veneno doctrinal. Su conexión con las sectas metafísicas explica la corrupción disimulada inherente a los populares mensajes de los teleevangelistas de hoy.

¿UN NUEVO DESPERTAR?

A pesar de sus dudosos orígenes, el movimiento carismático moderno ha crecido hasta convertirse en una entidad masiva. Su crecimiento sin precedentes ha llevado a algunos observadores a declararlo como una «nueva Reforma». En las palabras de un erudito: «El cristianismo está viviendo una reforma que resultará aun más básica y radical que la que estremeció a Europa durante el siglo dieciséis [...] La presente reforma está sacudiendo los cimientos de una manera más espectacular que su predecesora del siglo dieciséis, y sus resultados serán más profundos y radicales».[59] Otro autor exclama de manera similar: «Ahora estamos en medio de uno de los cambios más dramáticos en el cristianismo desde la Reforma. El cristianismo se encuentra en marcha y creando un cambio sísmico que está transformando el rostro de todo el movimiento cristiano».[60]

Otros han marcado más modestamente al movimiento carismático moderno como un nuevo Gran Despertar. Vinson Synan explica: «Algunos historiadores hablan del avivamiento de la Calle Azusa de 1906 a 1909 como el "Cuarto Gran Despertar". Más de un millón de congregaciones pentecostales surgieron en el mundo como consecuencia de este avivamiento histórico. El movimiento de renovación carismática también procede del movimiento pentecostal, el cual comenzó en 1960 y extendió la "renovación del Espíritu Santo" tanto a las principales iglesias protestantes como católicas en todas partes del mundo».[61] No es raro que los carismáticos hagan conexiones entre su movimiento y el Gran Despertar del siglo dieciocho.[62] En parte, esto se debe a la popularidad del avivamiento de Nueva Inglaterra, que tuvo lugar a finales de la década de 1730 y principios de la década de 1740 bajo la dirección de notables predicadores y teólogos como George Whitefield y Jonathan Edwards.

Sin embargo, también existen paralelos con los arrebatos emocionales que a veces caracterizaron las reuniones de avivamiento del siglo dieciocho.[63] Durante el Gran Despertar, «el pueblo lloraba en arrepentimiento por sus pecados, algunos gritaban de alegría por haber sido perdonados, y otros estaban tan abrumados que se desmayaban».[64] En algunos casos, las emociones fueron aun más extremas. Como lo explica Douglas Jacobsen: «Durante el Gran Despertar, que tuvo lugar en la Norteamérica colonial, las personas a veces se sacudían con convulsiones, emitían sonidos similares a gruñidos y chillidos de animales, o caían en estados de trance [...] Este tipo de manifestaciones físicas de la lucha espiritual y la liberación no fue inventado por los pentecostales, la manifestación física de lo espiritual es parte de la historia más larga de los avivamientos».[65]

Es comprensible que muchos de los puritanos de Nueva Inglaterra fueran escépticos en cuanto al avivamiento debido al emocionalismo que parecía acompañarlo. Entre ellos se encontraba un pastor de Boston, Charles Chauncy, quien se quejaba de que «la religión, en los últimos tiempos, ha sido más una conmoción de las pasiones, que un cambio en el estado de ánimo de la mente».[66] En su sermón de 1742, «El entusiasmo descrito y advertencia en su contra», Chauncy arremetió contra el Gran Despertar, argumentando que el avivamiento había intercambiado la verdadera espiritualidad por el sensacionalismo sin límites. Su último libro, *Seasoned Thoughts on the State of Religion in New England* [Pensamientos experimentados sobre el estado de la religión en Nueva Inglaterra], se hizo eco de los mismos temas, condenando lo que él consideraba excesos religiosos que ocurrían en las reuniones de avivamiento.

Jonathan Edwards, un ferviente partidario del Gran Despertar, era muy consciente de las preocupaciones planteadas por Charles Chauncy y otros puritanos de la «luz antigua». En julio de 1741, cuando Edwards predicó su sermón más famoso, «Pecadores en las manos de un Dios airado», la respuesta de la gente fue tan intensa que ni siquiera pudo terminar su mensaje. Como señala George Marsden: «El tumulto se hizo demasiado grande cuando la audiencia se llenó de voces, gemidos y gritos: "¿Qué debo hacer para ser salvo? Ah, me voy al infierno. ¿Qué debo hacer por Cristo?"».[67]

Solo dos días antes, Edwards predicó en un culto en que se celebraba la Santa Cena en Suffield, Connecticut. La respuesta fue igual de emocional. «Un visitante que llegó después del sermón dijo que desde casi medio kilómetro de distancia podía oír gritos, chillidos y gemidos, "como los de una mujer con dolores de parto", mientras la gente agonizaba por el estado de sus almas. Algunos se desmayaban o estaban en trance, otros eran vencidos por una extraordinaria agitación corporal. Edwards y otros más oraban con muchos de los angustiados y llevaron a algunos a "diferentes grados de paz y alegría, a otros al éxtasis, todos alabando al Señor Jesucristo", e instó a las personas a venir al Redentor».[68]

Al defender el Gran Despertar de sus críticos, Edwards reconoció que necesitaba hacerle frente a sus preocupaciones acerca de este tipo de arrebatos emocionales. Lo hizo en el verano de 1741, al tratar directamente con el tema en un mensaje de apertura que pronunció en su alma máter, Yale College.[69] En su mensaje, que fue publicado luego como *The Distinguishing Marks of a Work of the Spirit of God* [La marca distintiva de la obra del Espíritu Santo], Edwards explicó que la legitimidad de un avivamiento no se podía determinar en base a respuestas emocionales:

Edwards argumentó con su habitual lógica lúcida que los fenómenos físicos intensos como «lágrimas, temblores, gemidos, fuertes gritos, agonías del cuerpo o la pérdida de la fuerza física» no prueban nada sobre la legitimidad de un avivamiento. Él no creía que había llegado un tiempo de dones extraordinarios del Espíritu Santo, así que negó (contrario tanto a algunos radicales de su época como a los posteriores pentecostales) que los signos de éxtasis eran la mejor prueba de un verdadero derramamiento del Espíritu Santo. Al mismo tiempo, insistió en que los arrebatos emocionales no eran evidencias abrumadoras *en contra* de la presencia del Espíritu Santo [...] Las pruebas reales o «marcas distintivas» de una obra genuina del Espíritu de Dios no tenían nada que ver con tales efectos dramáticos o la falta de ellos. Por el contrario, encontró que estas pruebas eran las vidas cambiadas de los que ahora vivían según los dictados del evangelio y manifestaban los rasgos y virtudes de los cristianos verdaderos.[70]

Al encontrar sus «señales de identidad» en la primera carta de Juan, Edwards sostuvo que una verdadera obra del Espíritu Santo solo puede medirse en base a los criterios bíblicos. Las experiencias emocionales pueden ser poderosas, pero no son una prueba de que Dios está verdaderamente en el asunto.[71] Después de todo, Edwards reconoció que «el entusiasmo a menudo se propaga incluso cuando los evangelistas proclamaban una falsa doctrina. Y Satanás podía simular verdaderos despertares».[72]

De la misma manera que Edwards enunció las verdaderas señales de la obra del Espíritu, también delineó «señales negativas» o falsamente positivas, signos que *pueden* acompañar a una verdadera obra de Dios, pero también podían ser fabricados por hipócritas.[73] Edwards colocó los arrebatos emocionales y las respuestas físicas a la predicación en la categoría de no determinativos: por sí mismos, estos fenómenos simplemente no prueban la legitimidad de un avivamiento.[74]

¿Cómo, entonces, se puede discernir entre un verdadero avivamiento y uno falso? O, más directamente, ¿qué diferencia una verdadera obra del Espíritu de una falsificación? La respuesta, Edwards afirmó, se encuentra al «probar los espíritus». Tomando esta frase de 1 Juan 4.1, el teólogo puritano extrajo cinco principios del cuarto capítulo de la carta de Juan, y de este modo desarrolló una base claramente bíblica que se puede aplicar a cualquier supuesta obra de Dios.[75]

Por lo tanto, Edwards evaluó las experiencias de su día a través del lente de las Escrituras, mostrando principios bíblicos relacionados con la mayor controversia religiosa de ese período de la historia. Por esa razón, su enfoque proporciona un modelo útil para que lo consideremos. Como R. C. Sproul y Archie Parrish explican:

> Cuando aparecen señales de avivamiento en el paisaje de la historia, una de las primeras preguntas que se plantean es la de la autenticidad. ¿Es el avivamiento verdadero o un mero estallido de emoción superficial? ¿Encontramos un entusiasmo vacío respaldado por nada sustancial o el propio entusiasmo indica que se trata de una gran obra de Dios? En cada avivamiento registrado en la historia de la iglesia, las señales que le siguen son mixtas. El oro está siempre mezclado

con escoria. Cada avivamiento tiene sus falsificaciones, y las distorsiones tienden a plantear preguntas acerca de su realidad.

Este problema ciertamente ocurrió en el Gran Despertar del siglo dieciocho en Nueva Inglaterra, en el que Jonathan Edwards fue una figura clave. Sus marcas distintivas proporcionan un cuidadoso análisis de ese avivamiento, destacando su contenido así como sus excesos. No obstante, el estudio del teólogo puritano sobre el asunto tiene más relevancia que su aplicación a ese singular avivamiento. Proporciona una guía a seguir en todos los períodos de renovación y por esto tiene un valor perdurable para nosotros hoy.[76]

En los días de Jonathan Edwards, los cristianos estadounidenses estaban tratando de determinar si el Gran Despertar era una verdadera obra del Espíritu Santo. Edwards respondió escudriñando las Escrituras con el fin de realizar dicha evaluación. Expresó su objetivo así: «En la era apostólica tuvo lugar el más grande derramamiento del Espíritu de Dios que jamás hubiera ocurrido. Sin embargo, a medida que las influencias del verdadero Espíritu abundaron, las falsificaciones también lo hicieron. El diablo fue abundante en imitar tanto las influencias ordinarias como extraordinarias del Espíritu de Dios. Esto hizo que fuera muy necesario que la iglesia de Cristo tuviera ciertas reglas, marcas claras y distintivas, con las que pudiera proceder de forma segura al juzgar lo verdadero de lo falso. Estas normas están diseñadas con claridad en 1 Juan 4, donde se trata esta cuestión de una manera más expresa y plena que en cualquier otro lugar de la Biblia. En este extraordinario día, cuando se habla tanto acerca de la obra del Espíritu, debemos aplicar cuidadosamente estos principios».[77]

Del mismo modo, muchos creyentes hoy se preguntan si el movimiento carismático moderno representa una verdadera obra del Espíritu Santo. Como hemos visto en este capítulo, las raíces históricas del movimiento dejan mucho que desear. No obstante, ¿qué sucede con sus frutos (cp. Mateo 7.15–20)?

Jonathan Edwards acudió a la Palabra de Dios para hacer su evaluación. Debido a que las Escrituras inspiradas por el Espíritu nunca pasan de moda, podemos utilizar esas mismas verdades bíblicas para evaluar el movimiento carismático moderno. En los siguientes capítulos vamos a considerar las cinco pruebas que Edwards deriva de 1 Juan 4, permitiendo que los principios de la Palabra de Dios nos ayuden a responder a la pregunta: *¿el movimiento carismático moderno representa una verdadera obra del Espíritu Santo?*

TRES

PROBEMOS LOS ESPÍRITUS (PRIMERA PARTE)

E l Nuevo Testamento está lleno de advertencias acerca de los falsos maestros y la necesidad de que cada creyente ejerza un discernimiento espiritual. En el Sermón del Monte, el Señor les advirtió a sus oyentes: «Guardaos de los falsos profetas, que vienen a vosotros con vestidos de ovejas, pero por dentro son lobos rapaces» (Mateo 7.15). El apóstol Pablo se hizo eco de esas palabras en su discurso a los ancianos de Éfeso: «Porque yo sé que después de mi partida entrarán en medio de vosotros lobos rapaces, que no perdonarán al rebaño. Y de vosotros mismos se levantarán hombres que hablen cosas perversas para arrastrar tras sí a los discípulos» (Hechos 20.29–30). Del mismo modo, Pedro exhortó a sus lectores a estar en guardia contra los «falsos maestros, que introducirán encubiertamente herejías destructoras» y el error en la iglesia (2 Pedro 2.1).

Los falsos maestros representan una grave amenaza para la salud y la unidad de la iglesia desde el principio. Tendemos a pensar en la iglesia primitiva como pura e inmaculada, pero la herejía comenzó a infestarla desde su nacimiento. La amenaza de la falsa doctrina era un tema constante en la enseñanza apostólica. Jesús mismo les dio instrucciones a los creyentes para que tuvieran especial cuidado en la evaluación de cualquier mensaje espiritual o cualquier mensajero autoproclamado que dijera hablar en nombre de Dios. Hablando sobre los falsos profetas, Jesús le dijo a la multitud en Mateo 7.16: «Por sus frutos los conoceréis». Las cartas de 2 Pedro y Judas delinean cuáles son esos frutos, que incluyen el amor al dinero, el pecado sexual, la arrogancia, la hipocresía y la teología aberrante.

En el contexto de la evaluación de los mensajes que pretenden ser proféticos, Pablo les indicó a los tesalonicenses: «Examinadlo todo; retened lo bueno. Absteneos de toda especie de mal» (1 Tesalonicenses 5.21–22). Las doctrinas novedosas, la autopromoción ostentosa y los reclamos de una nueva revelación de Dios (todas características muy comunes del movimiento carismático) son las señales particulares de un falso maestro. La afirmación de que una nueva enseñanza proviene de Dios resulta absolutamente esencial para el éxito de cualquier plan herético. Por lo tanto, es igual de esencial que los creyentes ejerciten el discernimiento bíblico en el reconocimiento de la mentira. Si los cristianos fallan en este sentido, demuestran el peligro de su inmadurez, permitiéndose ser como «niños», «llevados por doquiera de todo viento de doctrina, por estratagema de hombres que para engañar emplean con astucia las artimañas del error» (Efesios 4.14).

El apóstol Juan escribió su primera epístola más de medio siglo después de que Jesús predicara el Sermón del Monte y varias décadas más tarde de que Pablo escribiera sus cartas. Sin embargo, nada había cambiado. Los falsos maestros todavía planteaban una amenaza importante para la iglesia. Así que Juan animó a sus lectores a conocer y amar la verdad, al mismo tiempo les advirtió que se protegieran contra las doctrinas engañosas y destructivas de los falsos profetas.

En 1 Juan 4.1–8, el apóstol delineó una estrategia mediante la cual los creyentes pueden convertirse en expertos en lo que concierne a diferenciar entre la verdadera obra del Espíritu Santo y los ministerios engañosos de los falsos profetas. Aunque fueron escritos en el primer siglo, los principios presentados en estos versículos son atemporales. Resultan pertinentes en especial en un momento en que muchos de los llamados líderes cristianos y los medios de comunicación religiosos son felices al mezclar la verdad con errores de todo tipo y venderlo como Palabra de Dios.

El capítulo comienza con estas palabras: «Amados, no creáis a todo espíritu, sino probad los espíritus si son de Dios; porque muchos falsos profetas han salido por el mundo» (1 Juan 4.1). La palabra griega traducida *probad* se utilizaba en la antigüedad para referirse al proceso metalúrgico del mineral a fin de determinar su pureza y valor. Los metales preciosos se probaban en un crisol u horno (Proverbios 17.3), sometiéndolos a un calor intenso que revelaría y quemaría la escoria sin valor y las impurezas que podrían estar mezcladas con el metal. De manera similar, los creyentes están continuamente probando los espíritus: evaluando a los ministros, sus mensajes y los principios que animan a cada enseñanza para discernir entre lo que es verdaderamente valioso y lo que es falso.

En los versículos 2 al 8, Juan continúa su consejo de probar los espíritus con un esquema de cinco puntos para evaluar la verdadera naturaleza de cualquier enseñanza. Más de mil seiscientos años después de que el apóstol Juan muriera, Jonathan Edwards estudió este pasaje y aplicó sus principios al Gran Despertar. Como hemos visto, él no defendió el avivamiento de Norteamérica basado en su popularidad o por el entusiasmo emocional que produjo. Más bien, permitió que la prueba de las Escrituras determinara la respuesta adecuada a los fenómenos espirituales de su tiempo. Al igual que Edwards, los creyentes de hoy no tienen más que una norma segura para evaluar las experiencias espirituales contemporáneas, incluso los reclamos y prácticas del movimiento carismático moderno. Solo aquello capaz de soportar el escrutinio de las Escrituras puede ser aceptado, mientras que lo que no cumple con ese parámetro debe ser confrontado y rechazado. El deber de cada pastor y maestro, así como la responsabilidad de cada verdadero creyente, no implica nada menos que eso.

Podríamos enmarcar estas pruebas de 1 Juan 4.2–8 en la forma de cinco preguntas: (1) ¿Exalta al verdadero Cristo? (2) ¿Se opone a lo mundano? (3) ¿Lleva a las personas hacia las Escrituras? (4) ¿Exalta la verdad? (5) ¿Produce amor a Dios y a los demás? Estas son las pruebas que Jonathan Edwards aplicó al avivamiento espiritual del Gran Despertar. En este capítulo y el siguiente, vamos a examinar el movimiento carismático moderno a la luz de estos mismos principios.

PRIMERA PRUEBA: ¿EXALTA AL VERDADERO CRISTO?

Cuando Jonathan Edwards estudió la primera carta de Juan, identificó la verdad inicial de 1 Juan 4.2–3, a saber, que *una verdadera obra del Espíritu Santo exalta al verdadero Cristo*. A diferencia de los falsos profetas, los que están verdaderamente llenos del poder del Espíritu Santo le dan el énfasis principal a la persona y la obra del Señor Jesucristo. Por lo tanto, una verdadera obra del Espíritu se enfoca en el Salvador, señalando hacia él de una manera precisa, preeminente y que lo exalta. Los falsos maestros, por el contrario, disminuyen y distorsionan la verdad acerca de Cristo.

Una de las herejías populares en la época de Juan atacaba la doctrina bíblica de la encarnación de Cristo al negar que Jesús poseyera un cuerpo humano físico. Esa noción equivocada, conocida como docetismo (de la palabra griega que significa *apariencia*), enseñaba que el cuerpo del Señor no era más que una ilusión. Aunque esto puede sonar extraño a los oídos modernos, se difundió en un cierto momento cuando la generalizada filosofía griega afirmó que el universo material era malo y solo las realidades espirituales eran buenas. Por lo tanto, de acuerdo con el docetismo, Jesús no pudo haber tenido un cuerpo real o habría sido manchado por el mal.

Las enseñanzas del docetismo se acomodaban perfectamente al dualismo griego, pero estaban en completo desacuerdo con la verdad bíblica acerca de Cristo y su evangelio.[1] Reconociendo el peligro del docetismo, el apóstol Juan expuso lo que realmente era: un engaño satánico. Él escribió: «En esto conoced el Espíritu de Dios: Todo espíritu que confiesa que Jesucristo ha venido en carne, es de Dios; y todo espíritu que no confiesa que Jesucristo ha venido en carne, no es de Dios» (1 Juan 4.2–3). El punto del apóstol era inconfundible: si alguien predica una versión falsa de Jesucristo (como la que se encuentra en el docetismo), esa persona se revela como un falso profeta cuyo ministerio no proviene de Dios.

A partir de este pasaje, Jonathan Edwards expresó el principio más amplio, es decir, que una verdadera obra del Espíritu guía siempre y necesariamente a las personas a la verdad sobre el Señor Jesucristo. Comentando estos versículos, Edwards escribió: «Cuando es el Espíritu quien está obrando en el pueblo, se observa de una manera tal que se eleva entre las personas la estima de ese Jesús que nació de la virgen y fue crucificado fuera de las puertas de Jerusalén; y parece confirmarse y establecerse aun más en sus mentes la verdad que el evangelio declara acerca de que él es el Hijo de Dios y el Salvador de los hombres. Esta es una señal segura de que ese espíritu es el Espíritu de Dios».[2] Por el contrario, aquellos ministerios que distraen a la gente de Cristo, o distorsionan la verdad de su naturaleza y su evangelio, o tratan de disminuir su gloria, ciertamente *no* están facultados por el Espíritu Santo.

Tal como Edwards pasó a explicar:

[L]a persona de la que el Espíritu da testimonio, y cuya estima y respeto eleva, debe ser aquel Jesús que apareció en la carne, y no otro Cristo en su lugar; no cualquier místico o fantástico Cristo, tal como la luz interior que el espíritu de los cuáqueros ensalza, que disminuye la estima hacia él y la dependencia de un Cristo externo, o de ese Jesús que vino en la carne, y los guía fuera de él [...] pero el espíritu da testimonio de ese Jesús, y conduce a él [...] El diablo tiene la enemistad más amarga e implacable contra esa persona [Cristo], sobre todo en su carácter de Salvador de los hombres; él odia a muerte la historia y la doctrina de la redención; nunca engendraría en los hombres más pensamientos honorables de él, y sí los inclina aun más a temerle, y le da mayor peso a sus propias instrucciones y mandatos.[3]

El diablo busca torcer, confundir y ocultar la verdad acerca del Señor Jesús, quiere alejar la atención de las personas del Salvador por cualquier medio posible. Una verdadera obra del Espíritu hace exactamente lo contrario: apunta hacia el Cristo bíblico y afirma la verdad de su evangelio.

Una verdadera obra del Espíritu guía a las personas a Cristo

La gloriosa prioridad del Espíritu Santo es guiar a las personas hacia el Señor Jesucristo. Como Jesús les dijo a sus discípulos: «Mas el Consolador, el Espíritu Santo, a quien el Padre enviará en mi nombre, él os enseñará todas las cosas, y os recordará todo lo que yo os he dicho [...] Él me glorificará; porque tomará de lo mío, y os lo hará saber» (Juan 14.26; 16.14). La obra del Espíritu siempre está enfocada en el Salvador. Y cualquier ministerio o movimiento al que él le da poder compartirá la misma prioridad y claridad.

En contraste con esto, el énfasis en la persona y la obra de Cristo no es la característica definitoria del movimiento carismático, en el que en cambio ha tomado el lugar central una fijación intensa en una caricatura de la bendición y los dones del Espíritu Santo. Autores carismáticos como Jack Hayford y David Moore afirman: «En el popurrí pentecostal solo una cosa es la misma para todos: *la pasión que tienen por experimentar la presencia y el poder del Espíritu Santo*. Este es el denominador común. Tal énfasis en el Espíritu Santo, la tercera persona de la Trinidad, es lo que define el "siglo carismático"».[4] Irónicamente, ellos celebran una prioridad inadecuada. Con el pretexto de honrar al Espíritu Santo, los carismáticos por lo general ignoran el verdadero propósito del ministerio del Espíritu, el cual es llamar la atención de todos hacia el Señor Jesucristo. Como Steve

Lawson observa acertadamente: «El deseo del Espíritu Santo es que nos centremos en Jesucristo, no en él mismo. Ese *es* el ministerio principal del Espíritu. Él nos está señalando a Jesús. Llevándonos a Cristo con mayor claridad. Cuando el Espíritu Santo se convierte en un fin en sí mismo, entonces hemos malentendido su ministerio».[5]

Dentro de los círculos carismáticos, enfoque adecuado en Cristo está opacado por una preocupación por los presuntos dones espirituales y poderes sobrenaturales.[6] Escuche al típico carismático y usted podría pensar que la obra del Espíritu Santo es para manifestarse a sí mismo y llamar la atención a sus propios actos. En palabras de Kenneth D. Johns, un antiguo pentecostal, muchas iglesias carismáticas «están centradas en el Espíritu en lugar de en Cristo».[7] Al reflexionar sobre sus propias experiencias en el movimiento, con fenómenos como la marcha de Jericó, el hablar en lenguas y ser derribado por el Espíritu, Johns observa:

> En cada caso, fueron presentadas a nosotros como el «mover soberano del Espíritu» y una forma de recibir el poder del Espíritu Santo. En el logro de estas experiencias se nos exhorta a «ceder al Espíritu», «liberar el poder del Espíritu en nosotros», «sentir su presencia y la unción moviéndose sobre nosotros», «escuchar su voz nueva y refrescante». Jesús fue relegado a un segundo plano mientras tratábamos de tener una «experiencia» del Espíritu.
>
> Estábamos siendo urgidos a enfocarnos en el Espíritu Santo en lugar de en Jesucristo. El resultado de este mensaje torcido fue un énfasis excesivo en las emociones y una exageración de las expectativas, como si pudiéramos llevar una vida sobrenatural en la que los milagros superarían todas las circunstancias negativas. Nos dijeron que si podíamos llegar a un estado de «plenitud del Espíritu», tendríamos poder sobrenatural.[8]

Otro autor recuerda igualmente que era «muy fácil llegar a emborracharse con el poder de Dios —obsesionarse con lo milagroso, tener una fijación con los dones espirituales— y perder de vista a Jesucristo en el proceso».[9]

Tales testimonios indican que Ronald Baxter tiene razón cuando pregunta: «¿Qué tipo de unión produce el movimiento carismático? Es una que sustituye a Cristo por un énfasis en el Espíritu Santo».[10] Incluso algunos autores carismáticos, en momentos de sinceridad, han reconocido que su movimiento está fuera de balance en su obsesión por «experimentar» al Espíritu.[11] Por ejemplo, el pionero pentecostal y patriarca Donald Gee, al final de su vida, lamentó el hecho de que «después de sesenta y cinco años de historia (1966), el pueblo pentecostal, en gran parte, todavía exhibe una obsesión hacia lo emocional, lo espectacular y la búsqueda de señales».[12] Medio siglo después, esa obsesión se ha vuelto más desenfrenada que nunca.

Todo esto pone en tela de juicio la premisa fundamental del movimiento carismático: si «el Espíritu Santo llama la atención no a sí mismo ni a los hombres, sino que enfoca toda la atención en el Señor Jesucristo y lo que Dios ha hecho en y mediante su Hijo»,[13] ¿por qué entonces el autoproclamado *movimiento del Espíritu* no se define por ese mismo atributo?[14] Los carismáticos desean centrar la atención en el Espíritu Santo o al menos en la suplantación que ellos hacen de él.[15] Sin embargo, el Espíritu Santo desea centrar la atención en la verdadera persona y obra de Jesucristo. Como el Señor les dijo a sus discípulos en el aposento alto, el Espíritu sería enviado en su nombre, para recordarles sus enseñanzas y dar testimonio de su obra (Juan 14.26; 15.26). El Espíritu no habla por su propia cuenta, ni llama la atención a sí mismo, más bien desea glorificar al Hijo (Juan 16.13–14). El famoso puritano Matthew Henry lo resumió así: «El Espíritu no vino para erigir un nuevo reino, sino para glorificar a Cristo».[16] Más recientemente, Kevin DeYoung describió el papel del Espíritu de esta manera:

> ¡Exaltar a Cristo es la evidencia de la obra del Espíritu! El enfoque de la iglesia no está en la paloma, sino en la cruz, esa es la forma en que el Espíritu actuaría. Como J. I. Packer afirma: «El mensaje del Espíritu para nosotros nunca es: "Mírame, escúchame, ven a mí, conóceme", sino siempre: "Mira a Cristo, y observa *su* gloria; atiéndelo, y escucha *su* palabra; ve a *él*, y ten vida; conócelo; y saborea *su* don de gozo y paz"».[17]

El Espíritu obra en la iglesia para que los hombres puedan ver a Jesús como Señor, reconozcan su autoridad y se sometan a su voluntad (1 Corintios 12.3; Filipenses 2.9–13).[18] Por lo tanto, una verdadera obra del Espíritu dirige a la gente en primer lugar y sobre todo a exaltar a Cristo como Señor soberano y a poner su atención y afecto en él. El Espíritu resulta más glorificado cuando honramos al Hijo.

El Espíritu Santo no solo dirige nuestra atención hacia el Señor Jesús, sino también nos conforma a la imagen de Cristo (Efesios 3.16–19). Como lo explica el teólogo Bruce Ware: «Es evidente que el enfoque principal del Espíritu y su actividad constante es dar honor y gloria a Cristo [...] El Espíritu obra en los creyentes, entonces, para que puedan llevar a cabo la obra del Padre, para que sus hijos sean cada vez más semejantes a su Hijo Jesús. ¿Qué hace el Espíritu Santo que provoca que seamos más como Cristo? Según 2 Corintios 3.18, el Espíritu enfoca nuestra atención en la belleza de la gloria de Cristo, y por ello somos compelidos a ser más y más como él».[19] Por el poder del Espíritu, los creyentes son llevados a contemplar la gloria del Señor Jesús, y como resultado se transforman a su imagen. Nada que distraiga de tal enfoque centrado en Cristo puede atribuirse a la obra del Espíritu Santo. Por el contrario, eso lo aflige.

Tal vez nadie estableció este aspecto con mayor claridad que el famoso predicador británico de principios del siglo veinte, David Martyn Lloyd-Jones. En una amplia sección, Lloyd-Jones declaró:

> El Espíritu no se glorifica a sí mismo; glorifica al Hijo [...] Esto es, para mí, una de las cosas más sorprendentes y notables sobre la doctrina bíblica del Espíritu Santo. El Espíritu Santo parece esconderse y disimularse. Él siempre está, por así decirlo, poniendo el foco en el Hijo, y es por eso que creo, y lo creo profundamente, que la mejor prueba de todas en cuanto a si hemos recibido el Espíritu es preguntarnos: ¿Qué es lo que pensamos del Hijo? ¿Qué sabemos sobre el Hijo? ¿Es el Hijo real para nosotros? Esta es la obra del Espíritu. Él es glorificado indirectamente. Él siempre nos está señalando al Hijo.
>
> *Y por lo tanto, verá con cuánta facilidad nos desviamos del camino y llegamos a ser herejes si nos concentramos demasiado y de una manera no bíblica en el mismo Espíritu.* Sí, debemos darnos cuenta de que él habita en nosotros, pero su obra de morar en nuestro interior es para glorificar al Hijo, y traernos ese bendito conocimiento del Hijo y su amor maravilloso por nosotros. Él es quien nos fortalece con poder en el hombre interior (Efesios 3.16), para que podamos conocer este amor, el amor de Cristo.[20]

Lamentablemente, es en este punto que muchos en el movimiento carismático *en verdad han ido* por el mal camino. Ellos piensan que están exaltando al Espíritu al hacer de sus dones y bendiciones el tema central. En realidad, es todo lo contrario.

Para honrar verdaderamente al Espíritu la atención debe estar puesta en Cristo. Tal como el teólogo James Montgomery Boice explicó: «Si se nos dice que el Espíritu Santo no hablará de sí mismo, sino de Jesús, entonces podemos concluir que cualquier énfasis en la persona y la obra del Espíritu que le reste valor a la persona y la obra de Jesucristo no es llevado a cabo por el Espíritu. De hecho, es la obra de otro espíritu, el espíritu del anticristo, cuyo trabajo es minimizar la persona de Cristo (1 Juan 4.2–3). Por importante que sea el Espíritu Santo, él nunca pretende ocupar el lugar de Cristo en nuestro pensamiento».[21]

El pastor Chuck Swindoll es aun más explícito al respecto: «Resalten esto: *el Espíritu glorifica a Cristo*. Voy a ir un paso más allá: si el Espíritu Santo mismo es enfatizado y magnificado, el Espíritu no forma parte de ello. Cristo es el que es glorificado cuando el Espíritu actúa. Él hace su trabajo detrás de escena, nunca es el centro de atención».[22] Cuando los dones espirituales, el poder milagroso o las promesas de salud y riquezas se ponen en primer lugar y son el centro, el foco se dirige lejos de Jesucristo. Este tipo de desvío no es obra del Espíritu Santo.

El pastor Dan Phillips trata el punto de forma sucinta:

> Muéstreme a una persona *obsesionada* con el Espíritu Santo y sus dones (reales o imaginarios), y yo le mostraré una persona *no* llena del Espíritu Santo.
>
> Muéstreme a alguien enfocado en la persona y la obra de Jesucristo, que nunca se cansa de aprender acerca de él, piensa en él y le exalta, que habla acerca de él, por él y a él, emocionado y fascinado con sus perfecciones y belleza, que busca maneras de servirlo y exaltarlo, que explora incansablemente formas de entregarse y ser usado por él, creciendo en su carácter para ser más y más como Cristo, y yo mostraré una persona que *está* llena del Espíritu Santo.
>
> Debemos aprender lo que la Biblia dice sobre el Espíritu Santo. Debemos enseñar lo que la Biblia dice sobre el Espíritu Santo. Debemos tratar de vivir una vida plena del ministerio bíblicamente definido del Espíritu Santo.
>
> Sin embargo, no debemos perder de vista lo siguiente: en la medida en que seamos llenos del Espíritu Santo, seremos guiados y enfocados en la persona del Señor Jesucristo.[23]

Ser lleno del Espíritu es estar centrado en Cristo (Hebreos 12.2). El Espíritu Santo nos llama la atención sobre el Salvador. Este es su objetivo principal. Cualquier movimiento que disuada a sus seguidores de esta prioridad, manifiesta el hecho de que no está facultado por el tercer miembro de la Trinidad.

Una verdadera obra del Espíritu afirma la verdad acerca de Cristo

Cuando el Espíritu Santo nos llama la atención en cuanto al Señor Jesucristo, siempre presenta al Salvador de una manera que es bíblicamente correcta. Debido a que él es el *Espíritu de verdad* (Juan 15.26), su testimonio sobre el Señor Jesucristo siempre concuerda con la verdad de la Palabra, la cual inspiró el Espíritu Santo mismo. Él fue quien dirigió a los profetas del Antiguo Testamento para que predijeran la venida del Mesías (2 Pedro 1.21). Como el apóstol Pedro explicó en 1 Pedro 1.10–11: «Los profetas que profetizaron de la gracia destinada a vosotros, inquirieron y diligentemente indagaron acerca de esta salvación, escudriñando qué persona y qué tiempo indicaba el Espíritu de Cristo que estaba en ellos, el cual anunciaba de antemano los sufrimientos de Cristo, y las glorias que vendrían tras ellos». El Señor Jesucristo es el tema de toda la Escritura (Juan 5.39), y el Espíritu Santo usa la Palabra de Dios para señalarnos de manera directa la gloria de Jesucristo.

Cualquier ministerio o mensaje que no presenta a Jesucristo de una manera bíblica precisa no es una verdadera obra del Espíritu. Ese era el punto del apóstol Juan cuando denunció el falso «cristo» del docetismo. Jonathan Edwards encontró una aplicación similar en 1 Juan 4.2–3.[24] Como señalé anteriormente, Edwards rechazó de manera enfática las versiones «místicas y fantásticas» de Cristo, «tal como la "luz interior" de los cuáqueros». Tales imaginaciones no son el reflejo del verdadero Salvador. Cualquier movimiento que presenta una visión deformada de Jesucristo no constituye una verdadera obra del Espíritu Santo. Al contrario, se origina en el espíritu del anticristo.

Las historias sobre visiones de Jesucristo son comunes en los círculos carismáticos. Supuestamente, se viste como bombero,[25] con más de trescientos metros de altura,[26] aparece inesperadamente en el baño,[27] danza encima de un vertedero de basura,[28] se sienta en una silla de ruedas en una clínica de convalecientes,[29] hace largas caminatas por la playa,[30] o aparece en cualquier número de formas excesivamente imaginativas. Sin embargo, estas experiencias imaginarias no pueden ser del Espíritu Santo, ya que distorsionan la representación bíblica de lo que es el Señor Jesús en realidad. Cuando el apóstol Juan tuvo una visión del Cristo resucitado, cayó al suelo como muerto (Apocalipsis 1.17). Compare esto con las experiencias modernas, como la visión relatada por un autor carismático, y las diferencias resultan notables: «Poco después que el Espíritu Santo se reveló a sí mismo, vi a Jesús. Entonces le pedí al Señor que me llevara a su lugar secreto. Yo estaba tumbado en la hierba y le pregunté: "Jesús, ¿te acostarías a mi lado?" Estábamos ahí, mirándonos a los ojos. El Padre vino también y se sentó al lado de Jesús».[31] Visiones carismáticas como esta, que van desde el sentimentalismo cursi hasta la fantasía extraña, pueden ser populares en algunas iglesias, pero no tienen su origen en el Espíritu Santo. Ellas no representan al Señor Jesús con exactitud bíblica ni lo exaltan como infinitamente glorioso. Por el contrario, una verdadera obra del Espíritu siempre hace estas dos cosas.

Para empeorar el asunto, algunos maestros carismáticos defienden abiertamente herejías cristológicas grotescas, incluso blasfemias osadas como la enseñanza de que Jesús no vino a la tierra como Dios en carne humana,[32] negando que él alguna vez afirmara ser Dios,[33] asegurando que asumió la naturaleza pecaminosa de Satanás en la cruz[34] y alegando que Jesús murió espiritualmente en el infierno después de morir físicamente en la cruz.[35] El predicador de la prosperidad Kenneth Copeland muestra la forma blasfema y antibíblica en que se trata a Jesucristo en los círculos de la Palabra de Fe:

¿Cómo fue entonces que Jesús dijo en la cruz: «Dios mío»? Porque Dios ya no era su padre. Él tomó sobre sí la naturaleza de Satanás. Y le aseguro que Jesús se encuentra en medio de ese pozo. Está sufriendo todo lo que hay que sufrir [...] Su demacrado, escaso e inferior espíritu fue llevado hasta el fondo y el diablo creyó que lo había destruido. Sin embargo, de repente Dios comenzó a hablar.[36]

Creflo Dollar, otro defensor de Palabra de Fe, muestra una irreverencia similar al cuestionar de forma evidente la deidad de Cristo:

Jesús no vino perfecto, creció hasta alcanzar su perfección. Usted lo conoce en un pasaje de la Biblia dice que estaba viajando y que se cansó. Uno esperaría que Dios no se cansara [...] Pero Jesús lo hizo. Si él vino como Dios y se cansó —afirma que se sentó junto al pozo porque estaba cansado— óigame, estamos en problemas. Y alguien dijo: «Bueno, Jesús vino como Dios». Bien, ¿cuántos de ustedes saben que la Biblia declara que Dios nunca duerme ni descansa? Sin embargo, en el libro de Marcos, vemos a Jesús dormido en la parte posterior de la barca.[37]

Irónicamente, aunque dudan de la deidad de Cristo, los maestros de la Palabra de Fe al mismo tiempo se exaltan a la condición de pequeños dioses.[38] En las propias palabras retorcidas de Kenneth Copeland, quien pretende hablar en nombre de Cristo: «No se molesten cuando la gente los acuse de pensar que ustedes son Dios [...] Ellos me crucificaron por afirmar que era Dios. Yo no dije que era Dios, solo afirmé que andaba con él y que él estaba en mí. ¡Aleluya! Eso es lo que ustedes están haciendo».[39] Para cualquier verdadero creyente, la arrogancia y la burda mentira inherentes a tales declaraciones dan escalofríos. Solo el espíritu del anticristo podría inspirar ese tipo de enseñanza desvergonzadamente antibíblica. Por el contrario, una verdadera obra del Espíritu Santo guía a las personas a la verdad acerca de «nuestro gran Dios y Salvador Jesucristo» (Tito 2.13).

De la misma forma, el Espíritu Santo guía a las personas a la verdad *del evangelio de Jesucristo*. El Espíritu fue enviado para convencer al mundo de pecado y de justicia, de modo que los pecadores puedan creer en el Señor Jesús (Juan 16.7–11). El Espíritu da testimonio de la verdad histórica del evangelio (Hechos 5.30–32) y capacita a los que predican el mensaje de salvación (1 Pedro 1.12). Todo lo que socave el mensaje del evangelio no es una verdadera obra del Espíritu Santo.

Una devaluación de la verdad del evangelio se observa en el amplio marco ecuménico del mundo carismático, el cual incluye a carismáticos católicos, pentecostales unitarios, maestros de la Palabra de Fe y otros grupos aberrantes. La característica común que une al movimiento carismático no es la verdad del evangelio, sino las experiencias espirituales extáticas y los fenómenos físicos tales como el hablar en lenguas. Como observa un autor: «El hecho de que [el movimiento carismático] ha florecido dentro del sistema jerárquico de la iglesia católica, así como en las iglesias independientes extremadamente informales, indica que la experiencia de los dones del Espíritu y las doctrinas tales como el nacimiento en el Espíritu son lo bastante flexibles para darle cabida a diferentes convicciones teológicas en el espectro de la fe cristiana».[40] Debido a que la sana doctrina está subordinada a la experiencia espiritual, muchos, dentro del mundo carismático, aceptan alegres las falsas formas del evangelio.

La Renovación Carismática Católica se inició en 1967, cuando un grupo de estudiantes dijo haber recibido el bautismo del Espíritu Santo y comenzó a hablar en lenguas. El movimiento fue pronto reconocido de manera oficial por el Papa Juan Pablo II y se expandió rápidamente con la bendición de la Iglesia Católica. Según Allen Anderson: «Para el año 2000 se estimaba que había ciento veinte millones de carismáticos católicos, un once por ciento de todos los católicos en todo el mundo y casi el doble del número de todos los pentecostales clásicos combinados».[41] Estas cifras indican que más de una quinta parte de la población carismática mundial es católica romana. Aunque los carismáticos católicos sostienen la doctrina católica[42] —incluyendo la negación de Roma de que los creyentes son justificados solo por la fe, la creencia en la eficacia *ex opere operato* de los siete sacramentos romanos,[43] toda la idolatría de la misa católica y el culto idolátrico a María[44]— han sido adoptados abiertamente por muchos grupos pentecostales y carismáticos protestantes.

T. P. Thigpen explica: «Los católicos carismáticos, como otros en el movimiento pentecostal, han llegado a compartir una experiencia fundamental: un encuentro con el Espíritu Santo con ciertos carismas que normalmente siguen. Estas similitudes han hecho posible que los católicos y los protestantes participen en reuniones carismáticas e incluso vivan juntos en comunidades aliadas desde el inicio del movimiento».[45] A modo de ejemplo, considere el siguiente informe:

> Diez mil carismáticos y pentecostales oraron, cantaron, danzaron, aplaudieron y vitorearon bajo el nexo común del Espíritu Santo durante una convención ecuménica de cuatro días el pasado verano [...] Aproximadamente la mitad de los participantes en el congreso sobre el Espíritu Santo y la Evangelización Mundial, que se celebró del 26 al 29 de julio en Orlando, Florida, eran católicos [...] «El Espíritu Santo quiere derribar los muros entre católicos y protestantes», dijo Vinson Synan, decano en teología de la Universidad Regent de Pat Robertson, que presidió el congreso.[46]

En tales casos, la sana doctrina ha sido ignorada en aras de una falsa unidad que se basa en experiencias espirituales compartidas en lugar de en la verdad bíblica.[47] Sin embargo, ya que la Iglesia Católica romana enseña un evangelio falso y corrupto (como los protestantes que reconocen la autoridad y la suficiencia de las Escrituras han afirmado siempre de manera categórica), el espíritu de la renovación carismática católica no es el Espíritu Santo.

Igualmente preocupante es el pentecostalismo unitario, un gran segmento del movimiento carismático (con unos veinticuatro millones de miembros en todo el mundo)[48] que niega la doctrina de la Trinidad.[49] Como William Kay explica: «Entre los pentecostales clásicos estrechamente definidos en los Estados Unidos, alrededor del veinticinco por ciento son "unitarios" en su teología. Esta teología tiene afinidades con el modalismo en el sentido de que se entiende que Dios se manifiesta de tres modos (es decir, Padre, Hijo y Espíritu) en lugar de ser tres personas divinas coiguales y coexistentes como se indica en el Credo de Atanasio».[50] En la historia de la iglesia, el modalismo fue condenado a fondo, ya que rechazó la enseñanza bíblica de que la Deidad se compone de tres personas distintas: el Padre, el Hijo y el Espíritu Santo. Al contrario, los modalistas afirmaron

> que hay un Dios que puede ser designado por tres nombres diferentes: «Padre», «Hijo» y «Espíritu Santo» en diferentes momentos, pero estas tres no son personas distintas. Al contrario, son diferentes modos (de ahí el nombre modalismo) del único Dios. Por lo tanto, Dios puede ser llamado «Padre», como el Creador del mundo y Legislador, puede ser llamado «Hijo» como Dios encarnado en Jesucristo, y puede ser llamado «Espíritu Santo» como Dios en la era de la iglesia. Por lo tanto, Jesucristo es Dios y el Espíritu es Dios, pero no son distintas personas.[51]

Desde los Concilios de Nicea (325) y Constantinopla (381), el modalismo ha sido universalmente reconocido por todas las ramas principales del cristianismo como herético, cayendo fuera de los límites de la ortodoxia teológica. Aun más importante, el modalismo se queda corto en cuanto a la clara enseñanza de las Escrituras (cp. Mateo 3.13–17; 28.19; y muchos otros pasajes).

Otro ejemplo de ecumenismo carismático se observa en el caso del popular predicador de la prosperidad Joel Osteen. La doctrina de Osteen es poco profunda, una variedad endulzada del universalismo que se destaca por su marcado desacuerdo con todo lo que las Escrituras afirman acerca de la supremacía y la exclusividad de Cristo. Cuando se le preguntó si pensaba que las personas que se niegan a aceptar a Jesucristo estaban equivocadas, Osteen respondió con ambigüedad incierta: «Bueno, yo no sé si creo que están equivocadas. Creo que esto es lo que enseña la Biblia y la fe cristiana, eso es lo que creo. Sin embargo, pienso que solo Dios juzgará el corazón de la persona. Pasé mucho tiempo en la India con mi padre y no conozco todo sobre su religión. Pero sé que aman a Dios. Y no sé. He visto la sinceridad de ellos. Así que no sé. Sé que en lo que a mí respecta, y es lo que la Biblia enseña, quiero tener una relación con Jesucristo».[52] En otra ocasión, a Osteen se le preguntó si los mormones son cristianos verdaderos. Su respuesta fue igual de decepcionante: «Bueno, pienso que lo son. Mitt Romney ha dicho que él cree en Cristo como su Salvador y eso es lo que yo creo, así que, ya sabes, no soy el que juzga los pequeños detalles de esto. De modo que creo que lo son».[53]

El comentario confuso de Osteen acerca de los Santos de los Últimos Días introduce un punto de discusión interesante, en especial debido a que los fundadores de los mormones afirmaban experimentar los mismos fenómenos sobrenaturales que los pentecostales y carismáticos. En la dedicación del Templo Kirtland en 1836, Joseph Smith informó de varios tipos de fenómenos carismáticos, incluso lenguas, profecías y visiones milagrosas.[54] Otros relatos de testigos oculares de ese mismo evento contienen afirmaciones similares: «Hubo grandes manifestaciones de poder, como hablar en lenguas, ver visiones, ministración de los ángeles»,[55] y: «Se trataba del Espíritu del Señor, como en el día de Pentecostés, vertido profusamente. Cientos de ancianos hablaron en lenguas».[56] Más de medio siglo antes de que Charles Parham y los pentecostales hablaran en lenguas, los Santos de los Últimos Días informaron acerca de brotes similares,[57] lo que llevó a algunos historiadores a rastrear las raíces del pentecostalismo hasta el mormonismo.[58]

Incluso hoy, las similitudes entre los dos grupos ha llevado a algunos a buscar una mayor unidad entre ellos. En su libro *Building Bridges Between Spirit-Filled Christians and Later-Day Saints* [Construyendo puentes entre cristianos llenos del Espíritu y los Santos de los Últimos Días], autores como Rob y Kathy Datsko afirman: «A pesar de que hay una barrera increíble de lenguaje y cultura entre los SUD [Santos de los Últimos Días] y los CLE [cristianos llenos del Espíritu], a menudo estos dos grupos creen en muchas de las mismas doctrinas básicas».[59] Aunque el pentecostalismo ha rechazado tradicionalmente a los Santos de los Últimos Días,[60] comentarios como los realizados por Joel Osteen indican que una nueva ola de inclusivismo ecuménico puede estar en el horizonte. Es apenas una coincidencia que el Seminario Teológico Fuller, el lugar de nacimiento del movimiento de la tercera ola, sea actualmente líder en la campaña por una mayor unidad entre los mormones y los cristianos evangélicos.[61]

Otra importante distorsión carismática del evangelio se encuentra en las promesas de salud y riquezas del evangelio de la prosperidad del movimiento Palabra de Fe, un error fatal que domina el movimiento carismático. Como señalamos en el capítulo anterior, la teología de la prosperidad es «una característica definitoria de todo el pentecostalismo», de tal manera que «la mayoría de los pentecostales, excediendo el noventa por ciento en la mayoría de los países, mantiene estas creencias».[62] El materialismo codicioso del evangelio de la prosperidad se convierte en el evangelio bíblico de ellos. El verdadero evangelio constituye una oferta de salvación del pecado y la muerte espiritual. El evangelio de la prosperidad hace caso omiso de esas realidades eternas y promete falsamente la liberación de los problemas temporales como la pobreza económica y la enfermedad física.

Jesús llamó a sus discípulos a abandonarlo todo, tomar su cruz y seguirle (Lucas 9.23). Por el contrario, el evangelio de la prosperidad ofrece comodidades carnales, riquezas terrenales y un éxito mundano a millones de personas desesperadas que literalmente lo hacen suyo.[63] Mientras que el verdadero evangelio se centra en la gloria de Dios, el evangelio de la prosperidad pone los deseos y anhelos del hombre en primer lugar y en el centro. Como un autor explica: «Los vendedores ambulantes de esta perversión son culpables de vender, de forma literal, un falso evangelio, en el que han desplazado a Cristo del centro del evangelio y exaltado lo temporal por encima de lo eterno».[64]

En el proceso de traficar sus mercancías heréticas, los predicadores de la prosperidad han hecho del cristianismo una burla a los ojos del mundo. Tal vez Bruce Bickel y Stan Jantz lo expresaron de la mejor forma cuando dijeron en broma: «El evangelio de la prosperidad es la versión del cristianismo de la lucha libre profesional. Usted sabe que es falso, sin embargo, tiene valor como entretenimiento».[65] Sin embargo, a diferencia de la lucha libre profesional, no hay nada realmente divertido en la teología de la prosperidad.[66] Se trata de una herejía mortal y condenable, en la que la verdad de la Palabra de Dios se tuerce de forma intencional por parte de estafadores espirituales que un día serán castigados por su arrogancia blasfema (Judas 13).

Si uno tuviera que sumar el número de personas relacionadas a grupos heréticos como la Renovación Carismática Católica, el pentecostalismo unitario y el movimiento de la Palabra de Fe (con su evangelio de salud, riquezas y prosperidad), la suma sería fácilmente de cientos de millones. Juntos, estos grupos representan una gran mayoría dentro del movimiento carismático moderno. Aunque defienden formas falsas del evangelio, son aceptados en gran medida en el mundo carismático debido a sus experiencias «espirituales» compartidas.

NO PASA LA PRUEBA

Tal como hemos visto en este capítulo, una verdadera obra del Espíritu Santo guía a las personas a la verdad sobre Cristo. Jonathan Edwards aplicó esa prueba a las experiencias espirituales de su época y seremos sabios si hacemos lo mismo en la nuestra. Cuando se evalúa el movimiento carismático sobre esa base, nos encontramos con que no pasa esta prueba al menos en dos aspectos importantes.

En primer lugar, la obsesión carismática con los supuestos dones y el poder del Espíritu Santo desvía la atención de la gente de la persona y la obra de Jesucristo. El Espíritu Santo señala a Cristo, no a sí mismo. Los que están en verdad llenos del Espíritu Santo comparten la misma pasión. En segundo lugar, el movimiento ha permitido que falsas formas del evangelio prosperen de manera evidente dentro de sus fronteras, incluso errores que van desde las obras de justicia del catolicismo romano hasta el materialismo del evangelio de la prosperidad. Cabe destacar que estas desviaciones no son relegadas a los márgenes del movimiento. Ellas representan la corriente principal del mismo.

Todo esto plantea una pregunta fundamental: ¿puede un movimiento que distraiga la atención de la gente alejándola de Cristo, mientras que al mismo tiempo acepta falsas formas del evangelio, atribuirse al Espíritu Santo? Jonathan Edwards habría contestado a esta pregunta con un rotundo no.[67] Basado en el principio bíblico que se encuentra en 1 Juan 4.2–3, de todo corazón estaría de acuerdo con esa evaluación. El Espíritu Santo nunca utilizaría sus dones para autenticar a los que propagan un falso evangelio y llevan a la gente lejos de la verdad acerca de Cristo. En el siguiente capítulo, vamos a considerar las pruebas restantes de 1 Juan 4.2–8 a medida que seguimos investigando la pregunta: *¿es el movimiento carismático moderno una verdadera obra del Espíritu Santo?*

CUATRO

———◆———

PROBEMOS LOS ESPÍRITUS
(SEGUNDA PARTE)

Fue William Shakespeare, en su famosa obra *El mercader de Venecia*, el que acuñó la frase: «Todo lo que brilla no es oro». Dos siglos y medio más tarde, durante la fiebre del oro de California a finales de la década de 1840, los aventureros cazadores de tesoros experimentaron la verdad de esa declaración de primera mano. En su búsqueda de metales preciosos, los buscadores de oro pronto descubrieron que no valía la pena mantener todo lo que brillaba. Las fisuras de las rocas y los lechos de las corrientes de agua podían estar llenos de manchas doradas y, sin embargo, ser carentes de valor alguno. El brillo falso de la pirita de hierro, un mineral común, rápidamente se ganó el apodo de «oro de los tontos». Y cualquier buscador de oro respetable tenía que ser capaz de diferenciar entre la brillante mercancía que solo parecía ser real y la que era auténtica.

Al igual que los ríos y las montañas de California del siglo diecinueve, el paisaje cristiano contemporáneo está lleno de oro de los tontos. Hay mucho que reluce, pero es espiritualmente inútil. En el capítulo anterior, el pasaje de 1 Juan 4.1–8 nos indicó cinco preguntas que los cristianos pueden hacerse al evaluar un movimiento espiritual: (1) ¿Exalta al verdadero Cristo? (2) ¿Se opone a lo mundano? (3) ¿Lleva a las personas hacia las Escrituras? (4) ¿Exalta la verdad? (5) ¿Produce amor a Dios y a los demás? Después de haber mirado la primera de estas cinco, ahora estamos listos para considerar las cuatro restantes.

La segunda prueba: ¿se opone a lo mundano?

Pregúntele al carismático promedio qué influencia del Espíritu Santo ve en su vida y es muy probable que consiga una de varias respuestas. El clásico pentecostal posiblemente recalcará el hablar en lenguas, ser derribado por el Espíritu o alguna otra manifestación imaginaria de dones milagrosos. La corriente carismática probablemente refleje la enseñanza de los teleevangelistas populares, apuntando a una forma de sanidad por fe o a la esperanza de una ganancia financiera. Los que están en una u otra categoría podrían decir que ha tenido un extraordinario encuentro con Dios, como una visión reveladora, una palabra profética, una sensación de hormigueo por el poder sobrenatural. En base a estos criterios, se identifican a sí mismos como cristianos llenos del Espíritu. Sin embargo, ¿qué es lo que quieren decir con ese calificativo?

Dentro de un contexto carismático, casi cualquier experiencia subjetiva se interpreta como evidencia de la participación del Espíritu. Los carismáticos pueden *pensar* que están siendo llenos del Espíritu cuando pronuncian sílabas sin sentido (y a menudo repetitivas), caen de espaldas en un trance, hablan palabras falibles de las llamadas profecías, experimentan una sensación de energía emocional electrizante, o donan dinero a sus predicadores favoritos del evangelio de la prosperidad, que hablan de salud y riquezas. No obstante, *nada* de esto es una indicación de la presencia del Espíritu Santo. Un espíritu puede estar obrando en este tipo de fenómenos, pero no es el Espíritu de Dios.

A pesar de lo que comúnmente se enfatiza en los círculos carismáticos, la verdadera prueba de la influencia del Espíritu Santo en la vida de una persona no es la prosperidad material, el emocionalismo sin sentido o los supuestos milagros. Más bien, es la santificación: el crecimiento del creyente en madurez espiritual, santidad práctica y semejanza a Cristo mediante el poder y la guía del Espíritu Santo (cuando él aplica la verdad bíblica a los corazones de sus santos). Una verdadera obra del Espíritu convence al corazón de pecado, combate los deseos mundanos y cultiva el fruto espiritual en las vidas del pueblo de Dios.

En Romanos 8.5–11, el apóstol Pablo divide a todas las personas en dos categorías fundamentales: los que andan conforme a la carne y los que andan según el Espíritu. Las personas que viven según la carne persiguen los placeres pasajeros de este mundo (Romanos 8.5; cp. 1 Juan 2.16–17). Se caracterizan por una mente carnal que «no pueden agradar a Dios» (Romanos 8.8). La maldad de sus corazones se manifiesta en malos comportamientos, incluso el pecado sexual, la idolatría, la arrogancia y las obras de la carne, como aparecen en Gálatas 5.19–21.

Por el contrario, las que viven por el Espíritu ponen su mente en las cosas de arriba, donde está Cristo (Colosenses 3.1–2). La alegría de ellas se encuentra en el servicio al Señor, y su amor por él se evidencia en su obediencia a Cristo (cp. Juan 14.15). Tales personas son guiadas por el Espíritu y como resultado el fruto del Espíritu se manifiesta en sus vidas (Romanos 8.14; Gálatas 5.22–23). Cuando el Espíritu Santo está obrando, las actividades pecaminosas, pasiones y prioridades son cambiadas al «hacer morir las obras de la carne» (Romanos 8.13) en los creyentes. El ministerio del Espíritu es totalmente opuesto a los deseos mundanos de la carne. Como Pablo explica en Gálatas 5.16–17: «Andad en el Espíritu, y no satisfagáis los deseos de la carne. Porque el deseo de la carne es contra el Espíritu, y el del Espíritu es contra la carne; y éstos se oponen entre sí».

El apóstol Juan, en el contexto de las pruebas de los espíritus, se hizo eco de esas mismas verdades bíblicas. Al hablar de los falsos profetas, Juan escribió: «Hijitos, vosotros sois de Dios, y los habéis vencido; porque mayor es el que está en vosotros, que el que está en el mundo. Ellos son del mundo; por eso hablan del mundo, y el mundo los oye» (1 Juan 4.4–5). Los falsos maestros se caracterizan por su asociación con *el mundo*, una referencia al sistema espiritual del mal, dominado por Satanás, que se opone a Dios y busca los deseos temporales (cp. Efesios 2.1–3; 1 Juan 5.19). Al principio de su epístola, Juan denunció *lo mundano* con estas palabras: «No améis al mundo, ni las cosas que están en el mundo. Si alguno ama al mundo, el amor del Padre no está en él. Porque todo lo que hay en el mundo, los deseos de la carne, los deseos de los ojos, y la vanagloria de la vida, no proviene del Padre, sino del mundo» (1 Juan 2.15–16; cp. Santiago 4.4).

Cuando un movimiento se caracteriza por las prioridades mundanas y la búsqueda de lo carnal, surgen graves señales de alerta sobre las fuerzas espirituales detrás de él. Por otro lado, como destacó Jonathan Edwards, «cuando el espíritu que está actuando opera en contra de los intereses del reino de Satanás, que trata de fomentar y establecer el pecado, y apreciar los deseos mundanos de los hombres, esta acción contra el diablo es una señal segura de que se trata de un espíritu verdadero y no de uno falso».[1] En otras palabras, una verdadera obra del Espíritu Santo no tienta a las personas con búsquedas vacías o deseos de la carne, sino que promueve la santidad personal y la entereza frente a los deseos mundanos.

Sin embargo, los recursos más visibles y evidentes de la teología carismática contemporánea apelan sin descanso a los *valores francamente mundanos*. La atracción principal es el cumplimiento de los deseos carnales. Desde los teleevangelistas hasta los sanadores por fe, pasando por los predicadores de la prosperidad, las celebridades carismáticas presentan descaradamente los deseos de este mundo como si fueran el verdadero fin de toda religión. Sus reclamos estridentes y sus llamativos estilos de vida están en claro contraste con la norma bíblica para los líderes de la iglesia (1 Timoteo 3.1–7; Tito 1.5–9).

Cuando se compara con Cristo y los apóstoles, el verdadero carácter del teleevangelista carismático promedio queda expuesto de inmediato. El estilo de vida llamativo y autoindulgente de los teleevangelistas no se parecen en nada al del «Hijo del Hombre [que] no [tenía] dónde recostar la cabeza» (Lucas 9.58). La obsesión de ellos por el dinero y la forma en que envuelven a sus oyentes (muchos de los cuales viven en la pobreza) contrastan fuertemente con el ejemplo de Jesús, que no vino «para ser servido, sino para servir, y para dar su vida en rescate por muchos» (Mateo 20.28). La forma en que comercializan los milagros y buscan la publicidad es el polo opuesto al estilo de Jesús. Con frecuencia Jesucristo instruyó a las personas que había sanado a que «a nadie dijesen lo que había sucedido» (Lucas 8.56; Mateo 8.4; Marcos 7.36). Por encima de todo, la reputación de mal gusto y los fracasos morales graves, tan comunes entre los charlatanes carismáticos, nada tienen que ver con Jesús, que es «santo, inocente, sin mancha, apartado de los pecadores, y hecho más sublime que los cielos» (Hebreos 7.26).

Dentro del paradigma carismático, los frutos genuinos del Espíritu (como la humildad, la paciencia, la paz y el compromiso sacrificial con el señorío de Cristo) a menudo son ocultados, sustituidos por una obsesión perversa con la salud física, la riqueza material y la felicidad temporal. Ese énfasis en la teología de la prosperidad explica el fenomenal crecimiento del movimiento carismático en las últimas décadas, al prometer a los pecadores no regenerados las cosas que sus corazones desean, y luego bautizar estos deseos carnales con un lenguaje cristiano como si representaran las buenas nuevas de Jesucristo. Aunque casi nueve de cada diez pentecostales viven en la pobreza,[2] el evangelio de la prosperidad sigue atrayendo gente al movimiento. El más necesitado de la cultura es el más fácil de estafar por parte del predicador de la prosperidad:

Más del noventa por ciento de los pentecostales y carismáticos de Nigeria, Sudáfrica, la India y Filipinas cree que «Dios les concederá prosperidad material a todos los creyentes que tengan suficiente fe». Y en todos los países, muchos más pentecostales que el resto de los cristianos creen esto [...] Con un mensaje tan grandioso como este no es de extrañar que la gente se les sume. El evangelio de la prosperidad es una versión divinamente garantizada del sueño estadouniden- se: una casa, un trabajo y dinero en el banco. Y el éxito global del evangelio de la prosperidad está en la exportación de ese sueño estadounidense.[3]

El mensaje de la prosperidad llama sin vergüenza a las personas a poner sus esperanzas en los placeres pasajeros de este mundo. En vez de denunciar los malos deseos, glorifica los estilos de vida mundanos, alimenta la codicia pecaminosa y hace tontas promesas a la gente desesperada: «Esté bien con el Señor y él le dará un trabajo bien remunerado, una bonita casa y un coche nuevo».[4] El evangelio de la prosperidad es más reprobable moralmente que un casino de Las Vegas, ya que se hace pasar por religión y viene en el nombre de Cristo. No obstante, al igual que los casinos, atrae a sus víctimas con el espectáculo relumbrante y la atracción de la riqueza instantánea. Después de devorar su último centavo, como una máquina tragamonedas espiritual, se les envía a casa en peor situación que cuando llegaron.

La naturaleza subjetiva y mística de la teología carismática es una incubadora ideal para la teología de la prosperidad, ya que les permite a los estafadores espiri- tuales declararse profetas, afirmar poseer una unción divina, y pretender que hablan con la autoridad de Dios con el fin de escapar al escrutinio bíblico, mien- tras despluman a la gente y trafican con doctrinas aberrantes. Tal como Philip Jenkins explica: «En el peor de los casos, el evangelio de la prosperidad le permite al clero corrupto salirse con la suya en lo que respecta a casi cualquier cosa. No solo pueden obligar a los fieles a pagar sus obligaciones mediante un tipo de terro- rismo bíblico, sino que el sistema de creencias les permite excusar la negligencia».[5] Esta corrupción flagrante ha caricaturizado, estereotipado y manchado la reputa- ción de la cristiandad estadounidense en general. Como resultado de ello, el testi- monio de la iglesia se ha visto gravemente obstaculizado, ya que la gente que piensa rechaza al cristianismo no por el verdadero mensaje del evangelio, sino por la cara extraña que este muestra en los medios carismáticos.

Es cierto, las irregularidades financieras y los fracasos morales pueden surgir de vez en cuando incluso en las más sólidas de las iglesias. No obstante, uno pensaría que tales escándalos deberían ocurrir con menos frecuencia, no más a menudo, entre los que afirman haber alcanzado los niveles más altos de espiritualidad. Ahí está la raíz del problema. Al definir la «espiritualidad» en términos de señales, prodigios y experiencias espectaculares, y al permitir que el craso materialismo del evangelio de la prosperidad prospere dentro de sus fronteras, el movimiento carismático ha dejado a un lado el camino del verdadero crecimiento espiritual. Las normas falsas de espiritualidad no pueden sujetar la carne.

El fundador del pentecostalismo, Charles Parham (a quien conocimos en el capítulo 2), no era de ninguna manera el único destacado carismático cuyos fracasos morales fueron notorios. Las sendas de la historia pentecostal y carismática están pavimentadas con escándalos.

En mayo de 1926, Aimee Semple McPherson, una profetisa famosa y fundadora de la Iglesia Internacional del Evangelio Cuadrangular, desapareció mientras nadaba en una playa de Los Ángeles. Su repentina desaparición fue noticia de primera plana en todos los periódicos de Estados Unidos en ese momento. Sus seguidores lloraron su pérdida, pensando que se había ahogado. Sin embargo, «volvió a aparecer dos semanas más tarde, alegando que había sido secuestrada y encarcelada en México, se había liberado, cruzó el desierto a pie y osadamente evadió a sus secuestradores. Los investigadores encontraron vacíos en la historia casi de inmediato, sobre todo cuando la evidencia hallada en Carmel, más arriba en la costa de California, mostró que había estado disfrutando en un nido de amor con un ingeniero de su propia estación de radio».[6] A pesar de que nunca fue encarcelada, sus historias inventadas de secuestro y fuga, «sazonadas por el motivo de la aventura sexual, hicieron de ella el hazmerreír de todos. Después de algo más de un año de escrutinio de la prensa y la investigación jurídica, Aimee Semple McPherson se convirtió en aquello de lo que una figura pública nunca puede recuperarse: un objeto de escarnio público».[7]

En la década de 1970 y 1980, el evangelista pentecostal Lonnie Frisbee se convirtió en uno de los rostros más visibles del Movimiento de Jesús. El autoproclamado profeta —cuya vida apareció en la película nominada a los premios Emmy: *Frisbee: The Life and Death of a Hippie Preacher* [Frisbee: vida y muerte de un predicador hippie]— fue un pionero y una figura destacada en el Movimiento de Jesús a finales de la década de 1960 y principios de la década de 1970. Más tarde participó con John Wimber en el Movimiento de Señales y Maravillas. También desempeñó un papel importante (junto a Chuck Smith y luego Wimber) en el desarrollo temprano tanto de Calvary Chapel como de movimiento Vineyard. El ministerio de Frisbee terminó en desgracia cuando se hizo ampliamente conocido que había sido homosexual practicante desde hacía años.

En realidad, el estilo de vida privada de Frisbee había sido un secreto a voces desde hacía muchos años en la comunidad carismática de la costa oeste de los Estados Unidos. Él se involucraba en la promiscuidad total en la noche del sábado y luego predicaba el domingo en la mañana.[8] Cuando finalmente se hizo imposible mantener el libertinaje de Frisbee en secreto, John Wimber «comenzó a preocuparse de que el Vineyard Movement se podría debilitar significativamente»,[9] y apartó a Frisbee del ministerio público en dicho movimiento. Frisbee al final contrajo SIDA y murió en el año 1993.[10]

En 1983, Neville Johnson, un importante pastor de las Asambleas de Dios en Nueva Zelanda, renunció debido a una conducta inmoral. Llevando su teología carismática a un grado delirante, Johnson afirmó que había recibido una revelación especial de Dios que indicaba que su esposa pronto moriría y sería libre para volver a casarse. Como resultado de ello, Johnson afirmó que se le había concedido la gracia especial de permitirle participar en relaciones fuera del matrimonio.[11]

En 1986, el ministro de sanidad por fe Peter Popoff fue desmentido por la televisión nacional. El mago e investigador paranormal James Randi descubrió que el autoproclamado profeta estaba usando un auricular inalámbrico casi invisible para obtener información «reveladora» de las personas en el auditorio. «La esposa de Popoff, mezclada entre el público y de manera casual, hablaba con varios participantes. Luego, utilizando un transmisor de radio portátil le indicaba a su marido (que llevaba unos auriculares minúsculos) lo que debía decir. Popoff entonces anunciaba a miles de fieles emocionados el nombre específico, la enfermedad y la dirección de un participante real».[12] Randi usó un escáner digital para captar las comunicaciones secretas de la esposa de Popoff con su marido. Luego expuso el fraude en el *Tonight Show with Johnny Carson*. Al año, Popoff tuvo que declararse en quiebra.

No obstante, a pesar de la exigencia bíblica de que los ministros sean irreprochables, el fracaso moral y ético en el mundo carismático no necesariamente significa la descalificación para el ministerio público. En estos círculos, la amonestación por un escándalo como ese sorprendentemente tiene una corta vida. Peter Popoff nunca salió del ministerio público. Resistió la crisis financiera. En 1998, el *Washington Post* informaba que había «renovado la imagen de sí mismo para un público afroamericano» y estaba «logrando una recuperación vigorosa».[13] Hoy, más de veinticinco años después de ser expuesto como un fraude en la televisión nacional en vivo (y a pesar de una serie de problemas menos conocidos, pero similares), los ministerios Peter Popoff parecen estar prosperando de nuevo. Su página web presenta testimonios de ganancias inesperadas y sanidades milagrosas.[14] En el 2007, la organización recaudó veintitrés millones de dólares, con Popoff vendiendo paquetes de «Agua milagrosa de primavera» en su programa de televisión nocturno.[15]

En 1986 y 1987, Jimmy Swaggart fue noticia en los Estados Unidos cuando expuso públicamente las relaciones adúlteras de dos compañeros teleevangelistas, Marvin Gorman y Jim Bakker. La evidencia mostró que Jim Bakker, en particular, le había pagado a una secretaria de la iglesia doscientos sesenta y cinco mil dólares para lograr su silencio acerca de sus citas ilícitas. Bakker fue enviado posteriormente a la cárcel cuando se hizo evidente que había estafado a los donantes del ministerio la suma de ciento cincuenta y ocho millones de dólares. En un extraño giro de la ironía, poco después de desacreditar a Gorman y Bakker, el propio Swaggart fue descubierto visitando a una prostituta. La lloriqueada confesión de Swaggart se convirtió en uno de los momentos más representativos de la televisión en la década de 1980. Con el rostro bañado en lágrimas y temblándole la barbilla, declaró: «He pecado contra ti, mi Señor, y te pido que tu sangre preciosa lave y limpie toda mancha hasta que esté en el mar del olvido de Dios, para que no sea recordada contra mí nunca más».[16]

Sin embargo, esto no le hizo alejarse del ministerio público. Luego, en 1991, Swaggart fue capturado por la patrulla de caminos de California mientras conducía por el lado equivocado de la carretera y de nuevo en compañía de una prostituta. Esta vez le dijo a quienes lo apoyaban: «El Señor me dijo que no me preocupara», e indicó que Dios le había dado instrucciones de no renunciar a su púlpito.[17] Hoy, tanto Swaggart como Bakker todavía son teleevangelistas carismáticos a tiempo completo, y no carecen de seguidores entusiastas.

En 1991, el profeta de Kansas City, Bob Jones, fue desacreditado en público porque supuestamente utilizaba su «unción profética» para convencer a las mujeres de que se desvistieran.[18] Ese mismo año, ABC News investigó el ministerio de Robert Tilton que en ese momento estaba recaudando más de ochenta millones de dólares al año. La investigación encontró que su ministerio botaba las peticiones de oración que recibía sin leerlas, abriendo los sobres solo el tiempo necesario para sacar el dinero que tenían dentro.[19]

En el año 2000, el obispo Clarence McClendon se volvió a casar tan solo siete días después de divorciarse de su mujer de dieciséis años, en medio de las sospechas de que había engendrado un hijo fuera del matrimonio. Como pastor de una megaiglesia pentecostal en Los Ángeles, McClendon era un destacado miembro de la Comunión Internacional de Iglesias Carismáticas. A pesar del escándalo, se negó a renunciar o dejar su púlpito por un tiempo. En una declaración en relación con el divorcio, él dijo: «Yo tengo un llamado a predicar, no a estar casado [...] Eso no afecta mi ministerio».[20]

A principios del año 2002, el pastor pentecostal con sede en California, Roberts Liardon, sorprendió a sus seguidores cuando admitió haber tenido una relación homosexual con el ministro de jóvenes de su iglesia, John Carette. Increíblemente, Liardon estaba de vuelta en el ministerio a tiempo completo en un corto plazo después del incidente.[21] En el 2004, Enoc Lonnie Ford, un antiguo empleado de Trinity Broadcasting Network, amenazó con publicar un manuscrito que detallaba su supuesta relación homosexual con Paul Crouch, la cual tuvo lugar en la década de 1990. El periódico *Los Angeles Times* informó que Crouch le había pagado previamente cuatrocientos veinticinco mil dólares a Ford para que no hiciera pública la historia.[22]

En el 2005, el famoso profeta carismático Paul Cain admitió que había «luchado en dos áreas particulares, la homosexualidad y el alcoholismo, por un período prolongado de tiempo».[23] Ese mismo año se presentó una demanda contra Earl Paulk, fundador del International Charismatic Bible Ministries. Una mujer casada de la iglesia de Paulk lo acusó de inducirla a tener una relación de catorce años con él. Según la mujer, Paulk dijo que los que están espiritualmente exaltados pueden tener relaciones sexuales fuera del matrimonio sin cometer adulterio, él calificó estas relaciones ilícitas como «relaciones del reino».[24]

En el 2006, Ted Haggard, quien fue pastor de la iglesia carismática evangélica New Life Church en Colorado Springs, renunció después de que quedó claro que él le había pagado a una amistad homosexual por favores sexuales y drogas durante un período de tres años. Al ser entrevistado por la revista *GQ* en febrero de 2011, Haggard explicó: «Creo que, probablemente, si tuviera veintiún años de edad en esta sociedad, me gustaría identificarme como bisexual».[25] En el 2010, Ted comenzó una nueva iglesia en Colorado.[26]

En el 2008, el obispo pentecostal Thomas Wesley Weeks III admitió haber agredido físicamente a su esposa, la «profetisa» carismática Juanita Bynum, quien dijo que su marido la agarró por el cuello, la empujó al suelo y la pisoteó en el estacionamiento de un hotel. Él se declaró culpable y fue sentenciado a tres años en probatoria.[27] La misma Bynum más tarde confesó que ella luchaba con sus deseos homosexuales y se había involucrado en relaciones ilícitas con varias mujeres durante algunos años.[28]

También en el 2008, el sanador por fe Todd Bentley confesó tener una relación ilícita con una de sus empleadas principales. Tras divorciarse de su esposa, Bentley se casó con la miembro del personal con la que había estado relacionándose de forma inapropiada.[29] Ese mismo año apareció la noticia de que el evangelista pentecostal australiano Michael Guglielmucci había fingido luchar contra el cáncer, en parte para disimular todos los síntomas de estrés relacionados con su adicción de por vida a la pornografía. En un intento de convencer al mundo de que tenía cáncer, Guglielmucci se afeitó la cabeza, usó un tanque de oxígeno y creó falsos correos electrónicos para hacer creer que eran de los médicos. También escribió una canción de éxito titulada «Sanador», acerca de cómo el Señor lo estaba ayudando a hacerle frente a su enfermedad.[30]

En el 2009, el senador republicano Chuck Grassley abrió una investigación oficial sobre las finanzas de los ministerios de Kenneth Copeland, Creflo Dollar, Benny Hinn, Eddie Long, Joyce Meyer y Paula White. La investigación se inició debido a los lujosos estilos de vida de estos prominentes teleevangelistas.[31] Sin embargo, la sospecha de irregularidades financieras no es la única fuente de escándalo en estos ministerios. En el año 2010, varias demandas fueron presentadas contra Eddie Long, basadas en el hecho de que buscó relaciones homosexuales con adolescentes de su congregación a cambio de dinero y otros beneficios.[32] Y en el 2011, Creflo Dollar fue arrestado bajo cargos de tratar de asfixiar a su hija de quince años de edad.[33]

Las fotografías publicadas en una edición del 2010 de la revista *National Enquirer* muestran a los teleevangelistas divorciados Benny Hinn y Paula White tomados de la mano, dejando un hotel en Roma.[34] «El artículo, que se publicó el 23 de julio, señaló que los dos pasaron tres noches en un hotel de cinco estrellas reservado por Hinn con un nombre falso».[35] Rápidamente circularon los rumores de que los dos estaban teniendo una aventura, aunque ambas partes negaron las acusaciones. En cambio, insistieron en que habían venido a Roma para hacer donaciones de dinero al Vaticano, como si de alguna manera pudieran hacer que el escándalo pareciera menos obsceno. Dos años más tarde, en el 2012, Hinn anunció que él y su esposa, Suzanne, se casarían de nuevo, con el patriarca Jack Hayford realizando la ceremonia. Suzanne había pedido el divorcio en febrero del 2010, alegando diferencias irreconciliables. Más tarde Benny afirmó que su separación estaba relacionada con la adicción a los medicamentos de su esposa.[36]

Los ejemplos mencionados antes representan solo un puñado de los muchos escándalos nacionales e internacionales que continuamente afectan al movimiento carismático.[37] No obstante, proporcionan pruebas suficientes de lo que la revista *Time* llama «el magnetismo desde hace mucho tiempo entre los famosos predicadores pentecostales y el escándalo».[38] Al comentar sobre incidentes similares, J. Lee Grady, un editor de la revista *Charisma*, se ve obligado a admitir: «No albergo ninguna venganza contra estas personas, pero no tengo ningún problema en decir que son los equivalentes modernos de Nadab y Abiú. Son rufianes espirituales. Están jugando con fuego extraño. No tienen nada que hacer en el ministerio, y ellos responderán ante Dios por el daño que han causado».[39]

Grady tiene razón para alarmarse, pero él no ve estos escándalos como algo más que un problema periférico. En realidad, son los síntomas de errores sistémicos. Escándalos como estos impregnan la historia carismática. Trácelos hasta su fuente y descubrirá que tienen sus raíces en la mala doctrina. En pocas palabras, los fracasos morales y espirituales, como los que hemos narrado en este capítulo, son la consecuencia inevitable de una pneumatología podrida, es decir, la falsa enseñanza sobre el Espíritu Santo.

Es imposible pasar por alto la continuidad que se evidencia a través de esta larga lista de escándalos: no importa la gravedad de la infracción o cuán profunda sea la indignación pública, los pastores descalificados en el movimiento carismático suelen ser restaurados lo antes posible a sus púlpitos tronos, a veces en solo cuestión de semanas (e incluso en ocasiones, en el peor de los casos, se les permite continuar sin interrupción en lo absoluto). Esto se debe en gran parte a la forma en que se les enseña a las congregaciones carismáticas a ver a sus líderes como almas trascendentes que tienen conexiones elevadas con Dios personalmente y por lo tanto no están sujetos a rendirle cuentas a otra persona a nivel local.

Tal como el profesor de teología Chad Brand explica: «Debido a que se considera que esta persona tiene poder carismático o unción, su fracaso [...] es a menudo fácilmente perdonado y pasado por alto».[40] Después de señalar el divorcio de John Hagee en 1975, el de Richard Roberts (hijo de Oral Roberts) en 1979, y el de Paula y Randy White en el año 2007, agrega: «Si bien estos divorcios han tenido consecuencias para sus ministerios, en todos los casos el ministerio solo floreció después. En la mayoría de las otras tradiciones evangélicas, el impacto de los divorcios ha sido sentido de un modo más profundo por los ministerios en cuestión».[41]

La ironía es ineludible: el movimiento que pretende estar más en sintonía con el Espíritu Santo es al mismo tiempo el menos preocupado por la santidad personal y la pureza en un nivel para el que las Escrituras establecen el más alto estándar: los requisitos para los que predican y enseñan. Y debido a que el pueblo no se eleva más alto que sus líderes, la asamblea está llena de la misma clase de pecados.

Una verdadera obra del Espíritu produce santidad en la vida de las personas. Cuando los dirigentes de un movimiento se ven afectados continuamente por el escándalo y la corrupción, esto pone en tela de juicio las fuerzas espirituales detrás de ese movimiento. El Espíritu Santo está involucrado de forma activa en la santificación de su pueblo, dándole el poder para luchar contra la carne, mientras crece en la semejanza a Cristo. Los deseos carnales sin límites, por el contrario, son característicos de los falsos maestros (2 Pedro 2.10, 19).

LA TERCERA PRUEBA: ¿LLEVA A LAS PERSONAS HACIA LAS ESCRITURAS?

Un tercer rasgo distintivo de una verdadera obra del Espíritu Santo es que se dirige a las personas hacia la Palabra de Dios. Como Jonathan Edwards explicó: «Ese espíritu que opera de una manera tal que provoca en los hombres una más profunda consideración de las Sagradas Escrituras, y los establece más en su verdad y deidad, es sin duda el Espíritu de Dios».[42] Edwards obtuvo este principio de 1 Juan 4.6, donde el apóstol Juan les dijo a sus lectores: «Nosotros somos de Dios; el que conoce a Dios, nos oye; el que no es de Dios, no nos oye. En esto conocemos el espíritu de verdad y el espíritu de error». Una verdadera obra del Espíritu lleva a los creyentes a someterse a la enseñanza apostólica (es decir, el Nuevo Testamento) y por extensión a toda la Biblia. Él los guía a un mayor aprecio y amor por las Escrituras. Al contrario, los falsos profetas menosprecian la Palabra de Dios, añaden sus propias ideas y tuercen su significado (cp. 2 Pedro 3.16).

La Biblia revela una relación inseparable entre el Espíritu Santo y las Escrituras que él inspiró (2 Pedro 1.20–21). Los profetas del Antiguo Testamento fueron inspirados por el Espíritu para predecir la venida del Señor Jesucristo (1 Pedro 1.10–11; cp. Hechos 1.16; 3.18). Los apóstoles fueron igualmente inspirados por él para componer los evangelios bíblicos y escribir las epístolas del Nuevo Testamento (Juan 14.25–26; 15.26). Hablando de la revelación que el Espíritu Santo les daría a los apóstoles, el Señor les explicó: «Aún tengo muchas cosas que deciros, pero ahora no las podéis sobrellevar. Pero cuando venga el Espíritu de verdad, él os guiará a toda la verdad; porque no hablará por su propia cuenta, sino que hablará todo lo que oyere, y os hará saber las cosas que habrán de venir. El me glorificará; porque tomará de lo mío, y os lo hará saber. Todo lo que tiene el Padre es mío; por eso dije que tomará de lo mío, y os lo hará saber» (Juan 16.12–15). Como el Señor dejó claro, el Espíritu Santo no hablaría por su propia cuenta, sino les revelaría a ellos las palabras de Cristo. Esa promesa se cumplió en la escritura del Nuevo Testamento.

La Biblia es el libro del Espíritu Santo, él lo inspiró y autenticó. Este es el principal instrumento que él usa para convencer al mundo de pecado (Juan 16.8–11; Hechos 2.37), guiar a los pecadores al Salvador (Juan 5.39; 1 Juan 5.6), y conformar a los creyentes a la imagen de su Señor (2 Corintios 3.18; 1 Pedro 2.2). Por lo tanto, las Escrituras se describen como «la espada del Espíritu». Para los creyentes, esa espada significa el poder del Espíritu que los defiende de la tentación (Efesios 6.17); para los no creyentes, es un instrumento de precisión que el Espíritu Santo utiliza para penetrar en los corazones llenos de incredulidad (Hebreos 4.12). Una comparación de Efesios 5.18 con Colosenses 3.16 demuestra que el mandamiento «sed llenos del Espíritu» es paralelo a la orden de «dejar que la palabra de Cristo habite en abundancia en vosotros», ya que ambos producen el mismo resultado (cp. Efesios 5.18—6.9; Colosenses 3.16—4.1).

Tal como un comentarista explica: «No es posible que la Palabra de Dios more en los creyentes a menos que estén llenos del Espíritu y, por el contrario, los cristianos no pueden ser llenados con el Espíritu si la Palabra de Cristo no está morando en ellos».[43] Ser lleno del Espíritu comienza con estar saturado de las Escrituras; cuando los creyentes se someten a la Palabra de Cristo, al mismo tiempo están bajo la influencia santificadora del Espíritu Santo. Es el Espíritu el que ilumina sus corazones, de modo que a medida que crecen en su conocimiento del Señor Jesús, su amor por el Salvador se profundiza (cp. 1 Corintios 2.12–16).

El Espíritu Santo nunca disuade a las personas de la lectura, el estudio y la aplicación de las Sagradas Escrituras, el libro que él inspiró, faculta e ilumina para salvación y santificación. Sin embargo, el movimiento carismático moderno abre una brecha entre la Biblia y su Autor divino, respaldando experiencias *no bíblicas* y defendiendo revelaciones *ajenas a la Biblia*, como si el Espíritu Santo hablara por su propia cuenta o funcionara en la iglesia de hoy de una manera contraria a la verdad de su Palabra. Después de haber inventado su propia versión del Espíritu, los carismáticos esperan que él hable y actúe de maneras novedosas que son ajenas a las Escrituras. Como resultado, la revelación bíblica es flagrantemente degradada, rebajada y disminuida.

La implicación sorprendente en muchos círculos carismáticos es que un estudio serio de la Palabra de Dios limita o frustra la obra del Espíritu.[44] Sin embargo, nada podría estar más lejos de la verdad. Si se consulta el texto, este no *pasa por alto* al Espíritu Santo, sino que lo *honra* (cp. Hechos 17.11). Escudriñar las Escrituras con el fin de discernir su significado exacto es escuchar directamente al Espíritu Santo, ya que él es el que inspiró cada palabra.

En vez de infundir una mayor apreciación de las Escrituras inspiradas por el Espíritu, las cuales Dios exalta tan alto como su propio nombre (Salmo 138.2), el movimiento carismático dirige a las personas a buscar la revelación divina en lugares *fuera* de la Biblia. Las ramificaciones de esta premisa defectuosa son desastrosas, ya que destruyen la doctrina de la suficiencia de las Escrituras e ignoran efectivamente el cierre del canon. El autoproclamado apóstol y arquitecto de la Tercera Ola, Peter Wagner, ofrece solo un ejemplo de los que de forma presuntuosa cuestionan la unicidad singular de la revelación bíblica al insistir en que la revelación divina aún se está dando hoy en día. Peter Wagner escribe:

> Algunos se oponen a la idea de que Dios se comunica directamente con nosotros, pensando que todo lo que Dios ha querido revelar lo mostró en la Biblia. Sin embargo, esto no puede ser cierto, porque no hay nada en la Biblia que diga que contiene sesenta y seis libros. En realidad, a Dios le tomó unos doscientos años revelarle a la iglesia qué escritos se debían incluir en la Biblia y cuáles no. Eso es una revelación extrabíblica. Aun así, los católicos y los protestantes todavía no están de acuerdo sobre el número de libros. Más allá de eso, creo que la oración es de dos vías, le hablamos a Dios y esperamos que él nos hable a nosotros. Podemos escuchar la voz de Dios. Él también les revela cosas nuevas a los profetas como hemos visto.[45]

Ese tipo de reflexión expone lo peligroso que el pensamiento carismático puede ser cuando algo tan fundamental como el canon cerrado de las Escrituras se cuestiona abiertamente, e incluso se niega de forma implícita. No es de extrañar que el propio Wagner haya desarrollado su carrera como proveedor de múltiples herejías, cayendo cada vez más bajo mientras se aleja más y más del ancla de la revelación bíblica.[46]

El autor carismático Jack Deere va tan lejos como para catalogar la suficiencia de las Escrituras como una doctrina *demoníaca*. En sus palabras:

> Con el fin de cumplir con el propósito más alto de Dios para nuestras vidas, tenemos que ser capaces de escuchar su voz tanto en la Palabra escrita como en la palabra recién hablada desde el cielo [...] Satanás entiende la importancia estratégica de que los cristianos oigan la voz de Dios, por lo que ha lanzado varios ataques contra nosotros en esta área. Uno de sus ataques más exitosos ha sido el desarrollo de una doctrina que enseña que Dios ya no nos habla sino mediante la Palabra escrita. En última instancia, esta doctrina es demoníaca, incluso [a pesar de que] los teólogos cristianos hayan sido usados para perfeccionarla.[47]

Deere insiste en que los cristianos deben buscar la revelación divina más allá de las páginas de las Escrituras. Sin embargo, admite que las profecías de los profetas carismáticos están llenas de errores, y reconoce que es casi imposible interpretar los mensajes extrabíblicos con cierto grado de confianza. Deere incluso reconoce: «Es posible confundir nuestros propios pensamientos con la revelación de Dios».[48] Como veremos en el capítulo seis, las revelaciones imaginarias y «profecías» inexactas son muy abundantes en el movimiento carismático.

A pesar del error grave y el daño potencial que están haciendo estas supuestas nuevas «revelaciones», algunas iglesias carismáticas siguen considerando la profecía moderna como más importante que la Biblia. Como señala un autor: «Las iglesias que apelan a las nuevas revelaciones que a menudo se valoran más que la misma Biblia incluyen la Church of the Living Word, fundada por John Robert Stevens, y la United House of Prayer for All People. Stevens enseña que la Biblia es obsoleta y necesita ser complementada con las profecías inspiradas por el Espíritu en nuestro tiempo».[49] Por supuesto, la mayoría de las iglesias no llegan a ese extremo. No obstante, estos ejemplos representan el final lógico de la insistencia carismática en que Dios está dando nueva revelación para la iglesia hoy. Si el Espíritu aún estuviera ofreciendo revelación divina, ¿por qué no habríamos de recogerla y agregar esas palabras a nuestra Biblia?

La realidad es que el movimiento carismático moderno se llama falsamente a sí mismo evangélico aunque socava la autoridad y la suficiencia de las Escrituras. No es ni ortodoxo ni verdaderamente evangélico elevar experiencias espirituales, incluso revelaciones imaginarias de Dios, por encima de la Biblia. Hablando de su propia experiencia como testigo ocular de la transfiguración, el apóstol Pedro dio esta revelación:

> Porque no os hemos dado a conocer el poder y la venida de nuestro Señor Jesucristo siguiendo fábulas artificiosas, sino como habiendo visto con nuestros propios ojos su majestad. Pues cuando él recibió de Dios Padre honra y gloria, le fue enviada desde la magnífica gloria una voz que decía: Este es mi Hijo amado, en el cual tengo complacencia. Y nosotros oímos esta voz enviada del cielo, cuando estábamos con él en el monte santo. Tenemos también la palabra profética más segura, a la cual hacéis bien en estar atentos como a una antorcha que alumbra en lugar oscuro, hasta que el día esclarezca y el lucero de la mañana salga en vuestros corazones (2 Pedro 1.16–19).

En la transfiguración, Pedro fue testigo de un espectáculo sobrenatural sin precedentes. Tuvo una verdadera y divina experiencia celestial. Aun así, el apóstol sabía que las Escrituras («la palabra profética») son «más seguras» que incluso las experiencias más sublimes. El punto de Pedro es precisamente el tema que muchos carismáticos no pueden entender. La experiencia humana es subjetiva y falible; solo la Palabra de Dios es infalible y sin error, ya que su autor es perfecto.

Al igual que Pedro, el apóstol Pablo también experimentó algo increíble. Fue llevado al cielo, «arrebatado al paraíso», para encontrar lo que consistía en «palabras inefables que no le es dado al hombre expresar» (2 Corintios 12.4). A diferencia de aquellos que hoy narran cuentos fantásticos sobre el más allá, e incluso hacen una carrera dando conferencias y hablando de lo que supuestamente vieron en el cielo, Pablo dijo que hacer alarde de su experiencia no era conveniente (v. 1) o espiritualmente beneficioso. ¿Por qué? Porque esa experiencia verdadera no podía ser verificada o repetida. Si Pablo iba a presumir, sería de la verdad del evangelio y la maravilla de su propia salvación (Gálatas 6.14). De hecho, para evitar que hiciera demasiado alarde de tales visiones y revelaciones reales, Pablo afirma que el Señor le dio un «aguijón en mi carne, un mensajero de Satanás que me abofetee, para que no me enaltezca sobremanera» (v. 7). En lugar de jactarse de sus experiencias trascendentales, Pablo fue llamado a predicar la Palabra de Dios (2 Timoteo 4.2), ya que el evangelio bíblico es «poder de Dios para salvación a todo aquel que cree» (Romanos 1.16).

¿Quién es la fuente y el poder detrás de la revelación bíblica? Si miramos atrás al relato de Pedro sobre la transfiguración, veremos que solo dos versículos más adelante se contesta esta pregunta: «Porque nunca la profecía fue traída por voluntad humana, sino que los santos hombres de Dios hablaron siendo inspirados por el Espíritu Santo» (2 Pedro 1.21). Cuando nos sometemos a la Palabra de Dios como nuestra autoridad, nos sometemos al Espíritu mismo, ya que él inspiró cada palabra que ella contiene. Ninguna verdadera obra del Espíritu contradice, devalúa o añade nueva revelación a las Escrituras (cp. Apocalipsis 22.17–19). Al contrario, elevará la verdad bíblica en los corazones y las mentes de los creyentes.

La cuarta prueba: ¿exalta la verdad?

Una cuarta y estrechamente relacionada prueba que debe ser aplicada a cualquier supuesta obra del Espíritu Santo es la siguiente: ¿la obra destaca la verdad espiritual y la claridad doctrinal, o crea confusión y promueve el error?

En 1 Juan 4.6, el apóstol escribió simplemente: «Conocemos el espíritu de verdad y el espíritu de error». El Espíritu Santo, que se define por la verdad, ofrece un marcado contraste con los falsos espíritus del engaño que se caracterizan por el error y la falsedad. Cuando un movimiento espiritual es conocido por defender la sana teología, denunciar las falsas enseñanzas y detestar la unidad superficial, estos son indicios de que se trata de una obra genuina del Espíritu Santo.[50] Por el contrario, los creyentes deben tener cuidado de cualquier sistema religioso que hace caso omiso de la sana doctrina, propaga la mentira o felizmente respalda el compromiso ecuménico.

La triste realidad es que la verdad bíblica nunca ha sido el sello distintivo del movimiento carismático, en el que la experiencia espiritual se eleva continuamente por encima de la sana doctrina. Como el teólogo Frederick Dale Bruner explica: «Los deseos del pentecostalismo, en resumen, deben entenderse como el cristianismo empírico, con su experiencia culminando en el bautismo de los creyentes en el Espíritu Santo evidenciado, como en Pentecostés, por hablar en otras lenguas [...] Es importante tener en cuenta que no es la doctrina, sino la experiencia del Espíritu Santo, lo que los pentecostales afirman repetidamente».[51]

Un ejemplo de esto se ve en la historia del pentecostalismo, un movimiento que hizo del hablar en lenguas el centro de su teología (basado en una visión distorsionada del bautismo del Espíritu). Como vimos en el capítulo 2, cuando los pentecostales originales estudiaron el texto de las Escrituras, se convencieron de que las lenguas en la Biblia eran auténticos idiomas extranjeros. Sin embargo, ¿qué sucedió cuando se hizo evidente que la versión moderna del «don» no consistía en verdaderos idiomas? Si las Escrituras hubieran sido su máxima autoridad, habrían abandonado la práctica del todo, reconociendo el hecho de que lo que estaban haciendo no coincidía con el precedente bíblico. Por el contrario, cambiaron radicalmente su interpretación del Nuevo Testamento, manipulando el texto con el fin de justificar y mantener una falsificación. De modo que la clara enseñanza de las Escrituras acerca de las lenguas fue torcida con el fin de redefinir las lenguas como *galimatías sin sentido* y hacerlas así coincidir con el fenómeno moderno.

A nivel práctico, las iglesias pentecostales elevan regularmente la experiencia por sobre la verdad. Prácticas no bíblicas como la de ser derribado o muerto por el Espíritu se promueven, no porque tengan apoyo bíblico, sino porque hacen que la gente se sienta bien. Las mujeres pueden ser pastores de la iglesia, no porque el Nuevo Testamento lo permita (1 Timoteo 2.12), sino porque el liderazgo femenino ha sido siempre una señal distintiva del movimiento carismático. Se animan las formas de culto sin sentido y fuera de control, no porque la Biblia las condone (1 Corintios 14.33), sino porque el fervor emocional es necesario para conjurar el éxtasis. Muchos otros ejemplos podrían darse, y todos ilustran el hecho de que en el pentecostalismo la experiencia espiritual triunfa de manera constante sobre la autoridad bíblica.

Tal como ya hemos visto, el Movimiento de Renovación Carismática, que apareció en la década de 1960, está plagado del mismo problema, y un punto que resulta tal vez el más claramente visto es la disposición del movimiento a pasar por alto importantes diferencias doctrinales en aras de una unidad superficial que se basa en nada más que compartir experiencias.[52] El ejemplo más notorio de este inclusivismo impulsado por la experiencia, como se señaló anteriormente, fue la aceptación de los carismáticos católicos por parte del movimiento carismático en general. Como resultado, muchos carismáticos han puesto a un lado los distintivos históricos de la doctrina protestante (o los han considerado insignificantes) simplemente porque sus contrapartes católicas han hablado en lenguas o adoptado otros aspectos de la *experiencia* carismática. Hoy hay incluso carismáticos mormones.[53] Sin importar qué otra cosa enseñan, si han tenido esa experiencia, son incluidos dentro del movimiento.

Una encuesta informal de la televisión carismática ilustra aun más el hecho de que para muchos carismáticos la experiencia personal triunfa sobre la verdad proposicional. He estado esperando durante muchos años escuchar a un presentador carismático de la televisión interrumpir a un invitado y decirle: «Eso no es cierto. Eso no está en la Palabra de Dios. No vamos a aceptar eso. No se puede comprobar a partir de las Escrituras». No obstante, ese tipo de confrontación nunca sucede, no importa lo que se diga. Puede tratarse de la afirmación teológica más extraña o la mala interpretación más absurda de las Escrituras, donde el texto es arrancado de su contexto, por lo que su significado está irremediablemente distorsionado, sin embargo, nadie se detiene y dice: «Un momento, eso es herejía. Eso no es cierto».

La ausencia de discernimiento doctrinal y responsabilidad teológica dentro de los círculos carismáticos ha llevado a algunos observadores a expresar serias preocupaciones: «El movimiento carismático en su conjunto aún no ha integrado las grandes verdades doctrinales de las Escrituras a la vida de su gente. En su gran énfasis en la experiencia con el Espíritu Santo, el valor del estudio diligente de la teología a menudo se descuida».[54] Eso es decir poco. Doctrinalmente, el movimiento carismático refleja el período de los jueces, el tiempo en la historia de Israel en el que «cada uno hacía lo que bien le parecía» (Jueces 21.25). Como resultado, es casi imposible definir el movimiento carismático desde el punto de vista doctrinal excepto por sus errores. El mismo se resiste a la categorización teológica, ya que tiene una amplia y creciente gama de puntos de vista, cada uno de los cuales está sometido a la intuición personal o la imaginación.

Incluso los autores carismáticos reconocen que una queja común en contra de ellos es que «cuando se experimenta algo por primera vez, se apresuran a ver las Escrituras después del hecho para lograr una justificación de lo que les ha sucedido».[55] Uno de estos autores lo dice de esta manera: «No tome el control, no se resista, no analice, simplemente entréguese a su amor. Se puede analizar la experiencia más tarde, pero ahora solo deje que suceda».[56] No obstante, es completamente al revés. Debemos comenzar con la Palabra de Dios, lo que permite una correcta interpretación del texto para gobernar nuestras experiencias. Una verdadera obra del Espíritu se nutre de la sana doctrina. Promueve la verdad bíblica, no la descarta o la ve como una amenaza. Una vez que se le permite a la experiencia ser la prueba de fuego de la verdad, el subjetivismo se convierte en algo dominante y ni la doctrina ni la práctica se definen por la norma divina de las Escrituras.

Los carismáticos minimizan la doctrina por la misma razón que degradan la Biblia: piensan que alguna preocupación por lo eterno y la verdad objetiva sofoca la obra del Espíritu. Ellos prevén el ministerio del Espíritu como algo que fluye libre, infinitamente maleable, tan subjetivo como para desafiar la definición. Los credos, las confesiones de fe y la teología sistemática son vistos como un estrecho confinamiento, sin ser lo bastante flexibles como para que el Espíritu obre dentro de ellos. Reconociendo esta tendencia en los círculos carismáticos, un autor escribió: «Un estudiante de la universidad una vez me advirtió acerca de la "doctrina peligrosa de los demonios", su descripción de la teología sistemática. Él explicó: "El Señor nos ha dado el Espíritu Santo para interpretar las Escrituras. Enseñar doctrina es el intento de Satanás de usar nuestra mente para entender la Biblia en lugar de confiar en el Espíritu Santo"».[57]

Esta es una declaración sorprendente. En realidad, la única cosa que la buena teología liquida es el error, por lo que la sana doctrina es el mayor antídoto contra las desviaciones carismáticas. Recuerde, el Espíritu Santo es el Espíritu de *verdad* (Juan 16.13). Cualquier obra suya exaltará la verdad bíblica y la sana doctrina en los corazones y las mentes de su pueblo.

La quinta prueba: ¿Produce amor a Dios y a los demás?

Jonathan Edwards expresó una quinta y última prueba con el fin de evaluar cualquier movimiento espiritual: una verdadera obra del Espíritu hace que las personas amen más a Dios y a los demás. Edwards señaló este principio de 1 Juan 4.7–8, donde el apóstol Juan escribió: «Amados, amémonos unos a otros; porque el amor es de Dios. Todo aquel que ama, es nacido de Dios, y conoce a Dios. El que no ama, no ha conocido a Dios; porque Dios es amor». Un fruto principal del Espíritu es el *amor* (Gálatas 5.21), y donde existe el verdadero amor, hay evidencia de la obra genuina del Espíritu.

Una verdadera obra del Espíritu produce un amor a Dios que se expresa en la adoración y la alabanza de una mente sobria. *Esa es la definición de la adoración bíblica.* La adoración es una expresión de amor a Dios y, por lo tanto, debido a su propia naturaleza involucra las pasiones del alma. La mayoría de los cristianos entiende esto al menos de forma rudimentaria.

Sin embargo, muchos parecen pensar que no estamos en verdad adorando hasta que el intelecto humano está desactivado. He escuchado a predicadores carismáticos instando a la gente a suspender sus facultades racionales porque el Espíritu supuestamente no puede funcionar si estamos pensando demasiado. Este es un concepto no bíblico por completo. En el culto auténtico, los pensamientos y sentimientos van juntos, en conjunción con *todas* nuestras facultades humanas, centrándose en Dios en la adoración pura. Este principio está implícito en el primero y más grande mandamiento: «Amarás al Señor tu Dios con todo tu corazón, y con toda tu alma, y con toda tu *mente*» (Mateo 22.37).

El tipo de alabanza que el Padre busca no es una cacofonía caótica sin sentido. La adoración no es mera locura y sentimientos. «Dios es Espíritu; y los que le adoran, en espíritu y en *verdad* es necesario que adoren» (Juan 4.24). Dios ama «la verdad en lo íntimo» (Salmo 51.6). Por lo tanto, la verdadera adoración (como la auténtica santificación) no puede pasar por alto la mente, sino que tiene que ver con la *renovación* de la mente (Romanos 12.1–2; cp. Efesios 4.23–24). Como dijo Jonathan Edwards, el culto verdadero y bíblico debe llevar a la gente «a los pensamientos elevados y la exaltación del Ser divino y sus gloriosas perfecciones [y esto] obra en ellos una admiración y un gran sentido de la gloria de Jesucristo».[58] El efecto es que nos convertimos en nuevas personas por completo, renovadas «hasta el conocimiento pleno» (Colosenses 3.10). Las Escrituras no saben nada de algún tipo de espiritualidad que pasa por alto el intelecto y opera solo en los sentimientos.

No obstante, los cultos carismáticos a menudo se caracterizan por el desorden y el caos, que no honran al Señor (1 Corintios 14.33). En las palabras de un profesor de teología pentecostal: «Me gusta llamarle al culto carismático "adoración de todo el cuerpo", una adoración de corazón y mente, alma y fuerza. Nos volvemos locos cuando pensamos en todo lo que Dios ha hecho por nosotros y con nosotros. Aun más locos que con nuestro equipo de baloncesto».[59] Sintonice TBN o cualquier cadena de televisión carismática y no pasará mucho tiempo sin que vea ejemplos de fenómenos irracionales y extáticos: desde hablar galimatías hasta caerse en un trance que hace reír sin control o incluso ladrar como perros.[60]

Con demasiada frecuencia los carismáticos adoran y oran sin usar sus mentes. Se les dice cosas como: «Encuentra un lugar tranquilo. Vacía tu mente. Escucha tu respiración, concéntrate en una palabra, un ejemplo sería "Señor", u otra manera de enfocarte es escuchar música suave y espiritual en silencio, dejando que el Espíritu Santo te hable».[61] Ellos asocian la llenura del Espíritu con la posesión sin sentido. En palabras de una mujer pentecostal: «Siempre me avergonzaba cuando el Espíritu Santo me movía. Creía que la gente podría pensar que estaba loca. Fue una experiencia muy fuerte. Era como si hubiera perdido totalmente el control de mi cuerpo y algo se hubiera hecho cargo de él, y no pude hacer nada para detenerlo».[62]

Uno de los ejemplos más vivos del culto carismático caótico ocurrió durante la Bendición de Toronto de mediados de la década de 1990. La profesora de sociología Margaret M. Poloma describe su propia experiencia en un culto celebrado en el Toronto Airport Christian Fellowship en 1995:

> Los estallidos de risas continuaron cobrando impulso. [El evangelista Byron] Mote proclamó: «Dios está preparando una gran fiesta». Luego buscó el primer capítulo de Lucas, pareciendo comenzar un sermón sobre María, la madre de Jesús. Como la gente seguía riendo por todo el auditorio, el discurso de Mote fue pasado por alto [...] Se sentó tratando de ganar compostura, como un borracho que trata de no caerse de la silla. Él pronto cayó al suelo «embriagado en el Espíritu», mientras la gente se reía y aplaudía. Jan Mote luego trató de tomar el lugar de su marido como orador de la reunión, volviendo a un pasaje de Cantares: «¡Que me bese con los besos de su boca!». Aunque Jan Mote también estaba luchando para conservar su compostura (teniendo que sentarse en un punto porque sus «rodillas estaban débiles»), habló sobre cómo la risa estaba sensibilizando a la gente para recibir el amor de Dios. Los de la congregación que no estaban espiritualmente borrachos, tirados en el suelo o riendo sin control, la siguieron luego en el canto: «Mi Jesús, te amo».[63]

Ese tipo de comportamiento extraño va en contra de la adoración bíblica. Es una burla a lo que es santo y trata a Dios con la falta de respeto de la ebriedad. Aunque la Bendición de Toronto ha disminuido en importancia desde el comienzo del nuevo milenio, constituye un ejemplo de los comportamientos irracionales que pueden surgir cuando se anima la emotividad desenfrenada en la adoración. Payasadas similares caracterizaron a los primeros pentecostales del avivamiento de la Calle Azusa.[64] Incluso Charles Parham, fundador del pentecostalismo, se echó hacia atrás con horror ante algunas de las cosas que vio allí: «Los servicios de oración irracionales y extraños en muchas de estas reuniones fanáticas, donde el contacto de los cuerpos en movimiento es tan cierto y condenatorio como en el salón de baile, conducen al amor libre, la afinidad necia y el apareamiento del alma».[65]

Peter Masters, pastor del Metropolitan Tabernacle de Londres, explica que la emotividad desenfrenada y la pérdida de control racional son un componente clave de la adoración carismática:

> Los carismáticos afirman que al mantener el control racional sobre nuestras mentes y acciones nos oponemos y apagamos la obra del Espíritu Santo. Ellos dicen que los creyentes deben estar preparados para ceder el control racional, a fin de que puedan estar sensibles a la actividad divina directa, tanto en la adoración como en el servicio cristiano. John Wimber observa con preocupación que «el miedo a perder el control es una amenaza para los cristianos más occidentales». Él insiste en que debemos superar nuestros miedos, ya que el control racional se debe perder para que se produzca el hablar en lenguas, para que se sientan crecientes sensaciones de éxtasis en la adoración, para que los mensajes de Dios sean recibidos directamente en la mente, y para que ocurran sucesos milagrosos tales como las sanidades.[66]

Sin embargo, perder el control en la adoración es un error grave y trágico. Se trata de un enfoque de la adoración soberbio, egoísta e impío, porque refleja el descuido negligente o un rotundo rechazo a adorar en espíritu y verdad, de la forma en que Dios ha dicho que debemos adorar (Juan 4.24).[67]

Entonces, ¿cómo debemos evaluar las prácticas de adoración que fomentan la pérdida del control racional? He aquí una respuesta convincente: «La idea de vaciar la mente es extraña al pensamiento cristiano. Tiene mucho más en común con las prácticas paganas como la meditación trascendental, los rituales místicos, la hipnosis y otros procedimientos de vaciado de la mente que a menudo abren la puerta a las influencias demoníacas. Una persona que está dispuesta a tener una experiencia espiritual que no pasa por la mente puede estar sensibilizándose a sí misma a entidades espirituales de las que ella no quiere saber nada [...] Cuando uno busca un camino corto a la espiritualidad, sumergiéndose en experiencias místicas o milagrosas, puede llegar a ser vulnerable al engaño satánico».[68]

El *misticismo* del culto carismático solo se agrava cuando se alía con el *materialismo* de la teología de la prosperidad. Como ya hemos visto, las personalidades más influyentes en el movimiento carismático tratan a Dios como si fuera un Papá Noel cósmico que concede alegremente todos sus deseos materiales. Otros tratan el Espíritu Santo como si fuera una fuerza, una chispa de electricidad y poder espiritual que produce un murmullo extático. En cualquier caso, los adeptos carismáticos son adiestrados para acercarse a Dios de tal manera que obtengan de él lo que quieran. Como un autor explica: «El evangelio de la prosperidad es el materialismo insensible con un disfraz religioso. Escoge versículos de la Biblia selectivamente para adaptarlos a la teoría que les da nombre y la cual afirman, pero esto no es amar a Dios. Quieren usar a Dios para fines egoístas e infantiles».[69] Por el contrario, el verdadero amor a Dios se expresa en una vida de obediencia desinteresada y servicio sacrificial a él (Romanos 12.1).

Además de producir un mayor amor a Dios, una verdadera obra del Espíritu también infunde en los creyentes un sincero amor y sacrificio por los demás. Tal amor «se goza de la verdad» (1 Corintios 13.6), lo que significa que no tolera la falsa enseñanza por el bien de la unidad superficial. Por otra parte, intenta edificar a otros en el cuerpo de Cristo. Sin duda este es el punto de Pablo en la discusión de los dones espirituales en 1 Corintios 12—14: los dones eran para ser utilizados dentro de la iglesia con el fin de edificar a otros creyentes. Su declaración en 1 Corintios 12.7 hace explícito este punto: «Pero a cada uno le es dada la manifestación del Espíritu para provecho» de todos. Esta idea se repite en 1 Corintios 13.5, donde Pablo explica que el verdadero amor «no busca lo suyo».

Sin embargo, los carismáticos han convertido esto en su estandarte, alegando que ciertos dones (en particular, el don de lenguas) se deben utilizar para la *autoedificación*.[70] Este fue el mismo problema que Pablo trataba de corregir cuando les escribió: el uso egoísta y orgulloso de los dones espirituales por parte de los corintios. Hoy, el movimiento carismático ha convertido el error de Corinto en un distintivo de su movimiento. No obstante, tal egocentrismo trae consecuencias devastadoras: «Sería imposible calcular el daño irreparable causado al pensar que los dones espirituales se dan para la autoedificación y se pueden utilizar para edificarnos a nosotros mismos. Sin duda esto es antibíblico. Los dones se dan no para la edificación propia, sino para la de los demás».[71]

Para empeorar las cosas, este enfoque centrado en uno mismo de los dones espirituales a menudo se combina con las exigencias egoístas del evangelio de la prosperidad. De la misma manera que la teología de la prosperidad sustituye la verdadera adoración por una lista de deseos, también sustituye el amor genuino hacia los demás por un deseo egoísta de ganancia material.

Es cierto, los carismáticos afirman que su movimiento está marcado por el amor genuino hacia los demás. No obstante, Jonathan Edwards advirtió que es una forma falsa de amor la que se encuentra a menudo en los grupos aberrantes. Sus palabras de advertencia parecen especialmente aplicables al movimiento carismático moderno:

> De hecho, existe una falsificación del amor que a menudo aparece entre los que son guiados por un espíritu de engaño. Es común en los entusiastas más irracionales un tipo de unión y afecto que se muestra de los unos hacia los otros, el cual surge del amor propio, ocasionado por estar de acuerdo en aquellas cosas en las que en gran medida se diferencian de todos los demás, y por las cuales son objeto de la burla del resto de la humanidad; esto naturalmente va a causarles mucho más aprecio a lo que observan en sí mismos, esas peculiaridades que los hacen objeto del desprecio de los demás, así como los antiguos gnósticos y los fanáticos irracionales que aparecieron en el comienzo de la Reforma se jactaban del gran amor de los unos por los otros: una secta de ellos en particular, que se hace llamar la Familia del Amor. Sin embargo, esto es otra cosa distinta al amor cristiano que acabo de describir, es solo el funcionamiento de un amor propio natural, sin ninguna verdadera benevolencia, nada más que la unión y la amistad que puede tenerse entre sí una compañía de piratas que está en guerra con todo el resto del mundo.[72]

Los «entusiastas más irracionales» y los «fanáticos irracionales» del movimiento carismático contemporáneo sin duda se habrían encontrado con la desaprobación de Edwards. La falange fanática de la Reforma, en particular, comparte una serie de características en común con los carismáticos modernos, incluso varias experiencias de éxtasis y la insistencia en que estaban recibiendo nueva revelación del Espíritu Santo. Al oponerse a ellos por sus puntos de vista no bíblicos, Martín Lutero se refirió sarcásticamente a estas radicales teológicas como las que se había «tragado el Espíritu Santo con plumas y todo».[73]

Por supuesto, Jonathan Edwards no es la autoridad final para evaluar los méritos de un determinado ministerio o movimiento espiritual. La Biblia sola es la norma con la que se deben medir todas las cosas. No obstante, si tenemos en cuenta lo que dicen las Escrituras sobre el lugar esencial de la verdad en el culto que honra a Dios y comparamos esa norma con la naturaleza caótica y sin restricciones del culto carismático, o si colocamos la definición de las Escrituras del amor al lado del énfasis egoísta inherente a la teología carismática, se plantean serios interrogantes. Los carismáticos pueden comparar su movimiento al Gran Despertar de los días de Edwards.[74] Sin embargo, cuando se aplican las pruebas de 1 Juan 4, las diferencias se hacen inmediatamente evidentes.

¿TESORO ESPIRITUAL U ORO DE LOS TONTOS?

Cuando Jonathan Edwards aplicó las pruebas de 1 Juan 4.1–8 al Gran Despertar en la primera mitad del siglo dieciocho, llegó a la conclusión de que si bien hubo algunos excesos y expresiones carnales, el Espíritu de Dios estaba realmente en acción en el avivamiento: se predicó al verdadero Cristo, se enfrentó la mundanalidad y el pecado, se proclamaron las Escrituras, se exaltó la verdad del evangelio, y un sincero amor por Dios y los demás se demostró como resultado.

El movimiento carismático moderno demuestra lo contrario. La verdad acerca de Cristo se distorsiona, el enfoque a menudo se aleja de la persona y la obra del Señor Jesús y se coloca en su lugar en el supuesto poder y la bendición del Espíritu Santo. Los predicadores de la prosperidad (que constituyen el segmento más influyente y de mayor crecimiento del movimiento) promueven la mundanalidad abiertamente, aunque los escándalos del liderazgo se han convertido en una mancha demasiado frecuente en los que dicen estar «llenos del Espíritu». En lugar de honrar las Escrituras inspiradas por el Espíritu, los carismáticos tratan la Biblia como insuficiente, buscando una nueva revelación «personalizada» como suplemento. Esto trae como resultado que la verdad bíblica es minimizada, se aplaude el ecumenismo indiscriminado y la sana doctrina se ridiculiza como «muerta» y «divisiva». El amor de Dios debe manifestarse en la adoración con una mente sobria y la sincera obediencia. El amor por los demás debe responder con un servicio desinteresado y un deseo de edificar a otros. Sin embargo, el movimiento carismático, tanto en la búsqueda de los dones espirituales como en su incorporación de la teología de la prosperidad, se acerca a Dios de una manera inherentemente orientada hacia sí mismo.

¿Qué vamos a concluir basándonos en las pruebas bíblicas? La respuesta parece evidente. En muchos casos, el movimiento carismático se halla dominado por los falsos maestros que están abogando de forma activa por un falso evangelio. Esto es especialmente verdad en lo que respecta al desenfrenado movimiento de la Palabra de Fe y el evangelio de la prosperidad que promueve. El Nuevo Testamento advierte repetidas veces contra aquellos que introducen errores en la iglesia en busca de ganancias deshonestas; ningún ejemplo moderno encaja en estos versículos con más exactitud que los populares sanadores por fe, los predicadores de la prosperidad y los teleevangelistas que conforman el rostro de los medios de comunicación carismáticos. Los verdaderos creyentes deben evitar estos fraudes espirituales a toda costa. Como el apóstol Juan advirtió en 2 Juan 7–11:

> Porque muchos engañadores han salido por el mundo, que no confiesan que Jesucristo ha venido en carne. Quien esto hace es el engañador y el anticristo. Mirad por vosotros mismos, para que no perdáis el fruto de vuestro trabajo, sino que recibáis galardón completo. Cualquiera que se extravía, y no persevera en la doctrina de Cristo, no tiene a Dios; el que persevera en la doctrina de Cristo, ése sí tiene al Padre y al Hijo. Si alguno viene a vosotros, y no trae esta doctrina, no lo recibáis en casa, ni le digáis: ¡Bienvenido! Porque el que le dice: ¡Bienvenido! participa en sus malas obras.

Yo creo que hay personas sinceras en el movimiento carismático que, a pesar de la corrupción sistémica y la confusión, han llegado a comprender las verdades necesarias del evangelio. Aceptan la expiación sustitutiva, la verdadera naturaleza de Cristo, la naturaleza trinitaria de Dios, el arrepentimiento bíblico y la autoridad única de la Biblia. Ellas reconocen que la salvación no es asunto de salud y riquezas, y realmente desean ser rescatadas del pecado, la muerte espiritual y el infierno eterno. Sin embargo, siguen siendo confundidos por el ministerio del Espíritu Santo y la naturaleza de los dones espirituales.

El resultado es que están jugando con fuego extraño. Al exponerse continuamente a la falsa enseñanza y la falsa espiritualidad del movimiento carismático, se han colocado a sí mismos (y a cualquier persona bajo su cuidado espiritual) en peligro eterno. Para los verdaderos creyentes, el movimiento carismático representa una enorme piedra de tropiezo en lo que concierne al verdadero crecimiento espiritual, el ministerio y el hecho de ser útiles. Sus enseñanzas erróneas sobre el Espíritu Santo y las Escrituras inspiradas por el Espíritu perpetúan la inmadurez, la debilidad espiritual y una interminable lucha con el pecado.

Existe un paralelismo entre los cristianos que están atrapados en el movimiento carismático moderno y los verdaderos creyentes que formaron parte de la iglesia de Corinto en el primer siglo. La iglesia en Corinto se caracterizaba por las concesiones morales, los deseos carnales y la confusión acerca de los dones espirituales. Sin embargo, por contradictorio que pueda parecer, su congregación se componía de muchos creyentes verdaderos. Obviamente, el Espíritu Santo no era responsable de los errores que se habían infiltrado en la congregación de Corinto. Del mismo modo, él no es la fuente de la confusión carismática contemporánea dentro de la iglesia evangélica. Para los verdaderos creyentes de Corinto, el Espíritu Santo continuó obrando en sus vidas a pesar de sus notorios errores.[75] Lo mismo sigue siendo cierto hoy, aunque esto no niega la gravedad de la corrupción.

La búsqueda carismática de la revelación extrabíblica, las experiencias extáticas, la dirección subjetiva, la emotividad desenfrenada y la prosperidad material representan un peligro enorme. De la misma manera que un niño debe evitar los fósforos, los creyentes deben permanecer lejos del fuego extraño de la adoración y la práctica carismáticas inaceptables. En el mejor de los casos, esto representa la confusión de Corinto que Pablo corrigió. En el peor, se trata de las herejías destructoras de los falsos maestros. Acerca de esos charlatanes las Escrituras dicen: «Porque por ahí andan muchos, de los cuales os dije muchas veces, y aun ahora lo digo llorando, que son enemigos de la cruz de Cristo; el fin de los cuales será perdición, cuyo dios es el vientre, y cuya gloria es su vergüenza; que solo piensan en lo terrenal» (Filipenses 3.18-19).

SEGUNDA PARTE

LOS DONES FALSOS EXPUESTOS

CINCO

¿APÓSTOLES ENTRE NOSOTROS?

S i 1901 fue un gran año para el movimiento carismático, el 2001 fue potencialmente aun mayor. La primera fecha marca el comienzo del movimiento pentecostal moderno, cuando Agnes Ozman supuestamente habló en lenguas durante una reunión de oración en Topeka, Kansas. Sin embargo, esta última fecha, exactamente un siglo después de la primera, representa algo mucho más grande en las mentes de algunos líderes carismáticos que afirman que el 2001 «marcó el comienzo de la Segunda Era Apostólica».[1] Esta es la descripción utilizada por C. Peter Wagner, misiólogo, autor popular y cronista de los acontecimientos recientes carismáticos. Él cree que a principios del siglo veintiuno se produjo un cambio trascendental en el plan redentor de Dios.

Según Wagner: «Ahora estamos viendo ante nuestros ojos el cambio más radical en la forma de hacer iglesia desde la Reforma protestante. De hecho, creo que podría exponer un argumento razonable de que en realidad puede llegar a ser un cambio *más radical*».[2] Los albores del siglo veinte pueden haber señalado un interés renovado en los dones milagrosos, pero el nuevo milenio supuestamente marcó el comienzo de algo aun más significativo: el regreso de los apóstoles.[3] En palabras de Wagner, ahora hay «un amplio reconocimiento de que el oficio del apostolado no fue solo un fenómeno del primer par de siglos de la historia de la iglesia, sino que también está funcionando en el cuerpo de Cristo hoy».[4]

Wagner le llama a esta afluencia moderna de liderazgo apostólico la Nueva Reforma Apostólica. Él define el movimiento de esta manera:

> El nombre que he elegido para este movimiento es la Nueva Reforma Apostólica. Uso la palabra «Reforma», porque como he dicho, creo que por lo menos iguala a la Reforma Protestante en su impacto global. «Apostólica», porque el más radical de todos los cambios es el reconocimiento generalizado del don y el oficio de apóstol en las iglesias de hoy, y «Nueva» para distinguir el movimiento de una serie de denominaciones que utilizan la palabra «apostólico» en sus nombres oficiales a pesar de que muestran patrones comunes de las iglesias más tradicionales, en vez de las nuevas.[5]

Después de haber decidido que todavía hay apóstoles en la iglesia de hoy —basándose en un puñado de modernas «profecías» y un consenso de los panelistas en el Simposio Nacional de 1996 sobre la iglesia postdenominacional, organizado por el Seminario Teológico Fuller— Wagner se ha embarcado desde entonces en la misión de ver que el oficio apostólico sea plenamente aceptado por la iglesia contemporánea. Él cree que en cada generación de la historia de la iglesia siempre ha habido individuos que poseían el don de apostolado, pero sostiene que solo recientemente fue posible «que una gran cantidad de apóstoles se desarrollara, en el 2001, el año que he optado designar como el comienzo de la Segunda Era Apostólica».[6] Según Wagner, los cristianos contemporáneos «pueden comenzar a acercarse a la vitalidad espiritual y el poder de la iglesia del primer siglo solo si reconocemos, aceptamos, recibimos y ministramos todos los dones espirituales, incluyendo el don del apóstol».[7]

Históricamente, el nombre «apóstol Pedro» se ha reservado para un solo individuo. Simón Pedro, el líder reconocido de los doce discípulos, cuyo ministerio apostólico se ofrece en Hechos 1—12. Sin embargo, en la Nueva Reforma Apostólica, este nombre ha sido adoptado por nadie más que el mismo Peter Wagner.[8] Wagner comenzó a reconocer su «apostolado» en 1995, cuando dos profetisas declararon que había recibido una unción apostólica. En 1998, su llamado apostólico fue confirmado por una palabra profética en una conferencia en Dallas. Él narra las circunstancias un tanto extrañas que rodean este caso:

Me hallaba sentado en la primera fila [...] cuando de una u otra manera me encontré de rodillas en la plataforma con Jim Stevens de Christian Internacional, que se preparaba para profetizar sobre mí en público. ¡Todavía no sé cómo llegué allí! Levanté la vista y ahí estaba Charles Doolittle, uno de nuestros intercesores reconocidos, de pie junto a mí. ¡Charles era oficial de la policía de Glendale, California, un afroamericano musculoso y de casi dos metros de estatura, con un aspecto agresivo en su rostro y que sostenía una enorme espada como de un metro por encima de mi cabeza! Rápidamente decidí que mejor me portaba bien y escuchaba con atención [a] lo que Jim Stevens tenía que decir [...] He considerado desde entonces que este momento fue mi ordenación profética como apóstol.[9]

Poco tiempo después, y como prueba de su ordenación apostólica, Wagner afirma haber terminado con la enfermedad conocida como «el mal de las vacas locas» en Europa. En sus propias palabras:

Sabía que Dios quería que tomara la autoridad apostólica que me había dado y decretara de una vez por todas que la enfermedad de las vacas locas llegaría a su fin en Europa y el Reino Unido, lo cual hice [...] Esto fue el 1 octubre de 2001. Un mes más tarde, un amigo mío me envió un artículo de un periódico de Inglaterra diciendo que la epidemia se había contenido y que el último caso de la enfermedad de las vacas locas había sido el 30 de septiembre de 2001, ¡el día antes del decreto apostólico![10]

Dado su entusiasmo, Wagner al parecer no es consciente del hecho de que la enfermedad todavía existe en Europa, de forma que se registraron sesenta y siete casos positivos de vacas infectadas en el 2009 solamente.[11] Si bien es cierto que los esfuerzos de control agresivos por parte de los gobiernos europeos han frenado de modo significativo la epidemia de las vacas locas, la idea de que la declaración apostólica de Wagner terminó con la enfermedad es evidentemente falsa.

En el año 2000, Wagner comenzó a dirigir la recién formada Coalición Internacional de Apóstoles con él como «apóstol presidente», un cargo que ocupó hasta el 2009, cuando cambió su título a «presidente apóstol emérito».[12] Según el historiador pentecostal Vinson Synan, cuando comenzó la coalición, «los nuevos apóstoles podían unirse y pagar sesenta y nueve dólares al mes como cuota de membresía».[13] El mismo Synan fue invitado por Wagner a unirse, pero declinó. Como Synan explica:

«No me considero apóstol, le escribí que por sesenta y nueve dólares al mes, "no podía darme el lujo de serlo"».[14] Las tasas de afiliación a finales del 2012 variaron ligeramente, dependiendo del país de residencia del apóstol. La tarifa base es de trescientos cincuenta dólares para los «apóstoles internacionales». El costo para los apóstoles que viven en América del Norte comienza en cuatrocientos cincuenta dólares por año, o seiscientos cincuenta para los apóstoles casados (lo que significa, al parecer, un equipo de marido y mujer, en el que ambos se consideran a sí mismos apóstoles). Los estadounidenses nativos («apóstoles de la primera nación») podrían unirse por la misma tarifa que un «apóstol internacional».[15]

En un intento por organizar el Nuevo Movimiento Apostólico, Wagner delimita dos categorías principales de «apóstol», junto con varias subcategorías. Los «apóstoles verticales» sirven como líderes de los distintos ministerios o redes ministeriales, mientras que los «apóstoles horizontales» ayudan a reunir a los líderes de igual nivel para diversos fines. Wagner sugiere que Pedro y Pablo fueron ejemplos de «apóstoles verticales» en el Nuevo Testamento, debido a la naturaleza de sus respectivos ministerios y a las redes de la iglesia que cayeron bajo el cuidado de su pastorado. Por el contrario, Santiago, el hermano de nuestro Señor, fue un ejemplo de un «apóstol horizontal», ya que reunió con éxito a los otros apóstoles en el Concilio de Jerusalén.[16]

Las categorías apostólicas incluyen: miembros de un equipo apostólico, funcional, eclesiástico; apóstoles congregacionales; apóstoles de convocatoria, embajadores, movilizadores y territoriales; apóstoles del mercado; y apóstoles por llamado.[17] Busque en el Nuevo Testamento cualquiera de estas denominaciones y descubrirá rápidamente que no están allí.

Sin embargo, la Nueva Reforma Apostólica está ganando terreno rápidamente en el seno de la corriente principal de las iglesias carismáticas y de la Tercera Ola. Como un autor explica: «Es una creencia característica de tales iglesias nuevas que el Espíritu Santo está restaurando actualmente los cinco ministerios de Efesios 4.11: apóstoles, profetas, evangelistas, pastores y maestros. Sin embargo, la atención se centra en los ministerios de apóstol y profeta, porque el mundo evangélico ya estaba acostumbrado a los ministerios del evangelista, pastor y maestro».[18] Wagner se complace en el hecho de que el Nuevo Movimiento Apostólico es parte del segmento de más rápido crecimiento del cristianismo, viéndolo como un signo de la afirmación divina.[19]

En base a este crecimiento, Wagner sostiene que un cambio enorme y fundamental está teniendo lugar dentro de la iglesia; uno que compara con la transición del antiguo pacto al nuevo pacto.[20] Él va tan lejos como para comparar la Nueva Reforma

Apostólica a los «odres nuevos» del nuevo pacto, diciendo: «Hoy hemos entrado en otro odre nuevo, al que yo llamo la Segunda Era Apostólica. Los cambios radicales en la forma de hacer iglesia no se encuentran al doblar de la esquina, ya están aquí con nosotros».[21]

Los que refutan la Nueva Reforma Apostólica son, en opinión de Wagner, como los fariseos: en vez de aclamar y bendecir el nuevo odre, lo rechazan.[22] Él afirma, además, que los que se oponen a su nuevo movimiento están bajo la influencia demoníaca: «Satanás intenta impedir los nuevos tiempos y las estaciones de Dios enviando espíritus demoníacos del mal a trabajar sobre todo en nuestras mentes. Si tienen éxito, empezamos a pensar mal de los nuevos odres que Dios desea desarrollar».[23] Por lo tanto, cualquier persona que está en desacuerdo con las premisas de Wagner —que él y otros líderes carismáticos modernos son «apóstoles»— resultan catalogadas de legalistas, demonizadas, o simplemente tienen demasiado miedo para abrazar una nueva era radical en la historia de la iglesia.

¿REFORMA O DEFORMACIÓN?

A pesar de los ataques ad hóminem, ya es hora de que alguien exponga la Nueva Reforma Apostólica como lo que realmente es: *un fraude.*

Es difícil exagerar la mezcla de arrogancia descarada e ignorancia bíblica que impregna la Nueva Reforma Apostólica. En el debate sobre el movimiento de Wagner, hay quizás una sola frase en la que estoy de acuerdo con él, cuando escribió: «Soy muy consciente del hecho de que lo que he dicho puede considerarse algo así como una declaración descarada».[24] Eso sería decir poco. Reclamar la unción apostólica no solo es el colmo de la presunción orgullosa, también es una farsa completa. Vinson Synan, él mismo un ávido partidario del pentecostalismo, está en lo correcto al temerle al nuevo movimiento de Wagner. «Desde el principio, me sentí preocupado por cualquier movimiento que pretende restaurar el oficio apostólico que ejerce una autoridad total y sin control en las iglesias. El potencial de abuso es enorme. A lo largo de la historia de la iglesia, los intentos de restaurar el apostolado como un oficio en la iglesia a menudo han terminado en la herejía o causado un dolor increíble».[25]

Wagner pudo haberle llamado a su movimiento la «Nueva Reforma Apostólica». No obstante, la realidad es que no es ninguna de esas tres cosas. No es *nuevo*, no es una *reforma* y ciertamente no es *apostólico*. Esta no es la primera vez en la historia de la iglesia que los falsos maestros hambrientos de poder se han nombrado a sí mismos apóstoles a fin de obtener una mayor influencia espiritual sobre otros. Los falsos apóstoles eran frecuentes incluso en los tiempos del Nuevo Testamento, cuando Pablo los denunció como «obreros fraudulentos, que se disfrazan como apóstoles de Cristo. Y no es maravilla, porque el mismo Satanás se disfraza como ángel de luz» (2 Corintios 11.13–14). En la Edad Media, el papado católico romano se convirtió en un sistema autocrático, corrupto, abusivo y totalitario, reclamando la autoridad apostólica a través de una supuesta línea de sucesión que se remontaba hasta Pedro. Incluso en el siglo veinte, Wagner reconoce que los segmentos anteriores del movimiento carismático han intentado revivir el ministerio apostólico. Peter Hocken examina varios de esos grupos anteriores:

> Al comienzo del movimiento pentecostal algunos grupos habían proclamado la restauración de los apóstoles y profetas, en particular la iglesia apostólica formada en Gales en 1916, que luego institucionalizó tales ministerios. Estos ministerios, rechazados por la mayoría de las iglesias pentecostales, reaparecieron en el movimiento de la Lluvia Tardía que se originó en North Battleford, Saskatchewan, Canadá, en 1948. Los adherentes al movimiento de la Lluvia Tardía creían en la restauración de los ministerios de Efesios 4.11 [...] [lo cual posteriormente] ejerció una influencia en el movimiento carismático emergente.[26]

Wagner ha tomado simplemente el énfasis apostólico de la teología de la Lluvia Tardía y lo ha incorporado a sus enseñanzas de la Tercera Ola. Por lo tanto, es inexacto llamarle «nuevo» a su movimiento contemporáneo.

Igualmente engañoso es referirse al mismo como una «reforma».[27] En realidad, la Reforma fue principalmente una reacción en contra de la autoridad apostólica autoproclamada del Papa.[28] Por otra parte, el principio fundamental de la Reforma fue un compromiso con la sola Escritura, un concepto que es enfática y diametralmente opuesto a la opinión de Wagner. Después de definir «el espíritu de la religión» como demoníaco, Wagner argumenta que esto es «lo que hace que los líderes religiosos no se centren en lo que el Espíritu está diciendo (tiempo presente), sino en lo que el Espíritu dijo (tiempo pasado) en una época antigua».[29] En otras palabras, según Wagner, los que miran solamente a lo que el Espíritu dijo en *una época pasada o antigua* (es decir, la Biblia) ¡se encuentran bajo la influencia demoníaca!

Los líderes de la Reforma se habrían burlado de tal noción y con razón. Ellos argumentaron que solo la Escritura es la autoridad de todo lo que pertenece a la fe y la práctica (cp. 2 Timoteo 3.16–17). Por supuesto, la doctrina de la Reforma acerca de la *sola Scriptura* no deja lugar para las profecías imaginarias de los carismáticos modernos, por lo que no es de extrañar que Wagner la rechace. (Ya vimos en el capítulo 4 que él cuestiona abiertamente el cierre del canon bíblico.)

Por último, y más importante, la Nueva Reforma Apostólica no es de ninguna manera *apostólica*. Esto se puede demostrar de manera sencilla y convincente teniendo en cuenta los requisitos bíblicos para los verdaderos apóstoles. Cuando se comparan con el criterio del Nuevo Testamento, los llamados apóstoles de la Nueva Reforma Apostólica se exponen de inmediato como farsantes e hipócritas.

EL CRITERIO BÍBLICO PARA EL APOSTOLADO

El movimiento carismático opera bajo la premisa de que *todo* lo que sucedió en la iglesia primitiva debe esperarse y experimentarse en la iglesia de hoy. Uno de los líderes pentecostales más conocidos de la generación pasada, David du Plessis, expresó ese sentimiento con estas palabras: «El Nuevo Testamento no es un registro de lo que ocurrió en una generación, sino un modelo de lo que debe suceder en cada generación hasta que Jesús venga».[30] Esta suposición, llevada hasta sus últimas consecuencias, conduce a Wagner y a otros a sostener que todavía hay apóstoles en la iglesia de hoy. Después de todo, razonan, si la iglesia primitiva tuvo apóstoles, nosotros también deberíamos tenerlos.

Sin embargo, hay un defecto fatal en ese enfoque. El criterio bíblico para el apostolado hace que sea imposible cualquier reclamación creíble de que todavía hay apóstoles en la iglesia. De hecho, después de la muerte de Juan, el último apóstol sobreviviente (que murió alrededor del 100 A.D.), nadie en la historia de la iglesia jamás podría legítimamente pretender ser apóstol basándose en las condiciones específicas delineadas en el Nuevo Testamento. Bíblicamente hablando, hay por lo menos seis razones de por qué el don y la obra del apostolado eran exclusivos de la iglesia primitiva. No se trata de algo que se pueda experimentar en la iglesia hoy.

Las calificaciones necesarias para el apostolado

En primer lugar, sería imposible para cualquier cristiano contemporáneo satisfacer los requisitos bíblicos necesarios para que alguien sea considerado apóstol. El Nuevo Testamento expone al menos tres criterios necesarios: (1) el apóstol tenía que ser un testigo físico del Cristo resucitado (Hechos 1.22; 10.39–41; 1 Corintios 9.1; 15.7–8.); (2) el apóstol tenía que ser nombrado personalmente por el Señor Jesucristo (Marcos 3.14, Lucas 6.13, Hechos 1.2, 24; 10.41; Gálatas 1.1); y (3) el apóstol tenía que ser capaz de autenticar su designación apostólica con señales milagrosas (Mateo 10.1–2; Hechos 1.5–8; 2.43; 4.33; 5.12; 8.14; 2 Corintios 12.12; Hebreos 2.3–4).

Esas calificaciones solamente demuestran de manera concluyente que no hay apóstoles en la iglesia hoy. Ninguna persona viva ha visto a Cristo resucitado con sus propios ojos, nadie es capaz de realizar señales milagrosas como las de los apóstoles en el libro de los Hechos (Hechos 3.3–11; 5.15–16; 9.36–42; 20.6–12; 28.1–6), y a pesar de las afirmaciones presuntuosas de lo contrario, el Señor Jesús no ha nombrado de manera personal y directa a nadie en la iglesia moderna como apóstol. Por supuesto, hay algunos carismáticos que afirman haber tenido visiones del Señor resucitado. Estas afirmaciones no solo son altamente sospechosas e imposibles de verificar, sino que simplemente no cumplen con los criterios apostólicos, ya que un apóstol tenía que ver al Cristo resucitado en la carne con sus propios ojos. Como Samuel Waldron explica:

> Las visiones y los sueños, incluso si son reales y genuinos, no califican a nadie como ser un apóstol de Cristo. Está claro que la Biblia enfatiza la distinción entre la vista interna y la externa, y considera la revelación producto de la vista externa como una señal de dignidad superior. Las demandas modernas de haber visto a Jesús en una visión o un sueño no califican a nadie para reclamar esta característica indispensable de un apóstol de Cristo.[31]

Wayne Grudem, autor popular y profesor de teología y estudios bíblicos en el Seminario de Phoenix, es un carismático comprometido y quizás el mejor teólogo y apologista del movimiento. No obstante, incluso él reconoce que «debido a que ya nadie hoy puede cumplir con la calificación de haber visto a Cristo resucitado con sus propios ojos, no hay apóstoles en la actualidad».[32]

Peter Wagner es muy consciente de estas calificaciones. ¡Y como no puede soslayarlas, simplemente las ignora! Después de establecer una versión del «apostolado» que se ajuste a su Nueva Reforma Apostólica, Wagner admite que intencionalmente deja fuera los requisitos bíblicos en la definición de apóstol. En sus palabras:

> Hay tres características bíblicas para el apostolado que algunos incluyen en su definición de apóstol, pero he optado por no incluirlas: (1) señales y prodigios (2 Corintios 12.12), (2) ver personalmente a Jesús (1 Corintios 9.1), y (3) la plantación de iglesias (1 Corintios 3.10). Mi razón para esto es que no considero que estas tres cualidades sean no negociables [...] Si un individuo carece de la unción para mostrar una o más de ellas, en mi opinión esto no excluiría a esa persona de ser un legítimo apóstol.[33]

Podemos discutir sobre si «plantar iglesias» es o no uno de los criterios bíblicos para el apostolado. Sin embargo, las otras dos características ciertamente lo son. Sin embargo, Wagner simplemente las descarta como *negociables*. Las trata como algo intrascendente, sin ninguna razón evidente que no sea que la norma bíblica anularía su propia pretensión de autoridad apostólica. Tras haberse declarado a sí mismo apóstol, actúa como si él tuviera la autoridad para ignorar la clara enseñanza de la Escritura, si «en [*su*] opinión» algo que la Biblia enseña es inconveniente, o pudiera excluirlo del oficio al que cree que tiene derecho. Esa clase de actitud despreocupada y condescendiente hacia la Escritura impregna a la Nueva Reforma Apostólica. Después de todo, de la única manera que Wagner y sus seguidores pueden llamarse apóstoles hoy es haciendo oídos sordos a lo que la Biblia enseña claramente.

Pablo fue el último apóstol

A pesar de que Pablo cumplió con los tres criterios mencionados antes, resulta evidente que su nombramiento apostólico no fue la norma. El mismo Pablo enfatizó este punto en 1 Corintios 15.5–9, mientras delineaba las apariciones después de la resurrección del Señor Jesús. A diferencia de los once, Pablo no había sido uno de los discípulos de Jesús durante su ministerio terrenal. Él no estuvo presente en el aposento alto cuando el Señor se apareció, ni fue uno de los quinientos testigos que vieron al Cristo resucitado. ¡De hecho, la aparición del Señor a Pablo no tuvo lugar solo luego de su resurrección, sino después de su ascensión! Y ocurrió mientras Pablo (quien en ese momento se llamaba «Saulo») estaba en camino para perseguir a los seguidores de Cristo en Damasco (Hechos 9.1–8).

Sin embargo, si algunos piensan que ellos también pueden tener un apostolado extraordinario como el de Pablo, es importante que tengan en cuenta dos detalles importantes acerca del llamado único del apóstol. En primer lugar, en 1 Corintios 15.8, Pablo afirma que él fue la *última* persona a la que el Cristo resucitado se le apareció de forma personal y física. Esto podría prevenir a cualquiera después de Pablo a hacer un reclamo legítimo de apostolado, ya que ver al Señor resucitado es un requisito previo para ser apóstol y Pablo declaró que él había sido el último en tener este tipo de experiencia.

En segundo lugar, es importante tener en cuenta que Pablo vio su apostolado como único y extraordinario. Era como «un abortivo» (v. 8), considerándose a sí mismo «el más pequeño de los apóstoles» (v. 9) debido a la animosidad que le había mostrado a la iglesia antes de su conversión. Aunque nunca se puso en duda la autenticidad de su apostolado, Pablo ciertamente no lo veía como un patrón normativo para que las futuras generaciones de cristianos lo siguieran.

Los apóstoles poseían una autoridad única

Los apóstoles del Nuevo Testamento fueron reconocidos como los agentes reveladores de Dios y como tales poseían un nivel sin igual de autoridad en la historia de la iglesia, una autoridad derivada de Cristo mismo. Ser *apóstol* de Jesucristo significaba ser su representante. En términos jurídicos contemporáneos, podríamos referirnos a los apóstoles como delegados del Señor. Eran los hombres a quienes él les había otorgado su propia autoridad.

Si bien es cierto que el término *apóstol* se utiliza a veces en el Nuevo Testamento en un sentido genérico y no técnico para referirse a los «mensajeros de las iglesias» (2 Corintios 8.23), esas personas no deben confundirse con los doce o el apóstol Pablo. Ser *apóstol del Señor Jesucristo* implicaba un llamado específico y un profundo privilegio, algo muy diferente a ser simplemente un mensajero enviado de una congregación local. Para ser apóstol del Señor Jesús se requería haber sido nombrado personalmente por él. Era la posición de autoridad más alta posible en la iglesia, un oficio único que abarcaba una comisión intransferible de Cristo a proclamar la doctrina de la revelación y sentar las bases de la iglesia.

En el discurso del aposento alto, el Señor personalmente autorizó a sus apóstoles para dirigir la iglesia en su ausencia, les prometió que el Espíritu Santo los capacitaría para revelar la verdad de Dios a su pueblo (cp. Juan 14.26; 15.26–27; 16.12–15). Los creyentes en la iglesia primitiva reconocieron la instrucción apostólica como llevando consigo la autoridad de Cristo mismo. Los escritos apostólicos fueron inspirados, una revelación infalible para ser recibida y obedecida como la Palabra de Dios (1 Tesalonicenses 2.13). Una carta inspirada escrita con autoridad apostólica estaba tan acreditada como las Escrituras del Antiguo Testamento (cp. 1 Corintios 14.37; Gálatas 1.9; 2 Pedro 3.16). Judas ejemplifica esa actitud cuando le escribió a la iglesia: «Pero vosotros, amados, tened memoria de las palabras que antes fueron dichas por los apóstoles de nuestro Señor Jesucristo» (Judas 17).

El tema de la autoridad apostólica es especialmente importante si tenemos en cuenta la doctrina de la canonicidad. Los apóstoles fueron autorizados por el mismo Señor Jesús para escribir las Escrituras inspiradas. Tal autoridad fue la prueba principal que la iglesia primitiva aplicaba en cuestiones relativas a la canonicidad: si un libro o una carta que afirmaba hablar con autoridad profética había sido escrito por un apóstol o bajo la supervisión apostólica, se reconocía como inspirado y autorizado. Por otra parte, los escritos que estaban desvinculados de la autoridad apostólica no se consideraban parte de las Escrituras, sin importar qué autoridad reclamara el autor para sí mismo.[34] Incluso en la iglesia primitiva no había escasez de materiales que carecían de la autoridad apostólica, pero alegaban ser divinamente inspirados (cp. 2 Tesalonicenses 2.2; 2 Corintios 11.13; 2 Pedro 2.1–3).

Todo esto plantea importantes interrogantes para los carismáticos modernos que quieren restablecer a los apóstoles en la iglesia contemporánea. La mayor parte de estos mismos autoproclamados «apóstoles» afirma haber recibido una revelación directa y especial de Dios. Si en realidad tienen autoridad apostólica, ¿qué les impide agregar algo a la Biblia? Por otro lado, si los apóstoles modernos no están dispuestos a añadir nada a las Escrituras, ¿qué dice eso acerca de la legitimidad de su apostolado? Como Wayne Grudem señala acertadamente: «Este hecho en sí mismo debería sugerirnos que había algo único en el oficio de apóstol, y que no podemos esperar que continúe hoy, porque en la actualidad nadie puede añadir palabras a la Biblia y hacer que cuenten como las propias las palabras de Dios o como parte de las Escrituras».[35]

Esto es un reconocimiento profundo de un teólogo carismático líder. El punto de partida esencial para la doctrina carismática es la afirmación de que todos los milagros y dones espirituales descritos en Hechos y 1 Corintios aún están disponibles para los cristianos de hoy, que los dones, señales y maravillas proféticas no fueron exclusivos de la era apostólica, y que no hay ninguna razón para creer que uno o más de estos fenómenos ha cesado. Esta posición se conoce como *continuacionismo*. Sin embargo, Wayne Grudem ha reconocido que es un *cesacionista* (lo contrario a un continuacionista) cuando se trata de cuestiones tales como el ministerio apostólico y el canon de las Escrituras. En efecto, él ha admitido el argumento fundamental en contra de la doctrina carismática. Volveremos a tratar este punto más adelante en el libro, pero por ahora observe que incluso los principales apologistas del *continuacionismo* finalmente se ven obligados a confesar que *algo importante* ha cambiado con el paso de la era apostólica.

El cambio más importante que todos los cristianos fieles *deben* reconocer es que el canon de la Escritura está cerrado. Y sabemos que se cerró precisamente porque el ministerio apostólico no continuó más allá del primer siglo de la historia de la iglesia. Lo que se mantiene como nuestra única autoridad hoy es el testimonio escrito de los apóstoles, un registro inspirado de las enseñanzas autorizadas contenidas en la Biblia. Por lo tanto, los escritos del Nuevo Testamento constituyen *la única verdadera autoridad apostólica en la iglesia de hoy*.

Los apóstoles establecieron el fundamento de la iglesia

Al escribir su carta a los Efesios, Pablo explicó que sus lectores eran parte de la familia de Dios, «edificados sobre el fundamento de los apóstoles y profetas, siendo la principal piedra del ángulo Jesucristo mismo» (Efesios 2.19–20). Ese pasaje equipara a los apóstoles con las bases de la iglesia. No obstante, si no se limita decididamente el apostolado a las primeras etapas de la historia de la iglesia, no significa nada. Después de todo, un fundamento no es algo que pueda ser reconstruido durante todas las fases de la edificación. El fundamento es único, y siempre se coloca primero, con el resto de la estructura descansando firmemente sobre él.

Cuando uno considera los escritos de los padres de la iglesia, aquellos líderes cristianos que vivieron poco después de los apóstoles, se hace evidente rápidamente que consideraban la época fundacional de la iglesia en el pasado.[36] Ignacio (c. 35–115 A.D.) en su *Epístola a los magnesios*, habló en tiempo pasado de la obra fundacional de Pedro y Pablo. Al referirse al libro de los Hechos, Ignacio escribió: «Esto se cumplió por primera vez en Siria, porque "los discípulos fueron llamados cristianos en Antioquia", *cuando Pablo y Pedro se hallaban estableciendo los cimientos de la iglesia*».[37]

Ireneo (c. 130–202) se refirió a los doce apóstoles como «el fundamento de doce columnas de la iglesia».[38] Tertuliano (c. 155–230) explicó igualmente que «*después* de la época de los apóstoles» la única doctrina aceptada por los cristianos verdaderos fue la que había sido «proclamada en las iglesias de *fundamento apostólico*».[39] Lactancio (c. 240–320), en su *Institución Divina*, se refirió asimismo al tiempo pasado en el que se sentaron las bases apostólicas de la iglesia. Al comentar sobre el papel de los doce, explicó que «los discípulos, que se dispersaron a través de las provincias, en todas partes *sentaron las bases de la iglesia*, haciendo también ellos mismos en el nombre de su divino Maestro muchos y casi increíbles milagros, porque en su partida los había dotado de poder y fuerza, por medio de los cuales el sistema de su nuevo anuncio podía ser establecido y confirmado».[40]

Los ejemplos podrían multiplicarse, pero el punto es claro. Los carismáticos modernos pueden afirmar que una *fundación apostólica* todavía se está dando en la actualidad. Sin embargo, esa idea es contraria tanto al sentido obvio de las Escrituras como a la comprensión de los líderes cristianos que siguieron inmediatamente a los apóstoles en la historia. Ellos entendieron con claridad que el fundamento apostólico de la iglesia había sido completado en el primer siglo. Cualquier noción de apóstoles modernos simplemente destruye el significado de la metáfora de Pablo en Efesios 2.20. Si los apóstoles constituyen el fundamento de la iglesia, es una locura tratar de reubicarlos en las vigas.

La iglesia postapostólica fue dirigida por ancianos y diáconos

Cuando los apóstoles dieron instrucciones sobre el futuro de la iglesia y cómo debería ser organizada, no sugirieron que fueran designados nuevos apóstoles. En lugar de ello, hablaron de pastores, ancianos y diáconos. Por lo tanto, Pedro instruyó a los ancianos: «Apacentad la grey de Dios que está entre vosotros» (1 Pedro 5.2). Y Pablo le dijo a Tito que estableciera «ancianos en cada ciudad, así como yo te mandé» (Tito 1.5); e igualmente indica los requisitos tanto para los ancianos como para los diáconos en el tercer capítulo de 1 Timoteo. En ninguna parte de las epístolas pastorales se dice algo acerca de la perpetuidad del apostolado, aunque Pablo habla mucho sobre la organización de la iglesia bajo la dirección de los ancianos y diáconos calificados. A medida que hombres fieles desempeñaran ese oficio, la iglesia prosperaría. Por lo tanto, Pablo le dijo a Timoteo: «Lo que has oído de mí ante muchos testigos, esto encarga a hombres fieles que sean idóneos para enseñar también a otros» (2 Timoteo 2.2).

Cuando analizamos otra vez la historia de la iglesia —teniendo en cuenta el testimonio de los líderes de la iglesia que vivieron poco después de que la era del Nuevo Testamento terminara— nos encontramos con que los padres de la iglesia no se ven a sí mismos como apóstoles, sino más bien como los «discípulos de los apóstoles».[41] Ellos entendieron que los apóstoles eran únicos, y que luego de que la era apostólica concluyó, la iglesia fue gobernada por los ancianos (incluyendo pastores u obispos) y diáconos. Clemente de Roma, que escribió en los años 90, declaró que los apóstoles «nombraron a los primeros frutos» de su trabajo «para ser obispos y diáconos de los que habrían de creer después».[42] Ignacio (c. 35–115 A.D.) aclaró de manera similar en su *Epístola a los antioqueños* que no era apóstol. Él escribió: «Yo no doy órdenes en estos puntos *como si fuera un apóstol*, pero como consiervo de ustedes, los traigo a ellos a sus mentes».[43]

Esas no son declaraciones fuera de lo común que simplemente he elegido para establecer un punto. Representan la opinión unánime de los padres de la iglesia en cuanto a que la edad apostólica fue única, irrepetible y estuvo limitada al primer siglo de la historia de la iglesia. Agustín y Juan Crisóstomo hablaron de los «tiempos de los apóstoles» como una época pasada y completada.[44] En el siglo cuarto, Eusebio, el historiador de la iglesia, trazó todo el flujo de la historia de la iglesia como una progresión desde los «tiempos de los apóstoles» hasta su propio presente.[45] Basilio de Cesarea se refiere a los líderes de la iglesia de las generaciones tempranas como «aquellos que vivían cerca de los tiempos de los apóstoles».[46] Tertuliano hizo hincapié en los acontecimientos que tuvieron lugar «después de los tiempos de los apóstoles».[47]

Una vez más, los ejemplos podrían multiplicarse para dejar bien establecido un hecho: el consenso unilateral de la iglesia primitiva era que el período apostólico terminó y no se esperaba que continuara. Los que vinieron después de los apóstoles afirmaron claramente que no eran apóstoles. En cambio, con razón, se veían a sí mismos como pastores, ancianos y diáconos. Para citar de nuevo a Wayne Grudem en defensa del cesacionismo:

> Cabe señalar que ninguno de los principales líderes en la historia de la iglesia —ni Atanasio, Agustín, Lutero, Calvino, Wesley o Whitefield— se adjudicaron a sí mismos el título de «apóstol» o permitieron que alguien los llamara apóstol. Si algunos en los tiempos modernos quieren tomar el título de «apóstol» para sí mismos, levantan inmediatamente la sospecha de que puedan estar motivados por el orgullo y los deseos inapropiados de exaltación propia, junto con la excesiva ambición y el anhelo de tener mucha más autoridad en la iglesia de la que cualquier persona debe legítimamente poseer.[48]

Los apóstoles tienen una posición de honor única

Los apóstoles no solo tienen una posición de autoridad única en la historia de la iglesia, sino también se les da un lugar de honor único en la eternidad. En la descripción de la Nueva Jerusalén, el apóstol Juan explica que «el muro de la ciudad tenía doce cimientos, y sobre ellos los doce nombres de los doce apóstoles del Cordero» (Apocalipsis 21.14). Por toda la eternidad, esas piedras servirán como recuerdo eterno de la relación de Dios con la iglesia, de la cual los apóstoles son el fundamento. Los nombres de los doce apóstoles se sellaron para siempre en el muro de la Nueva Jerusalén.

¿Creen realmente los apóstoles de hoy que se merecen el mismo lugar de honor celestial que los apóstoles del Nuevo Testamento? Algunos de sus seguidores creen que sí. De acuerdo a uno que se llama a sí mismo profeta: «Ahora mismo, apóstoles como el doctor Peter Wagner están estableciendo un fundamento desde el cual la guerra espiritual en los cielos puede ser luchada y ganada [...] Los apóstoles están siendo levantados. Dios ha levantado a estos hombres para que sean muy visibles. Sabemos mucho acerca de algunos apóstoles del Nuevo Testamento. Vamos a saber mucho de algunos apóstoles de la Nueva Jerusalén. Podemos sentirnos ofendidos, o podemos subirnos a bordo».[49]

Esa es una declaración sorprendente, porque implica que Wagner y sus secuaces serán eternamente honrados de la misma manera que los doce apóstoles y

Pablo. Todos los verdaderos creyentes deben estar *extremadamente ofendidos* por ese tipo de arrogancia y presunción manifiestas. El honor otorgado a los apóstoles en la Nueva Jerusalén es único. Se limita a los designados personalmente por Cristo en el Nuevo Testamento. Solo los falsos maestros equivocados afirmarían honra apostólica eterna para alguien vivo hoy.

¿Qué ocurre con Efesios 4.11–13?

Los defensores del apostolado moderno a menudo apuntan a Efesios 4.11–13 para defender su posición. Es importante, por tanto, que examinemos este pasaje con cuidado. Después de describir la ascensión de Cristo, Pablo escribió:

> Y él mismo constituyó a unos, apóstoles; a otros, profetas; a otros, evangelistas; a otros, pastores y maestros, a fin de perfeccionar a los santos para la obra del ministerio, para la edificación del cuerpo de Cristo, hasta que todos lleguemos a la unidad de la fe y del conocimiento del Hijo de Dios, a un varón perfecto, a la medida de la estatura de la plenitud de Cristo.

Los defensores del apostolado moderno hacen dos suposiciones incorrectas acerca de este pasaje. En primer lugar, afirman que la unidad, el conocimiento y la perfección o madurez que se describen en el versículo 13 se refieren a la Segunda Venida de Cristo. En segundo lugar, sostienen que los cinco oficios mencionados en el versículo 11 (apóstoles, profetas, evangelistas, pastores y maestros) deben continuar hasta la Segunda Venida. No obstante, ninguno de estos supuestos está garantizado por el propio texto.

Consideremos la segunda hipótesis primero. ¿Indica este pasaje que los oficios listados en el versículo 11 van a perdurar *hasta* que se cumplan las condiciones descritas en el versículo 13? Esta interpretación podría ser posible si el versículo 12 se omitiera en el texto. Gramaticalmente, sin embargo, la palabra «hasta» en el versículo 13 apunta hacia atrás al participio más cercano en el versículo 12 («edificación»), y no al verbo más distante «constituyó» en el versículo 11. Por lo tanto, el punto de Pablo es que Cristo designó los oficios indicados en el versículo 11 a fin de que, según el versículo 12, los santos puedan ser equipados para la edificación del cuerpo de Cristo (v. 12).

Es la *edificación* del cuerpo de Cristo por parte de los santos, pues, lo que continúa *hasta* que las condiciones en el versículo 13 se hayan completado. Nada en el texto indica que los *apóstoles* y *profetas* estarán presentes durante toda la era de la iglesia, sino que el trabajo que comenzaron (equipar a los santos para la edificación del cuerpo de Cristo) continuará. Esta conclusión se ve reforzada gramaticalmente en el contexto de Efesios, ya que Pablo había explicado antes que los *apóstoles* y *profetas* se limitaron a la edad de la fundación de la iglesia (Efesios 2.20).

Ahora podemos considerar la unidad y el conocimiento que se describe en el versículo 13. Algunos expertos insisten en que tal objetivo final no es alcanzable en este lado de la gloria. Por lo tanto, afirman que Pablo debe estar describiendo la unidad y el conocimiento de la iglesia celestial, pues estos atributos solo se lograrán en la gloria del cielo. Sin embargo, esa idea no se ajusta a la línea de pensamiento de Pablo; él esta describiendo los resultados obtenidos mientras los santos edifican la iglesia. Su enfoque no está en la obra de glorificación final de Dios en el cielo, sino en la labor de los fieles creyentes en la iglesia aquí en la tierra. Dentro de la iglesia, es posible que los creyentes posean una unidad profunda basada en un compromiso compartido con la verdad bíblica, un conocimiento íntimo del Señor Jesucristo, y un profundo nivel de madurez espiritual. Pablo también agrega la sana doctrina (v. 14) y el crecimiento en la semejanza de Cristo (v. 15) como beneficios adicionales que se derivan del hecho de que los santos están debidamente equipados para la edificación del cuerpo de Cristo (v. 12).

Entendido correctamente, Efesios 4.11–13 no enseña que un patrón de ministerio quíntuple (incluyendo apóstoles y profetas) continuará a lo largo de toda la historia de la iglesia hasta la Segunda Venida de Cristo. Más bien, este pasaje demuestra que el propósito para el cual el Señor Jesús nombró a los apóstoles, profetas, evangelistas, pastores y maestros en la iglesia fue equipar a los santos. Cuando se encuentran correctamente preparados, los santos están habilitados para edificarse los unos a los otros en el cuerpo de Cristo. Y el resultado es que la iglesia se fortalece, creciendo en unidad, conocimiento, madurez, sana doctrina y santificación.

Debido a que Pablo ya había indicado que los apóstoles y los profetas eran solo para establecer las bases de la iglesia, no tenía necesidad de reiterar que esos oficios serían temporales. A pesar de que esos dos oficios no duraron más allá del primer siglo de la historia de la iglesia, los apóstoles y profetas siguen equipando a los santos a través de los escritos que dejaron para nosotros inspirados por el Espíritu (es decir, la Biblia).

Los otros tres oficios —evangelista, pastor y maestro— han continuado a lo largo de la historia de la iglesia. Por lo tanto, siguen equipando a los santos en cada generación con el propósito de edificar la iglesia.

La importancia de la cesación apostólica

Los líderes carismáticos modernos como Peter Wagner pueden argumentar la *continuación* de los dones y el oficio del apostolado; los católicos romanos podrían insistir del mismo modo en una *sucesión* apostólica que se aplica al Papa. Sin embargo, ambas afirmaciones están seriamente equivocadas. Cualquier evaluación honesta de la evidencia del Nuevo Testamento revela que los apóstoles eran un grupo exclusivo de hombres, elegidos con todo cuidado y personalmente comisionados por el Señor Jesús para sentar las bases doctrinales de la iglesia, con Cristo como la piedra angular. Nadie vivo hoy puede posiblemente cumplir los criterios necesarios para el apostolado bíblico. E incluso en el primer siglo, cuando todos están de acuerdo en que los dones milagrosos operaban de forma plena, solo un selecto grupo de líderes espirituales fue considerado como apóstoles.

En siglos posteriores, ningún padre de la iglesia afirmó ser apóstol, sino que los líderes cristianos del siglo dos vieron el período apostólico como único e irrepetible. Ese fue el consenso de los fieles hasta el siglo veintiuno, cuando de repente se nos dice que una vez más debemos aceptar el resurgimiento de los apóstoles en la iglesia. Desde una perspectiva puramente bíblica (y desde cualquier perspectiva histórica clara), estas afirmaciones modernas están confundidas y son presuntuosas.

La realidad es que el don y el oficio del apostolado cesaron después del primer siglo. Cuando el apóstol Juan fue al cielo, el apostolado llegó a su fin. Por supuesto, la influencia apostólica ha seguido a través de las Escrituras inspiradas que los apóstoles escribieron. Sin embargo, no hay que pensar que la fundación apostólica se está estableciendo de forma continua a lo largo de la historia de la iglesia. La misma fue completada dentro de su período de tiempo, y no necesita ser establecida de nuevo.

Veamos una vez más lo que el cese del apostolado significa para la doctrina carismática continuacionista. Es evidente que no todo lo que sucedió en la iglesia del Nuevo Testamento sigue ocurriendo hoy. Eso es una confesión incómoda y vergonzosa para que la haga cualquier carismático, porque el propio oficio apostólico es un don. Efesios 4.11 afirma claramente que sí. Y si este oficio ha cesado, no podemos insistir, como lo hacen los carismáticos, en que todos los dones espirituales descritos en Hechos y 1 Corintios han continuado. En palabras de Thomas Edgar: «El hecho de que el don de apóstol haya cesado con la edad apostólica es un golpe devastador para la suposición básica que subyace a toda la perspectiva carismática, es decir, la presunción de que todos los dones deben operar durante toda la era de la iglesia. Sabemos que por lo menos un don cesó, por lo tanto, su suposición fundamental es incorrecta».[50]

Algunos carismáticos, reconociendo que el apostolado no se prolongó más allá del primer siglo, tratan de argumentar que era solo un *oficio* y no un *don*. Por lo tanto, sostienen que si bien el *oficio* apostólico cesó, los *dones* milagrosos continúan todos aún. Este ingenioso intento por eludir las consecuencias inevitables para la posición carismática en última instancia se ve frustrado por completo, ya que los *apóstoles* se enumeran en el listado de los dones espirituales de Pablo en 1 Corintios 12.28–29, justo al lado de los profetas, los hacedores de milagros y los que hablan lenguas. En el contexto, resulta evidente que este es uno de los dones que Pablo tiene en mente, lo cual fluye del debate que comienza en los versículos 4–5 y concluye en el versículo 31 (donde Pablo usa el término *carisma* para hacer referencia a los elementos de la lista que acaba de hacer en los versículos 28–30). Además, el punto de Pablo en Efesios 4.11 es que los *apóstoles* son dados por Cristo a su iglesia. Si bien es cierto que el *apostolado* era también un *oficio*, eso no impide que fuera un don. La profecía, por ejemplo, abarcaba tanto un oficio como un don, al igual que el don de la enseñanza.

Al final, a pesar de las protestas de algunos continuacionistas, no se puede escapar al hecho de que uno de los elementos más importantes que se describen en 1 Corintios 12 (es decir, el *apostolado*) ya no está activo en la iglesia de hoy. Ha cesado. Admitir esto es reconocer la premisa fundamental en que se basa el cesacionismo. Si el apostolado cesó, tal cosa demuestra que no todo lo que caracterizaba a la iglesia del Nuevo Testamento sigue caracterizando a la iglesia de hoy. Por otra parte, se abre la puerta a la posibilidad real de que algunos de los otros dones mencionados en 1 Corintios 12—14 también hayan cesado. Tendremos en cuenta estos dones adicionales en los siguientes capítulos.

SEIS

LA LOCURA DE LOS PROFETAS FALIBLES

P ozos secos, árboles sin fruto, olas embravecidas, estrellas errantes, bestias brutas, manchas horribles, perros que comen sus propios vómitos, cerdos amantes del barro y lobos voraces... así es como la Biblia describe a los falsos profetas (cp. 2 Pedro 2, Judas). El Nuevo Testamento se reserva sus palabras más duras de condena para aquellos que falsamente pretenden comunicar una revelación de parte de Dios. Y lo que la Biblia condena, también nosotros lo debemos condenar, y hacerlo con el mismo vigor y fuerza. Sin embargo, apliquemos estos mismos epítetos a los falsos maestros de hoy y es muy probable que seamos etiquetados como *no caritativos o incluso anticristianos.* El espíritu ecuménico de la época se retracta con cobardía sin denunciar el error, incluso cuando la Escritura lo garantiza explícitamente.

El crecimiento del movimiento carismático ha agravado el problema, fomentando y ofreciendo una plataforma para todo tipo de personas que hacen declaraciones ridículas extrabíblicas (y a menudo completamente *anti*bíblicas) en el nombre del Espíritu Santo. Los fieles cristianos necesitan desesperadamente despertar y hablar en contra de la libre circulación de falsas profecías que han entrado en la iglesia tras la estela del movimiento carismático.

El Nuevo Testamento advierte repetidas veces que los más peligrosos falsos profetas son los lobos que vienen con piel de oveja o se disfrazan como ángeles de luz con el fin de introducir sus mentiras. Ellos nunca negarían a Cristo ni se opondrían al Espíritu Santo abiertamente. Más bien, vienen en el nombre de Cristo y proclaman la autoridad del Espíritu Santo. Se infiltran en la iglesia por medio de la pretensión y el subterfugio. Y ahí es donde hacen su daño real.

Hablando del fin del mundo, el Señor Jesús explicó: «Y muchos falsos profetas se levantarán, y engañarán a muchos [...] Porque se levantarán falsos Cristos, y falsos profetas, y harán grandes señales y prodigios, de tal manera que engañarán, si fuere posible, aun a los escogidos» (Mateo 24.11, 24). El apóstol Pablo advirtió igualmente a los ancianos de Éfeso: «Por tanto, mirad por vosotros, y por todo el rebaño [...] Porque yo sé que después de mi partida entrarán en medio de vosotros lobos rapaces, que no perdonarán al rebaño. Y de vosotros mismos se levantarán hombres que hablen cosas perversas para arrastrar tras sí a los discípulos» (Hechos 20.28–30). Pedro también reconoció que estos estafadores se infiltran en la iglesia, profesando falsamente haber sido redimidos por Cristo. Como les dijo a sus lectores: «Pero hubo también falsos profetas entre el pueblo [de Israel], como habrá entre vosotros falsos maestros, que introducirán encubiertamente herejías destructoras, y aun negarán al Señor que los rescató, atrayendo sobre mismos destrucción repentina» (2 Pedro 2.1). Se podrían añadir otros pasajes (tales como 1 Juan 4.1 y Judas 4), pero el punto es claro. Los falsos profetas representan una verdadera amenaza para el cuerpo de Cristo.

Por supuesto, los falsos profetas no se anuncian como herejes hipócritas. Vienen vestidos de ovejas, se disfrazan como ángeles de luz y prometen libertad a los demás, mientras que ellos mismos son esclavos de sus concupiscencias pecaminosas. Sin embargo, los falsos profetas no son tan difíciles de detectar. La Biblia nos da tres criterios para la identificación de estos farsantes espirituales.

En primer lugar, cualquier autoproclamado profeta que lleva a la gente a una *falsa doctrina* o herejía es un falso profeta. En Deuteronomio 13.1–5, Moisés les dijo a los israelitas:

> Cuando se levantare en medio de ti profeta, o soñador de sueños, y te anunciare señal o prodigios, y si se cumpliere la señal o prodigio que él te anunció, diciendo: Vamos en pos de dioses ajenos, que no conociste, y sirvámosles; no darás oído a las palabras de tal profeta, ni al tal soñador de sueños; porque Jehová vuestro Dios os está probando, para saber si amáis a Jehová vuestro Dios con todo vuestro corazón, y con toda vuestra alma. En pos de Jehová vuestro Dios andaréis; a él

temeréis, guardaréis sus mandamientos y escucharéis su voz, a él serviréis, y a él seguiréis. Tal profeta o soñador de sueños ha de ser muerto, por cuanto aconsejó rebelión contra Jehová vuestro Dios que te sacó de tierra de Egipto y te rescató de casa de servidumbre, y trató de apartarte del camino por el cual Jehová tu Dios te mandó que anduvieses; y así quitarás el mal de en medio de ti.

El Nuevo Testamento es implacable en cuanto a hacerse eco del mismo aviso. Cualquier persona que dice hablar en nombre de Dios al mismo tiempo que lleva a la gente lejos de la verdad de la Palabra de Dios se muestra claramente como un profeta falso y engañador. Incluso si una persona hace predicciones exactas o realiza supuestas maravillas se le rechazará, ya que Satanás mismo es capaz de realizar milagros falsos (cp. 2 Tesalonicenses 2.9). La historia de la iglesia está salpicada de ejemplos de la devastadora influencia que los falsos profetas pueden tener. Montano era un falso maestro del siglo dos que le dio más atención a las supuestas profecías de dos mujeres que a las Escrituras. En el siglo siete, Mahoma proclamaba ser un profeta que supuestamente recibió revelación del ángel Gabriel. En el siglo diecinueve, Joseph Smith fundó el mormonismo con afirmaciones fantásticas acerca de las visitas de ángeles y revelaciones extrabíblicas. Estos son solo algunos ejemplos históricos de cuánto daño los falsos profetas pueden causarles a las personas que los siguen.

En segundo lugar, cualquier autoproclamado profeta que vive en *una desenfrenada lujuria y un pecado sin arrepentimiento* se revela como falso profeta. El Señor Jesús mismo explica que estos pueden identificarse por los frutos de su vida (Mateo 7.20). Las epístolas de 2 Pedro y Judas amplían ese concepto, señalando que los falsos profetas se esclavizan a sus deseos y están llenos de orgullo, codicia, adulterio, sensualidad, rebelión y corrupción. Se sienten motivados por el amor al dinero, intercambiando sus almas eternas en aras de ganancias deshonestas. Dándoles el suficiente tiempo, los falsos profetas inevitablemente evidencian su verdadera naturaleza por la forma en que viven. A pesar de que dicen representar al Señor Jesucristo, en realidad ni siquiera son creyentes genuinos.

En ocasiones una predicción precisa no es prueba del don de profecía o incluso de una auténtica conversión, como evidencian los no creyentes en la Biblia que profetizaron correctamente (Números 22—23, Juan 11.49–52). De hecho, el Señor Jesús advirtió: «Muchos me dirán en aquel día: Señor, Señor, ¿no profetizamos en tu nombre, y en tu nombre echamos fuera demonios, y en tu nombre hicimos muchos milagros? Y entonces les declararé: Nunca os conocí; apartaos de mí, hacedores de maldad» (Mateo 7.22–23). Uno se pregunta cuántos profetas modernos autoproclamados o teleevangelistas con moral relajada y estilos de vida lujosos se encontrarán en ese escenario en el último día.

En tercer lugar, si alguien se declara a sí mismo profeta y proclama una *supuesta «revelación de Dios» que resulta ser inexacta o falsa,* debe ser rechazado de inmediato como portavoz de Dios. La Biblia no podía ser más clara en su afirmación de que el profeta que habla error en el nombre del Señor es una falsificación. En Deuteronomio 18.20–22, el Señor mismo les dijo a los israelitas:

> El profeta que tuviere la presunción de hablar palabra en mi nombre, a quien yo no le haya mandado hablar, o que hablare en nombre de dioses ajenos, el tal profeta morirá. Y si dijeres en tu corazón: ¿Cómo conoceremos la palabra que Jehová no ha hablado?; si el profeta hablare en nombre de Jehová, y no se cumpliere lo que dijo, ni aconteciere, es palabra que Jehová no ha hablado; con presunción la habló el tal profeta; no tengas temor de él.

Cualquier predicción o declaración inexacta que pretenda comunicar una revelación de Dios constituye un delito grave. El mensaje erróneo no solo representó una prueba positiva de que el profeta era un fraude, sino también significó que bajo la ley del Antiguo Testamento era digno de la pena de muerte. Dios no toma a la ligera el delito de los que erróneamente *presumen* hablar por él, diciendo: «Así dice el Señor», cuando en realidad el Señor no ha hablado. Y los que aprueban y fomentan esas prácticas son culpables de presunción pecaminosa y negligencia en el cumplimiento de su deber espiritual. No debemos escuchar tales profecías con un oído falto de discernimiento (1 Tesalonicenses 5.21).

A pesar de las claras advertencias de las Escrituras y la consiguiente deshonra al Espíritu de Dios, los carismáticos han hecho de las *profecías presuntuosas* un sello distintivo de su movimiento. Ellos han creado un terreno de cultivo fértil para los falsos profetas, otorgándole una plataforma de autoridad a cualquiera lo suficientemente atrevido para ponerse de pie y decir que ha recibido una revelación directa de Dios, no importa lo ridícula o blasfema que sea. En los capítulos anteriores ya hemos estudiado algunas de las diversas herejías que son toleradas e incluso promovidas dentro de las filas carismáticas (por lo general legitimadas por una «palabra profética» de algún tipo). Y hemos señalado brevemente los numerosos escándalos que de continuo afectan las vidas de los líderes carismáticos más visibles y reconocidos (incluyendo a los que dicen ser los «profetas» de hoy). Solo estos dos factores son suficientes para demostrar que la llamada abundante profecía en el mundo carismático, en realidad, no es más que *falsa* profecía.

En este capítulo nos enfocaremos en esa tercera marca de identificación de un falso profeta: las predicciones inexactas. ¡Lo que la Biblia condena como una ofensa capital, el movimiento carismático lo valora como un don espiritual! De hecho, las falacias, flaquezas y falsedades que caracterizan las profecías contemporáneas son tan flagrantes y bien documentadas que los teólogos carismáticos ni siquiera tratan de negarlas. El profeta carismático Bill Hamon contradice Deuteronomio 18 cuando afirma: «No hay que apresurarse a llamar a alguien falso profeta simplemente porque algo que dijo era inexacto [...] Fallar un par de veces en la profecía no hace a un profeta falso. Ningún profeta mortal es infalible y todos son susceptibles de cometer errores».[1]

Jack Deere está de acuerdo, argumentando que si un profeta «fallara tan mal» que su profecía «tuviera efectos destructivos inmediatos» en la vida de las personas, aun esto no lo hace un falso profeta.[2] Sin embargo, eso no es en absoluto lo que enseñan las Escrituras. Los profetas son juzgados, no por la cantidad de detalles correctos (ya que incluso los endemoniados a veces pueden hacer predicciones correctas; Hechos 16.16), sino por las veces que se equivocan. Los que comunican palabras reveladoras, en particular provenientes de Dios, deben hacerlo sin error, de lo contrario demuestran ser unos mentirosos.

Quizás la admisión más extraña del error profético moderno se produjo durante un intercambio prolongado entre los autoproclamados profetas Mike Bickle y Bob Jones, dos de las figuras más conocidas asociadas a los profetas de Kansas City. Al discutir el tema de «las visiones y revelaciones», Bickle le pidió a Jones que hablara de las numerosas veces en que sus profecías se habían equivocado. He aquí una transcripción de la conversación:

Mike Bickle: «Cuénteles sobre el error en su vida, el grado de error que usted ha tenido y el grado de exactitud, porque quiero que la gente entienda un poco acerca de eso».

Bob Jones: «Bueno, he tenido un montón de errores en mi vida. Recuerdo una vez que me llené de orgullo. Cada vez que me lleno de orgullo, vaya, Papá [Dios] sabe cómo hacer estallar mi burbuja. Así que me dejé llevar por el orgullo y convoqué a una iglesia a un ayuno de tres días, y les dije que ciertas cosas iban a suceder, de modo que llevaron a cabo el ayuno. Fue terrible. Después de tres días de ayuno, fue espantoso, y el Espíritu ni siquiera se presentó esa noche...».

Mike Bickle: «¿Usted llamó a la gente a ayunar?».

Bob Jones: «Seguro, lo hice, y no era algo del Señor, sino que era mi orgullo quien hablaba. Pensé que podría forzar al Señor a que hiciera algo por medio del ayuno, pero descubrí muy rápido que no podía. Así que había un montón de ancianos santos que estaban listos para apedrearme, por eso estuve dispuesto a salir de allí e irme a casa como buen profeta y renuncié. Entonces grité, chillé y finalmente me fui a dormir, entonces el Señor vino y me tomó de mi mano. Y [en mi visión] yo era como esta niñita que se encuentra justo aquí [...] solo que yo estaba en una forma mucho peor, porque usaba pañales y realmente me había orinado encima, y me corría por mis dos piernas. El Señor me tomaba de la mano y yo estaba llorando desconsoladamente [...] Y escuché como una especie de voz hablar, algo desconcertada, puedo decir: "¿Qué le sucedió a Bob?". Y mi consejero [celestial] habló y dijo: "Tuvo un accidente"».

Mike Bickle: «Dijo algunas palabras equivocadas».

Bob Jones: «"Sí, tuvo un accidente. Se ensució el pañal. Y yo pensé: "Ah, muchacho, aquí viene". Y entonces, en realidad tuve una sorpresa. Una voz suave y tierna me dijo: "Ese chico necesita más seguro. Déjale saber que lo tenemos cubierto contra accidentes. Dale una póliza de seguro más alta". Eso no era lo que yo estaba buscando, porque recién había renunciado. "Límpialo. Dile que regrese al cuerpo y que profetice el doble. Esta vez, hará lo que yo le diga" [...] Lo siguiente que supe fue que estaba de vuelta en la cama, me desperté chorreando sudor...».

Mike Bickle: «Así que ha habido errores, toda una serie de errores».

Bob Jones: «Ah, cientos de ellos».[3]

Los comentarios de Jones ilustran dos de los principales problemas con la profecía moderna: está llena de errores e imprecisiones y abunda con un nivel de locura sacrílega que sin duda no encuentra su fuente en Dios. Jones pudo justo haber elegido la analogía correcta al comparar sus errores proféticos con un pañal sucio, pero está equivocado acerca de todo lo demás. Sus afirmaciones en cuanto a ser un verdadero profeta son obviamente falsas. Él no tiene verdaderas visiones del cielo. Y Dios ciertamente no le ha dado un «seguro» que le permita salirse con *cientos de errores* como si no fuera gran cosa.

Menos de tres años después de esa entrevista, Bob Jones fue retirado temporalmente del ministerio público por la Metro Vineyard Fellowship de Kansas City en Olathe, Kansas, cuyo pastor principal no era otro que Mike Bickle. Había salido a la luz que Jones estaba usando falsas «profecías» como un medio ganarse la confianza de las mujeres de quienes después abusaba sexualmente. «Los pecados por los que [fue] removido del ministerio incluyeron el uso de sus dones para manipular a la gente a fin de satisfacer sus deseos personales, mala conducta sexual, rebelión contra la autoridad pastoral, calumnias a los líderes y la promoción de la amargura en el cuerpo de Cristo».[4] Sin embargo, regresó a los escenarios carismáticos después de un corto receso y mientras escribo esto, todavía está hablando en las iglesias carismáticas, presentándose a sí mismo como un profeta ungido de Dios y haciendo profecías que son demostrablemente falsas y a menudo patentemente ridículas.[5] Miles de carismáticos crédulos todavía están pendientes de sus palabras, como si todo el escándalo y la falsa profecía nunca hubieran sucedido. El hecho de que la biografía en la Internet de Jones compare su ministerio al del profeta Daniel solo aumenta la naturaleza blasfema de todo el fiasco.[6]

Profecía falible y la Palabra infalible

Ilustraciones adicionales de falsedad flagrante y blasfemias bizarras en las profecías carismáticas no son difíciles de encontrar. Benny Hinn hizo una serie de declaraciones proféticas célebres en diciembre de 1989, ninguna de las cuales se hizo realidad. Él con toda confianza le dijo a su congregación en el Centro Cristiano de Orlando que Dios le había revelado que Fidel Castro iba a morir en algún momento de la década de 1990, que la comunidad homosexual en Estados Unidos sería destruida por el fuego antes de 1995 y que un gran terremoto podría causar estragos en la costa este antes de el año 2000. Se equivocó en todos los aspectos, pero eso no impidió que Hinn siguiera haciendo audaces profecías falsas.

Al comienzo del nuevo milenio, le anunció a su audiencia de la televisión que una profetisa le había informado que Jesús pronto se aparecería físicamente en algunas de las reuniones de sanidad de Hinn. Él afirmó que estaba convencido de que la profecía era auténtica y en su emisión en TBN del 2 de abril de 2000, la amplía con una profecía propia. «Ahora escucha esto: *¡yo estoy profetizando esto!* Jesucristo, el Hijo de Dios, está a punto de aparecerse físicamente en algunas iglesias, y en algunas reuniones, y a muchos de su pueblo, por una razón: ¡para decirles que él está a punto de regresar! ¡Despierten! ¡Jesús viene, santos!».[7]

Las profecías fallidas de Hinn no son menos extravagantes, pero no tan memorables como las que el notorio Oral Roberts comenzó a hacer hace varias décadas. En 1977, Roberts dijo que tuvo una visión con un Jesús de doscientos setenta metros de altura que le dio instrucciones para construir la Ciudad de la Fe, un hospital de sesenta pisos en el sur de Tulsa. Roberts afirmó que Dios le dijo que iba a usar el centro para unir la tecnología médica con la curación por fe, que iba a revolucionar el cuidado de la salud y permitirles a los médicos encontrar una cura para el cáncer.

El edificio, terminado a principios de 1980, fue una farsa colosal desde el principio. Cuando la Ciudad de la Fe abrió sus puertas, todos menos dos pisos de la masiva estructura estaban completamente vacíos. En enero de 1987, el proyecto era responsable de una deuda inmanejable, por lo que Roberts anunció que el Señor le había dicho que a menos que juntara ocho millones de dólares para pagar la deuda el 1 de marzo, iba a morir. Al parecer, no estando dispuestos a comprobar la profecía de la amenaza de muerte, los donantes cumplidamente le dieron a Roberts los fondos necesarios a tiempo (con la ayuda de 1,3 millones de dólares donados a última hora por el dueño de las pistas de carreras de perros de la Florida). Sin embargo, a los dos años, Roberts se vio obligado a cerrar el centro médico de todos modos y vender el edificio a fin de eliminar la deuda que aún seguía amontonándose. Más del ochenta por ciento de la construcción nunca fue ocupada. La cura prometida para el cáncer jamás se materializó tampoco.

Rick Joyner, otro de los profetas de Kansas City y fundador de los Ministerios Morningstar, predijo en la década de 1990 que el sur de California podría experimentar un terremoto de tal magnitud que gran parte del estado sería tragado por el océano Pacífico. Aunque la predicción falló, Joyner sigue insistiendo en que va a ocurrir con el tiempo. En el 2011, después de un terremoto de magnitud 9.0 que golpeó Japón, Joyner afirmó (basado en la revelación profética) que las mismas fuerzas demoníacas que habían facultado a la Alemania nazi estaban utilizando los acontecimientos mundiales provocados por el terremoto en Japón para obtener avances en los Estados Unidos.[8]

Una lista de las profecías carismáticas igualmente ridículas y fallidas podría llenar varios volúmenes. Uno podría pensar que estos falsos profetas viven con un miedo mortal al juicio divino, pero de forma sorprendente solo siguen lanzando profecías que resultan más fantásticas que nunca. De forma increíble, su influencia solo sigue creciendo, incluso entre los evangélicos tradicionales. Y la idea de que Dios con frecuencia le habla directamente a su pueblo ha encontrado una aceptación más generalizada que en ningún otro momento en la historia de la iglesia.

El movimiento carismático empezó hace apenas cien años y su influencia en el evangelismo difícilmente puede ser exagerada. Desde su creador, Charles Fox Parham, hasta su representante moderno más ubicuo, Benny Hinn, todo el movimiento no es más que una religión falsa dirigida por ministros fraudulentos. La interpretación bíblica verdadera, la sana doctrina y la teología histórica no le deben nada al movimiento, a menos que una afluencia de errores y falsedades pueda ser considerada una contribución. Como cualquier sistema efectivo falso, la teología carismática incorpora suficiente de la verdad para ganar credibilidad. Sin embargo, al mezclar la verdad con engaños mortales, ha inventado un cóctel de corrupción y veneno doctrinal, una fabricación letal, mientras que los corazones y las almas están en peligro.

En lugar de aumentar el interés del público por las Escrituras y su devoción hacia ellas, el legado principal del movimiento carismático ha sido un interés sin precedentes en la revelación extrabíblica. Millones de personas influenciadas por la doctrina carismática están convencidas de que Dios les habla directamente todo el tiempo. De hecho, muchos parecen creer que la revelación directa es el *principal medio* a través del cual Dios se comunica con su pueblo. «El Señor me dijo...» se ha convertido en un cliché favorito de los evangélicos impulsados por la experiencia.

No todos los que creen que Dios les habla hacen declaraciones proféticas tan descabelladas como las expresadas por los teleevangelistas carismáticos o los profetas de Kansas City. Sin embargo, todavía creen que Dios les da mensajes extrabíblicos, ya sea a través de una voz audible, una visión, una voz en su cabeza, o simplemente una impresión interna. En la mayoría de los casos, sus «profecías» son relativamente triviales. No obstante, la diferencia entre sus predicciones y las de Benny Hinn se limita a la magnitud, no al contenido.

La idea de que Dios está constantemente dando mensajes extrabíblicos y una revelación fresca a los cristianos de hoy es prácticamente el *sine qua non* de la creencia carismática. De acuerdo con la forma carismática típica de pensar, si Dios no le está hablando en privado, directa y regularmente a cada creyente, él no es en realidad inmanente. Los carismáticos, por lo tanto, defienden ferozmente toda clase de profecías privadas, a pesar del hecho innegable de que estas supuestas revelaciones de lo alto son a menudo —se podría decir *por lo general*— erróneas, engañosas e incluso peligrosas.

Wayne Grudem, por ejemplo, escribió su tesis doctoral en la Universidad de Cambridge en defensa de la idea de que Dios ofrece con regularidad mensajes cristianos proféticos trayendo pensamientos espontáneos a la mente. Las impresiones fuertes deben ser reportadas como profecía, asegura, aunque admite abiertamente que esas palabras proféticas «pueden contener errores con frecuencia».[9] Grudem continúa: «Existen testimonios casi uniformes en todos los sectores del movimiento carismático de *que la profecía es imperfecta e impura*, y contendrá elementos que no deben ser obedecidos o en los que no se debe confiar».[10] A la luz de tal reconocimiento, uno se pregunta: ¿cómo pueden los cristianos diferenciar una palabra de revelación de origen divino de una tramada por su propia imaginación? Grudem lucha por encontrar una respuesta adecuada a esta pregunta.

La revelación «parece» algo del Espíritu Santo; *parece* ser similar a otras experiencias del Espíritu Santo que [la persona] ha conocido previamente en la adoración [...] Más allá de esto, es difícil precisar mucho más, excepto que con el tiempo una congregación *probablemente* sea más experta en evaluar las profecías [...] y se volverá más experta en reconocer una revelación genuina del Espíritu Santo y distinguirla de sus propios pensamientos.[11]

En otros lugares, Grudem comparó la evaluación de la profecía moderna con un juego de béisbol: «Ustedes lo llaman según lo ven. Tengo que usar una analogía estadounidense. Es como un árbitro que declara bolas y *strikes* mientras el lanzador arroja la pelota a través del plato».[12] En otras palabras, dentro de los círculos carismáticos no existen *criterios objetivos* para distinguir las palabras proféticas de las imaginarias.

A pesar de las imprecisiones reconocidas y el subjetivismo obvio, la idea de que Dios está hablando fuera de la Biblia sigue encontrando cada vez más aceptación en el mundo evangélico, incluso entre no carismáticos. Los bautistas del sur, por ejemplo, han devorado ávidamente *Mi experiencia con Dios* de Henry Blackaby y Claude King, lo que sugiere que la manera principal en que el Espíritu Santo guía a los creyentes es hablando con ellos directamente. Según Blackaby, cuando Dios le da un mensaje a un individuo, este pertenece a la iglesia y debe ser compartido con todo el cuerpo.[13] Como resultado, «las palabras extrabíblicas del Señor» ahora son comunes incluso en algunos círculos bautistas del sur.

¿Por qué muchos cristianos modernos buscan la revelación de Dios a través de medios distintos a las Escrituras? Ciertamente, no porque sea una manera confiable de descubrir la verdad. Como hemos visto, todas las partes admiten que las profecías modernas son a menudo erróneas por completo. La tasa de fracaso es asombrosamente alta. En *Charismatic Chaos* [Caos carismático], cité una conversación entre los dos principales líderes del movimiento de profetas de Kansas City. Estaban emocionados porque creían que las dos terceras partes de las profecías del grupo eran exactas. Uno de ellos dijo: «Bueno, eso es mejor de lo que ha sido hasta ahora, ya sabes. Es un nivel mucho más alto que nunca».[14]

En pocas palabras, la profecía moderna no es una manera mucho más fiable de discernir la verdad que una bola mágica, las cartas del tarot o el tablero de la ouija. Y hay que añadir que resulta igualmente supersticiosa. No hay garantías en las Escrituras de que los cristianos escuchen una revelación fresca de Dios más allá de la que ya nos ha dado en su Palabra escrita. Regresando a Deuteronomio 18, las Escrituras condenan implacablemente a todos los que hablan una sola palabra falsa o de forma presuntuosa en el nombre del Señor. Sin embargo, estas advertencias son simplemente ignoradas en estos días por los que afirman haber escuchado algo nuevo de parte de Dios.

No es sorprendente que, siempre que hay un movimiento preocupado por una profecía «fresca», existe de manera invariable un descuido correspondiente de las Escrituras. Después de todo, ¿por qué estar tan preocupados por un antiguo libro si el Dios vivo se comunica directamente con nosotros a diario? Estas nuevas palabras de «revelación» naturalmente parecen más pertinentes y urgentes que las conocidas palabras de la Biblia. Sarah Young es la autora de *Jesús te llama*, un éxito de ventas compuesto por entero de artículos devocionales que ella alega haber recibido de Cristo. Todo el libro está escrito en la voz de Cristo, como si él le estuviera hablando por el autor humano directamente al lector. De hecho, en eso consiste precisamente la autoridad que Sarah Young reclama para su libro. La autora afirma que Jesús le dio las palabras y ella no es más que una «oyente». Reconoce que su búsqueda de la revelación extrabíblica comenzó con una sensación de que la Escritura no es suficiente. «Yo sabía que Dios se comunicó conmigo a través de la Biblia», escribe, «pero anhelaba más. Cada vez más quería oír lo que Dios tenía que decirme a mí, personalmente, en un día determinado».[15] ¿Debe extrañar que esta actitud aparte a la gente de la Escritura?

Este es precisamente el motivo por el cual la obsesión del evangelicalismo moderno con la revelación extrabíblica resulta tan peligrosa. Se trata de un retorno a la superstición medieval y una desviación de nuestra convicción fundamental de que la Biblia es nuestra única, suprema y suficiente autoridad para toda la vida. Representa un abandono masivo al principio reformador de la *sola Scriptura*.

La suficiencia absoluta de la Escritura se resume bien en esta sección de la *Confesión de Fe de Westminster*: «Todo designio de Dios sobre todas las cosas necesarias para su propia gloria, la salvación del hombre, la fe y la vida, está expresamente expuesto en las Escrituras, o por buena y necesaria consecuencia puede deducirse de la Escritura: *a la que nada en ningún momento ha de añadirse, ni por nuevas revelaciones del Espíritu, o las tradiciones de los hombres*».[16] El protestantismo histórico se basa en la convicción de que el canon está cerrado. Ninguna nueva revelación es necesaria, porque la Escritura es completa y absolutamente suficiente.

La Escritura misma deja en claro que los días en que Dios le hablaba directamente a su pueblo a través de diversas palabras y visiones proféticas han pasado. La verdad que Dios ha revelado en el canon del Antiguo y Nuevo Testamentos está completa (cp. Hebreos 1.1–2; Judas 3; Apocalipsis 22.18–19). La Escritura —la Palabra escrita de Dios— es perfectamente suficiente, conteniendo toda la revelación que necesitamos. Considere 2 Timoteo 3.15–17, donde Pablo le dice a Timoteo:

Desde la niñez has sabido las Sagradas Escrituras, las cuales te pueden hacer sabio para la salvación por la fe que es en Cristo Jesús. Toda la Escritura es inspirada por Dios, y útil para enseñar, para redargüir, para corregir, para instruir en justicia, a fin de que el hombre de Dios sea perfecto, enteramente preparado para toda buena obra.

Este pasaje hace dos declaraciones muy importantes que atañen a la cuestión que nos ocupa. En primer lugar, «toda la Escritura es inspirada por Dios». La Biblia habla con la autoridad de Dios mismo. Es cierta, es fiable y *es verdadera*. Jesús mismo oró en Juan 17.17: «Tu palabra es verdad». El Salmo 119.160 dice: «La suma de tu palabra es verdad». Esas declaraciones establecen a las Escrituras por encima de toda opinión humana, toda especulación y toda sensación emocional. La Escritura sola se presenta como verdad definitiva. Habla con una autoridad que trasciende todas las otras voces.

En segundo lugar, el pasaje enseña que las Escrituras son totalmente suficientes, «te pueden hacer sabio para la salvación» y «perfecto, enteramente preparado para toda buena obra». ¿Puede alguien pedir más clara afirmación de la absoluta suficiencia de las Escrituras? ¿Son los mensajes extrabíblicos de Dios necesarios a fin de equiparnos para glorificarlo? Por supuesto que no. Aquellos que buscan mensajes frescos de Dios de hecho han abandonado la absoluta certeza y la suficiencia total de la Palabra escrita de Dios. Y han puesto en su lugar su propia imaginación caída y falible. Si la iglesia no vuelve al principio de la *sola Scriptura*, el único avivamiento que veremos es un resurgimiento de la superstición descontrolada y la oscuridad espiritual.

¿Quiere decir esto que Dios ha dejado de hablar? Por supuesto que no, pero hoy habla a través de su Palabra toda suficiente. ¿Motiva el Espíritu de Dios nuestro corazón y nos impresiona con tareas o llamados específicos? Sin duda, pero obra a través de la Palabra de Dios para hacer eso. Estas experiencias no involucran una *nueva revelación*, sino a la *iluminación*, mientras el Espíritu Santo aplica la Palabra a los corazones y abre nuestros ojos espirituales a su verdad. Debemos evitar con todo cuidado que nuestra experiencia y nuestros propios pensamientos e imaginaciones subjetivas eclipsen la autoridad y la certeza de la Palabra más segura.

El renombrado expositor bíblico británico del siglo veinte, David Martyn Lloyd-Jones, resumió acertadamente la perspectiva adecuada contemporánea que los creyentes deberían tener sobre la profecía. Al comentar sobre Efesios 4.11, Lloyd-Jones escribió:

> Una vez que los documentos del Nuevo Testamento se escribieron, el oficio de profeta ya no fue necesario [...] En la historia de la iglesia han surgido problemas porque la gente pensaba que eran profetas en el sentido del Nuevo Testamento, y que habían recibido revelaciones especiales de la verdad. La respuesta a eso es que, según el punto de vista de las Escrituras del Nuevo Testamento, no hay necesidad de más verdad. Esa es una afirmación absoluta. Tenemos toda la verdad en el Nuevo Testamento y no hay necesidad de revelaciones adicionales. Todo ha sido dado, todo lo que es necesario para nosotros está disponible. Por lo tanto, si un hombre dice haber recibido una revelación de una verdad nueva, debemos sospechar de él inmediatamente [...]
>
> La respuesta a todo esto es que la necesidad de profetas terminó una vez que tuvimos el canon del Nuevo Testamento. Ya no necesitamos revelaciones directas de la verdad, la verdad está en la Biblia. Nunca debemos separar el Espíritu y la Palabra. El Espíritu habla a través de la Palabra, por lo que siempre debemos dudar y consultar sobre cualquier supuesta revelación que no sea del todo congruente con la Palabra de Dios. De hecho, la esencia de la sabiduría es rechazar por completo el término «revelación» en lo que a nosotros respecta, y hablar solo de «iluminación». La revelación ha sido dada de una vez por todas, y lo que necesitamos y lo que por la gracia de Dios podemos tener, y tenemos, es la iluminación del Espíritu para entender la Palabra.[17]

¿DOS TIPOS DE PROFETAS?

En un intento por eludir los parámetros claros de la Escritura (y mantener algún tipo de profecía moderna), los carismáticos están obligados a proponer que en realidad hay dos tipos de profetas descritos en las Escrituras: unos que eran infalibles y autorizados, y otros que no lo eran. La primera categoría incluye a los profetas del Antiguo Testamento, los apóstoles del Nuevo Testamento y los autores de las Escrituras. Sus profecías consistieron en la transmisión perfecta de las palabras de Dios al pueblo de Dios. Como resultado, sus proclamaciones proféticas estaban libres de errores y se vinculaban de forma inmediata a las vidas de los demás.

Además, los carismáticos afirman que había un segundo nivel de profetas en la iglesia del Nuevo Testamento: los profetas congregacionales que hablaron una forma de profecía que era *falible* y no *autoritaria* y que entró en existencia en los tiempos del Nuevo Testamento. Los profetas congregacionales de la iglesia primitiva —prosigue el argumento— algunas veces cometían errores en su informe de la revelación divina, por lo que no estaban obligados a cumplir la misma norma perfecta de los profetas del Antiguo Testamento y los autores bíblicos. Siguiendo esa lógica, los carismáticos insisten en que las profecías modernas no tienen que tener un nivel de exactitud del ciento por ciento.

La noción de los profetas falibles —portavoces que comunican la revelación divina de una manera errónea y corrupta— puede adaptarse a la escena del carismático contemporáneo. Sin embargo, tiene un defecto fatal: no es bíblica. De hecho, la Biblia solo y siempre condena ese tipo de profetas como peligrosos y engañosos. Los profetas *falibles* son *falsos* profetas o, en el mejor de los casos, son profetas confundidos a los que se les debe poner fin de inmediato y hacer que desistan de presuntamente pretender hablar en nombre de Dios. Como hacen con todo lo demás, los carismáticos han forzado las Escrituras para darles lugar a sus experiencias modernas (catalogando sus expresiones cargadas de error como «profecía»), en lugar de someter sus experiencias a las normas directas del texto bíblico. Cuando se compara con los criterios claros establecidos en la Palabra de Dios, nada acerca de la profecía moderna está a la altura de ellos.

Los carismáticos pueden afirmar que los profetas del Nuevo Testamento no se mantuvieron al mismo nivel que sus homólogos del Antiguo Testamento, pero tal afirmación no tiene garantías bíblicas. Bíblicamente hablando, no se hace distinción entre los profetas de ambos testamentos. De hecho, el Nuevo Testamento utiliza una terminología idéntica al describir tanto a los profetas del Antiguo como del Nuevo Testamento. En el libro de Hechos, los profetas del Antiguo Testamento se mencionan en 2.16; 3.24–25; 10.43; 13.27, 40; 15.15; 24.14; 26.22, 27 y 28.23. Las referencias a los profetas del Nuevo Testamento se intercalan con el mismo vocabulario, sin distinción alguna, comentario o advertencia (cp. Hechos 2.17–18; 7.37; 11.27–28, 13.1; 15.32; 21.9–11).

Con seguridad, si el don profético del Nuevo Testamento fuera categóricamente diferente, como afirman los carismáticos, se habría hecho alguna distinción. Como señala Sam Waldron de manera acertada: «Si la profecía del Nuevo Testamento, a diferencia de la del Antiguo, no era infalible en sus pronunciamientos, esto habría constituido un cambio absolutamente fundamental entre la institución del Antiguo Testamento y la institución del Nuevo. Suponer que una diferencia tan importante como esta se pasó por alto sin comentarios explícitos es impensable».[18]

Por supuesto, una comprensión adecuada de la profecía del Nuevo Testamento se basa en algo más que un argumento a partir del silencio. Cuando Pedro habló del tipo de profecía que caracterizaría a la iglesia durante la era apostólica (en Hechos 2.18), citó Joel 2.28, una clara referencia al tipo de profecía del Antiguo Testamento. Y cuando los autores bíblicos describen a los profetas del Nuevo Testamento (como Juan el Bautista, el profeta Agabo y el apóstol Juan en el libro de Apocalipsis), lo hacen de una manera que deliberadamente evoca a los profetas del Antiguo Testamento.[19] Los escritores del Nuevo Testamento hicieron hincapié en que las expectativas y las funciones fueron las mismas para ambos profetas.[20] Es obvio que la iglesia primitiva consideraba a sus profetas como el equivalente categórico de sus predecesores del Antiguo Testamento. Después de un amplio estudio de los primeros siglos de la historia de la iglesia del Nuevo Testamento, el profesor David Farnell concluye:

> En resumen, la iglesia primitiva postapostólica juzgó la autenticidad de los profetas del Nuevo Testamento con los estándares proféticos del Antiguo Testamento. Los profetas de la era del Nuevo Testamento que estaban en éxtasis, hicieron aplicaciones erróneas de las Escrituras o profetizaron falsamente, fueron considerados falsos profetas, ya que este tipo de acciones viola las estipulaciones del Antiguo Testamento con respecto a lo que caracteriza a un verdadero profeta de Dios (Deuteronomio 13.1–5; 18.20–22) [...] La iglesia primitiva afirmó la idea de una continuidad directa entre los profetas del Antiguo Testamento y del Nuevo Testamento y las regulaciones del oficio profético.[21]

De la misma manera que se les requería a los profetas del Antiguo Testamento decir la verdad al proclamar la revelación de Dios, así también los profetas del Nuevo Testamento se conformaron a la misma norma. Cuando declararon: «Así dice el Señor», lo que vino después tuvo que ser precisamente lo que Dios había dicho (cp. Hechos 21.11). Puesto que las palabras auténticas de Dios siempre reflejarían su carácter perfecto y sin defectos, tales profecías serían siempre infalibles e inerrantes. Ponerlos a prueba era necesario, porque los falsos profetas presentaban una amenaza constante (1 Juan 4.1; cp. 2 Pedro 2.1–3; 2 Juan 10–11; 3 Juan 9–10; Judas 8–23). Al igual que las profecías se examinaban en base a las revelaciones previas en el Antiguo Testamento (Deuteronomio 13.1–5), del mismo modo eran probadas en el Nuevo (1 Tesalonicenses 5.20–22; cp. Hechos 17.11).

Sin duda, alguien podría objetar señalando Romanos 12.6, donde Pablo escribió: «Teniendo diferentes dones, según la gracia que nos es dada, si el de profecía, úsese conforme a la medida de la fe». Los carismáticos usan este versículo para sostener que la exactitud de la profecía depende de la medida de la fe de una persona. Sin embargo, eso ni siquiera se acerca al verdadero significado de las palabras de Pablo en este versículo. El apóstol les está diciendo a sus lectores que los que tienen el don de la profecía profeticen de acuerdo *con la fe*: la verdad bíblica previamente revelada (cp. Judas 3–4).

Por otra parte, la palabra *profecía* en este contexto no se refiere necesariamente a las predicciones futuras ni a las nuevas revelaciones. La palabra simplemente significa «hablar delante», y se aplica a toda declaración autorizada de la Palabra de Dios por medio de la cual la persona dotada a fin de declarar la verdad de Dios «habla a los hombres para edificación, exhortación y consolación» (1 Corintios 14.3). Así que una paráfrasis apropiada de Romanos 12.6 sería: «Si su don es proclamar la verdad de Dios, hágalo de acuerdo a la fe que ha sido dada». Repito, la idea es que lo que se está profetizando se ajuste perfectamente a la verdadera fe, siendo congruente con la revelación bíblica anterior.

Probablemente, el argumento más común para la profecía falible presentado por los carismáticos se refiere al profeta Agabo del Nuevo Testamento. En Hechos 21.10–11, Agabo predijo que cuando Pablo llegara a Jerusalén sería apresado por los judíos y entregado a los romanos. Los carismáticos le dan mucha importancia al hecho de que Lucas no repite los detalles precisos más tarde en Hechos 21, cuando relata los pormenores de la detención de Pablo. La implicación, en la mente de continuacionistas como Wayne Grudem, es que Agabo «no estaba lejos en su predicción, pero esta tenía inexactitudes en detalles que han puesto en tela de juicio la validez de cualquier profeta del Antiguo Testamento».[22] Otras veces Grudem va aun más allá, reclamando que esta constituye «una profecía cuyos dos elementos, ser "atado" y "entregado" por los judíos, son falsificados explícitamente en la narrativa posterior».[23] Por lo tanto, de acuerdo con Grudem, Agabo proporciona una ilustración de la profecía falible en el Nuevo Testamento y un paradigma en el que basar el modelo carismático.

Sin embargo, ¿son los detalles de la profecía de Agabo *falsificados de manera explícita* por la narrativa posterior? Un examen detallado del texto en realidad demuestra todo lo contrario. Que los judíos «ataron» a Pablo, como Agabo predijo en Hechos 21.11, está implícito en el hecho de que se «apoderaron» de él (v. 30), lo «arrastraron» (v. 30), y fue «golpeado» (v. 32). En Hechos 26.21, al testificar ante Agripa, Pablo reiteró el hecho de que los judíos lo «prendieron» e «intentaron matarlo». Al capturar a Pablo por la fuerza y arrastrarlo fuera del templo, los antagonistas violentos habrían necesitado cualquier cosa que estuviera disponible de inmediato para ellos con el objetivo de limitar a su víctima involuntaria, utilizando el propio cinturón de Pablo a fin de atarlo para que no pudiera escapar. Debido a que Agabo había proporcionado este detalle en el versículo 10, Lucas no consideró necesario repetirlo en el versículo 30. Cuando los soldados romanos llegaron a la escena (v. 33), arrestaron oficialmente a Pablo, quitándole sus ataduras temporales y colocándolo en cadenas. Todo concuerda perfectamente con lo que Agabo dijo que sucedería.

Que los judíos «entregaron» a Pablo a los soldados romanos también está implícito en el relato de Hechos 21. En el versículo 32, Pablo estaba siendo asaltado por la turba enfurecida cuando la compañía de soldados llegó. Al ver a las autoridades romanas, los judíos dejaron de golpear a Pablo y permitieron que los soldados lo arrestaran sin incidentes (v. 33). Una vez más, la implicación de la narración de Lucas es que la multitud enfurecida se alejó y se dispersó, dejando voluntariamente a Pablo en manos de las autoridades romanas en ese momento.

Esta comprensión del texto es confirmada por el propio testimonio del apóstol. En Hechos 28.17, Pablo explicó lo que le había sucedido a un grupo de judíos en Roma: «Varones hermanos, no habiendo hecho nada contra el pueblo, ni contra las costumbres de nuestros padres, *he sido entregado preso desde Jerusalén en manos de los romanos*». Pablo no había hecho nada para violar la ley judía, sin embargo, fue acusado falsamente por los líderes judíos que pensaban que sí lo había hecho. A continuación, *lo entregaron* como *prisionero* (es decir, uno que está obligado) a manos de las autoridades romanas. Resulta significativo que la palabra que Pablo usa para «entregado» (Hechos 28.17) fue el mismo término griego que Agabo utiliza en su profecía (Hechos 21.11). Por lo tanto, el propio testimonio de Pablo verificó que los detalles de la profecía de Agabo eran absolutamente correctos.

Tal vez lo más importante de todo es el hecho de que cuando Agabo profetizó, citó al Espíritu Santo. De la misma manera que un profeta del Antiguo Testamento declararía: «Así dice el Señor», Agabo comenzó su predicción con estas palabras: «Esto dice el Espíritu Santo». Las palabras que siguieron fueron una cita directa del Espíritu mismo, Lucas las registra de esa manera. Aun más importante, *el mismo Espíritu Santo* inspiró a Lucas a escribir de esa manera, sin ninguna corrección o restricción. Por lo tanto, cualquier afirmación de que Agabo se equivocó en los detalles de su profecía constituye una acusación tácita de que el Espíritu Santo se equivocó en el contenido de su revelación profética.

Resulta evidente que Agabo no es el ejemplo de profecía falible que los carismáticos dicen que es.[24] Esta conclusión presenta un duro golpe a la profecía extrabíblica. Como lo explica Robert Saucy hablando de Agabo: «La profecía es, pues, fácilmente interpretada como sin error, sin ofrecer ningún ejemplo de una profecía errada para apoyar el concepto de la profecía falible propuesto por la posición [carismática]».[25]

¿Qué ocurre con 1 Tesalonicenses 5.20–22?

En 1 Tesalonicenses 5.20–22, el apóstol Pablo escribió: «No menospreciéis las profecías. Examinadlo todo; retened lo bueno. Absteneos de toda especie de mal». ¿Cómo vamos a interpretar las instrucciones de Pablo en estos versículos con respecto al don de la profecía del Nuevo Testamento?

Una adecuada comprensión de este texto comienza con el entendimiento de que las verdaderas profecías consistieron en la declaración de la revelación divina. Por lo tanto, no deben ser despreciadas, porque hacerlo sería rechazar las palabras de Dios mismo. Como he explicado en otra parte:

> El respeto por la supremacía de la revelación de Dios es lo que el apóstol Pablo tenía en mente cuando amonestó a los tesalonicenses a no despreciar las profecías.

Despreciar (*exoutheneō*) lleva el fuerte sentido de «considerar como absolutamente nada», «tratar con desdén» o «menospreciar». En el Nuevo Testamento, las declaraciones proféticas (*prophéteia*) pueden referirse a las palabras habladas o escritas. La forma verbal (*prophéteuō*) significa «hablar o proclamar públicamente», por lo que el don de profecía era la habilidad dada por el Espíritu de proclamar públicamente la verdad revelada de Dios. Los profetas del Nuevo Testamento a veces entregaron una nueva revelación directamente de Dios (Lucas 2.29–32; cp. v. 38, Hechos 15.23–29). En otras ocasiones, se limitaron a reiterar una proclamación divina que ya se había registrado (cp. Lucas 3.5–6; Hechos 2.17–21, 25–28, 34–35; 4.25–26; 7.2–53).[26]

En cualquier caso, ya que consiste en la proclamación de la revelación divina, la verdadera profecía refleja siempre el carácter de Dios mismo. Es por eso que podía ser probada de acuerdo a la medida *de la fe* (Romanos 12.6), lo que significa que tenía que estar de acuerdo con la verdad revelada con anterioridad (cp. Hechos 6.7; Judas 3, 20). Una profecía proveniente de Dios fue siempre *verdadera* y *congruente* con las Escrituras. Por el contrario, la palabra profética que era errónea o contraria a la Palabra escrita de Dios demostraba ser falsa. Por lo tanto, Pablo instruyó a los tesalonicenses a ejercer el discernimiento espiritual cada vez que oyeran cualquier mensaje que dijera tener origen divino, probándolo con cuidado al compararlo con la revelación previa escrita. Pablo describe aquellas profecías que fallaron la prueba como diabólicas (v. 22), algo que los creyentes deben evitar.

A pesar de esto, los carismáticos suelen acudir a 1 Tesalonicenses 5.20–22 para defender las profecías erróneas, pensando que estos versículos apoyan su afirmación de que las profecías del Nuevo Testamento eran falibles y estaban llenas de errores. Después de todo, afirman, ¿por qué mandó Pablo a la iglesia a probar las declaraciones proféticas si la profecía del Nuevo Testamento era igual a las profecías sin error y con autoridad del Antiguo Testamento?

Al hacer esta pregunta, los carismáticos fallan en reconocer que la profecía del Antiguo Testamento fue, de hecho, sometida al mismo tipo de pruebas que la profecía del Nuevo Testamento. Pablo no estaba instruyendo a los tesalonicenses a hacer algo distinto de lo que Dios siempre le ha requerido a su pueblo que haga. El Señor instruyó a los israelitas a probar todas las profecías en base a la *ortodoxia* (Deuteronomio 13.1–5; Isaías 8.20) y la precisión (Deuteronomio 18.20–22). Las profecías que no cumplían con los requisitos fueron consideradas falsas. Debido a que los falsos profetas eran frecuentes en el Israel del Antiguo Testamento (Deuteronomio 13.3; Isaías 30.10; Jeremías 5.31; 14.14–16; 23.21–22; Ezequiel 13.2–9; 22.28; Miqueas 3.11), el pueblo de Dios tenía que ser capaz de identificarlos y enfrentarse a ellos. Esa misma realidad se aplica a los creyentes del Nuevo Testamento, así que es por eso que Pablo instruyó a los tesalonicenses a probar las profecías con cuidado.

Como apóstol, Pablo incluso animó a otros a probar sus enseñanzas por esos mismos criterios. En el libro de Gálatas, reiteró el principio de Deuteronomio 13.1–5 cuando dijo: «Mas si aun nosotros, o un ángel del cielo, os anunciare otro evangelio diferente del que os hemos anunciado, sea anatema» (Gálatas 1.8). Varios años más tarde, inmediatamente después de que Pablo dejó Tesalónica, pero antes de escribir su primera epístola allí, viajó a Berea. Los de Berea no aceptaron de forma automática las enseñanzas de Pablo, probaron sus palabras comparándolas con la revelación del Antiguo Testamento. El libro de Hechos dice esto acerca de ellos: «Y éstos eran más nobles que los que estaban en Tesalónica, pues recibieron la palabra con toda solicitud, *escudriñando cada día las Escrituras para ver si estas cosas eran así*» (Hechos 17.11). Este incidente pudo haber estado en la mente de Pablo cuando escribió poco después esta petición de mostrar un discernimiento cuidadoso y atento a los tesalonicenses.

La presencia de los falsos profetas en la iglesia del primer siglo es un hecho que está claramente atestiguado en el Nuevo Testamento (Mateo 7.15; 24.11; 2 Timoteo 4.3–4; 2 Pedro 2.1–3; 1 Juan 4.1; Judas 4). La exhortación a probar la profecía debe entenderse en ese contexto. A los creyentes se les mandó a discernir entre aquellos que eran verdaderos portavoces de Dios y los que eran unos falsificadores peligrosos. Los tesalonicenses, en particular, necesitaban tener cuidado con las falsas profecías. Las dos epístolas que Pablo les escribió a ellos indican que algunos miembros de su congregación ya habían sido engañados: en relación con el carácter personal de Pablo (1 Tesalonicenses 2.1–12) y en cuanto al futuro escatológico de la iglesia (1 Tesalonicenses 4.13–5.11). Gran parte de la instrucción de Pablo fue en respuesta a la enseñanza errónea que hacía estragos en la iglesia de Tesalónica. Tal vez por eso algunos de los tesalonicenses se veían tentados a despreciar todas las profecías, incluidas las que eran ciertas.

También es importante recordar que Pablo escribió estas palabras en un momento en el que el don de la profecía reveladora aún estaba activo, es decir, durante la edad de la fundación de la iglesia (cp. Efesios 2.20). Su mandamiento: «No menospreciéis las profecías» se aplica en específico a un momento en el que el don estaba en pleno funcionamiento. Cuando los cesacionistas desacreditan las falsas predicciones de los «profetas» de hoy, no están violando el mandamiento de Pablo. Más bien, toman la revelación divina en serio, aplicando las normas bíblicas de la exactitud y la ortodoxia a los mensajes que dicen provenir de Dios. En realidad, son los carismáticos los que desprecian lo que es en verdad profético cuando indiscriminadamente avalan una forma falsa del don.

Aunque el don de la profecía de revelación ha cesado, la proclamación de la Palabra profética aún continúa en la actualidad, mientras los predicadores exponen las Escrituras y exhortan a las personas a obedecer (2 Timoteo 4.2). Como resultado de ello, las implicaciones de 1 Tesalonicenses 5.19–22 aún se aplican a la iglesia moderna. Cada sermón, cada mensaje, cada aplicación dada por los pastores y los maestros contemporáneos debe ser examinado con cuidado a través del lente de la Escritura. Si alguien afirma hablar en nombre de Dios, pero su mensaje no concuerda con la verdad bíblica, demuestra ser un fraude. Ahí es donde es necesario el discernimiento bíblico.

Resumiendo todo esto, vemos que 1 Tesalonicenses 5.20–22 no es compatible con el caso de la profecía carismática falible. Por el contrario, lleva a la conclusión opuesta, ya que llama a los cristianos a probar cualquier mensaje o mensajero que afirma venir de Dios. Cuando aplicamos las pruebas de la Escritura a las supuestas revelaciones de los carismáticos de hoy, podemos catalogar rápidamente sus «profecías» como lo que en realidad son: falsificaciones peligrosas.

Una vez que se consideran todos los pasajes con respecto a la profecía en el Nuevo Testamento, la posición carismática se expone de inmediato como sin fundamento y no bíblica. La clara enseñanza del Nuevo Testamento es que los profetas en la iglesia del primer siglo mantenían el mismo nivel de precisión que los profetas del Antiguo Testamento. Aunque en verdad existan en las mentes de aquellos que pretenden justificar sus prácticas erróneas, las pruebas necesarias para apoyar cualquier noción de profecías falibles están ausentes por completo del registro bíblico.

Un juego peligroso

Entonces, ¿qué es la profecía carismática moderna si no constituye una práctica bíblica? El antiguo profeta Fred L. Volz ofrece una respuesta profunda, reflexionando sobre sus propias experiencias en el movimiento carismático.

> Me di cuenta de que la gran mayoría de las «profecías» realizadas por estos «profetas» eran muy similares entre sí en cuanto a que siempre predecían vagamente grandes bendiciones y oportunidades futuras de fortuna y éxito. De esta manera, cuando llega la próxima «profecía» positiva de fortuna y éxito, es considerada como una confirmación de la anterior, y así sucesivamente, hasta que algún día puede llegar a ocurrir.
>
> A veces una profecía va acompañada de alguna información sobre el pasado o el presente de la persona, tal como: «Hay alguien en su familia que está luchando con el alcohol o las drogas» o «Te encanta la música» (¡Vaya! ¿Cuáles son las probabilidades?). Un estudio cuidadoso de las Escrituras, poniendo a prueba la profecía con la Palabra de Dios, combinado con preguntas al pastor, revela todo esto como lo que realmente es: una falsificación.[27]

Los profetas carismáticos no son muy diferentes de los psíquicos de ferias y los lectores de la palma de la mano. Sin embargo, en algunos casos puede estar presente una fuente más oscura. Volz sigue comparando las profecías carismáticas con las predicciones satánicas hechas por los profetas de la Nueva Era. Sus palabras aleccionadoras deben infundir miedo en los corazones de todo aquel que juega con esta forma de fuego extraño.

> No creo que Satanás conozca con precisión el futuro. Si lo hiciera, los falsos profetas serían mucho más precisos. Por ejemplo, hubo personas que eran obviamente falsos profetas de la variedad de la «Nueva Era», que «profetizaron» el ataque al Centro Mundial de Comercio el 11 de septiembre 2001 varios meses antes de que ocurriera [...] Según los expertos militares, el ataque llevó años de preparación. Satanás sabía todos los detalles del plan desde su creación. Es por eso que parece asombrosa la exactitud de los falsos profetas. Satanás ha estudiado el comportamiento humano durante seis mil años y tiene legiones de ángeles y demonios que actúan como sus ojos y oídos en todos nuestros asuntos. Sin embargo, aun así, con toda su sabiduría, no puede ver con precisión el futuro. Él simplemente acierta algunas veces.[28]

No obstante, la *verdadera* profecía no viene a la mente por intuición psíquica o el misticismo de la Nueva Era y no se discierne por conjeturas. «Nunca ninguna profecía de la Escritura es de interpretación privada, porque la profecía no fue traída por voluntad humana, sino que los santos hombres de Dios hablaron siendo inspirados por el Espíritu Santo» (2 Pedro 1.20–21). Los que equiparan sus propias impresiones personales, la imaginación y la intuición con la revelación divina se equivocan mucho. El problema se acentúa en gran medida por la práctica carismática común de permitir a sabiendas a alguien que ha profetizado falsamente continuar reclamando que él o ella hablan por Dios. Para decirlo de la manera más sencilla y clara posible, este enfoque de la «profecía» es el tipo más grosero de *herejía*, ya que le atribuye a Dios lo que no vino de él.

Al catalogar las profecías falibles como legítimas, los carismáticos le abren la puerta al ataque satánico y engaño, colocando a su movimiento en la misma categoría de sectas como los adventistas del séptimo día, los mormones y los testigos de Jehová. La profecía errada es uno de los rasgos más evidentes de una secta no cristiana o una religión falsa. William Miller y Ellen G. White, los fundadores de los adventistas del séptimo día, falsamente profetizaron que Jesús regresaría en 1843. Cuando la predicción falló, cambiaron la fecha a 1844. Cuando sus cálculos demostraron una vez más el error, insistieron en que la fecha no estaba equivocada. Al contrario, según ellos, debía haber un error en el acontecimiento que asociaron a la fecha. Así que inventaron una nueva doctrina, afirmando que Cristo entró en su santuario celestial en 1844 para iniciar una segunda obra de expiación (en franca contradicción con Hebreos 9.12 y una serie de pasajes del Nuevo Testamento).

El patriarca mormón Joseph Smith profetizó similarmente que Jesús iba a regresar antes del año 1891. Otras predicciones falsas incluyen la profecía de Smith de que todas las naciones estarían involucradas en la guerra civil estadounidense; que un templo se construiría en Independence, Missouri (este templo nunca se edificó); y que el «apóstol» mormón David W. Patten participaría en una misión en la primavera de 1839. (Patten fue asesinado a tiros el 25 de octubre de 1838, anulando así su capacidad de hacer algo en 1839.)

A lo largo de sus cien años de historia, la Sociedad Atalaya ha profetizado incorrectamente el regreso de Cristo muchas veces, comenzando en 1914 e incluyendo predicciones posteriores en 1915, 1925, 1935, 1951, 1975, 1986 y 2000. En la actualidad, los testigos de Jehová esperan que el fin del mundo ocurra en el 2033, ya que esto tendrá lugar ciento veinte años después de la predicción original de 1914. De la misma manera que Noé construyó el arca durante ciento veinte años, los seguidores de la Sociedad Atalaya están convencidos de que el juicio de Dios caerá sobre la tierra después que hayan transcurrido doce décadas desde el inicio de la Primera Guerra Mundial.

Podemos reírnos de la locura de tales predicciones y ciertamente debemos utilizar esas inexactitudes flagrantes como una defensa contra las falsas enseñanzas de estos grupos. Sin embargo, podríamos preguntarnos, ¿en qué son diferentes estas falsas predicciones a los errores absurdos que impregnan las profecías carismáticas? Desde la perspectiva de alguien de afuera, no hay una distinción definitiva. Si las falsas predicciones se pueden utilizar para demostrar la falsedad de estas sectas, lo mismo debe ser verdad de la profecía carismática moderna. Exponer los errores no significa actuar *sin amor*, sino ser *bíblico*, lo que nos lleva de vuelta al estándar establecido en Deuteronomio 18.

El oficio de profeta exige una precisión del ciento por ciento. Desde el momento en que declararon nueva revelación de Dios a la iglesia, los profetas del Nuevo Testamento se ajustaron a ese estándar. Sin duda, *el anuncio y la exposición* de la palabra profética (2 Pedro 1.19) continúan hoy a través de la predicación y la enseñanza fieles. Así como los profetas bíblicos han exhortado y advertido a la gente para que escuche la revelación divina, del mismo modo los predicadores dotados a través de toda la historia de la iglesia hasta el día de hoy han animado con pasión a sus congregaciones a prestarle atención a la Palabra del Señor. La diferencia clave es que, mientras que los profetas bíblicos recibieron *nueva revelación* directa del Espíritu de Dios, los predicadores contemporáneos son llamados a proclamar solo lo que el Espíritu de Dios ha revelado en su Palabra inspirada (cp. 2 Timoteo 4.2). Por lo tanto, solo es posible que alguien sea legítimo al decir: «Así dice el Señor...» si las palabras que siguen provienen directamente del texto bíblico. Cualquier otra cosa es blasfema presunción y ciertamente *no* es profecía.

En esencia, el enfoque carismático en cuanto a recibir nueva revelación es lo que hace que su visión de la profecía resulte tan peligrosa. No obstante, la Biblia es clara: la entrega de *nueva revelación* a través de los profetas vivos en la era del Nuevo Testamento estaba destinada solo a la edad de la fundación de la iglesia. Como Pablo declaró definitivamente en Efesios 2.20, la iglesia fue edificada «*sobre el fundamento* de los apóstoles y *profetas*». El hecho de que los profetas que Pablo describe en este versículo son los profetas del Nuevo Testamento se evidencia en el resto de Efesios, donde los profetas del Nuevo Testamento se encuentran delineados en Efesios 3.5 y 4.11.

Los carismáticos fallan en lo que respecta a considerar seriamente la forma desvergonzada en que deshonran a Dios y su Palabra cuando afirman haber recibido una revelación del Señor que él no ha dado realmente, declarando palabras proféticas que están llenas de errores y corrupción. Cuando Dios habla, su palabra es siempre perfecta, verdadera e infalible. ¡Después de todo, Dios no puede mentir (Tito 1.2)! Y los que hablan palabras mentirosas en su nombre se someten a su juicio.

La verdad es el alma del cristianismo. Por lo tanto, la falsa profecía (y la falsa doctrina que la acompaña) representa la mayor amenaza a la pureza de la iglesia. El movimiento carismático proporciona falsos profetas y falsos maestros, un punto de ataque desguarnecido contra la iglesia. Más que eso, el movimiento les da la bienvenida a los que proliferan en el error de su propia imaginación, invitándolos a entrar con los brazos abiertos y afirmando su pecado con un cordial amén. Sin embargo, los profetas del movimiento carismático no son verdaderos profetas. ¿Qué son entonces?

La respuesta a esta pregunta hace que este capítulo describa un círculo completo, volviendo al punto donde comenzamos. Según 2 Pedro y Judas, son pozos secos, árboles sin fruto, olas embravecidas, estrellas errantes, bestias brutas, manchas horribles, perros que comen sus propios vómitos, cerdos amantes de barro y lobos voraces.

El famoso predicador Charles Spurgeon les dijo lo siguiente a los que venían a él con supuestas palabras de revelación del Espíritu Santo:

Tenga cuidado de no imputar las vanas imaginaciones de su fantasía al Espíritu Santo. He visto al Espíritu de Dios deshonrado vergonzosamente por personas —y espero que estuvieran locas— que han dicho que esto y aquello le ha sido revelado por Dios. En los últimos años no ha habido una sola semana en la que no me hayan molestado con las revelaciones de hipócritas o maníacos. Algunos medio lunáticos son muy aficionados a venir a verme con mensajes del Señor para mí y les ahorraría algunos problemas si les digo de una vez por todas que no voy a escuchar ninguno de sus estúpidos mensajes [...] Nunca sueñe que los eventos se le revelan por medio del cielo, o puede llegar a ser como uno de esos idiotas que se atreven a imputarles sus locuras flagrantes al Espíritu Santo. Si usted siente tal ardor en su lengua por decir tonterías, atribúyaselas al diablo, no al Espíritu de Dios. Cualquier cosa que el Espíritu deba revelarnos ya está en la Palabra de Dios, pues él no añade nada más a la Biblia y nunca lo hará. Dejemos que las personas que tienen revelaciones de esto, aquello y lo otro *vayan a la cama y despierten en sus sentidos*. Solo me gustaría que siguieran el consejo y no insultaran más al Espíritu Santo al mentir con sus tonterías.[29]

Las palabras de Spurgeon pueden sonar duras, pero reflejan la severidad con que la misma Escritura condena toda esa presunción. Jeremías 23.16–32 contiene advertencias similares sobre la falsa profecía. Los creyentes que forman parte de las iglesias carismáticas harían bien en prestarles atención:

> Así ha dicho Jehová de los ejércitos: No escuchéis las palabras de los profetas que os profetizan; os alimentan con vanas esperanzas; hablan visión de su propio corazón, no de la boca de Jehová [...] No envié yo aquellos profetas, pero ellos corrían; yo no les hablé, mas ellos profetizaban. Pero si ellos hubieran estado en mi secreto, habrían hecho oír mis palabras a mi pueblo, y lo habrían hecho volver de su mal camino, y de la maldad de sus obras [...] Yo he oído lo que aquellos profetas dijeron, profetizando mentira en mi nombre, diciendo: Soñé, soñé. ¿Hasta cuándo estará esto en el corazón de los profetas que profetizan mentira, y que profetizan el engaño de su corazón? [...] Por tanto, he aquí que yo estoy contra los profetas, dice Jehová, que hurtan mis palabras cada uno de su más cercano. Dice Jehová: He aquí que yo estoy contra los profetas que endulzan sus lenguas y dicen: El ha dicho. He aquí, dice Jehová, yo estoy contra los que profetizan sueños mentirosos, y los cuentan, y hacen errar a mi pueblo con sus mentiras y con sus lisonjas, y yo no los envié ni les mandé; y ningún provecho hicieron a este pueblo, dice Jehová.

SIETE

LENGUAS TORCIDAS

La teleevangelista pentecostal y autoproclamada profetisa Juanita Bynum apareció en los titulares en el 2011 cuando registró cadenas de caracteres incoherentes en su página de Facebook, incluyendo «CHCNCFURRIRUN GIGNGNGNVGGGNCG», «RFSCNGUGHURGVHKTGHDKUNHSTNSV HGN» y «NDHDIUBGUGTRUCGNRTUGTIGRTIGRGBNRDRGNGGJN RIC». En la mayoría de los casos, un poco de galimatías en un sitio de las redes sociales probablemente pasaría inadvertido, explicándose como una representación de un pensamiento confuso o tal vez atribuyéndosele a un teclado defectuoso. Sin embargo, para los carismáticos, el revoltijo de letras de Bynum representó algo mucho más elevado. Un artículo en el *Christian Post* captó el significado de la extraña actualización de su estatus en Facebook con este título. «La teleevangelista Juanita Bynum causa asombro con su oración en "lenguas" en Facebook».[1]

Aunque el hablar en lenguas pentecostal es por definición verbal, en esta ocasión apareció de forma impresa. Las galimatías de Bynum en Facebook sirven como un claro ejemplo de las denominadas lenguas que caracterizan al movimiento carismático contemporáneo. Aunque hay menos interés en este comportamiento esotérico que en el tangible evangelio de la prosperidad (por razones obvias), todavía este es un elemento básico que define al movimiento. Haciéndose referencia a ellas como «un discurso celestial», «la lengua de los ángeles», o un «lenguaje privado de oración», las lenguas «modernas» consisten en una completa cháchara sin sentido, un punto que incluso los mismos carismáticos reconocen.

Reflexionando sobre la primera vez que habló en lenguas, el editor de la revista *Charisma*, J. Lee Grady, escribió: «Al día siguiente, mientras estaba en mi habitación orando, me di cuenta de que una lengua celestial bullía dentro de mí. Abrí mi boca y las palabras se derramaron. *Ilia skiridan tola do skantama*. O algo por el estilo. No tenía ni idea de lo que estaba diciendo. Sonaba como un galimatías. Sin embargo, cuando oraba en lenguas, me sentía cerca de Dios».[2]

Dennis Bennett, cuya experiencia carismática personal ha ayudado a despertar al Movimiento de Renovación Carismática de la década de 1960, lo explica así: «Usted nunca sabe cómo una lengua va a sonar. Tenía un conocido que decía algo como «rub-a-dubdub» cuando hablaba en lenguas, pero experimentó una gran bendición al hacerlo».[3] Joyce Meyer, después de defender el fenómeno moderno solo porque «hay millones de personas en la tierra hoy» haciéndolo, concluye: «Dudo que muchas personas estén inventando lenguajes y pasando su tiempo diciendo tonterías solo por el simple hecho de pensar que están hablando en lenguas».[4] Irónicamente, la tonta defensa de Meyer reconoce de manera involuntaria a la glosolalia moderna (el hablar en leguas) como lo que realmente es: *un lenguaje inventado y tonterías*.

Los lingüistas que han estudiado la glosolalia moderna están de acuerdo con esa descripción. Después de años de investigación de primera mano, visitando grupos carismáticos en varios países, el profesor de lingüística William Samarin de la Universidad de Toronto escribió esto:

> No hay ningún misterio acerca de la glosolalia. Las muestras grabadas son fáciles de obtener y analizar. Ellas siempre resultan ser lo mismo: *cadenas de sílabas, compuestas por sonidos tomados de entre todos los que el hablante sabe, puestas juntas más o menos al azar, pero las cuales sin embargo emergen como unidades de palabras y frases debido al ritmo y la melodía similares a los de un lenguaje.* En realidad, la glosolalia es de cierta manera como un lenguaje, pero esto es solo porque el hablante (inconscientemente) quiere que sea así. No obstante, a pesar de las similitudes superficiales, la glosolalia no es fundamentalmente un lenguaje. Todas las muestras de glosolalia que se han estudiado nunca han producido ningún rasgo que incluso sugiera o refleje algún tipo de sistema comunicativo [...]
>
> La glosolalia no es un fenómeno sobrenatural [...] De hecho, cualquiera puede producir glosolalia si es desinhibido y descubre cuál es el «truco».[5]

En otro lugar Samarin dice: «Cuando el aparato completo de la ciencia lingüística se apoya en la glosolalia, se convierte en solo una fachada de la lengua».[6]

La *Enciclopedia de Psicología y Religión* lo expresa de forma más sucinta: «La glosolalia no es un lenguaje humano y no puede ser interpretado ni estudiado como un lenguaje humano».[7] El *Manual de Ciencia y Religión de Cambridge* está de acuerdo, señalando que de manera incuestionable la glosolalia «no es un idioma».[8]

En respuesta a la realidad evidente, los autores carismáticos han abandonado cualquier intento por correlacionar el don moderno de lenguas con algún idioma conocido. Más bien, se les dice a los lectores que más «de seiscientos millones de cristianos han recibido el don del Espíritu Santo con su propio idioma del espíritu».[9] El don de lenguas es único para cada persona. Y a menudo comienza con nada más que una sílaba repetida sin pensar. Como un pastor instruye: «Cuando usted pide el Espíritu Santo, es posible que tenga una sílaba burbujeando, o dando vueltas en su cabeza. Si usted la pronuncia con fe, será como si se abriera una presa, y el lenguaje fluirá. Me gusta imaginármelo como si uno tuviera un carrete de hilo en el intestino y la punta, o el inicio del hilo, se vislumbrara en su lengua, pero a medida que comienza a tirar (a hablar), el resto del hilo va saliendo».[10]

Otro autor carismático añade lo siguiente: «Usted no entiende lo que está diciendo [...] Pero se trata de una oración con el espíritu y no con la mente».[11] Nada menos que el *Diccionario de los Escépticos* señala una ironía obvia y preocupante: «Cuando la hablan los esquizofrénicos, la glosolalia es reconocida como un galimatías. En las comunidades cristianas carismáticas la glosolalia es sagrada y denominada "hablar en lenguas" o tener "el don de lenguas"».[12]

Debido a que se supone que es una expresión extática de la fe, el don de las lenguas modernas no está vinculado a ninguna de las normas que rigen el lenguaje legítimo. Sin embargo, los carismáticos le han dado a esto un giro positivo. Según las palabras de un escritor: «En el hablar en lenguas —un signo de posesión del Espíritu Santo— el lenguaje elimina todas las restricciones gramaticales y semánticas con el fin de hacer lo que es imposible que cualquier idioma haga: comunicar lo inefable».[13] Sin embargo, este giro positivo representa un cambio importante en el movimiento desde la primera generación de los pentecostales en los albores del siglo veinte. Como ya hemos visto (en el capítulo 2), Charles Fox Parham, Agnes Ozman y los primeros pentecostales pensaron que habían recibido la habilidad sobrenatural de hablar en lenguas extranjeras genuinas.

Tal como Kenneth L. Nolan explica: «Los primeros pentecostales creían que la glosolalia le había sido dada a la iglesia con el propósito de la evangelización mundial. Muchos de ellos se fueron a los campos misioneros extranjeros esperando por completo que el Espíritu Santo les diera sobrenaturalmente el idioma de los pueblos nativos. Esta expectativa inicial y la experiencia resultante fue una amarga decepción para los aspirantes a misioneros que no quisieron invertir años en el estudio de la lengua».[14] Cuando se hizo evidente que sus «lenguas» no se correspondían con ningún idioma conocido, los pentecostales se vieron obligados a hacer una elección. Ellos podrían seguir insistiendo neciamente en que las lenguas eran idiomas reales, a pesar de la abrumadora evidencia de lo contrario, o reconstruir su definición de lenguas para adaptarse a sus experiencias fallidas. Hoy, la genuina explicación para el balbuceo carismático sigue siendo que es algo no lingüístico, una jerga irracional.

¿COINCIDE LA VERSIÓN MODERNA DE LAS LENGUAS CON EL DON BÍBLICO?

Los carismáticos afirman que su experiencia de las lenguas los hace *sentirse* más cerca de Dios. Un testimonio típico de un feligrés carismático proclama: «Para mí, es casi como si fuera capaz de aprovechar el sentir de Dios y lo que él quiere. Realmente no sé lo que estoy diciendo, pero sé que es lo que Dios quiere que diga y hable. Es más bien una iluminación, lo puede sentir a su alrededor, y puede escucharlo hablar a través de las palabras que usted dice».[15]

Otro feligrés explicó su participación así: «Sé que algunas personas experimentan una sensación cálida e imprecisa en su interior. A mí, en realidad me pone la piel de gallina».[16] Tales sentimientos —aun incluyendo estados como de trance de la conciencia alterada— son vistos como una prueba de que algo significativo, probablemente positivo, está sucediendo en el reino espiritual. Sin embargo, para cualquier persona que lea y entienda las Escrituras, debería ser obvio que el argumento subyacente —*si se siente bien, entonces debe hacerse*— es inútil como defensa y peligroso como práctica.

En realidad, las expresiones modernas de la glosolalia son engañosas y peligrosas, ofreciendo solo una pretensión de espiritualidad genuina. Los carismáticos pueden afirmar que es Dios el que habla a través de ellos, pero no hay absolutamente ninguna evidencia para confirmar la idea de que la glosolalia moderna proviene del Espíritu Santo o ayuda a su obra de producir la santidad. Por el contrario, hay muy buenas razones para evitar la práctica. En realidad, se trata de una práctica común en muchas sectas heréticas y religiones falsas: desde los médicos vudú de África y los monjes místicos del budismo hasta los fundadores del mormonismo.[17]

Históricamente, el discurso irracional y el éxtasis se han asociado solo con los grupos marginales heréticos, desde los montanistas hasta los jansenistas e irvingitas. Sin embargo, la misma experiencia espiritualmente vacía es en esencia idéntica a la práctica carismática moderna. Los evangélicos de hoy, en gran parte desconociendo la historia de esta práctica, parecen pensar que la glosolalia es una práctica más o menos común que se remonta en una línea de sucesión ininterrumpida hasta la era apostólica de la iglesia. No es así. Lo que W. A. Criswell dijo hace unos años sobre las lenguas sigue siendo cierto:

> En la larga historia de la iglesia, después de los días de los apóstoles, en cualquier lugar donde el fenómeno de la glosolalia ha aparecido se le ha considerado como una herejía. La glosolalia en su mayoría se ha limitado a los siglos diecinueve y veinte. Sin embargo, sin importar dónde y cómo apareciera, nunca ha sido aceptada por las iglesias históricas de la cristiandad. Más bien ha sido universalmente repudiada por estas iglesias como una aberración doctrinal y emocional.[18]

En resumen, la *glosolalia* practicada por los carismáticos de hoy es una falsificación que en todo aspecto falla en parecerse al don de lenguas que se describe en el Nuevo Testamento. Los habladores de lenguas de hoy reclaman haber recibido el don bíblico, pero al final tienen que reconocer que los galimatías que están hablando no tienen ninguna de las características del lenguaje real. Aunque las lenguas modernas son una conducta aprendida que consiste en un tartamudeando ininteligible y sílabas sin sentido, el don del Nuevo Testamento implica la habilidad sobrenatural de hablar precisamente un idioma extranjero que el orador nunca había aprendido. Aunque los carismáticos pueden utilizar la terminología bíblica para describir su práctica, el hecho es que ese comportamiento fabricado no tiene ninguna relación con el don bíblico. Como Norman Geisler señala:

Incluso aquellos que creen en las lenguas [modernas] reconocen que las personas no salvas tienen experiencias con las lenguas. No hay nada sobrenatural en cuanto a ellas. Sin embargo, hay algo único acerca de hablar frases y discursos completos y significativos en un lenguaje reconocible al que uno nunca ha sido expuesto. Esto es lo que el verdadero don de lenguas del Nuevo Testamento implicaba. Cualquier cosa menos que esto, como lo son las «lenguas privadas», no debe considerarse el don bíblico de lenguas.[19]

¿Cómo conocemos la naturaleza exacta del don bíblico de lenguas? En particular, ¿la expresión «lenguas humanas y angélicas» en 1 Corintios 13.1 sugiere que el don de lenguas puede ser la capacidad de hablar el lenguaje angélico de otro mundo? Esto, como veremos, es la afirmación que la mayoría de los carismáticos hacen. Los carismáticos creen que esta es la respuesta a la pregunta de por qué las «lenguas» modernas no tienen las características del lenguaje real.

No obstante, la única descripción real del verdadero don de lenguas en la Biblia se encuentra en Hechos 2 durante el día de Pentecostés, un texto que identifica claramente este regalo como la habilidad sobrenatural de hablar idiomas genuinos, traducibles y significativos. Hechos 2.4 es explícito con respecto a los ciento veinte seguidores de Jesucristo que estaban reunidos en el aposento alto: «Y fueron todos llenos del Espíritu Santo, y comenzaron a hablar en otras lenguas, según el Espíritu les daba que hablasen». Que los discípulos hablaban lenguas auténticas no solo se confirma por la palabra griega para *lenguas* (*glossa*, un término que se refiere a idiomas humanos[20]), sino también por el uso posterior de Lucas de la palabra *dialecto* (vv. 6–7) y su inclusión de una lista de los idiomas que se hablaron (vv. 9–11). Debido a la celebración de Pentecostés, judíos de todo el mundo habían viajado a Jerusalén para la fiesta (v. 5), incluyendo a muchos peregrinos que habían crecido hablando idiomas distintos del arameo. Que un grupo de galileos incultos de repente pudiera hablar con fluidez en varios idiomas fue un milagro innegable, por lo que los peregrinos que los escuchaban estaban completamente maravillados (vv. 7–8).

También había judíos nativos en la multitud que no hablaban esas lenguas y por lo tanto no podían entender lo que los discípulos estaban diciendo. En su confusión y buscando una explicación, ellos respondieron con escepticismo y burla, acusando a los discípulos de estar intoxicados (v. 13). Sin embargo, la ebriedad no era la causa de lo que sucedió el día de Pentecostés, un punto que Pedro explicó después (vv. 14–15). Como uno de los padres de la iglesia afirmó: «El asombro fue grande, un idioma fue hablado por los que no lo habían aprendido».[21]

En Génesis 11, en la torre de Babel, el Señor confundió las lenguas del mundo como un juicio sobre la humanidad. Por el contrario, en el día de Pentecostés, la maldición de Babel fue milagrosamente deshecha, lo que demuestra que las maravillosas palabras de Dios, incluyendo el evangelio de Jesucristo, se llevarán por todo el mundo a todas las naciones. Así es precisamente como los primeros cristianos, en los siglos posteriores a los apóstoles, entendieron el milagro de las lenguas. Por consiguiente, el famoso predicador de la antigüedad, Juan Crisóstomo, explicó:

> Y como en el momento de la construcción de la torre [de Babel] la única lengua fue dividida en muchas, así [en Pentecostés] las muchas lenguas con frecuencia se reunieron en un hombre, y la misma persona dio el discurso tanto en persa, romano, indio y muchas otras lenguas, con el Espíritu resonando dentro de ella: y el don fue llamado el don de lenguas, ya que todos a la vez pudieron hablar diversos lenguajes.[22]

De forma similar, Agustín añade.

> En los primeros días, el Espíritu Santo descendió sobre los creyentes, y ellos hablaron en lenguas que no habían aprendido, según el Espíritu les daba que hablaran. Estas señales resultaban apropiadas para la época, ya que era necesario que el Espíritu Santo fuera representado de este modo en todos los lenguajes, porque el evangelio de Dios iba a recorrer todas las lenguas en todo el mundo. Esa fue la señal que se les dio, y así sucedió.[23]

Vale la pena repetir que esto es tan evidente que incluso los de otro modo aberrantes primeros pentecostales, en los albores del siglo veinte, entendieron el fenómeno de Hechos 2 como haciendo referencia a idiomas reales. Sabían por la simple lectura de la Biblia que el Espíritu Santo les había dado la habilidad milagrosa e instantánea de hablar en lenguas extranjeras y estaban convencidos de que también habían recibido la misma habilidad a fin de acelerar la labor misionera. Su movimiento, en definitiva, fue nombrado así por el día de

Pentecostés. Solo más tarde, cuando se hizo evidente que las «lenguas» modernas no son verdaderos idiomas, los carismáticos comenzaron a inventar nuevas interpretaciones de las Escrituras con el fin de apoyar su invención poco ortodoxa.

En el relato de Lucas de la historia de la iglesia apostólica, hablar en lenguas se menciona otra vez en Hechos 10.46 y 19.6. Los carismáticos, en un esfuerzo por encontrarle un paralelo bíblico a su práctica moderna, a veces sugieren que el don de lenguas que se describe más adelante en Hechos fue diferente del que se menciona en Pentecostés. Sin embargo, el texto no permite llegar a esta conclusión. En Hechos 2.4, Lucas registra que los del aposento alto «hablaron» (de la palabra griega *laleo*) en «lenguas» (*glossa*). Lucas usa estos mismos términos exactamente en Hechos 10.46 y 19.6 para describir las experiencias de Cornelio y los discípulos de Juan el Bautista. Además, cualquier idea de que el fenómeno de Hechos 10, por ejemplo, difiere del de Hechos 2 se contradice directamente con el testimonio de Pedro en Hechos 11.15–17. Allí el apóstol afirma de forma explícita que el Espíritu Santo vino sobre los gentiles de la misma manera que había venido sobre los discípulos en Pentecostés.

En defensa del habla sin sentido, la mayoría de los carismáticos se remonta al libro de 1 Corintios, alegando que el don descrito en 1 Corintios 12—14 es categóricamente diferente al de Hechos. No obstante, una vez más el texto no permite hacer esta afirmación. Un simple estudio de las palabras lo demuestra de una manera efectiva, ya que ambos pasajes utilizan la misma terminología para describir el don milagroso. En Hechos, Lucas usa *laleo* («hablar») en combinación con *glossa* («lenguas») en cuatro ocasiones diferentes (Hechos 2.4, 11, 10.46, 19.6). En 1 Corintios 12—14, Pablo usa formas de esa misma combinación trece veces (1 Corintios 12.30; 13.1, 14.2, 4, 5 [dos veces], 6, 13, 18, 19, 21, 27, 39).

Estos paralelismos lingüísticos conllevan una importancia adicional si se considera que Lucas fue compañero de viaje de Pablo y un estrecho colaborador, escribiendo incluso bajo la autoridad apostólica de Pablo. Debido a que escribió el libro de los Hechos alrededor del año 60 A.D., aproximadamente cinco años *después* de que Pablo escribiera su primera Epístola a los Corintios, Lucas habría sido muy consciente de la confusión que ellos tenían sobre el don de lenguas. Ciertamente, Lucas no querría aumentar la confusión. Por lo tanto, no habría usado en Hechos la misma terminología exacta que Pablo empleara en 1 Corintios a menos que lo que hubiera sucedido en Pentecostés fuera idéntico al auténtico don que Pablo describe en su epístola.

El hecho de que Pablo mencionó «diversos géneros de lenguas» en 1 Corintios 12.10 no significa que unos sean lenguas reales y otros simplemente galimatías. Más bien, la palabra griega para *géneros* es *genos*, que se refiere a una familia, grupo, raza o nación. Los lingüistas a menudo se refieren a lenguajes de «familias» o «grupos», y ese es precisamente el punto de Pablo: hay varias familias de lenguajes en el mundo, y este don les permitió a algunos creyentes que hablaran en una variedad de ellos. En Hechos 2, Lucas enfatizó la misma idea en los versos 9–11, donde explicó que las lenguas que se hablaban procedían de al menos dieciséis regiones diferentes.

Se pueden establecer otros paralelismos entre Hechos y 1 Corintios 12—14. En ambos lugares la Fuente del don es la misma: el Espíritu Santo (Hechos 2.4, 18; 10.44–46; 19.6; 1 Corintios 12.1, 7, 11 y otros). En ambos lugares la recepción del don no se limita a los apóstoles, sino también participan los laicos de la iglesia (ver Hechos 1.15; 10.46; 19.6; 1 Corintios 12.30; 14.18). En ambos lugares el regalo se describe como un don del habla (Hechos 2.4, 9–11; 1 Corintios 12.30; 14.2, 5). En ambos lugares el mensaje resultante se puede traducir y por lo tanto entender, tanto por parte de los que ya conocen el idioma (como en el día de Pentecostés, Hechos 2.9–11) como por alguien dotado con la capacidad de traducir (1 Corintios 12.10, 14.5, 13).

En ambos lugares, el don fue una señal milagrosa para los judíos incrédulos (Hechos 2.5, 12, 14, 19, 1 Corintios 14.21–22; cp. Isaías 28.11–12). En ambos lugares, el don de lenguas se asoció estrechamente con el don de la profecía (Hechos 2.16–18; 19.6; 1 Corintios 14). Y en ambos lugares, los no creyentes que no entendían lo que se estaba hablando respondieron con burla y escarnio (Hechos 2.13; 1 Corintios 14.23). Ante tantos paralelos, es exegéticamente imposible e irresponsable afirmar que el fenómeno descrito en 1 Corintios fue diferente al de Hechos 2. Dado que el don de lenguas consistía en auténticos lenguajes extranjeros en el día de Pentecostés, lo mismo era cierto para los creyentes en Corinto.

Dos consideraciones adicionales hacen que este entendimiento resulte absolutamente seguro. En primer lugar, al insistir en que cualquier idioma que se hablara en lenguas en la iglesia debía ser traducido por alguien con el don de interpretación (1 Corintios 12.10; 14.27), Pablo indicó que el don de lenguas consistía en hablar idiomas racionales. La palabra para *interpretación* es *hermeneuo* (de donde se deriva el término *hermenéutica*), que hace referencia a una «traducción» o un «despliegue preciso del significado». Obviamente, sería imposible traducir un galimatías sin sentido, ya que la traducción requiere que significados concretos en un idioma se transcriban de forma correcta a otro.

A menos que el don en 1 Corintios 12—14 consistiera en un idioma auténtico, la insistencia de Pablo en la interpretación no tendría sentido. Como Norman Geisler explica: «El hecho de que las lenguas de las que Pablo habló en 1 Corintios pudieran ser «interpretadas» demuestra que se trataba de un lenguaje significativo. De lo contrario, no sería una «interpretación», sino una creación del significado. Así que el don de la «interpretación» (1 Corintios 12.30; 14.5, 13) es compatible con el hecho de que las lenguas son un verdadero lenguaje que podría traducirse en beneficio de todos por medio de este don especial de interpretación».[24]

En segundo lugar, Pablo explícitamente se refiere a lenguas humanas en 1 Corintios 14.10–11, donde escribió: «Tantas clases de idiomas hay, seguramente, en el mundo, y ninguno de ellos carece de significado. Pero si yo ignoro el valor de las palabras, seré como extranjero para el que habla, y el que habla será como extranjero para mí». En el día de Pentecostés no había necesidad de un intérprete, porque el público ya entendía los diferentes lenguajes que se hablaban (Hechos 2.5–11). Sin embargo, en la iglesia de Corinto, donde no se conocían los idiomas, se requería un traductor, de lo contrario, la congregación no entendería el mensaje y por lo tanto no sería edificada. El apóstol posteriormente hace referencia a Isaías 28.11–12 (un pasaje en el que la «extraña lengua» se refiere al idioma asirio) confirmando que Pablo tenía en mente los idiomas humanos (1 Corintios 14.21).

Cuando se considera la evidencia bíblica, no hay duda de que el verdadero don de lenguas descrito en 1 Corintios 12—14 fue precisamente el mismo discurso racional milagroso que los discípulos hablaron en Hechos 2, es decir, la habilidad dada por el Espíritu para comunicarse en un idioma extranjero desconocido para el que hablaba. No hay otra explicación permitida por el texto de la Escritura. Como Thomas Edgar observa:

> Hay versículos en 1 Corintios 14 en los que la lengua extranjera tiene sentido, pero la expresión extática ininteligible no tiene sentido (por ejemplo, v. 22). Sin embargo, lo inverso no se puede afirmar. Un idioma extranjero que el oyente no entiende en su opinión no es diferente a un discurso ininteligible. Por lo tanto, en cualquier pasaje en el que el habla extática puede ser

considerada posible, también es posible sustituirla por una lengua no familiar para los oyentes. En este pasaje no hay razones, y mucho menos las razones muy fuertes necesarias, para apartarse del sentido normal de la glosa y escapar hacia un uso totalmente no corroborado.[25]

Esta conclusión representa un golpe mortal a la versión carismática moderna de la glosolalia, que no comparte nada en común con el don real del Nuevo Testamento, sino que refleja la expresión frenética de los antiguos misterios de las prácticas de religiones paganas grecorromanas que la Escritura condena (cp. Mateo 6.7).[26]

Respuestas a preguntas comunes acerca del don de lenguas

Armado con una definición correcta, el estudiante de las Escrituras es ahora capaz de interpretar de forma adecuada la enseñanza bíblica con respecto a esta capacidad milagrosa. En el resto de este capítulo, consideraremos las diez preguntas más frecuentes sobre el don de lenguas.

¿Cuál fue el propósito del don de lenguas?

Dos propósitos se cumplieron con este don: uno primario dentro del ámbito del plan soberano de Dios para la historia de la salvación y uno secundario en el contexto de la iglesia del primer siglo. En primer lugar, se demostró que una transición se estaba llevando a cabo del antiguo al nuevo pacto y, como tal, esto sirvió como una señal para el incrédulo Israel. El apóstol Pablo hizo ese punto explícito en 1 Corintios 14.21–22, y Lucas se hizo eco de ese mismo propósito en su descripción de Pentecostés en Hechos 2.5–21. El final del evangelio de Marcos explica de forma similar que los discípulos de Cristo hablarían en lenguas que eran nuevas para ellos (16.17), lo que sería una de las señales que les autenticaban como mensajeros de la verdad del evangelio (v. 20).[27]

No obstante, también hubo un propósito secundario para la iglesia, es decir, la edificación de los creyentes. En 1 Corintios 12.7–10, Pablo dice claramente que todos los dones espirituales fueron dados por el Espíritu Santo para la edificación de los demás dentro del cuerpo de Cristo (cp. 1 Pedro 4.10–11). Cuando se utilizaba fuera de la iglesia, el don de lenguas era la señal que autenticaba al evangelio (como se demuestra en el día de Pentecostés). Sin embargo, cuando se usaba en la iglesia, era para la edificación de otros creyentes (por instrucción de Pablo a los cristianos de Corinto). El don proporcionó otra manera de que Dios le revelara su verdad a su iglesia antes de que el Nuevo Testamento se completara, al igual que la profecía, pero con el efecto añadido de un milagro lingüístico que la autenticaba.

Mostrarse amor los unos a los otros era siempre la prioridad, todos los dones espirituales pretenden ser un medio para ese fin (1 Corintios 13.1–7; cp. Romanos 12.3–21). Por lo tanto, poner en práctica cualquier don por razones egoístas sería tan poco edificante como «metal que resuena, o címbalo que retiñe» (1 Corintios 13.01). Como Pablo les explicó a los Corintios, el amor «no busca lo suyo» (1 Corintios 13.5). Y antes en la misma carta les dijo: «Ninguno busque su propio bien, sino el del otro» (1 Corintios 10.24).

En 1 Corintios 14.4, cuando Pablo escribió: «El que habla en lengua extraña, a sí mismo se edifica; pero el que profetiza, edifica a la iglesia», no estaba validando la autoedificación como un fin en sí misma. ¡Hacer eso hubiera socavado todo lo que acababa de escribir en el capítulo anterior! Más bien, estaba demostrando que la profecía (que se habla en un idioma que entiende todo el mundo) era superior a hablar en lenguas extranjeras (que nadie podía entender a menos que hubiera una interpretación). Debido a que el único uso adecuado de cualquier don era para la edificación de toda la congregación (1 Corintios 14.12, 26), resultaba esencial que las lenguas extranjeras se tradujeran para que todos pudieran entender (1 Corintios 14.6–11, 27).

Los corintios estaban usando el don de lenguas con motivos impuros y egoístas, para satisfacer su deseo carnal de parecer espiritualmente superior. En la era moderna, los mismos motivos a menudo prevalecen, sin la posibilidad de edificar a los demás.

¿Se esperaba que todos los creyentes hablaran en lenguas?

Muchos carismáticos, en especial aquellos influenciados por el pentecostalismo clásico, han insistido en que todos los cristianos deben hablar en lenguas, argumentando que es la evidencia inicial y universal del bautismo del Espíritu Santo. No obstante, este paradigma pentecostal se ve destruido por la enseñanza de Pablo en 1 Corintios 12. En el versículo 13, Pablo dejó en claro que todos sus lectores, como creyentes, habían experimentado el bautismo del Espíritu en el momento de la salvación (cp. Tito 3.5). Sin embargo, en los versículos siguientes, también aclara que no a todos ellos les había sido dado el don de lenguas. Las implicaciones son inequívocas: si todos los creyentes en Corinto fueron bautizados por el Espíritu Santo (v. 13), pero no todos ellos podían hablar en lenguas (vv. 28–30), entonces ese don no debe ser la única señal del bautismo del Espíritu, como reclaman los pentecostales. Esto es congruente con lo que Pablo enseñó antes en el capítulo 12, que el Espíritu Santo distribuye soberanamente dones *diferentes* a *diferentes* personas:

> Pero a cada uno le es dada la manifestación del Espíritu para provecho. Porque a éste es dada por el Espíritu palabra de sabiduría; a otro, palabra de ciencia según el mismo Espíritu; a otro, fe por el mismo Espíritu; y a otro, dones de sanidades por el mismo Espíritu. A otro, el hacer milagros; a otro, profecía; a otro, discernimiento de espíritus; a otro, diversos géneros de lenguas; y a otro, interpretación de lenguas. Pero todas estas cosas las hace uno y el mismo Espíritu, repartiendo a cada uno en particular como él quiere. (vv. 7–11)

Aun si la habilidad sobrenatural de hablar idiomas extranjeros siguiera disponible en la actualidad, no le sería dada a todo cristiano. Cuando los carismáticos sostienen que cada creyente debe buscar el don de lenguas, pierden todo el punto del argumento de Pablo en 1 Corintios 12.14–31 y terminan fabricando falsificaciones.

Los carismáticos a menudo mencionan 1 Corintios 14.5, donde Pablo declaró: «Quisiera que todos vosotros hablaseis en lenguas», como un texto de prueba para su insistencia en que todos los cristianos deben practicar la glosolalia. Al hacer esto, fallan en reconocer que el apóstol no estaba declarando una posibilidad real, sino más bien usando una hipérbole hipotética. En este caso, Pablo estaba enfatizando una vez más la superioridad de la profecía sobre el don de las lenguas, como el resto del versículo 5 establece claramente: «Quisiera que todos vosotros hablaseis en lenguas, *pero más que profetizaseis*; porque mayor es el que profetiza que el que habla en lenguas, a no ser que las interprete para que la iglesia reciba edificación». Por lo tanto, incluso si hubiera sido posible que Pablo lograra que su deseo se hiciera realidad, lo que él en verdad quería no era que todos los corintios hablaran en lenguas, sino más bien que profetizaran, porque las palabras de la profecía no se tenían que traducir con el fin de edificar a otros miembros de la iglesia.

Gramaticalmente, la declaración de Pablo es casi idéntica a su anterior declaración en 1 Corintios 7.7. En referencia a su condición de no casado, el apóstol escribió: «Me gustaría que todos los hombres fuesen como yo mismo». Es obvio que en este versículo Pablo no estaba ordenando el celibato para todos los creyentes, ya que sabía que *no* a todos se les había dado el don de la soltería. Lo mismo ocurre en 1 Corintios 14.5 con respecto al don de lenguas.

¿Exhortó Pablo a los corintios a desear el don de lenguas?

A menudo, 1 Corintios 12.31 se traduce como una orden: «Procurad, pues, los dones mejores». Sin embargo, esa decisión de la traducción plantea una cuestión grave. Si los dones espirituales son dados de manera independiente por el Espíritu (1 Corintios 12.7, 18, 28), y si cada don es necesario para la edificación del cuerpo de Cristo (vv. 14–27), ¿por qué se les dice entonces a los creyentes que procuren dones que no habían recibido? Cualquier idea sería ir en contra de todo el argumento de Pablo en 1 Corintios 12, donde cada creyente debía estar agradecido por su talento único, contento de emplearlo en el ministerio para la edificación de la iglesia.

En realidad, 1 Corintios 12.31 no es un imperativo. Gramaticalmente, la forma del verbo *procurad* también se puede representar como una declaración de un hecho (indicativo), y el contexto aquí apoya esa traducción. Después de todo, no hay nada en el flujo del argumento de Pablo que nos haga esperar una orden, pero hay mucho que recomienda el uso del indicativo.[28] La Nueva Versión Internacional se acerca más al punto del apóstol en su lectura alterna de este versículo: «Ustedes, por su parte, ambicionen los mejores dones». Y el siríaco del Nuevo Testamento acertadamente declara: «Porque usted es celoso de los mejores dones, voy a mostrarle un camino más excelente».[29]

Pablo estaba reprendiendo a los corintios porque deseaban agresivamente los dones más llamativos, mientras que se burlaban de aquellos que consideran como menos impresionantes. El apóstol deseaba mostrarles un camino, el camino más excelente del amor humilde hacia los demás, lo cual desencadenó su discusión sobre la superioridad del amor en 1 Corintios 13.

Motivados por el orgullo y la ambición egoísta, los corintios buscaban adquirir y presentar los más ostentosos y evidentemente milagrosos dones espirituales. Codiciaban el aplauso de los hombres, con el deseo de parecer espirituales cuando en realidad estaban actuando en la carne. (Es bastante probable, dada la naturaleza de la instrucción que Pablo les dio, que algunos miembros de la congregación corintia incluso hubieran comenzado a imitar las expresiones ininteligibles de las religiones de misterios grecorromanas, como el movimiento carismático contemporáneo.) Fue un error entonces, y sigue siéndolo, buscar cualquier don espiritual cuando se nos ha dicho que los dones espirituales son elegidos y distribuidos de manera soberana por el Espíritu Santo. Es especialmente malo desear un don que no tenemos por motivos egoístas o de orgullo.

¿Qué son las «lenguas angélicas»?

Los carismáticos a menudo señalan la declaración de Pablo en 1 Corintios 13.1, donde menciona las lenguas angélicas. Invariablemente, ellos quieren dar a entender que las galimatías que escuchamos en la glosolalia carismática es una lengua de algún otro mundo, algo así como una lengua santa y celestial que trasciende la conversación humana y pertenece al discurso de los ángeles.

Más allá de ser un insulto a los ángeles, esa interpretación de 1 Corintios 13.1 se viene abajo cuando se tiene en cuenta el contexto. Nótese, en primer lugar, que el tema de Pablo en 1 Corintios 13 es el amor, no los dones espirituales. Y se introduce el tema de esta manera: «Si yo hablase lenguas humanas y angélicas, y no tengo amor, vengo a ser como metal que resuena, o címbalo que retiñe». Pablo está describiendo un escenario hipotético. (Sus ejemplos posteriores en los versículos 2–3 indican que el apóstol estaba usando ejemplos extremos para enfatizar el valor del amor.)[30] A Pablo no le falta amor, él les está pidiendo a los corintios que se imaginen si esto fuera así. Del mismo modo, no está diciendo que tenía la capacidad de hablar lenguas angelicales, sino que supone el caso de alguien que pudiera hacerlo, pero habló sin amor, sin preocuparse por la edificación de los demás. ¿Su conclusión? El resultado no sería más útil que el mero ruido.

Irónicamente, los carismáticos suelen enfocarse de un modo tan intenso en la frase «lenguas angélicas» que fallan en ver el verdadero punto de Pablo: cualquier uso egoísta de este don viola su verdadero propósito, es decir, que se ejerza como una expresión de amor para la edificación de otros creyentes. Los demás no son edificados por el mero espectáculo de alguien hablando en lenguas (1 Corintios 14.17), ni al escuchar un galimatías ininteligible. Tal práctica viola todo lo que Pablo les está enseñando a los corintios en esta epístola.

Por supuesto, si alguien insiste en la consideración literal de la frase «lenguas angélicas», es útil tener en cuenta que cada vez que los ángeles hablaban en la Biblia, lo hacían en una lengua real que era comprensible para aquellos que los escuchaban. Nada acerca de la expresión «lengua angélicas» en 1 Corintios 13.1 justifica la práctica moderna de la algarabía irracional.

¿Qué ocurre con la declaración de Pablo de que las lenguas cesarán?

En 1 Corintios 13.8, Pablo explicó que «cesarán las lenguas». El verbo griego usado en este versículo (*pauo*) significa «cesar de forma permanente», lo que indica que el don de lenguas podría llegar a su fin de una vez por todas. Para los pentecostales clásicos —que admiten que los dones milagrosos cesaron en la historia de la iglesia, pero que argumentan que regresaron en 1901— la forma permanente inherente al verbo *pauo* presenta un problema significativo. Y como ya se ha demostrado, lo que los carismáticos modernos están haciendo *no* constituye el don de lenguas. La habilidad sobrenatural de hablar con fluidez en idiomas extranjeros no aprendidos, como lo hicieron los discípulos en el día de Pentecostés en Hechos 2, ha demostrado no tener ningún parecido con la glosolalia moderna. El don del Nuevo Testamento cesó después que la era apostólica terminó y nunca ha regresado.

En 1 Corintios 13.10, Pablo señaló que el conocimiento parcial y la profecía parcial se acabarían «cuando venga lo perfecto». No obstante, ¿qué quiso decir Pablo con *perfecto*? La palabra griega (*teleion*) puede significar «perfecto», «maduro» o «completo», y los comentaristas han ampliamente estado en desacuerdo en cuanto a su significado preciso, que ofrece numerosas interpretaciones posibles. Por ejemplo, F. F. Bruce sugiere que lo perfecto es el amor mismo; B. B. Warfield sostiene que es el canon completo de la Escritura (cp. Santiago 1.25); Robert Thomas argumenta que es la iglesia madura (cp. Efesios 4.11–13); Richard Gaffin afirma que se trata del regreso de Cristo; y Thomas Edgar concluye que se refiere a la entrada del creyente a la gloria celestial (cp. 2 Corintios 5.8). Sin embargo, de manera significativa, aunque estos investigadores no están de acuerdo en la identificación de «lo perfecto», todos ellos llegan a la misma conclusión, es decir, que los dones milagrosos y de revelación han cesado.[31]

No obstante, de todas las interpretaciones posibles, la entrada del creyente en la presencia del Señor se ajusta mejor al uso de Pablo de «lo perfecto» en 1 Corintios 13.10. Esto tiene sentido con la declaración posterior de Pablo en el versículo 12 acerca de que los creyentes verán «cara a cara» a Cristo y poseerán un conocimiento completo, que no puede experimentarse de este lado de la gloria.

Es importante señalar que el propósito de Pablo en este capítulo no fue identificar cuál sería la duración de los dones espirituales en los siglos posteriores a la historia de la iglesia, ya que eso no habría tenido ningún sentido para los lectores originales de esta carta. Más bien, el apóstol estaba estableciendo un punto que concernía en específico a la audiencia del primer siglo: cuando los creyentes corintios entraran a la perfección glorificada de la eternidad en el cielo,[32] los dones espirituales que ahora apreciaban tanto ya no serían necesarios (porque la revelación parcial que proporcionan se haría completa). Sin embargo, el amor tiene un valor eterno, por lo que la búsqueda del amor es superior a cualquier don (v. 13). Thomas Edgar resume el tema con estas palabras:

> Si, como parece evidente en el pasaje, *teleion* [«lo perfecto»] se refiere a la presencia de la persona con el Señor, este texto no alude a un cierto punto en la historia profética. Estos factores significan que este pasaje no enseña cuándo los dones cesarán o cuánto tiempo van a durar. El mismo sirve para recordarles a los corintios la naturaleza permanente del amor en contraste con los dones, los cuales por su misma naturaleza son solo temporales, solo para esta vida.[33]

Para determinar el momento de la historia de la iglesia en que los dones milagrosos y la revelación cesarían, debemos buscar en otra parte que no sea 1 Corintios 13.10, más bien en pasajes como Efesios 2.20, donde Pablo indicó que los oficios de los apóstoles y profetas eran solo para la época de la fundación de la iglesia.[34] No obstante, el principio más amplio de Pablo, que el amor es superior a los dones espirituales, todavía se aplica a los creyentes modernos mientras nosotros también esperamos nuestra glorificación celestial.

¿Qué quiso decir Pablo cuando afirmó que los que hablan en lenguas hablan a Dios, no a los hombres?

Los carismáticos a veces se aferran a esta frase de 1 Corintios 14.2 como una justificación para su glosolalia ininteligible. Sin embargo, una vez más el contexto desmiente la interpretación. La totalidad de los versículos 1–3 dice lo siguiente: «Seguid el amor; y procurad los dones espirituales, pero sobre todo que profeticéis. Porque el que habla en lenguas no habla a los hombres, sino a Dios; pues nadie le entiende, aunque por el Espíritu habla misterios. Pero el que profetiza habla a los hombres para edificación, exhortación y consolación».

En estos versículos, Pablo no estaba ensalzando el don de las lenguas, sino explicaba por qué era inferior al don de la profecía. Mientras que la profecía se hablaba con palabras que todo el mundo podía entender, el don de lenguas extranjeras tenía que interpretarse para que otros fueran edificados. Pablo define exactamente lo que quería decir con la frase «no habla a los hombres, sino a Dios» en la siguiente línea: «pues nadie le entiende». Si el idioma no era traducido, solo Dios sabría lo que se decía.

Es evidente que Pablo estaba lejos de elogiar esa práctica. Como ya se había establecido (en el capítulo 12), el propósito de los dones era la edificación de los demás en el cuerpo de Cristo. Los idiomas extranjeros sin traducir no cumplían con ese propósito. Es por eso que el apóstol hizo tanto énfasis en la necesidad de la interpretación (vv. 13, 27).

¿Qué hay sobre orar en lenguas?

En 1 Corintios 14.13–17, Pablo mencionó que el don de lenguas fue utilizado en la oración pública a los efectos de la edificación. Sin embargo, los carismáticos han tratado de redefinir el don de lenguas como una forma especial de expresión sobrenatural para sus devociones personales y oraciones privadas. No obstante, note cuán diferente es la descripción de Pablo de la que ofrecen los que hablan en lenguas modernas. En primer lugar, Pablo no estaba recomendando ningún tipo de galimatías, ya que él ya había establecido que el verdadero don consistía en hablar en idiomas traducibles (vv. 10–11).

En segundo lugar, Pablo nunca elogia las oraciones que omiten la mente, como muchos carismáticos hacen. Eso era, y sigue siendo hoy, una práctica pagana. En las religiones de misterios grecorromanas, las expresiones extáticas se emplean comúnmente como una manera de eludir la mente con el fin de comunicarse con entidades demoníacas. Así que lo más probable es que las palabras de Pablo en estos versículos tengan un tono sarcástico, mientras reprendía a los cristianos de Corinto por su intento de imitar las prácticas sin sentido de sus vecinos paganos. Por instrucción de Pablo, el que oraba en un idioma extranjero debía preguntar primero por la habilidad para traducir y comprender el mensaje que estaba comunicando (v. 13). De lo contrario, su comprensión sería «infructuosa» (v. 14), algo que Pablo claramente considera negativo (Colosenses 1.10, Tito 3.14). El uso apropiado de este don siempre ha involucrado tanto el espíritu como la mente. «¿Qué, pues? Oraré con el espíritu, pero oraré también con el entendimiento; cantaré con el espíritu, pero cantaré también con el entendimiento» (v. 15).

En tercer lugar, la oración de la que Pablo hablaba aquí era una oración *pública*, no una forma de devoción privada. El versículo 16 deja claro que otros en la iglesia estaban escuchando lo que se decía. Por lo tanto, Pablo se refería a una oración en la iglesia que necesitaba ser traducida para que la congregación pudiera afirmar el mensaje y ser edificada con su contenido. No hay fundamento en el Nuevo Testamento para la práctica carismática moderna de la vana repetición de galimatías, ya sea en casa para uno mismo o *sobre todo* en la iglesia durante una sesión de grupo con un murmurar indescifrable masivo.

¿Practicó Pablo una forma privada de las lenguas?

Los carismáticos a menudo apuntan a 1 Corintios 14.18–19 con el fin de argumentar que el mismo Pablo empleó una lengua privada cuando declaró: «Doy gracias a Dios que hablo en lenguas más que todos vosotros; pero en la iglesia prefiero hablar cinco palabras con mi entendimiento, para enseñar también a otros, que diez mil palabras en lengua desconocida». Debido a que Pablo no especificó cuándo o dónde habló en lenguas, la afirmación de que el carismático Pablo cultivó una «lengua privada de oración» es una invención construida a partir de la pura especulación. En el libro de Hechos vemos a los apóstoles hablar en otras lenguas como parte de su ministerio de evangelización a los no creyentes (Hechos 2.5–11). Basándose en este precedente, lo mejor es concluir que Pablo usó su don de la misma manera misionera: como una señal que autenticó su ministerio apostólico (cp. Marcos 16.20; 2 Corintios 12.12).

Así que, en 1 Corintios 14, Pablo ciertamente no está aprobando un uso privado y egoísta del don de lenguas. Más bien, estaba confrontando el orgullo de la congregación de Corinto. Ellos pensaban que eran superiores porque algunos hablaban en dialectos que no conocían, pero Pablo, que había hablado milagrosamente en idiomas extranjeros más que cualquiera de ellos, quería que entendieran que el amor prevalecía sobre cualquier don, sin importar lo espectacular que este fuera. Cuando Pablo ejerce sus dones en el cuerpo de Cristo, su prioridad fue siempre la edificación de otros en la iglesia. Cualquier noción del uso egoísta de un don hubiera socavado todo el argumento del apóstol en 1 Corintios 12—14.

¿Cómo debían usarse las lenguas en la iglesia primitiva?

Al discutir el don de lenguas en 1 Corintios 14, Pablo dio instrucciones específicas para su uso en la iglesia. En los versículos 26–28, el apóstol explicó: «Cuando os reunís, cada uno de vosotros tiene salmo, tiene doctrina, tiene lengua, tiene revelación, tiene interpretación. Hágase todo para edificación. Si habla alguno en lengua extraña, sea esto por dos, o a lo más tres, y por turno; y uno interprete. Y si no hay intérprete, calle en la iglesia, y hable para sí mismo y para Dios».

En estos versículos, Pablo proporcionó varias estipulaciones para el uso de las lenguas: (1) no más de tres personas deben hablar durante el servicio de la iglesia; (2) ellas deben hablar una a la vez; (3) su mensaje precisaba ser traducido para la edificación de la congregación; y (4) si nadie era capaz de interpretar, deben permanecer en silencio. En el versículo 34, Pablo agregó una quinta condición: a las mujeres no se les permitía hablar en la iglesia. Dada la naturaleza de los servicios típicos de las iglesias pentecostales y carismáticas, si simplemente se siguiera esta estipulación final, eso significaría terminar con la mayor parte de la falsificación moderna.

En contraste con las formas paganas de habla extática, el Espíritu Santo no obra a través de personas que son irracionales o están fuera de control. «Los espíritus de los profetas están sujetos a los profetas; pues Dios no es Dios de confusión, sino de paz [...] en todas las iglesias de los santos» (vv. 32–33). Como explicó un padre de la iglesia temprana al reflexionar sobre esos versos: «La persona que habla en el Espíritu Santo habla cuando quiere hacerlo y luego puede permanecer en silencio, como los profetas. Pero aquellos que están poseídos por un espíritu inmundo hablan incluso cuando no quieren. Dicen cosas que no entienden».[35]

Se les permitió solo a dos o tres oradores pronunciar sus revelaciones en cada reunión de la iglesia y fueron obligados a hablar uno a la vez. La idea de que todos los miembros de la congregación debían estallar al mismo tiempo en una cacofonía de galimatías, como ocurre con frecuencia en las iglesias carismáticas contemporáneas, es algo que Pablo nunca habría permitido o atribuido al Espíritu Santo. De hecho, una de las acusaciones más fuertes contra el movimiento carismático moderno es la forma desordenada, egoísta y caótica en la que se practica la falsa glosolalia.

Tal como se dijo antes, las lenguas que se hablaban en la congregación de Corinto tenían que ser interpretadas. Era imperativo que los idiomas se pudieran traducir para que todos pudieran entender el significado. La iglesia sabría quiénes tenían ese don y, si no había nadie presente con la capacidad de interpretar, el orador tenía instrucciones de permanecer en silencio. La declaración de Pablo acerca de que «hable para sí mismo y para Dios» es paralela a la orden anterior de «calle en la iglesia» (v. 28). El apóstol no estaba sugiriendo una forma particular de hablar en lenguas que se llevaría a cabo en el hogar, sino le reiteraba la orden al orador, diciéndole que callara en la asamblea y orara en silencio a Dios.

Por lo tanto, el don de lenguas debía ser utilizado de una manera ordenada en la iglesia (cp. vv. 39–40). Cualquier uso perjudicial o desordenado violaba la manera en que Dios decretó que se usara el don. Obviamente, esos requisitos se dieron en un momento en que el don todavía estaba en funcionamiento. A pesar de que el mismo ha cesado hoy, los creyentes aún deben mantener el orden y la decencia en la forma en que utilizan los otros dones y llevan a cabo su adoración.

¿Deben ser los creyentes desanimados en cuanto a buscar este falso don?

El apóstol Pablo concluyó su discusión sobre el don de lenguas con estas palabras: «Así que, hermanos, procurad profetizar, y no impidáis el hablar lenguas; pero hágase todo decentemente y con orden» (1 Corintios 14.39–40). Debido a que todos los dones seguían activos cuando se escribió esta orden corporativa, los creyentes de Corinto no debían impedir el ejercicio legítimo y ordenado del don de lenguas. La naturaleza corporativa de la orden resulta importante. Este no era un mandato para que cada individuo dentro de la congregación corintia buscara el don de la profecía. Más bien, la iglesia en su conjunto debía priorizar la profecía sobre las lenguas, porque no requería traducción para edificar a otros.

Los carismáticos usan a veces el versículo 39 para insistir en que todo el que prohíbe la práctica de la glosolalia carismática de hoy está violando el mandamiento de Pablo. Sin embargo, la orden del apóstol no tiene nada que ver con el fraude moderno. En un momento en que el auténtico don de lenguas extranjeras todavía estaba en operación, por supuesto que los creyentes no iban a prohibir su uso. No obstante, hoy es responsabilidad de las iglesias detener la práctica de esta falsificación espiritual, ya que el hablar ininteligible no constituye el verdadero don, y disuadir a alguien de tal práctica no es una violación del mandamiento de Pablo en 1 Corintios 14.39. Muy por el contrario. La confusión vergonzosa y el palabrerío irracional de la glosolalia moderna es en realidad una violación del versículo 40, y los que están comprometidos con la decencia y el orden en la iglesia se ven obligados a suprimirlos.

Cuando todo se junta

Si tenemos en cuenta los pasajes bíblicos que describen el don de las lenguas (de Marcos, Hechos y 1 Corintios) comprobamos que en todos los sentidos la versión carismática moderna es un engaño.[36] El don genuino dotaba a una persona con la capacidad milagrosa de hablar en lenguas extranjeras desconocidas en aras de la proclamación de la Palabra de Dios y la autenticación del mensaje del evangelio. Cuando se utilizaba en la iglesia, el mensaje tenía que ser traducido para que otros creyentes pudieran ser edificados.

Por el contrario, la versión carismática moderna consiste no en un milagro, sino en galimatías sin sentido que no se pueden traducir. Se trata de un comportamiento aprendido que no corresponde a ninguna forma de lenguaje humano auténtico. En lugar de ser una herramienta para la edificación de la iglesia, los carismáticos contemporáneos utilizan tal fabricación como un «lenguaje de oración» privado con el propósito de la gratificación personal. A pesar de que justifican su práctica alegando que los hace sentir más cerca de Dios, no hay ninguna justificación bíblica para tal balbuceo ininteligible. Se trata de un éxtasis espiritual sin ningún valor santificador. El hecho de que la moderna glosolalia tiene similitudes con los ritos religiosos paganos debe servir como una seria advertencia de que los peligros espirituales pueden ser introducidos por medio de esta práctica no bíblica.

OCHO

FALSAS SANIDADES Y FALSAS ESPERANZAS

«Cuando el famoso teleevangelista Oral Roberts entró en la eternidad el 15 de diciembre de 2009, muchos en el mundo religioso presentaron cuantiosas esquelas floridas alabando al «predicador pionero del "evangelio de la prosperidad"»[1] por sus contribuciones dominantes al cristianismo estadounidense. Aunque no resultaba popular, mi opinión sobre la vida y el legado de Oral Roberts no podía haber sido más diferente. En un artículo publicado tan solo unos días después de su muerte, establecí tan claramente como pude: «La influencia de Oral Roberts no es algo que los cristianos que creemos en la Biblia deberíamos celebrar. Casi cada idea aberrante de los movimientos pentecostales y carismáticos generadas a partir de 1950 se puede remontar de una manera u otra a la influencia de Oral Roberts».[2]

Eso puede parecer duro. Sin embargo, no es tan fuerte como el Nuevo Testamento, donde los que pervierten la verdad se denuncian con el lenguaje más severo que pueda imaginarse. Oral Roberts no solo aceptó el falso evangelio de la salud y la riqueza, sino que lo promovió dentro de la corriente principal del cristianismo, utilizando la televisión para difundir su veneno doctrinal en las masas. En un sentido muy real, fue el primero de los sanadores fraudulentos en hacer uso de la televisión, allanando el camino para el desfile de estafadores espirituales que han venido después de él.[3]

En el libro *Oral Roberts: An American Life* [Oral Roberts: una vida estadounidense], el biógrafo David Edwin Harrell hijo describe cómo Roberts descubrió el evangelio de la prosperidad y de qué forma este se convirtió en la pieza central de su mensaje. Un día, Oral abrió al azar la Biblia y encontró 3 Juan 2: «Amado, yo deseo que tú seas prosperado en todas las cosas, y que tengas salud, así como prospera tu alma». Él se lo mostró a su esposa, Evelyn, y separando por completo el versículo de su contexto apropiado, la pareja «habló con entusiasmo sobre las implicaciones del mismo. ¿Significaba que podían tener un "automóvil nuevo", una "casa nueva", un "nuevo ministerio"? Años después, Evelyn recordaba esa mañana donde todo empezó: "En realidad creo que esa misma mañana fue el comienzo de este ministerio de alcance mundial que él ha tenido, ya que amplió su modo de pensar"».[4] Roberts testificó que un nuevo y flamante Buick, adquirido de forma inesperada poco después de esa experiencia, «se convirtió en un símbolo para mí de lo que un hombre podía hacer si confiaba en Dios».[5]

Después que fraguó su doctrina de la prosperidad, Oral Roberts inventó su obra más conocida y de mayor alcance: el mensaje de la semilla de fe. Roberts enseñó que dar la semilla de fe era el medio para alcanzar la prosperidad. El dinero y las cosas materiales donados a su organización eran como semillas sembradas que producirían una cosecha de bendiciones materiales de parte del Señor. Roberts declaró que Dios multiplicaría de forma milagrosa lo que fuera donado al ministerio de Roberts y le daría mucho más al donante. Era un plan sencillo, casi espiritual, para hacerse rico con rapidez, el cual atraía principalmente a los pobres, desfavorecidos y desesperados. Esto generó millones para el imperio de los medios de comunicación de Roberts.

Cuando los resultados se hicieron evidentes, el sistema fue rápidamente adoptado por un gran número de ministerios pentecostales y carismáticos orientados del mismo modo hacia los medios de comunicación. El principio de la semilla de fe es la principal fuente de ingresos que edificó y ha apoyado las vastas redes de teleevangelistas y predicadores, quienes a cambio del dinero de sus espectadores les hacen fervientes promesas de «milagros», de los cuales los más codiciados son siempre los que involucran la salud y las riquezas.

Trágicamente, el mensaje de la semilla de fe usurpó y luego reemplazó por completo cualquier contenido evangélico que pudo haber en la predicación de Oral Roberts. En todas las ocasiones que lo vi en la televisión, ni una sola vez lo oí predicar el evangelio. Su mensaje siempre era acerca de la semilla de fe. La razón de ello es obvia: el mensaje de la cruz —de un sacrificio expiatorio por los pecados mediante los sufrimientos de Jesucristo— no encaja con la idea de que Dios garantiza la salud, las riquezas y la prosperidad de las personas que envían dinero a los predicadores por televisión. Nuestra comunión en los sufrimientos de Cristo (Filipenses 3.10) y nuestro deber de seguir sus pisadas (1 Pedro 2.20–23) también son la antítesis de los principios básicos de la doctrina de la prosperidad. Como consideramos en el capítulo 2, el mensaje de la prosperidad es un evangelio diferente (cp. Gálatas 1.8–9).

Uno de los énfasis principales del ministerio de Roberts fue su concentración en los supuestos milagros de sanidad, un truco necesario para conseguir que las personas abrieran sus billeteras. Como el historiador pentecostal Vinson Synan declaró poco después de la muerte de Roberts: «Más que a cualquier otra persona, se le debería dar el mérito por ser el iniciador del movimiento carismático en la corriente principal cristiana. Él trajo la sanidad [divina] a la conciencia estadounidense».[6] A pesar de que evitó ser etiquetado como tal, Roberts alcanzó su mayor fama en la televisión en la década de los años cincuenta como un sanador por fe, e incluso afirmó haber levantado a varias personas de entre los muertos. ¿Eran estos «milagros» reales y verificables? Por supuesto que no. No obstante, él allanó el camino para todos los predicadores carismáticos, teleevangelistas, sanadores por fe, estafadores y charlatanes que dominan los medios de comunicación religiosos hoy.

En realidad, Roberts hizo más que nadie a comienzos del movimiento pentecostal para que la corriente principal del evangelicalismo aceptara estas ideas engañosas. Se valió de su ministerio televisivo, que como un vasto imperio ha dejado una profunda huella en la iglesia de todo el mundo. En muchos lugares hoy, incluso en algunas de las regiones con más analfabetismo y pobreza del mundo, el concepto de la semilla de fe de Oral Roberts en realidad es más conocido que la doctrina de la justificación por la fe. Es en el mensaje de la salud y las riquezas en lo que piensan ahora las multitudes cuando escuchan la palabra *evangelio*. Un sinnúmero de personas en todo el mundo considera el evangelio como un mensaje acerca de las riquezas materiales y la sanidad física, en lugar de anunciar las infinitamente mayores bendiciones del perdón del pecado y la bendición eterna de la unión espiritual del creyente con Cristo. Todas estas son razones para lamentar en vez de celebrar la fama y la influencia de Oral Roberts.

Oral Roberts no fue el primer evangelista sanador, le precedieron ministros pentecostales como John G. Lake, Smith Wigglesworth, Aimee Semple McPherson y A. A. Allen. Él tampoco fue el único sanador por fe de mediados del siglo veinte. Sus amigos Kenneth Hagin y Kathryn Kuhlman fueron contemporáneos de renombre. Sin embargo, nadie como Roberts hizo más para darle un lugar importante a la sanidad moderna, una hazaña que llevó a cabo por medio de la televisión. Él pasó de las emisiones en blanco y negro de las reuniones en carpas polvorientas durante la década de los cincuenta, a la sofisticada programación bien preparada, de alta calidad y a colores en un estudio de televisión de la década de los setenta en adelante.

El éxito extraordinario de Roberts en la televisión dio lugar a una serie de ministerios derivados e imitadores. Muchos sanadores por fe y recaudadores de fondos carismáticos establecieron sus oficinas centrales en la ciudad natal de Roberts: Tulsa, Oklahoma. Kenneth Hagin y T. L. Osborne construyeron grandes ministerios allí. La Universidad Oral Roberts en Tulsa, fundada en 1963, se convirtió en un caldo de cultivo para una nueva generación de teleevangelistas y sanadores por fe. Joel Osteen, Creflo Dollar, Ted Haggard, Kenneth Copeland, Carlton Pearson y Billy Joe Daugherty son antiguos alumnos de la ORU.

En resumen, quizá la mejor manera de medir el verdadero legado de Oral Roberts es mediante el examen de la continua influencia de los que han seguido sus pasos. En las páginas que siguen vamos a considerar a uno de tales individuos, un hombre que ha reemplazado esencialmente a Roberts como el más visible y exitoso de los sanadores por fe modernos.

Le presento a Benny Hinn

De todos los sórdidos sucesores de Oral Roberts, ninguna es más visto por todas partes que Toufik Benedictus (Benny) Hinn. Roberts puede haberse ido, pero su influencia todavía se puede ver a través de los ministerios de Hinn y los que lo imitan.[7] Él se considera a sí mismo un discípulo de Roberts. En un panegírico publicado poco después de la muerte de Oral Roberts, Benny Hinn reconoció su deuda con él y destacó su admiración por el teleevangelista fallecido: «Era un gigante en muchas maneras y tuve el privilegio de tenerlo como amigo muy querido por muchos años [...] A través de los años, a menudo he pensado en el modelo que él estableció para que muchos ministros y creyentes lo siguieran [...] Estoy agradecido por el sendero que él iluminó».[8]

Roberts y Hinn no eran solo amigos, sino aliados en el ministerio. En numerosas ocasiones aparecieron juntos en emisiones televisadas. Cuando *NBC Dateline* presentó una devastadora exposición sobre el ministerio de Hinn en el año 2002, Oral Roberts lo defendió públicamente.[9] Hinn, por su parte, sirvió durante años como regente de la Universidad Oral Roberts.[10] Tal vez resulte apropiado que Benny Hinn haya tomado el lugar de Oral Roberts como el más conocido de los sanadores por fe en todo el mundo.

De hecho, Benny Hinn puede argumentar de forma convincente que su fama ha superado la de Roberts, en función del número de emisiones televisivas que lleva a cabo y la enorme audiencia que atrae. El programa de televisión de Hinn, *This Is Your Day* [Este es tu día], está considerado uno de los programas de la televisión cristiana más populares en el mundo, llegando a más de veinte millones de personas en los Estados Unidos y a doscientos países alrededor del mundo.[11] La cubierta de los libros de Hinn lo promociona como «uno de los grandes evangelistas de sanidad de nuestro tiempo»,[12] y su página en la red informática se jacta de que sus «cruzadas han incluido audiencias de hasta 7,3 millones de personas (en tres servicios) en la India, el culto de sanidad más grande de la historia».[13] De acuerdo con Hinn, «se producen curaciones de todo tipo, y Dios se da poderosamente a conocer»[14] en sus cruzadas milagrosas mensuales, lo que explica su atractivo para las personas desesperadas y que están muriendo.

Casi todas las noches en las diferentes redes carismáticas (y en muchas estaciones seculares independientes), se puede ver a Benny Hinn llevando a las multitudes a un frenesí, «derribando en el espíritu» a las personas, y afirmando sanidades para todo tipo de enfermedades invisibles. Millones de espectadores creen que el manto de Oral Roberts ha caído sobre Benny Hinn, y están totalmente convencidos de que él tiene un extraordinario poder sanador y milagroso como su difunto mentor, quizá aun mayor.

Una mirada atenta a la realidad detrás de las producciones televisivas ostentosas revela un panorama diferente por completo.

¿Sanadores o herejes?

Al salir de la iglesia en el norte de Cleveland en una noche fresca de octubre, Rafael Martínez no pudo dejar de notar a una joven pareja que sacaba a su niño enfermo del santuario. «El cuerpo inerte estaba conectado a mangueras y respiradores, con los equipos de soporte de vida que colgaban del andador sonando y parpadeando». Los padres del niño lo habían traído a la iglesia para un culto de sanidad divina, con la esperanza y el ruego de que tuviera lugar un milagro. Nada menos que el famoso evangelista sanador Benny Hinn había dirigido la reunión esa noche. La atmósfera había estado electrizante; las emociones eran altas y las expectativas aun mayores. Sin embargo, varias horas más tarde todo había terminado y su hijo no había sido sanado. Ahora llegó el momento de irse a casa, junto con sus esperanzas hechas pedazos.

La escena desgarradora inundó la mente de Martínez con preguntas inquietantes. Al reflexionar sobre ese momento, escribió:

> Me pregunté si se cuestionaban por qué su hijo salía de la misma forma en que entró. ¿Quizá sus padres agonizaban pensando que tal vez tuvieron una fe deficiente e incompleta? ¿Puede que se preguntaran de qué pecado eran culpables? ¿Qué maldición generacional tenía que ser rota con la semilla de fe? Cuando Hinn les dijo que le creyeran a Dios para que ocurriera el milagro, ¿por qué Dios no se movió en ese lugar y tomó a ese hermoso niño en sus grandes manos marcadas por los clavos, reanimó su cuerpecito y tuvo piedad de él ante el incierto futuro que tendría que enfrentar? No podía apartar mis ojos de ellos y no me he olvidado de la intensidad y el quebranto de ese momento.[15]

Los desesperados padres de ese niño no eran las únicas víctimas de la falsa esperanza de esa noche. Martínez observó a otros: un hombre mayor con un aparato ortopédico que se alejaba de la escena en lugar de ser sanado; una mujer enferma de Atlanta que había viajado a Cleveland sin pasaje de regreso a casa, solo para marcharse sin cambio alguno. Al mirar en torno al final del culto, Martínez vio que «había decenas de estas personas aún dispersas por todo el santuario, sentadas tranquilamente en sus sillas de ruedas o apoyadas en sus bastones, muletas y soportes». Él expresó la pregunta obvia: «¿Cómo puede alguien con un corazón cristiano de pastor no dolerle la clase de crisis espiritual lacerante, desorientadora y llena de confusión en que han sido sumidas estas personas heridas?».[16]

Por supuesto, historias similares pudieran contarse de cada evento de sanidad de Benny Hinn. William Lobdell, reportero de temas religiosos del periódico *Los Angeles Times*, informó después de cubrir una de las cruzadas de Hinn en Anaheim, California: «El verdadero drama ocurrió después que el pastor abandonó el escenario y la música se detuvo. Las personas con enfermedades terminales estaban tan enfermas como antes. Había gente con la enfermedad de Parkinson cuyas extremidades seguían torcidas y temblorosas. Había tetrapléjicos que no podían mover ni un solo músculo por debajo del cuello. Estas personas, cientos o tal vez miles de ellas en cada cruzada, permanecían sentadas, aturdidas y aplastadas al ver que Dios no las había sanado».[17] Basándose en lo que observó, Lobdell sabiamente dedujo que «la simple lógica de las operaciones de Hinn son crear falsas esperanzas y sacar dinero».[18]

Como un autoproclamado sanador por fe, Hinn afirma que está siguiendo el modelo de Cristo y los apóstoles. Por ejemplo, él defiende su enfoque de la sanidad en público destacando las ocasiones en que Jesús solo habló sanidad a la gente en lugar de poner sus manos sobre los individuos.[19] En relación con los apóstoles, Hinn dice: «Yo sabía que el Señor me había dicho que orara por los enfermos como parte de la predicación del evangelio, tal como *él les dijo a los discípulos* en Marcos 16.18: "Sobre los enfermos pondrán sus manos, y sanarán"».[20] Insistiendo en que «la sanidad no es solo para el pasado, sino también para el presente»,[21] Hinn afirma ser «el canal [el Espíritu Santo] ungido y útil para traer la presencia y el poder sanador de Dios a los que sufren y tienen hambre espiritual».[22]

Sin embargo, tales afirmaciones no son más que fanfarronerías, motivadas por las llamas de la arrogancia y el engaño absoluto. Hinn puede poseer «dones» para el espectáculo, el histrionismo, la manipulación de las multitudes, el engaño hábil e incluso la hipnosis masiva. No obstante, una cosa que sin duda no posee es el don de sanidades del Nuevo Testamento. En el mejor de los casos, las supuestas sanidades de Hinn son el resultado de un efecto placebo eufórico, por medio del cual el cuerpo responde temporalmente a una jugarreta de la mente y las emociones. En el peor de los casos, las sanidades de Hinn consisten en simples mentiras y falsificaciones demoníacas. En cualquiera de los casos, una simple comparación entre el don bíblico y el elaborado espectáculo de Benny Hinn expone por fin lo que es en realidad: una estafa.

Benny Hinn frente a la Biblia

Tal vez ningún otro lugar en las Escrituras acusa más la búsqueda carismática moderna de señales y maravillas que la reprimenda de nuestro Señor a los fariseos en Mateo 16.4: «La generación mala y adúltera demanda señal». A pesar de que las multitudes seguían a Jesús con el deseo de presenciar un milagro o una experiencia de sanidad, el Señor «no se fiaba de ellos, porque conocía a todos» (Juan 2.24). Jesús sabía que hay un falso tipo de fe, el cual es poco más que una curiosidad superficial por lo sobrenatural, no un verdadero amor por el Salvador.

El movimiento carismático moderno se caracteriza por la misma clase de fe superficial. Sin embargo, es mucho peor. En los días de Jesús y los apóstoles, se estaban realizando verdaderos milagros. En nuestros días, por el contrario, los líderes carismáticos afirman tener el mismo poder sobrenatural, pero nada verdaderamente milagroso está ocurriendo a través de ellos. Los llamados ministros de la sanidad por fe y los teleevangelistas de hoy no son más que una fachada. Los sanadores como Benny Hinn son estafadores obvios, que se enriquecen a costa de los incautos y desesperados.

¿Por qué dedicar un capítulo entero a Benny Hinn si ya ha sido desacreditado públicamente y en repetidas ocasiones? La respuesta es doble. En primer lugar, a pesar de sus muchas bufonadas, errores y escándalos, Hinn sigue siendo un teleevangelista carismático popular y la cara más conocida de la sanidad por fe. Su «ministerio» continúa afectando a cientos de millones de personas en todo el mundo, mientras que simultáneamente recauda cientos de millones de dólares. En segundo lugar, la insistencia de Hinn en la continuidad de la sanidad milagrosa hoy ilustra de manera acertada los devastadores extremos a los que lógicamente conlleva la posición carismática en cuanto a la sanidad. Sanadores como Hinn afirman ser capaces de repetir las sanidades de la era apostólica. En realidad, sus artimañas no tienen ninguna de las características del verdadero don de sanidad del Nuevo Testamento. En el resto de este capítulo consideraremos seis marcados contrastes entre las sanidades que aparecen en las Escrituras y las de los falsos sanadores modernos.

La sanidad en el Nuevo Testamento no dependía de la fe de quien la recibía

Los sanadores carismáticos como Benny Hinn culpan fácilmente de sus incontables fracasos a la falta de fe... aunque, por supuesto, no se trata de su propia fe, sino de la de aquellos que no se sanaron. Como resultado, «muchas personas creen, como predica Hinn, que Dios no las sana porque la fe de ellas no es lo bastante fuerte. Tal vez no le dieron suficiente dinero al ministerio de Hinn. O tal vez simplemente no *creían* lo suficiente».[23] Por lo tanto, aunque Hinn obtiene todo el mérito por los supuestos éxitos, no recibe ninguna culpa por sus incontables fracasos.

Culpar a las personas enfermas por no haberse sanado podría proporcionarle una buena excusa al «sanador», pero no tiene apoyo bíblico. Una mirada rápida a los ministerios de sanidad de Cristo y los apóstoles acertadamente aclara esto. Una y otra vez, las personas fueron sanadas sin ningún tipo de expresión de fe personal. Consideremos solo algunos ejemplos.

En Lucas 17.11–19, solo uno de los diez leprosos expresó que tenía fe, pero todos quedaron limpios. Los endemoniados de Mateo 8.28–29 y Marcos 1.23–26 no expresaron su fe antes de ser liberados, el paralítico junto al estanque de Betesda ni siquiera sabía quién era Jesús hasta después de ser curado (Juan 5.13), y el hombre ciego de Juan 9 fue sanado de forma similar sin conocer la identidad de Jesús (Juan 9.36). En varias ocasiones Jesús resucitó a muertos, como la hija de Jairo y Lázaro; pero obviamente, los muertos no son capaces de hacer ningún tipo de «confesión positiva» y mucho menos de responder con alguna muestra de fe. Nuestro Señor también sanó a multitudes de personas a pesar del hecho de que no todos creyeron (cp. Mateo 9.35; 11.2–5; 12.15–21; 14.13–14, 34–36; 15.29–31; 19.2).

Del mismo modo, los ministerios de sanidad de los apóstoles no requerían la fe de los enfermos con el fin de ser eficaces. Pedro sanó a un cojo sin necesidad de la fe del hombre (Hechos 3.6–8). Posteriormente, revivió a una mujer llamada Tabita después que ella había muerto (Hechos 9.36–43). Asimismo, Pablo liberó a una esclava no creyente de la posesión demoníaca (Hechos 16.18), y más tarde resucitó a Eutico después de caerse y morirse (Hechos 20.7–12). Una profesión de fe no fue un requisito previo para ninguno de esos milagros de sanidad.

Tal no es el caso de Hinn y su camarilla, que siempre le achacan la responsabilidad a la fe de la persona que busca ayuda. Según Hinn: «La fe es vital para tu milagro. La sanidad se recibe por fe y se mantiene por fe».[24] Y repite: «Se necesita fe agresiva [...] para alcanzar la salvación de esa enfermedad».[25] Y otra vez: «No se puede recibir sanidad a menos que tu corazón esté bien con Dios [...] La sanidad se logra fácilmente cuando tu caminar con Dios es recto».[26] En otra parte escribió:

> A menudo en nuestras cruzadas les diré a las personas que se toquen la parte de su cuerpo que desean que Dios les sane. Las animaré a que comiencen a mover sus brazos afectados o a doblar sus piernas aquejadas. Estas acciones no logran nada por sí mismas, pero sí demuestran que la persona tiene fe en el poder sanador de Dios. Y en las Escrituras aparecen una y otra vez que cuando el Señor Jesús sanó a los enfermos les pidió que *hicieran* algo *antes* de que ocurriera el milagro.[27]

Esta idea de que las propias personas tienen la culpa cuando no se sanan es un corolario de las enseñanzas de Hinn de que *siempre* es la voluntad de Dios que haya sanidad. En su opinión, cualquier oración por sanidad que incluya la frase «si es tu voluntad» es una expresión de una fe insuficiente. Como Hinn afirma: «Nunca, nunca, nunca vaya al Señor y le diga: "Si es tu voluntad". No permita que esas palabras que destruyen la fe salgan de su boca. Cuando usted ora "si es tu voluntad, Señor", la fe se destruye».[28]

La implicación es obvia y devastadora: si la voluntad de Dios es que siempre haya sanidad, entonces los enfermos y desvalidos tienen la culpa de sus propias aflicciones. No deben tener suficiente fe para ser sanados. Cuando se trata directamente esta cuestión, Hinn siempre intenta alejar (o rechazar) las consecuencias inmisericordes de su propia enseñanza. No obstante, como Justin Peters observa acertadamente:

> Si se sigue la lógica de Hinn, como hacen muchos millones de sus seguidores, entonces si se está enfermo la sanidad de esa persona depende de su propia fe. Si la sanidad no llega, la persona se queda con la conclusión inevitable de que la culpa es suya. Su caminar con Dios no es lo bastante puro, su fe no es lo bastante fuerte. Aunque Hinn dice que «no va a hacer declaraciones fuertes que pongan la culpa en las personas y las dejen pensando que ellas son las culpables si no se curan», esto es exactamente lo que está haciendo.[29]

A pesar de que muchas veces Jesús respondió a la fe de la gente durante su ministerio, el éxito de su poder sanador no dependía ciertamente del nivel de fe de ellos. La frase: «Tu fe te ha sanado» (cp. Mateo 9.22; Marcos 5.34; 10.52; Lucas 7.50; 8.48; 18.42) se traduce mejor: «Tu fe te ha salvado». La preocupación del Señor acerca de la fe se relacionaba con la salvación de las almas, no con la mera reparación de los cuerpos físicos. Sin embargo, este énfasis en el verdadero evangelio se pierde entre los sanadores fraudulentos como Benny Hinn. Tal como Rafael Martínez informó acerca de su propia experiencia en la reunión de sanidad de Hinn:

> Aunque no hubo llamado al altar para salvación, sin duda hubo una serie de llamados a ofrendar [...] En la exhortación, Hinn inexplicablemente mencionó que acababa de firmar un contrato de veintitrés millones de dólares para comprar y usar un

avión privado a fin de transportarlo [...] Esta, según dijo, era una de las grandes cosas que Dios previó como parte del tiempo final de «transferencia de riquezas» para ayudar a financiar la «cosecha», y que debemos estar preparados para probarnos a nosotros mismos por lo que damos de modo que Dios nos pueda dar la riqueza del mundo para predicar el evangelio.[30]

Hinn puede hablar de alcanzar al mundo, pero no está en realidad interesado en predicar el verdadero evangelio. El «evangelio» que proclama se basa en el mantra materialista del evangelio de la prosperidad, un mensaje de salud y riquezas que Hinn heredó de Oral Roberts y otros como él. No tiene ninguna base en las Escrituras, sino que le ha traído a Hinn una riqueza considerable, lo que nos lleva a nuestro segundo punto de contraste.

Las sanidades del Nuevo Testamento no se realizaron por dinero o fama

El Señor Jesús no sanó a nadie para obtener beneficios materiales. Tampoco lo hicieron los apóstoles. De hecho, la única vez que se le ofreció dinero a cambio del poder sanador, Pedro reprendió a Simón el Mago con una fuerte represión: «Tu dinero perezca contigo, porque has pensado que el don de Dios se obtiene con dinero» (Hechos 8.20).

Cristo y los apóstoles enfocaron sus ministerios de sanidad en los miembros más pobres y desfavorecidos de la sociedad, personas que no tenían medios para pagarles. Los mendigos ciegos (Mateo 9.27–31; 20.29–34; 21.14; Marcos 8.22–26), los leprosos marginados (Mateo 8.2–3; Lucas 17.11–21) y los pobres lisiados (Mateo 9.1–8; 21.14; Juan 5.1–9; Hechos 3.1–10; 14.8–18) eran algunos de los miembros más bajos de la sociedad, que vinculaba la enfermedad con el pecado (cp. Juan 9.2–3). Sin embargo, fueron los mismos a los que Jesús y sus discípulos les mostraron compasión. Y nunca pidieron dinero a cambio. La compulsión detrás de los milagros de sanidad en el Nuevo Testamento claramente no era económica. Todo lo contrario. Los así llamados ministros que estaban motivados por el amor al dinero fueron denunciados como falsos maestros (1 Timoteo 6.5, 9–10). Jesús dijo: «No podéis servir a Dios y a las riquezas» (Mateo 6.24).

Nuestro Señor también evitó la publicidad superficial y la curiosidad que resultaba de sus milagros. A menudo les ordenó a los que curaba que no le dijeran a nadie lo que había sucedido (cp. Mateo 8.4; 9.30; Marcos 5.43).

Cuando las multitudes querían hacerlo rey, no porque realmente creían en él, sino porque deseaban más milagros, Jesús se escabulló hacia el otro lado del Mar de Galilea (Juan 6.15). En Lucas 10.20, les instruyó a sus discípulos que se regocijaran en su salvación eterna y no en la capacidad de realizar milagros. Aunque las multitudes acudían a Jesús durante su ministerio, el Señor nunca estuvo interesado en ser popular. En definitiva, a pesar de los milagros que realizó, una multitud pediría después que fuera crucificado.

El ministerio de sanidad de Benny Hinn, por el contrario, le ha brindado una gran popularidad y prosperidad personal. Como él mismo dijo en su autobiografía: «¿Cómo puedo criticar a la prensa cuando ha atraído a cientos de miles de personas a nuestras cruzadas para escuchar la Palabra?».[31]

¿«Para escuchar la Palabra»? Esa afirmación es algo típico de la ficción de Benny Hinn. Las multitudes en sus eventos claramente no vienen a escuchar la Palabra ni él predica fielmente la Palabra de Dios sin adulterarla. Como Hinn mismo reconoce: «La mayoría de la gente sabe que los que les rodean han venido esperando. Ellos esperan milagros».[32] Por otra parte, añade: «Las personas no solo viene a oírle a uno predicar, quieren ver algo».[33]

Armado con el mismo mensaje de la semilla de fe como Oral Roberts, Hinn es más que feliz solo convirtiendo a los buscadores de milagros en donantes del ministerio. Como le dijo a la audiencia en un *Praise-a-Thon* de TBN en el año 2000: «Yo creo que Dios está sanando a las personas mientras ellas están haciendo el compromiso de dar dinero esta noche. Hay gente que se ha curado mientras hacía una promesa de dar».[34] El mensaje de Hinn en otro *Praise-a-Thon* se fue igualmente más allá del límite: «Haga un compromiso, haga una donación. Porque esa es la única manera en que usted va a obtener su milagro [...] Al dar su dinero, el milagro comenzará».[35] Tales apelaciones están basadas en el absurdo materialista de dar para recibir de la teología de la semilla de fe, como Hinn explicó en una de sus audiencias televisivas:

> En sus peticiones de oración, sea específico y luego envíe un donativo. He aquí el porqué: la Palabra de Dios dice «da» [...] La Palabra dice que uno siembra y entonces cosechará. No se puede esperar una cosecha hasta que usted siembra una semilla [de dinero] [...] Así que envíe esa semilla hoy. Sea cual sea la cantidad, y lo que realmente depende de su necesidad [...] Alguien vino a mí en la iglesia hace poco y me dijo: «Pastor, ¿cuánto debo darle a Dios?». Le dije: «Bueno, ¿qué tipo de cosecha es la que busca?».[36]

El plan de publicidad es cualquier cosa menos que sutil. Si quiere ser sanado, envíe su dinero. Y si no consigue sanarse es porque no envió suficiente. Al igual que los malvados líderes religiosos condenados en Lucas 20, Benny Hinn devora las «casas de las viudas» como pregonero de una falsa esperanza a cambio de dinero, y como la viuda pobre de Lucas 21, muchos responden enviándole sus últimas dos blancas.

Aunque Benny Hinn niega que sus motivos sean el dinero,[37] su estilo de vida revela el verdadero alcance de su avaricia y codicia. Hace unos años, se encontró en el vórtice de un escándalo cuando salió a la luz que llevó a un gran grupo del personal y guardaespaldas en un viaje a Europa con él en el Concorde, todo a expensas de los donantes. Los boletos de primera clase en el Concorde costaron ocho mil ochocientos cincuenta dólares cada uno, y durante esa gira de Hinn y su grupo por Europa se alojaron en hoteles de cinco estrellas, a un costo de más de dos mil dólares por noche cada habitación. CNN contó esta historia, complementada con un vídeo de Hinn y su séquito en el momento que abordaban el Concorde.[38] Un breve escándalo sobrevino, enfocando temporalmente la mira de la crítica en las grotescas extravagancias de Hinn.

No mucho ha cambiado desde entonces: «Según se dice, Hinn gana más de un millón de dólares al año, vive en una mansión frente al mar, maneja los últimos autos de lujo y viaja en su avión privado, el Concorde ya no es más una opción»,[39] todo mientras a la vez luce accesorios llamativos como un «Rolex con diamantes, anillos de diamantes, pulseras de oro y trajes personalizados para que todos lo vean».[40] Tal vida ostentosa puede encajar en el paradigma del evangelio de la prosperidad, en el que las riquezas materiales son mostradas con arrogancia como supuesta señal de la bendición de Dios. Sin embargo, el contraste con el estilo de ministerio del Nuevo Testamento no pudiera ser más marcado. Las planeadas sanidades de Hinn producen un estimado de cien millones de dólares anuales,[41] vaciando los bolsillos de las personas desesperadas dispuestas a dar cualquier cosa por un milagro.

Las sanidades del Nuevo Testamento fueron un rotundo éxito

Los milagros de sanidad de Jesús nunca fallaron. Tampoco los que realizaron los apóstoles en el libro de Hechos. En Mateo 14.36 se afirma que todos los que tocaron el borde del manto de Cristo «quedaron sanos». Cuando los leprosos fueron sanados, su recuperación fue total, de tal manera que podrían pasar la inspección minuciosa del sacerdote (cp. Levítico 14.3, 4, 10). Los ciegos recibieron una visión de 20/20, los cojos podían correr y saltar, los sordos escuchaban caer un alfiler y los muertos eran restaurados a la plena salud. Ningún milagro del Nuevo Testamento dejó de ser, en última instancia, todo un éxito.

Algunos pudieran contrarrestar esto señalando la incapacidad de los discípulos para echar fuera un demonio en Mateo 17.20, o la decisión del Señor de sanar a un ciego en dos etapas en Marcos 8.22–26. Sin embargo, las excepciones solo confirman la regla, ya que en ambas ocasiones la curación completa se logró en última instancia. En el caso de los discípulos, es importante señalar que el problema fue debido a la falta de fe de ellos (no del muchacho enfermo). Si los sanadores modernos quisieran encontrar un paralelo en este incidente, tendrían que reconocer que el problema es *su propia falta de fe.*

En el caso del ciego, Jesús lo sanó en dos etapas para destacar un aspecto espiritual, acentuando la miopía espiritual de los discípulos (cp. Marcos 8.21). Al final, el Señor restauró totalmente la vista del hombre. Así que en cada ocasión, tanto en los evangelios como en Hechos, Cristo y los apóstoles tuvieron una tasa de éxito del ciento por ciento. Como Thomas Edgar señala con razón: «No hubo fracasos. Cada intento por sanar tuvo éxito».[42]

Obviamente, ningún ministerio de sanidad moderna ni se acerca a esta norma bíblica. La trayectoria irregular de Benny Hinn proporciona un ejemplo de ello. Como informó *ABC Nightline* en el 2009: «Hinn admite que no tiene verificación médica de ninguna de las sanidades. De hecho, algunas de sus supuestas curaciones han resultado no ser verdaderas».[43] El informe de *Nightline* continúa: «En una cruzada de Hinn en el 2001, William Vandenkolk, un niño de nueve años de edad con la visión dañada, afirmó que su vista había sido restaurada. Vandenkolk tiene ahora diecisiete años de edad y todavía es legalmente ciego».[44]

Frente a los hechos, Hinn se vio obligado a admitir: «Yo no sé por qué una persona no es tocada y sanada».[45] Él dice que a veces ha puesto sus manos sobre personas «y no sucedió nada».[46] Los informes noticiosos hablan de cuatro pacientes gravemente enfermos a los que se les permitió salir de un hospital de Kenia para asistir a una de las cruzadas de milagros de Hinn con la esperanza de ser curados. En vez de sanarse, los cuatro murieron en la cruzada.[47] Tales realidades contradicen los reclamos que Hinn ha escrito.

En su libro *Rise and Be Healed* [Levántate y sé sanado], Hinn dijo sobre Dios: «Él promete sanar a todos, a cada uno, a cualquiera, sin importar quién sea, de cualquier tipo de enfermedad. Esto significa hasta un dolor de cabeza, sinusitis, un dolor de muelas. Ninguna enfermedad debería atravesarse en tu camino. Dios sana todas tus dolencias».[48] No obstante, ni siquiera Hinn cree eso en realidad. Un artículo en el diario *Los Angeles Times* hizo esta observación conmovedora sobre el propio fracaso de Hinn al luchar a brazo partido con las razones de por qué la sanidad es a menudo difícil de alcanzar:

A pesar de que rara vez lo menciona en el escenario, al día siguiente en el hotel *Four Seasons*, Hinn dijo que se pregunta por qué Dios no sana a algunas personas. Esta es una cuestión con la que el pastor ha tenido que luchar personalmente. Reconoce que él tiene una enfermedad del corazón que Dios no le ha curado, y sus padres han sufrido graves problemas de salud. «Esto es algo muy difícil para mí, porque le dije a mi padre que creyera», dijo Hinn. «Sin embargo, murió. Yo no sé por qué».

Asentir que algunas personas no se sanan es relativamente nuevo para él. «Hubo un tiempo en mi vida en que nunca habría dicho esas cosas», admite Hinn. «Pero tienes que hacerlo, quiero decir, por bondad. Mi madre tiene diabetes, mi padre murió de cáncer. Así es la vida».[49]

A pesar de que a regañadientes reconoce que algunas de sus curaciones han fracasado, Hinn *aún* insiste en que no es un estafador en busca de dinero: «Si yo fuera un farsante, sin duda les devolvería su dinero».[50] ¿En serio? Así que la prueba de que no es un mentiroso y un charlatán es que él sigue estafando a las personas necesitadas y crédulas, aunque inexcusablemente continúa llevando un estilo de vida derrochador con el dinero que ha tomado de ellos. Tal es la lógica de Benny Hinn.

En el 2002, de manera similar le dijo a una audiencia televisiva: «Ahora, mírame directo a los ojos. Mírame de cerca y observa estos ojos. Nunca he mentido. Nunca. Nunca lo haré. Prefiero morir que mentirle al pueblo de Dios. Esa es la verdad».[51] En realidad, eso era cualquier cosa menos la verdad. Eran los vigorosos intentos de Hinn por defender sus motivos para evitar un examen más detallado. Después de tener una entrevista con Hinn, William Lobdell de *Los Angeles Times* concluyó:

Hinn dice que si no fuera por el llamado divino, se alejaría de su trabajo en un instante. No podía mirar en el alma de Hinn, pero desde donde yo estaba sentado, veía a un talentoso actor que aprovechaba sus habilidades teatrales y los sentimientos por la condición humana para llevar la vida material de una estrella de cine. No pienso que por un momento él haya creído una palabra de lo que predica, o que le molestara que las personas que no recibieron su sanidad milagrosa hubieran muerto. Me lo imaginaba detrás de las puertas de su mansión en lo alto del acantilado Dana Point, riéndose consigo mismo de su buena fortuna al mirar por las ventanas amplísimas hacia el Pacífico, con los surfistas flotando entre las olas, los delfines nadando justo más allá de la línea de surf y los veleros que adornaban el horizonte. Se había ganado la lotería, con sus acciones protegidas por la ley de la Primera Enmienda.[52]

Las sanidades del Nuevo Testamento eran innegables

A diferencia de las supuestas sanidades de Benny Hinn, para las que no hay verificación autorizada, las sanidades milagrosas que Cristo y los apóstoles realizaron no pudieron dejarse de tener en cuenta, incluso por parte de los que eran abiertamente hostiles al evangelio. Cuando Jesús echó fuera demonios, los fariseos no pudieron negar su poder sobrenatural. Así que intentaron desacreditarlo al afirmar que estaba facultado por Satanás (cp. Mateo 12.24). Más tarde, cuando el Señor resucitó a Lázaro, los líderes religiosos de Israel fueron de nuevo incapaces de negar lo que había sucedido (Juan 11.47–48). Sin embargo, en vez de creer, decidieron darle muerte. En el libro de Hechos, esos mismos líderes no pudieron refutar el hecho de que Pedro había sanado a un cojo (Hechos 4.16–17). Tampoco los propietarios paganos de una esclava endemoniada pudieron dejar de notar la autoridad de Pablo para echar fuera al demonio que la atormentaba (Hechos 16.19).

Además del testimonio de los incrédulos, los escritores de los evangelios y Hechos tuvieron especial cuidado en registrar sus historias con precisión (cp. Lucas 1.1–4). El hecho de que Lucas era doctor (Colosenses 4.14) le añade credibilidad al mérito médico de los informes de milagros del Nuevo Testamento. Por supuesto, todos los escritores de los evangelios fueron inspirados por el Espíritu Santo (2 Timoteo 3.16–17), quien les permitió recordar con precisión los detalles que incluyeron en sus diferentes narraciones (cp. Juan 14.26). Como resultado, podemos confiar en el relato bíblico con absoluta certeza.

Las cruzadas de sanidad de Benny Hinn son un asunto completamente distinto. Aunque Hinn insiste en que «se han producido cientos de sanidades comprobadas y miles de conversiones», es claro que esto es una mentira. A pesar de que él cuenta con regularidad acerca de «las personas levantándose de las sillas de ruedas y dejando las muletas [...] los ojos ciegos y oídos sordos verificados [que] se han abierto»,[53] la evidencia que apoya estas afirmaciones simplemente no existen. Mike Thomas investigó las cruzadas milagrosas de Hinn y escribió:

> A pesar de los pretendidos miles de milagros de Hinn, la iglesia parece estar en apuros para llegar a convencer a un escéptico serio. Si Dios sana a través de Hinn, no cura enfermedades como la parálisis permanente, el daño cerebral, el retraso mental, las malformaciones físicas, la falta de visión u otras enfermedades obvias.[54]

A pesar de que ha llevado a cabo cientos de cruzadas en los últimos años, las supuestas curaciones de Hinn aún carecen de verificación. Cuando Hinn le proporcionó al Christian Research Institute sus tres casos mejor documentados, los resultados fueron totalmente impresionantes. «Los tres casos están mal documentados y son confusos», escribió Hank Hanegraaff del CRI. «Si esta es la mejor evidencia que Hinn puede reunir después de años de "cruzadas de milagros", con un personal que trabaja en cada reunión para documentar los casos de sanidad, entonces no hay evidencia creíble de que él ha estado involucrado en una sanidad de buena fe».[55]

Aunque la lista de afirmaciones fantásticas e historias curativas increíbles sigue creciendo a un ritmo frenético, cualquier evidencia real de milagros genuinos brilla por su ausencia. Un documental de HBO del año 2001, titulado *A Question of Miracles* [Un asunto de milagros], siguió la vida de siete personas durante un año después de que supuestamente se habían curado en una cruzada de Benny Hinn. Al final de ese período de tiempo, Anthony Thomas, el director de la película, llegó a la conclusión de que nadie había sido sanado en realidad.[56]

En una entrevista con el *New York Times*, Thomas ofreció esta fuerte evaluación: «Si hubiera visto milagros [en las cruzadas de Hinn], habría estado feliz de darlos a conocer [...] pero al mirar en retrospectiva, creo que le hacen más daño al cristianismo que a los ateos más comprometidos».[57]

Las sanidades del Nuevo Testamento eran inmediatas y espontáneas

Cuando Jesús y sus discípulos curaban a alguien, los enfermos quedaban sanos de inmediato. No había período de recuperación: no era necesaria la fisioterapia ni se precisaba un tiempo de convalecencia. Los leprosos fueron limpiados inmediatamente (Marcos 1.42), a los ciegos se les concedió al instante la vista (Marcos 10.52), y las personas que habían estado paralizadas un momento antes podían saltar de alegría al siguiente (Hechos 3.8). Algunos podrían argumentar que ciertas curaciones tardías se produjeron en Marcos 8.22–26 (donde un ciego fue sanado en dos etapas), en Lucas 17.11–19 (donde diez leprosos fueron limpiados mientras iban a ver al sacerdote) y en Juan 9.1–7 (donde un ciego fue sanado después de lavarse en el estanque de Siloé). No obstante, en estos incidentes hubo retrasos de solo minutos, no de semanas o días, y las demoras eran parte deliberada de la forma en que Jesús tenía la intención de lograr el milagro de la sanidad. Ellos son, de nuevo, excepciones que confirman la regla: las sanidades milagrosas registradas en el Nuevo Testamento sucedieron inmediatamente.

Por el contrario, Benny Hinn exalta a «una señora que fue a las reuniones de Katherine Kuhlman once veces antes de que fuera sanada. ¡Once veces!».[58] Todo esto encaja con la teología de la Palabra de Fe de Hinn. Como D. R. McConnell explica:

> En el movimiento de fe al creyente se le instruye que la sanidad es un «hecho de fe» consumado, pero que no se manifiesta instantáneamente como un hecho físico en el cuerpo de la persona. Durante el interludio entre la confesión de la sanidad y su manifestación, el creyente pudiera manifestar «síntomas» de la enfermedad. Estos síntomas no son la misma enfermedad [sino] señuelos espirituales con los que Satanás está tratando de engañar al creyente para que haga una confesión negativa, perdiendo con ella su sanidad.[59]

Así que, incluso si parece que usted todavía está enfermo, realmente ha sido curado. Solo tiene que esperar a que su cuerpo se ponga a tono con la realidad. Es por esto que Hinn puede decirles a sus seguidores: «Después de haber recibido su milagro, apártese de los que se oponen a los milagros [...] Continúe viéndose a sí mismo como bien y completamente sanado en el nombre de Jesús».[60] Tal afirmación ridícula nunca se habría dicho en las curaciones bíblicas. Los resultados inmediatos fueron siempre evidentes para todo el mundo.

Además, las sanidades registradas en el Nuevo Testamento fueron espontáneas. No se arreglaron de antemano, sino que se llevaron a cabo durante el curso normal de la vida. En Mateo 8.14–15, el Señor simplemente llegó a la casa de Pedro y encontró a la suegra de este enferma, así que la sanó. Mateo 9.20 registra la sanidad de una mujer que en secreto tocó el borde del manto de Jesús mientras él estaba caminando. Pedro y Juan iban normalmente camino al templo cuando les interrumpió un mendigo cojo (Hechos 3.6–7). Podrían citarse muchos otros ejemplos para establecer el mismo punto: las sanidades del Nuevo Testamento no fueron cuidadosamente orquestadas y programadas con anticipación para que ocurrieran en los estadios y las salas de reuniones. Las sanidades de Jesús nunca fueron «teatrales» o hechas con la esperanza de crear un espectáculo capaz de proporcionar un mayor número de donantes.

Por el contrario, Benny Hinn ha hecho de las reuniones preestablecidas de milagros el sustento económico de su ministerio. Los cultos siguen un horario preestablecido y tienen una coreografía preparada con todo cuidado. Como Richard Fisher explica: «No solo se edita lo que el público ve en la televisión, sino que se escenifica con meticulosidad lo que el público ve en vivo. Los que están terriblemente deformados, los niños con síndrome de Down, amputados y similares se mantienen fuera del escenario y de la vista de las cámaras de televisión».[61] En un documental investigativo del 2004 que difundió el Canadian Broadcasting Channel se usaron cámaras ocultas para demostrar que a las personas con graves condiciones médicas, como los tetrapléjicos, los discapacitados mentales y las personas con dolencias físicas obvias, no se les permitía salir al escenario, sino que eran enviadas de vuelta a sus asientos por un equipo de vigilantes evaluadores.[62] Ese tipo de selectividad cuidadosa no sería necesaria si realmente Hinn tuviera el don de sanidad.

Por supuesto, si Benny Hinn pudiera en realidad hacer lo que dice que hace, podría vaciar los hospitales y contener las enfermedades en los países del Tercer Mundo. Al igual que Jesús, sería capaz de desterrar la enfermedad y el sufrimiento en todas las regiones que ha visitado. Sin embargo, debido a que no posee el verdadero don, Hinn requiere que las personas vengan a él: a un lugar donde puede manipular a la audiencia y controlar todos los detalles. Esto ofrece, obviamente, un marcado contraste ante el paradigma del Nuevo Testamento. Como Robert Bowman señala de manera acertada: «Programar que el Espíritu Santo venga a mi iglesia los jueves a las siete de la noche para realizar sanidades es algo ajeno a la Biblia».[63]

Las sanidades del Nuevo Testamento autenticaron un verdadero mensaje

Una última característica de las sanidades del Nuevo Testamento es que sirvieron como señal para autenticar el mensaje del evangelio que Cristo y los apóstoles predicaron. Como Pedro explicó en el día de Pentecostés, el Señor Jesús fue «varón aprobado por Dios entre vosotros con las maravillas, prodigios y señales» (Hechos 2.22). Cristo mismo les dijo a los escépticos fariseos: «Mas si las hago, aunque no me creáis a mí, creed a las obras, para que conozcáis y creáis que el Padre está en mí, y yo en el Padre» (Juan 10.38). Y el apóstol Juan explicó el propósito de su evangelio con estas palabras: «Hizo además Jesús muchas otras señales en presencia de sus discípulos, las cuales no están escritas en este libro. Pero éstas se han escrito para que creáis que Jesús es el Cristo, el Hijo de Dios, y para que creyendo, tengáis vida en su nombre» (Juan 20.30–31).

Los apóstoles, como embajadores de Cristo, se acreditaron de manera similar por las señales que hicieron (cp. Romanos 15.18–19; 2 Corintios 12.12). Hablando de ese testimonio apostólico, el escritor de Hebreos explica: «¿Cómo escaparemos nosotros, si descuidamos una salvación tan grande? La cual, habiendo sido anunciada primeramente por el Señor, nos fue confirmada por los que oyeron, testificando Dios juntamente con ellos, con señales y prodigios y diversos milagros y repartimientos del Espíritu Santo según su voluntad» (Hebreos 2.3–4). Estas señales validaron el hecho de que los apóstoles eran verdaderamente quienes afirmaban ser: representantes autorizados de Dios que predicaban el evangelio verdadero.

Aquellos que predican otro evangelio diferente al establecido por Cristo y proclamado por los apóstoles muestran ser «falsos apóstoles» y «obreros fraudulentos» (2 Corintios 11.13). Pablo maldijo a estas personas, dos veces en rápida sucesión, para enfatizar el asunto lo más posible: «Mas si aun nosotros, o un ángel del cielo, os anunciare otro evangelio diferente del que os hemos anunciado, sea anatema. Como antes hemos dicho, también ahora lo repito: Si alguno os predica diferente evangelio del que habéis recibido, sea anatema» (Gálatas 1.8–9). El Dios de la verdad solo valida el verdadero evangelio. No autenticaría la mala teología o les daría un poder milagroso a las personas que enseñan mala teología. Por lo tanto, los autoproclamados obradores de milagros que enseñan un falso evangelio no pueden hacer milagros, o lo hacen por un poder que no proviene de Dios (cp. 2 Tesalonicenses 2.9).

Aunque Benny Hinn dice que desea «alcanzar de alguna manera a todos los hogares en todos los países con el evangelio»,[64] su «evangelio» no es el mensaje de salvación expresado en el Nuevo Testamento. Al contrario, es el falso evangelio de salud, riquezas y prosperidad; una deformación grotesca que es, en realidad, una mentira condenatoria. Decirle a la gente lo que desea escuchar en aras de una ganancia monetaria no solo resume la carrera de Hinn, sino también identifica a un falso maestro (2 Timoteo 4.3; Tito 1.11). Las raras invenciones doctrinales proclamadas por Hinn bajo la supuesta influencia del Espíritu Santo solo confirman su verdadera naturaleza. ¿Qué podemos concluir acerca de alguien que ha afirmado que la Trinidad se compone de nueve personas;[65] que Dios el Padre «camina en un cuerpo espiritual», con manos, boca, pelo y ojos;[66] que el Señor Jesús asumió la naturaleza satánica en la cruz;[67] y que los creyentes deben considerarse a sí mismos como pequeños mesías?[68] Es ridículo pensar que el Santo Dios autentique tales errores monumentales dándole a un falso maestro como Benny Hinn poder para hacer milagros. Tal cosa haría a Dios participante en el engaño de Hinn. No obstante, resulta obvio que este no es el caso.

Aunque Hinn posteriormente se ha apartado de algunos de estos puntos de vista, un hecho ineludible permanece: una *retracción* apresurada hecha para evitar la vergüenza pública no es lo mismo que el verdadero *arrepentimiento* demostrado mediante una vida cambiada. Hasta la fecha, Hinn no ha dado ninguna evidencia de arrepentimiento genuino. Él sigue siendo el rostro fraudulento de un ministerio falso, dirigiéndose a la ruina eterna y llevando consigo a las multitudes desesperadas que lo siguen.

Una visión precisa de la sanidad

Los ministerios de obrar milagros que Cristo y los apóstoles llevaron a cabo eran únicos. Como hemos visto en este capítulo, las sanidades que realizaron eran sobrenaturalmente poderosas, un éxito total, innegables, inmediatas, espontáneas y con un propósito: servir como señales de autenticación del mensaje del evangelio. No se basaban en la fe del beneficiario, no se llevaron a cabo en busca de dinero o popularidad, y no se planearon con anticipación o fueron un espectáculo de ninguna manera. Se trataba de verdaderos milagros que dieron lugar a que enfermedades *reales* fueran instantáneamente curadas: el ciego vio, el cojo anduvo, el sordo oyó y hasta los muertos resucitaron.

Tales milagros de sanidad bíblica no se están realizando en la actualidad. Benny Hinn puede presumir de poseer un ministerio de sanidad apostólica, pero obviamente no lo tiene. Los milagros curativos del tipo registrado en los evangelios y Hechos eran exclusivos de la iglesia del primer siglo. Después de la época de los apóstoles, tales sanidades han cesado y nunca más han sido parte de la historia eclesiástica.

Aunque el Señor todavía contesta la oración y obra de manera providencial sanando a las personas de acuerdo con su voluntad, no hay pruebas de que las curaciones milagrosas están ocurriendo hoy como lo hicieron durante la edad apostólica.[69] Cuadripléjicos, paralíticos, amputados y personas con otras desventajas físicas significativas no están siendo restauradas de forma instantánea a la plena salud en la actualidad como en los tiempos del Nuevo Testamento. Es evidente que no ha habido ningún paralelo en la historia de los milagros curativos únicos que tuvieron lugar en la época de Cristo y los apóstoles. Hoy no es la excepción. El don apostólico de sanidad ha cesado.

Aunque el Nuevo Testamento instruye a los creyentes a orar por los enfermos y los que sufren, confiando en que el Gran Médico hará lo que está de acuerdo con sus propósitos soberanos (cp. Santiago 5.14–15), esto *no* es equivalente al don sobrenatural de sanidad descrito en las Escrituras. Quien afirme lo contrario se está engañando a sí mismo. Benny Hinn y otros como él, los cuales reclaman estar especialmente ungidos con un don de sanidad, ilustran esto de forma acertada. Ellos simplemente *no pueden* hacer los milagros apostólicos, y cuando tratan de usar trucos, argucias, talento para el espectáculo, fraudes y otras estafas similares como si fueran verdaderas señales y prodigios, pierden su credibilidad ante la mayoría, minan la autoridad de las Escrituras en las mentes de muchos, engañan a las multitudes ingenuas, y se condenan a sí mismos como profetas falsos y mentirosos ante Dios mismo. En resumen, todo acerca de esta práctica resulta espiritualmente destructivo.

TERCERA PARTE

CÓMO REDESCUBRIR LA VERDADERA OBRA DEL ESPÍRITU

NUEVE

El Espíritu Santo y la salvación

Desde la invención de las monedas griegas alrededor de 600 A.C. hasta la introducción del papel moneda en la China del siglo trece, la falsificación siempre ha sido considerada un delito grave. Históricamente, a menudo se castigaba con la muerte. En la Norteamérica colonial, por ejemplo, Benjamin Franklin imprimió un papel moneda que incluía la advertencia ominosa: «Falsificar es la muerte». Los anales de la historia inglesa relatan las ejecuciones de numerosos falsificadores, la mayoría de los cuales eran ahorcados y algunos quemados en la hoguera. Ese nivel de sanción puede parecer duro a nuestros oídos modernos, pero el delito de falsificación era severamente castigado por dos razones principales.

En primer lugar, la ley lo consideraba una amenaza a la estabilidad económica del estado y el bienestar general de todos los que vivían allí. Y en segundo lugar, en países como Inglaterra, la emisión de moneda se considera una prerrogativa que solo pertenecía al rey. Por lo tanto, la falsificación no era simplemente un pequeño robo en contra de la persona engañada que tomaba la moneda falsa, sino que se consideraba algo mucho más grave, un peligro para la sociedad en general y una traición sediciosa contra la autoridad real.

Sin embargo, ¿qué sucede con los que falsifican la obra de Dios? El delito de falsificación de dinero palidece en comparación con el acto traicionero de la falsificación del ministerio del Espíritu Santo. Si la impresión de moneda falsa es una amenaza para la sociedad, la promoción de experiencias religiosas fraudulentas representa un peligro mucho mayor. Y si la producción de monedas falsas constituye un acto de traición contra un gobierno humano, la predicación de un evangelio falso es un delito mucho más grave contra el Rey de reyes. Por otra parte, la Palabra de Dios no se calla acerca de las consecuencias de este tipo de delitos. De la misma manera en que los falsificadores y estafadores financieros han sido tratados con dureza a lo largo de la historia, a los perpetradores de la religión falsa les espera un juicio mucho más severo.

Teniendo en cuenta la gravedad de esos delitos, los creyentes deben estar preparados para identificar y advertir lo que es falso. Sin embargo, estar preparados para refutar el error requiere conocer lo que es verdad. La única manera de estar seguro de todas las falsificaciones es estando íntimamente familiarizado con lo que es real. En los capítulos 3 y 4, consideramos cinco señales de la verdadera obra del Espíritu, en contraste con los avivamientos falsos y las imitaciones espirituales. En esta sección, vamos a revisar algunos de estos mismos temas, profundizando aun más en el auténtico ministerio del Espíritu Santo. Al hacerlo, el glorioso esplendor de lo genuino será exaltado, mientras que las falsas pretensiones de imitaciones contemporáneas se desmoronarán por comparación.

Redescubra al Espíritu Santo

Si los capítulos anteriores han demostrado algo es que la iglesia de hoy necesita con urgencia volver a descubrir a la persona y la obra verdaderas del Espíritu Santo. El tercer miembro de la Trinidad ha sido completamente tergiversado, insultado y agraviado por un movimiento falso que se está propagando en su nombre. Operando bajo falsos pretextos y accionada mediante falsas profecías, la inundación carismática rápidamente satura más y más el panorama cristiano, dejando una estela de error doctrinal y ruina espiritual a su paso. Ya es hora de que los que aman al Espíritu Santo asuman una posición valiente y enfrenten cualquier error que descaradamente deshonra y blasfema al Espíritu de Dios.

Y debido a que una visión verdadera del Dios trino resulta esencial para la verdadera adoración, una comprensión exacta del Espíritu Santo es absolutamente vital. Como A. W. Tozer observa en su obra clásica *The Knowledge of the Holy* [El conocimiento del santo]:

Lo que viene a la mente cuando pensamos en Dios es lo más importante de nosotros [...] La adoración es pura o fundada cuando el adorador recrea pensamientos elevados o no de Dios. Por esta razón, la cuestión más grave ante la iglesia es siempre Dios mismo, y el hecho más portentoso acerca de cualquier hombre no es lo que en un momento dado pueda decir o hacer, sino lo que en la profundidad de su corazón concibe que es Dios. Tendemos por una ley secreta del alma a avanzar hacia nuestra imagen mental de Dios. Esto es cierto no solo para el cristiano individual, sino para la compañía de cristianos que compone la iglesia. Siempre lo más revelador acerca de la iglesia es su idea de Dios.[1]

Las palabras de Tozer son tanto potentes como precisas. Nuestro punto de vista de Dios es la realidad fundamental en nuestra manera de pensar y abarca todo lo que creemos acerca del Espíritu Santo. Pensar justamente sobre él y su obra resulta esencial para la adoración, la doctrina y la correcta aplicación de la teología en la conducta diaria.

Ya hemos señalado que la obra principal del Espíritu Santo es guiar a las personas a Jesucristo (Juan 15.26; 16.14), trayendo a los pecadores a un conocimiento verdadero del Salvador por medio del evangelio y conformándolos mediante las Escrituras a la gloriosa imagen del Hijo de Dios (2 Corintios 3.17–18). Por lo tanto, el enfoque de su ministerio es el Señor Jesús, y los que son guiados por el Espíritu y llenos de él se centrarán igualmente en Cristo. Sin embargo, esto no significa que debamos ignorar lo que las Escrituras nos enseñan acerca del Espíritu o permanecer de brazos cruzados mientras su santo nombre es manchado por los estafadores espirituales. Representarlo mal significa denigrar a Dios.

El Espíritu Santo es igual en esencia, majestad y poder tanto al Padre como al Hijo. No obstante, la corriente principal del movimiento carismático se burla de su verdadera naturaleza, como si no hubiera consecuencias para semejante blasfemia flagrante. Tristemente, muchos dentro del evangelicalismo han observado en silencio tal profanación. Si Dios el Padre o Dios el Hijo fueran objeto de la burla de esta manera, los evangélicos seguramente protestarían. ¿Por qué debemos estar menos apasionados por la gloria y el honor del Espíritu?

Gran parte del problema, al parecer, es que la iglesia moderna ha perdido de vista la majestad divina del Espíritu Santo. Mientras los carismáticos lo tratan como una fuerza impersonal de energía extática, los evangélicos por lo general lo han reducido a la caricatura de una pacífica paloma, a menudo representada en las portadas de la Biblia y las calcomanías para los parachoques de los autos... como si el Espíritu del Todopoderoso fuera un ave blanca inofensiva aleteando en silencio en la brisa. Cualquiera que piense de esa manera tiene que arrepentirse y volver a leer la Biblia.

Aunque él descendió sobre Jesús en su bautismo de la forma que una paloma volaría hacia abajo y se posaría sobre alguien, el Espíritu Santo *no* es una paloma. Él es el omnipotente, eterno, santo y glorioso Espíritu del Dios vivo. Su poder es infinito, su presencia ineludible y su pureza un fuego consumidor. Los que él prueba enfrentan un juicio severo, como los que en los días de Noé experimentaron el diluvio (Génesis 6.3). Y aquellos que le mientan lo más probable es que enfrenten la muerte inminente, como Ananías y Safira aprendieron por fuerza (Hechos 5.3–5).

En Jueces 15.14–15, fue el Espíritu del Señor quien vino sobre Sansón cuando mató a mil filisteos con la quijada de un burro. En Isaías 63.10, el profeta explica las graves consecuencias del enojo del Espíritu Santo. Hablando de los hijos de Israel, Isaías escribió: «Mas ellos fueron rebeldes, e hicieron enojar su santo espíritu; por lo cual se les volvió enemigo, y él mismo peleó contra ellos». No podría ser más claro: tratar al Espíritu Santo de manera irreverente es hacerse enemigo de Dios. ¿Realmente creen las personas que pueden menospreciar al Espíritu Santo y salirse con la suya?

El Espíritu Santo es el poder de Dios en una persona divina que actúa desde la creación hasta la consumación, y en todo el período intermedio (cp. Génesis 1.2; Apocalipsis 22.17). Él es completamente Dios, poseyendo todos los atributos divinos en la plenitud que le pertenece a Dios. En ningún sentido es un Dios empequeñecido. El Espíritu participa plenamente en todas las obras de Dios. Es santo y poderoso como el Padre y bondadoso y amoroso como el Hijo. Es la perfección divina en su plenitud. Por lo tanto, es digno de nuestra adoración de una forma tan completa como el Padre y el Hijo. Charles Spurgeon, expresando su propia pasión por el honor del Espíritu, animó a su congregación con estas palabras:

> Para el creyente: amado hermano, honre al Espíritu de Dios como honraría a Jesucristo si estuviera presente. Si Jesucristo morara en su casa, usted no lo ignoraría, no se iría a hacer lo suyo como si no estuviera allí. No pase por alto la presencia del Espíritu Santo en su alma. Le ruego, no viva como si no hubiera

oído que hay algún Espíritu Santo. Déle su constante adoración. Reverencie al augusto huésped que ha tenido a bien hacer del cuerpo del creyente su morada sagrada. Ámelo, obedézcalo, adórelo.[2]

Si vamos a honrar a nuestro divino Huésped, tratándolo con la reverencia y el respeto que se le deben a su condición real, necesitamos discernir correctamente su verdadero ministerio, haciendo coincidir nuestros corazones, mentes y voluntades con su maravillosa obra.

¿Qué es lo que el Espíritu Santo está haciendo en verdad en el mundo hoy? El que participó una vez activamente en la creación del universo material (Génesis 1.2) se centra ahora en la creación espiritual (cp. 2 Corintios 4.6). Él crea vida espiritual al regenerar a los pecadores mediante el evangelio de Jesucristo y los transforma en hijos de Dios. Él los santifica, los prepara para el servicio, produce fruto en sus vidas y les da poder para agradar a su Salvador. Les asegura la gloria eterna y los prepara para la vida en el cielo. La misma fuente de poder explosivo que hizo al mundo existir de la nada está hoy en acción en los corazones y las vidas de los redimidos. Y al igual que la creación fue un milagro asombroso, del mismo modo lo es cada nueva creación, mientras el Espíritu obra sobrenaturalmente la salvación de los que de otro modo habrían sido condenados a la ruina eterna. Las personas que quieren ver milagros hoy deben dejar de seguir a los falsos sanadores y comenzar a participar en el evangelismo bíblico. Ver a un pecador volverse a Cristo y confiar en él para la salvación es ser testigo de un milagro *real* de Dios.

En este capítulo vamos a considerar esa realidad milagrosa. Al hacerlo, descubriremos seis aspectos de la obra del Espíritu en la salvación, desde su obra de convicción al llamar a los pecadores para ser salvos hasta su obra de sellado al asegurar a los creyentes para la gloria eterna.[3]

El Espíritu Santo convence de pecado a los no creyentes

En el aposento alto, la víspera de su crucifixión, el Señor Jesús consoló a sus discípulos con la promesa de que después de su ascensión enviaría el Espíritu Santo para ministrar en ellos y por medio de ellos. Él les dijo a sus afligidos seguidores: «Pero yo os digo la verdad: Os conviene que yo me vaya; porque si no me fuera, el Consolador no vendría a vosotros; mas si me fuere, os lo enviaré» (Juan 16.7). Los discípulos deben haberse preguntado: «¿Cómo podría haber algo mejor que tener al encarnado Hijo de Dios físicamente presente en medio de nosotros?». Sin embargo, Jesús insistió en que sería para el bien de ellos que él ascendiera al cielo y viniera el Espíritu Santo.

El Señor continuó explicando la obra vital que el Espíritu Santo haría: darle poder a la proclamación del evangelio de los apóstoles cuando salieran a predicar la verdad de la salvación a un mundo hostil. El Espíritu iría delante de ellos, impulsando la predicación en los corazones de los que escucharan y creyeran su mensaje. El Señor lo explicó de esta manera: «Y cuando él venga, convencerá al mundo de pecado, de justicia y de juicio. De pecado, por cuanto no creen en mí; de justicia, por cuanto voy al Padre, y no me veréis más; y de juicio, por cuanto el príncipe de este mundo ha sido ya juzgado» (Juan 16.8–11).

Cuando el llamado general y externo del evangelio se da a conocer mediante la predicación del mensaje de salvación, los no creyentes en el mundo se enfrentan a la realidad de su pecado y las consecuencias de su incredulidad. Para los que rechazan el evangelio, la obra de convicción del Espíritu Santo se podría comparar a la de un fiscal. Él los condena en el sentido de que son declarados culpables ante Dios y, por lo tanto, eternamente condenados (Juan 3.18). La obra de convicción del Espíritu no consiste en hacer que los pecadores impenitentes se sientan mal, sino en pronunciar un veredicto legal en contra de ellos. Incluye una acusación completa de los delitos de un corazón endurecido, con pruebas irrefutables y una sentencia de muerte.

Sin embargo, para aquellos a quienes el Espíritu atrae al Salvador, su obra de convicción es categórica, ya que espolea sus conciencias y penetra hasta lo más íntimo. Por lo tanto, para los elegidos, esta obra de convicción es el principio de la salvación de Dios, el llamamiento eficaz.

Las palabras de nuestro Señor indican que el ministerio de convicción del Espíritu Santo abarca tres áreas. Primero, él convence a los no redimidos de sus pecados, exponiéndolos a la realidad de su miserable condición delante de Dios. En particular, persuade a los pecadores de su falta de fe en el evangelio, ya que, como Jesús explicó: «No creen en mí» (v. 9). La respuesta natural de los hombres y mujeres caídos es rechazar a la persona y la obra del Señor

Jesucristo. No obstante, el Espíritu enfrenta la incredulidad del corazón duro del mundo.

En segundo lugar, el Espíritu Santo convence a los incrédulos de la justicia, confrontándolos con la verdad de la *norma sagrada* de Dios y la *perfecta justicia* de Jesucristo. En palabras de un comentarista: «El mundo se disfraza como justo y suprime cualquier prueba de lo contrario, y tal comportamiento requiere que el Espíritu exponga su culpa».[4] Al derribar la fachada de justicia propia, el Espíritu expone la verdadera condición de los que no han estado a la altura de los requisitos perfectos de Dios. Luego los lleva a considerar la justicia infalible de Jesucristo, el Cordero de Dios sin mancha.

En tercer lugar, el Espíritu Santo convence a los pecadores de que las consecuencias del juicio divino son justas y necesarias, es decir, que los pecadores un día serán juzgados como «el príncipe de este mundo ha sido juzgado» (v. 11). Así como Satanás está condenado a la ruina eterna después de haber sido derrotado en la cruz, del mismo modo también todos los que forman parte del dominio de Satanás están bajo el juicio de Dios, el cual no solo es moralmente justificable, sino que constituye el único recurso de una deidad justa. Como el escritor de Hebreos explica, la persona que pisotea la sangre de Cristo al hacer caso omiso de la oferta de la gracia del evangelio «afrenta al Espíritu de gracia» y le aguarda un severo castigo (cp. Hebreos 10.29). Por lo tanto: «¡Horrenda cosa es caer en manos del Dios vivo!» (v. 31). Advertir a los incrédulos sobre la realidad del juicio futuro es a la vez una obra atemorizante y clemente del Espíritu, alertándolos de las graves consecuencias que les esperan a todos los que no se arrepientan.

Tal como las palabras de Jesús lo demuestran, era esencial que los discípulos comprendieran el ministerio del Espíritu Santo. ¿Por qué? Debido a que se les había encargado alcanzar a los pecadores con un mensaje que el mundo rechazaría con violencia (Juan 15.18–25), los apóstoles tenían que saber que el Espíritu Santo los acompañaría en su predicación con su poder. Aunque se enfrentaban a la incredulidad de los pecadores, exaltaban la justicia de Cristo y advertían acerca del juicio de Dios, el Espíritu Santo convencería los corazones de los que escucharan y convertiría a los elegidos.

Este ministerio fue ilustrado vívidamente el día de Pentecostés, después que Pedro predicó su poderoso mensaje del evangelio. Lucas registra la respuesta de la multitud: «Al oír esto, se compungieron de corazón, y dijeron a Pedro y a los otros apóstoles: Varones hermanos, ¿qué haremos?» (Hechos 2.37). Sus corazones fueron traspasados por la verdad; y para tres mil personas en esa multitud la obra de convicción del Espíritu fue parte de la obra de regeneración en sus corazones (v. 31).

Dos mil años más tarde, nuestro mensaje al mundo perdido debe reflejar esos mismos temas, con énfasis en la muerte espiritual, la verdadera justicia y el juicio divino. Es cierto que predicar sobre la depravación humana, la santidad de Dios y el castigo eterno no es muy popular, especialmente en una sociedad postmoderna que alaba la tolerancia. No obstante, es el único ministerio que recibe poder del Espíritu Santo. Él es el poder detrás de la predicación del evangelio (1 Pedro 1.12), usando su Palabra para llamar a los pecadores al Salvador y regenerarlos.

Arthur W. Pink lo expresa de esta manera: «Nadie será atraído nunca a la salvación en Cristo con la mera predicación [...] primero el Espíritu tiene que obrar de manera sobrenatural a fin de abrir el corazón del pecador *para recibir* el mensaje».[5] Al proclamar la verdad de las Escrituras, el Espíritu de Dios la usa para penetrar los corazones de los no redimidos, convenciéndolos de la verdad y convirtiéndolos de hijos de la ira en hijos de Dios (Hebreos 4.12; 1 Juan 5.6).

El Espíritu Santo regenera los corazones pecaminosos

El llamamiento eficaz de los elegidos comienza con la obra de convicción del Espíritu, por medio de la cual él despierta sus conciencias a la realidad del pecado, la justicia y el juicio. Sin embargo, no se detiene allí. El corazón del no creyente debe llegar a estar vivo, transformado, purificado y renovado (Efesios 2.4). Y eso es lo que hace el Espíritu Santo, que regenera a los pecadores de modo que los que antes eran miserables renazcan como nuevas criaturas en Cristo (2 Corintios 5.17).

Tal como Pablo explicó en Tito 3.4–7: «Pero cuando se manifestó la bondad de Dios nuestro Salvador, y su amor para con los hombres, nos salvó, no por obras de justicia que nosotros hubiéramos hecho, sino por su misericordia, por el lavamiento de la regeneración y por la renovación en el Espíritu Santo, el cual derramó en nosotros abundantemente por Jesucristo nuestro Salvador, para que justificados por su gracia, viniésemos a ser herederos conforme a la esperanza de la vida eterna».

En Juan 3, el Señor Jesús explicó este aspecto del ministerio del Espíritu al decirle a Nicodemo que, para ser salvo, el pecador tiene que nacer de nuevo. Desconcertado por las implicaciones de esa verdad, Nicodemo le preguntó: «¿Cómo puede un hombre nacer siendo viejo? ¿Puede acaso entrar por segunda vez en el vientre de su madre, y nacer?» (v. 4). Jesús le respondió con estas palabras: «De cierto, de cierto te digo, que el que no naciere de agua y del Espíritu, no puede entrar en el reino de Dios. Lo que es nacido de la carne, carne es; y lo que es nacido del Espíritu, espíritu es. No te maravilles de que te dije: Os es necesario nacer de nuevo. El viento sopla de donde quiere, y oyes su sonido; mas ni sabes de dónde viene, ni a dónde va; así es todo aquel que es nacido del Espíritu» (vv. 5–8).

Las palabras del Señor ponen de manifiesto que la obra de regeneración es prerrogativa soberana del Espíritu. En el plano físico, los bebés no se conciben a sí mismos. Del mismo modo, en el ámbito espiritual, no es iniciativa de los pecadores nacer de nuevo, ni tampoco pueden lograrlo por ellos mismos. La regeneración es la obra completa del Espíritu.

La frase «nacer de nuevo» también puede traducirse como «nacer de arriba», y ambas ideas expresan la verdad de lo que Jesús decía. Para ser salvos, los pecadores deben experimentar un nuevo comienzo de origen celestial, en el que son transformados de forma radical por el Espíritu de Dios. Después de todo, es Dios el que «según su grande misericordia nos hizo renacer para una esperanza viva, por la resurrección de Jesucristo de los muertos» (1 Pedro 1.3).

Tal como Jesús le explicó a Nicodemo, el reino de la salvación no se puede ganar mediante el esfuerzo humano o la justicia propia. Solo aquellos que han nacido de lo alto pueden salvarse. Incluso alguien tan respetado y externamente religioso como Nicodemo, uno de los eruditos bíblicos más conocidos en Israel, no podía aportar nada a su salvación. Desde la perspectiva de Dios, los esfuerzos del pecador son como trapos de inmundicia (Isaías 64.6).

Todo lo que el pecador puede hacer es clamar a Dios por misericordia, como el publicano de Lucas 18.13–14. Él no podía salvarse a sí mismo, por lo que debía descansar por completo en la gracia y la compasión del Salvador. La promesa de las Escrituras es que todos los que vienen a Cristo con fe genuina, apartándose del pecado, serán salvos (Romanos 10.9–10). El mismo Señor prometió en Juan 6.37: «Todo lo que el Padre me da, vendrá a mí; y al que a mí viene, no le echo fuera».

La obra de regeneración del Espíritu le da al pecador un corazón nuevo (Ezequiel 36.26–27), uno con el cual es capaz de amar de manera auténtica a Dios y obedecer a Cristo sinceramente (cp. Juan 14.15). El fruto de esa transformación se manifestará en un cambio de vida, evidenciado en frutos de arrepentimiento (Mateo 3.8) y el fruto del Espíritu: «amor, gozo, paz, paciencia, benignidad, bondad, fe, mansedumbre, templanza» (Gálatas 5.22–23). Para llevar a cabo esta obra milagrosa, el Espíritu usa su Palabra. Por consiguiente, Santiago 1.18 dice acerca de Dios: «El, de su voluntad, nos hizo nacer por la palabra de verdad, para que seamos primicias de sus criaturas». En el momento de la salvación, Dios usa su Palabra para traer convicción a nuestros corazones y darnos vida, de tal manera que ahora somos nuevas criaturas en Cristo.

La regeneración es una transformación de la naturaleza de una persona, en la cual el creyente recibe vida nueva, limpieza y separación permanente del pecado (cp. 2 Tesalonicenses 2.13). Los que antes operaban en la carne ahora operan en el Espíritu (Romanos 8.5–11). A pesar de que estaban muertos, han sido vivificados, hechos morada del mismo Espíritu que resucitó a Cristo Jesús de entre los muertos (v. 10; cp. 6.11). El Espíritu de vida ha venido sobre ellos, dándoles el poder para resistir la tentación y vivir en justicia. Esto es lo que significa ser «nacido del Espíritu» (Juan 3.8).

El Espíritu Santo lleva a los pecadores al arrepentimiento

No puede haber arrepentimiento o fe hasta que el corazón haya sido hecho nuevo. No obstante, en el momento de la regeneración, el Espíritu Santo imparte el don de la fe para arrepentimiento a los pecadores, llevándolos a la fe salvadora en Cristo, lo que les permite alejarse del pecado. El resultado es una conversión sobrecogedora.

Un claro ejemplo de esto se encuentra en Hechos 11.15–18, donde Pedro les informó a los otros apóstoles en Jerusalén sobre la conversión de Cornelio:

Y cuando comencé a hablar, cayó el Espíritu Santo sobre ellos también, como sobre nosotros al principio. Entonces me acordé de lo dicho por el Señor, cuando dijo: Juan ciertamente bautizó en agua, mas vosotros seréis bautizados con el Espíritu Santo. Si Dios, pues, les concedió también el mismo don que a nosotros que hemos creído en el Señor Jesucristo, ¿quién era yo que pudiese estorbar a Dios? Entonces, oídas estas cosas, callaron, y glorificaron a Dios, diciendo: ¡De manera que también a los gentiles ha dado Dios arrepentimiento para vida!

Pedro y los demás se dieron cuenta de que la prueba irrefutable de que Cornelio y su familia verdaderamente se habían arrepentido era que habían recibido el Espíritu Santo. Ellos fueron convencidos de sus pecados, sus corazones resultaron regenerados, sus ojos se abrieron a la verdad de la predicación de Pedro y recibieron el don de la fe para arrepentimiento (cp. Efesios 2.8; 2 Timoteo 2.25), todo lo cual fue obra del Espíritu Santo.

Romanos 8 se erige como una de las revelaciones bíblicas más valiosas del ministerio del Espíritu Santo en la vida del creyente. Este poderoso capítulo comienza con profundas palabras acerca de la verdadera salvación: «Ahora, pues, ninguna condenación hay para los que están en Cristo Jesús, los que no andan conforme a la carne, sino conforme al Espíritu. Porque la ley del Espíritu de vida en Cristo Jesús me ha librado de la ley del pecado y de la muerte». La mayoría de los creyentes se ha comprometido a memorizar estos versículos, sin embargo, ¿cuántos han reconocido el papel del Espíritu Santo en la operación de rescate divina? Es el Espíritu de vida quien libera a los redimidos del principio del pecado y la muerte, transformando a los que eran esclavos del pecado en amantes de la justicia.

En Romanos 8.3–4, Pablo explica que el Espíritu Santo no solo libera a los creyentes del poder del pecado, sino que también les permite vivir de una manera que agrada a Dios. Como resultado, son capaces de exhibir frutos de arrepentimiento (Mateo 3.8) y el fruto del Espíritu (Gálatas 5.21–22). Consideraremos el papel del Espíritu Santo en nuestra santificación en el siguiente capítulo. Sin embargo, es importante destacar, en el contexto de la salvación, que el Espíritu Santo convierte a los pecadores al traer convicción a sus corazones, dándoles vida, lo que les permite arrepentirse y creer en el evangelio.

El Espíritu Santo permite la comunión con Dios

En Juan 17.3, el Señor Jesús define la vida eterna con estas palabras: «Y esta es la vida eterna: que te conozcan a ti, el único Dios verdadero, y a Jesucristo, a quien has enviado». La comunión con Dios a través de Cristo es la esencia de la salvación y es el Espíritu Santo quien capacita a los creyentes para disfrutar de esa íntima comunión.

En Colosenses 1.13–14, Pablo explica que Dios el Padre «nos ha librado de la potestad de las tinieblas, y trasladado al reino de su amado Hijo, en quien tenemos redención por su sangre, el perdón de pecados». En Romanos 8.14–17 se nos ofrece una mayor comprensión de la naturaleza de ese traslado, donde Pablo usa la metáfora de la familia en vez del reino. Él escribió: «Porque todos los que son guiados por el Espíritu de Dios, éstos son hijos de Dios. Pues no habéis recibido el espíritu de esclavitud para estar otra vez en temor, sino que habéis recibido el espíritu de adopción, por el cual clamamos: ¡Abba, Padre! El Espíritu mismo da testimonio a nuestro espíritu, de que somos hijos de Dios. Y si hijos, también herederos; herederos de Dios y coherederos con Cristo, si es que padecemos juntamente con él, para que juntamente con él seamos glorificados».

Por lo tanto, no solo somos ciudadanos de un nuevo reino (Filipenses 3.20), sino que somos miembros de una nueva familia. Por medio del Espíritu de adopción, hemos recibido el inmenso privilegio de ser parte de la familia de Dios. Incluso podemos acercarnos al Creador omnipotente del universo con una expresión familiar de cariño: «Abba» o «papá». El Espíritu nos libera del miedo y el temor que un pecador tendría naturalmente al acercarse al Dios santo. Como niños pequeños, podemos sin temor entrar en la presencia del Todopoderoso y hablar íntimamente con nuestro Padre.

El Espíritu produce una actitud de profundo amor a Dios en los corazones de aquellos que han nacido de nuevo. Ellos se sienten atraídos a Dios, no le temen. Anhelan tener una relación con él, meditar en su Palabra y tener comunión en oración. Entregarle con toda libertad sus preocupaciones y confesarle francamente sus pecados sin temor, sabiendo que todo ha sido cubierto por su gracia mediante el sacrificio de Cristo. Por lo tanto, el Espíritu hace posible que los creyentes disfruten de una comunión con Dios, ellos ya no le temen a su juicio o su ira (1 Juan 4.18). Como resultado, los cristianos pueden cantar himnos acerca de la santidad y la gloria de Dios sin estar acobardados ni sentir terror, pues saben que han sido firmemente adoptados en la familia de su Padre celestial.

El Espíritu Santo también capacita a los creyentes para disfrutar de la comunión con todos los demás creyentes. Cada hijo de Dios es bautizado inmediatamente por el Espíritu en el cuerpo de Cristo en el momento de la salvación (1 Corintios 12.13). Y es en ese cuerpo de la iglesia que el Espíritu, de manera soberana, dota a cada creyente con todo lo necesario para permitirle ministrar a otros (v. 7). Aunque los dones extraordinarios (tales como la profecía, las lenguas y las sanidades) se limitaron a la época apostólica de la historia de la iglesia, el Espíritu todavía concede a su pueblo los dones de enseñanza y servicio para la edificación de la iglesia (cp. Romanos 12.3–8; 1 Corintios 12—14). La rica relación de comunión interpersonal de los creyentes en la iglesia solo es posible a causa de la profunda comunión que tienen en el Señor Jesucristo. El Espíritu Santo posibilita ambas cosas, permitiendo que aquellos que disfrutan de la comunión con Dios disfruten de «la unidad del Espíritu» unos con otros (Efesios 4.3).

El Espíritu Santo mora en el creyente

En la salvación, el Espíritu Santo no solo regenera al pecador y le imparte fe salvadora, sino que reside de forma permanente en la vida de ese nuevo creyente. El apóstol Pablo lo explicó de esta manera en Romanos 8.9: «Mas vosotros no vivís según la carne, sino según el Espíritu, *si es que el Espíritu de Dios mora en vosotros*. Y si alguno no tiene el Espíritu de Cristo, no es de él». De una forma maravillosa e incomprensible, el Espíritu de Dios hace su morada en la vida de cada persona que confía en Jesucristo.

La vida en Cristo es distinta porque el Espíritu de Dios está en nuestro interior. Él está ahí a fin de capacitar, preparar para el ministerio y ministrar mediante los dones que nos ha dado. El Espíritu Santo es nuestro Consolador y Ayudador. Él nos protege, nos da poder y nos anima. De hecho, la prueba decisiva de la verdadera salvación es la presencia interior del Espíritu de Dios, y el fruto de esa residencia se ve en el hecho de que los creyentes no andan conforme a la carne, sino según el Espíritu (cp. Gálatas 5.19–22). En 1 Corintios 3.16, Pablo les preguntó a los creyentes de Corinto: «¿No sabéis que sois templo de Dios, y que el Espíritu de Dios mora en vosotros?». Unos capítulos más adelante, mientras los exhorta a evitar la inmoralidad sexual, nuevamente les recordó: «¿O ignoráis que vuestro cuerpo es templo del Espíritu Santo, el cual está en vosotros, el cual tenéis de Dios, y que no sois vuestros? Porque habéis sido comprados por precio; glorificad, pues, a Dios en vuestro cuerpo y en vuestro espíritu, los cuales son de Dios» (1 Corintios 6.19–20). La realidad de la presencia interior del Espíritu tenía implicaciones transformadoras en la manera en que vivían (cp. 1 Corintios 12.13).

Es importante destacar que no hay tal cosa como un creyente genuino que no posea el Espíritu Santo. Es un terrible error, promocionado de manera trágica por muchos en el pentecostalismo, afirmar que una persona pudiera ser salva de alguna manera y no recibir el Espíritu Santo. Sin la obra del Espíritu nadie podría ser otra cosa que un miserable pecador. La declaración de Pablo en Romanos 8.9 reitera: «Si alguno no tiene el Espíritu de Cristo, no es de él». En pocas palabras, los que no poseen el Espíritu Santo no pertenecen a Cristo. Los creyentes genuinos, las personas en quienes el Espíritu Santo ha establecido su residencia, piensan, hablan y actúan de manera distinta. Ya no se caracterizan por su amor al mundo, sino que aman las cosas de Dios. Esta transformación es una prueba del poder del Espíritu que actúa en la vida de aquellos en los que mora.

El Espíritu Santo sella la salvación para siempre

La Biblia es clara en que los pecadores que son redimidos no pueden perder su salvación. La cadena inquebrantable de Romanos 8.30 indica que a todos los que Dios justifica, los glorificará. Como dijo el Señor Jesús: «Mis ovejas oyen mi voz, y yo las conozco, y me siguen, y yo les doy vida eterna; y no perecerán jamás, ni nadie las arrebatará de mi mano. Mi Padre que me las dio, es mayor que todos, y nadie las puede arrebatar de la mano de mi Padre» (Juan 10.27–29).

El apóstol Pablo se hizo eco de esa gran realidad al final de Romanos 8, donde escribió: «Por lo cual estoy seguro de que ni la muerte, ni la vida, ni ángeles, ni principados, ni potestades, ni lo presente, ni lo por venir, ni lo alto, ni lo profundo, ni ninguna otra cosa creada nos podrá separar del amor de Dios, que es en Cristo Jesús Señor nuestro» (vv. 38–39). Ninguna persona o fuerza podrá romper alguna vez el vínculo de comunión entre Dios y los que le pertenecen.

El mismo Espíritu Santo garantiza personalmente este hecho. Como Pablo les dijera a los efesios: «En él también vosotros, habiendo oído la palabra de verdad, el evangelio de vuestra salvación, y habiendo creído en él, fuisteis sellados con el Espíritu Santo de la promesa, que es las arras de nuestra herencia hasta la redención de la posesión adquirida, para alabanza de su gloria» (Efesios 1.13–14). Los creyentes son sellados por el Espíritu Santo hasta el día de la redención. Él les asegura la gloria eterna.

El sellado al que se refiere Pablo implicaba una marca oficial de identificación colocada en una carta, contrato o cualquier otro documento oficial. El sello se hacía por lo general colocando cera caliente en el documento y luego presionándola con un anillo de sellar. Como resultado, el sello representaba oficialmente la autoridad de la persona a la que este pertenecía.

El sello romano comunicaba autenticidad, seguridad, propiedad y autoridad. Y el Espíritu de Dios personifica esas mismas realidades en la vida de sus hijos. Los que han recibido el Espíritu Santo pueden estar seguros de que son en verdad salvos (autenticidad) y su salvación no puede perderse o serles robada (seguridad). Por otra parte, la presencia del Espíritu en sus vidas demuestra que Dios es su Señor y Maestro (propiedad). A medida que son guiados por el Espíritu, se manifestará una vida de obediencia sumisa a Cristo (autoridad). Todo esto es parte de la obra de sellado del Espíritu.

El Espíritu no solo testifica que los creyentes son hijos de Dios (Romanos 8.16), sino que garantiza que nunca van a ser dejados fuera de la familia. Por otra parte, asegura la futura resurrección de estos para vida. En Romanos 8.11 se explica: «Y si el Espíritu de aquel que levantó de los muertos a Jesús mora en vosotros, el que levantó de los muertos a Cristo Jesús vivificará también vuestros cuerpos mortales por su Espíritu que mora en vosotros».

Por desdicha, muchos grupos carismáticos pasan por alto completamente este verdadero ministerio del Espíritu Santo. En lugar de descansar en la seguridad del Espíritu, enseñan que los creyentes pueden perder su salvación. Como resultado, su gente vive con el constante temor de un futuro incierto y no le dan honor al Espíritu Santo, que mantiene a los creyentes seguros.

¡Qué libertad y gozo hay en el descubrimiento del verdadero ministerio del Espíritu de sellar a los que le pertenecen! Después de todo, la realidad de la vida en un mundo caído es que todos vamos a morir algún día. No obstante, el día de nuestra muerte será mejor que el día de nuestro nacimiento, porque la primera vez nacimos en pecado, pero cuando muramos, vamos a despertar en la presencia gloriosa de Cristo (cp. 2 Corintios 5.8). Y en la resurrección final, el Espíritu Santo levantará a los creyentes de entre los muertos, dándoles nuevos cuerpos glorificados con los que habitarán para siempre en la nueva tierra (2 Pedro 3.13; Apocalipsis 21.1, 22–27).

REGOCIJO EN LA OBRA SALVADORA DEL ESPÍRITU

El Espíritu Santo está involucrado en todos los aspectos de la salvación, desde la justificación (1 Corintios 6.11) hasta la santificación (Gálatas 5.18–23) y la glorificación (Romanos 8.11). Sin embargo, de manera específica y única, la Biblia destaca la obra del Espíritu de convencer, regenerar, convertir, adoptar, morar en nosotros y darnos seguridad.[6]

Ya que hemos sido redimidos, nuestra respuesta al milagro de la salvación debe ser una asombrosa adoración, alabando a cada miembro de la Trinidad por su parte en la gloriosa manifestación de la redención. Es justo adorar al Padre por su amor electivo, predestinándonos a la salvación desde antes de la fundación del mundo. Es justo adorar al Hijo por su sacrificio perfecto, el cual proporcionó los medios para que los hombres y las mujeres caídos puedan ser reconciliados con Dios. Y se exige igualmente que adoremos al Espíritu Santo por su papel activo en la salvación de los pecadores, impartiendo vida a los corazones muertos y vista a los ojos espiritualmente ciegos.

Tal como el puritano Thomas Goodwin de forma tan elocuente declaró:

> La comunión y la conversión de un hombre es [...] a veces con el Padre, a continuación con el Hijo, y luego con el Espíritu Santo; a veces el corazón es atraído a considerar el amor del Padre en la elección, y luego el amor de Cristo en la redención, y de igual forma el amor del Espíritu Santo, quien escudriña las cosas profundas de Dios y nos las revela, y quita todos los dolores de nosotros, y así un hombre va de un testigo a otro. [La seguridad] no es un conocimiento por medio de la discusión o la deducción, por el cual se infiere que si uno me ama, entonces el otro también me ama, sino es intuitiva, si se me permite expresarlo así, y

nunca deberíamos estar satisfechos hasta que las tres personas estén en nosotros, y todas hagan su morada en nosotros, y nos sentemos como si fuera en medio de ellas, y todas nos manifiesten su amor.[7]

A pesar de que vivió en el siglo diecisiete, la perspectiva de Goodwin sigue siendo de vital importancia para la iglesia hoy. Los creyentes necesitan entender la obra de cada miembro de la Trinidad con el fin de adorar a Dios más plenamente. Para tomar prestado las palabras de Goodwin: «Nunca deberíamos estar satisfechos hasta que las tres personas estén en nosotros». ¡Qué hermosa manera de expresar esa noble verdad! Debemos sentarnos, por decirlo así, en medio de la Trinidad y meditar maravillados sobre el insondable amor demostrado a nosotros por el Padre, el Hijo y el Espíritu Santo. Tales reflexiones gloriosas son la sustancia de la verdadera adoración.

Huelga decir que tales reflexiones son muy superiores a cualquier especie de éxtasis irracional o experiencia carismática sin sentido. Ambas cosas pueden invocar una respuesta emocional, pero solo una se basa en la verdad. Y la adoración auténtica requiere tanto el espíritu como la verdad (Juan 4.23). Cualquier cosa menos que esto es una falsificación blasfema.

DIEZ

━━━━━◆●◆━━━━━

EL ESPÍRITU Y LA SANTIFICACIÓN

¿Qué significa ser lleno del Espíritu? ¿Cuáles son las realidades manifiestas que marcan la vida cristiana llena del Espíritu Santo? En este capítulo vamos a tratar de responder a estas preguntas con la Palabra de Dios. No obstante, primero vamos a examinar el enfoque carismático.

Al reclamar que tienen el principal, si no exclusivo, derecho al título de «cristianos llenos del Espíritu Santo», los carismáticos siempre definen la llenura del Espíritu en términos de experiencias extáticas. Una explicación común, en especial de los pentecostales clásicos, se centraría en el moderno hablar en lenguas. En palabras de un autor pentecostal: «Cuando estamos llenos del Espíritu, la manifestación externa de ese don es hablar en lenguas».[1] Sin embargo, como vimos en el capítulo siete, el «don» contemporáneo de lenguas es una falsificación sin sentido. No tiene nada que ver con el antiguo don de lenguas mencionado en el Nuevo Testamento. Los carismáticos yerran cuando asocian el ser lleno del Espíritu con hablar galimatías.

Por supuesto, hablar en lenguas no es la única supuesta señal de la llenura del Espíritu dentro del paradigma carismático, ni es la más dramática. Aun más impresionante es el «descanso en el Espíritu» o «caer bajo el poder del Espíritu», un fenómeno que se conoce más comúnmente como «ser muerto en el Espíritu». Aquellos que son *derribados* muestran un comportamiento de trance, por lo general cayendo de espaldas al suelo como una persona muerta. En otras ocasiones, estos «vencidos por el Espíritu» responden con una risa incontrolable, ladridos heterogéneos, espasmos erráticos y síntomas extraños de intoxicación.[2] Estos comportamientos no son considerados demasiado extraños si pueden ser acreditados al poder del Espíritu Santo.

Convencidos de que se trata del resultado de ser llenos del Espíritu, los carismáticos apoyan con entusiasmo la práctica de ser «derribados en el Espíritu». La literatura carismática está llena de ejemplos de este fenómeno, todos presentados con un enfoque positivo. Este es un ejemplo típico:

> Le pedimos al Espíritu Santo que viniera y lo llenara de nuevo. De repente, sucedió. James volvió a caer al suelo, rodando y llorando y agarrándose su cara con las manos. El Espíritu Santo había venido en un poderoso torrente de energía, corriendo hacia los lugares heridos y llenándolos de su gloria. James se echó a reír. Lloró [...] Su rostro se llenó de gloria y su cuerpo se estremecía bajo el poder de Dios. Y cuando por fin se levantó del suelo, como en el día de Pentecostés, estaba borracho del Espíritu Santo.[3]

Otras historias son igualmente coloridas. Un laico pentecostal informa con entusiasmo que bajo la supuesta influencia del Espíritu, terminó de espaldas en el suelo, pronunciando un discurso extático y deslizándose a sí mismo bajo las bancas de la iglesia, hasta que al fin llegó al vestíbulo.[4] Un sanador carismático católico afirma que en una de sus reuniones, una ciega fue derribada en el Espíritu junto con su perro lazarillo, un pastor alemán.[5] Una profetisa carismática recuerda haber sido lanzada al suelo en una reunión de la iglesia, sintiéndose avergonzada por el hecho de que se reía sin control, después ella fue «golpeada» por una ola de poder del Espíritu Santo.[6] Y un pastor de la Tercera Ola relata un culto de adoración donde más de un centenar de personas fueron inesperadamente derribadas. Él escribió: «Cuando la gente llegó para el segundo culto, no podía creer lo que veía. Cuerpos, vencidos por Dios, estaban esparcidos por el suelo. Algunas personas se reían, algunas temblaban».[7]

Benny Hinn, quien incorpora esta práctica en sus reuniones de sanidad, narra historias similares. Reflexionando sobre una cruzada de milagros de tres días en América del Sur, Hinn escribió: «En medio de mi mensaje percibí el poder del Espíritu Santo que se movía a través del servicio. Sentí su presencia, dejé de predicar y le dije a la gente: "¡Está aquí!". Los ministros en la plataforma y la gente del público sintieron lo mismo, era como una ráfaga de viento que entró y se arremolinaba en ese lugar. La gente se levantó de sus asientos en una explosión espontánea de alabanza. Sin embargo, no estuvieron de pie por mucho tiempo. Por todos lados la gente comenzó a derrumbarse y caer al suelo bajo el poder del Espíritu Santo».[8] Sobre otra reunión, Hinn dijo: «Cientos de personas estaban en el centro esa noche. Después de un breve mensaje, el Espíritu me llevó a llamar a la gente a pasar al frente. Los primeros en responder fueron seis grandes y delgados holandeses que se elevaban por encima de mí. Oré y, *pum*, todos ellos cayeron al suelo».[9]

¿Caer de espaldas al suelo, reír sin control, balbucear frases sin sentido y actuar como un borracho es lo que parece ser un cristiano lleno del Espíritu Santo? ¿Y qué tal los informes de las personas que se han quedado congeladas como estatuas durante días o las que han levitado en la iglesia bajo el supuesto poder del Espíritu?[10] Aunque los carismáticos asocian este tipo de comportamiento hipnótico con el Espíritu Santo, la verdad es que no tiene nada que ver con él. Las Escrituras están llenas de advertencias acerca de las señales y prodigios falsos.

Jesús dijo: «Porque se levantarán falsos Cristos, y falsos profetas, y harán grandes señales y prodigios, de tal manera que engañarán, si fuere posible, aun a los escogidos. Ya os lo he dicho antes» (Mateo 24.24–25; cp. 7.22; Marcos 13.22; 2 Tesalonicenses 2.7–9; Apocalipsis 13.13–14). Jesús obviamente espera que tomemos en serio estas advertencias y nos protejamos contra el tipo de credulidad cándida que Benny Hinn y otros milagreros carismáticos fomentan de manera deliberada.

Tal como hemos visto, las versiones carismáticas modernas de la profecía, las lenguas y la sanidad son todas formas falsas de los verdaderos dones bíblicos. No obstante, ser «derribado o muerto en el Espíritu» es una invención carismática moderna. Esta práctica no se menciona en ninguna parte de la Biblia, lo que hace que no tenga respaldo bíblico en absoluto. El fenómeno moderno se ha convertido en un espectáculo tan común y popular, que el carismático promedio da hoy por sentado que esta práctica debe tener algún tipo de origen bíblico o histórico. Sin embargo, este fenómeno no solo está completamente ausente del relato bíblico de la iglesia primitiva, sino que no tiene nada que ver con el Espíritu Santo.

A veces los carismáticos tratan de defender la práctica señalando lugares en las Escrituras donde la gente se postró delante del Señor (como la turba que vino a arrestar a Jesús en Juan 18, o Pablo en el camino de Damasco en Hechos 9.4, o Juan cuando se encontró con el Cristo resucitado en Apocalipsis 1.17). No obstante, estos ejemplos no tienen nada que ver con el fenómeno moderno de ser «derribado en el Espíritu».[11] Hasta el pro carismático *Dictionary of Pentecostal and Charismatic Movements* reconoce este hecho: «Todo un batallón de pruebas con verificación bíblica se enumeran para apoyar la legitimidad del fenómeno, aunque las Escrituras claramente no le ofrecen apoyo como algo que se espera en la vida cristiana normal».[12]

Un examen de los supuestos textos que prueban la validez del fenómeno, pasajes en los que una persona o grupo de personas cayeron ante la presencia de la gloria de Dios, muestra al menos tres diferencias significativas entre los incidentes bíblicos y el fenómeno moderno. En primer lugar, cuando la gente en la Biblia se postraba ante la presencia de la gloria de Dios, no había intermediarios involucrados como en los cultos carismáticos contemporáneos. Fue Dios (Génesis 17.3; 1 Reyes 8.10–11), el Señor Jesucristo (Mateo 17.6; Hechos 26.14) o en ocasiones un ángel (Daniel 8.17; 10.8–11) quienes interactuaron directamente con los hombres, abrumándolos con la gloria celestial de tal manera que cayeron al suelo.[13]

En segundo lugar, estos encuentros ocurrieron muy pocas veces. En el Nuevo Testamento, además de los mismos apóstoles (quienes caen al suelo en adoración reverente, cp. Apocalipsis 1.17), solo los incrédulos fueron derribados después de ser confrontado por la gloria de Cristo (Juan 18.1–11; cp. Hechos 9.4). Tales caídas nunca se presentan en las Escrituras como la experiencia normal de los creyentes. Estas historias tampoco indican una correlación directa con ser «derribado» como despliegan los carismáticos modernos.

En tercer lugar, y quizá lo más importante, el Nuevo Testamento presenta el comportamiento bajo el poder del Espíritu como caracterizado por el dominio propio (Gálatas 5.22–23; 1 Corintios 14.32), un sobrio estado de alerta (1 Pedro 1.13; 5.8) y la promoción del orden en la iglesia (1 Corintios 14.40). Obviamente, tener cuerpos derribados por el suelo en distintos estados de catalepsia no corresponde a ninguna de estas cualidades que honran a Dios, más bien representa lo opuesto.

El fenómeno moderno es aceptado por un movimiento que define la espiritualidad en términos de comportamientos que omiten o trascienden la racionalidad, de tal manera que las convulsiones, la hipnosis y la histeria son todas promocionadas como obra verdadera del Espíritu. Sin embargo, esto no es obra de Dios. No existe ningún precedente bíblico de la noción moderna de ser muerto en el Espíritu, a menos que se acepte la excepción de Ananías y Safira, quienes fueron literalmente fulminados por él debido a su engaño premeditado (Hechos 5.5, 10).

En realidad, el estupor que caracteriza al fenómeno carismático moderno refleja prácticas paganas más que cristianas.[14] Paralelos a esta práctica se pueden encontrar fácilmente en las falsas religiones y los grupos sectarios. Como Hank Hanegraaff explica:

> El fenómeno de ser «muerto en el espíritu» tiene más en común con el ocultismo que con una cosmovisión bíblica. El tan popular practicante de esta experiencia, Francis MacNutt, confiesa con franqueza en su libro *Overcome by the Spirit* [Vencido por el Espíritu] que el fenómeno es externamente similar a las «manifestaciones de vudú y otros ritos mágicos» y se «encuentra hoy entre diferentes sectas en el Oriente, así como entre las tribus primitivas de África y América Latina».[15]

Hablando de posesión demoníaca en el África tribal, el misiólogo Richard J. Gehman informa: «Cuando alguien está poseído, él o ella muestra poderes inusuales, la personalidad cambia y la persona está bajo el control total del espíritu o los espíritus. Estos métodos también nos recuerdan a los mismos fenómenos que se producen entre los cristianos carismáticos que se «mueren en el Espíritu». A través de poderes hipnóticos caen en un trance y experimentan sentimientos inefables de gozo».[16]

También hay paralelos con grupos sectarios como el mormonismo. Nada menos que el fundador mormón Joseph Smith experimentó personalmente el fenómeno. Como los autores Rob y Kathy Datsko explican: «Ser "muerto en el Espíritu" es la experiencia que José Smith tuvo y que se describe en JS-H [Joseph Smith History] 1:20: "Cuando volví en sí, me encontré acostado sobre la espalda, mirando al cielo. Al retirarse la luz, me quedé sin fuerzas. Pero pronto me recuperé en cierta medida, y me fui a casa"».[17] Los autores continúan explicando: «En el Libro del Mormón, una multitud de personas fueron muertas en el Espíritu [...] La experiencia de ser muerto en el Espíritu no es exclusiva [del cristianismo carismático], sino también se registra tanto en las escrituras mormonas como en la historia».[18] Paralelos no cristianos como estos revelan el grave peligro espiritual inherente en las versiones carismáticas de esta experiencia.

Todo esto plantea la pertinente pregunta: si el Espíritu Santo no es la fuerza detrás de los modernos «asesinatos», ¿quién es? En muchos casos, es probable que el fenómeno sea el resultado de la manipulación psicológica producida por las expectativas emocionales, la presión social, las dinámicas de grupo y las técnicas de manipulación que utilizan los sanadores por fe y los líderes carismáticos. Sin embargo, puede haber además una explicación más siniestra para el fenómeno. Como advierte el apologista cristiano Ron Rhodes acertadamente: «Los poderes de las tinieblas también pueden estar implicados en esta experiencia (2 Tesalonicenses 2.9). Algunas personas afiliadas a las religiones orientales afirman ser capaces de hacer que la gente quede inconsciente simplemente tocándola».[19]

Incluso entre algunos pensadores carismáticos, la práctica de ser «derribado o muerto en el Espíritu» ha recibido críticas. Hablando de su uso por parte de los sanadores por fe, Michael Brown plantea graves preocupaciones: «Algo está mal. *La mayoría de la gente está enferma cuando se cae* [...] *y enferma cuando se levanta.* Aunque las personas sufran colapsos y se agiten, no parece que reciban la vida de Dios. La unción, o al menos lo que nosotros llamamos la unción, fue lo bastante fuerte para golpearlos, pero no lo bastante fuerte para recuperarlos. Ellos tuvieron su emoción, pero no les hizo bien. ¿Es *este* el poder de Dios?».[20] La respuesta a su pregunta retórica es obvia.

La crítica de J. Lee Grady, editor de la revista *Charisma*, es aun más devastadora. En una amplia sección escribió:

Este fenómeno puede ser y a menudo es falso. Y debemos deplorar la falsificación [...] Nunca debemos usar la unción para manipular a una multitud. Nunca debemos fingir el poder de Dios con el fin de hacer que los demás sientan que estamos ungidos. Si lo hacemos, tomamos algo sagrado y lo hacemos común y trivial. Y como resultado, el fuego santo se convierte en algo distinto: un «fuego extraño» que no tiene el poder de santificar.

Este mismo tipo de fuego extraño se está extendiendo en la actualidad. En algunas iglesias carismáticas, las personas toman el escenario y se lanzan «pelotas de fuego de unción» imaginarias unas a otras, y luego caen al suelo fingiendo estar muertas por las pelotas de poder divino. Un joven predicador itinerante anima a la gente a inyectarse con agujas imaginarias cuando llegan al altar, para que puedan «llegar alto en Jesús». En realidad compara el ser lleno del Espíritu con el consumo de cocaína; también se pone en la boca una figurita de plástico de un pesebre y alienta a las personas a que «fumen al niño Jesús» para que puedan experimentar «Jehová-guana», una referencia a la mariguana. Esto es más grave que trivializar las cosas de Dios. Es tomar el nombre del Señor en vano.

He estado en otras reuniones donde las mujeres yacían en el suelo con las piernas separadas. Hacían ruidos fuertes y gemían mientras afirmaban que estaban orando y «dando a luz en el Espíritu», como si Dios fuera quien las estuviera guiando a hacer algo tan obsceno en un lugar público.

¡Qué Dios nos ayude! Hemos convertido el fuego santo de Dios en un circo, y los cristianos ingenuos están aprobando esto sin darse cuenta de que este tipo de engaños en realidad es blasfemia.[21]

Ya que estos tipos de engaños extravagantes son una burla al verdadero poder y la plenitud del Espíritu Santo, ¿qué es lo que *realmente* significa ser lleno del Espíritu? En las páginas siguientes, vamos a considerar la respuesta a esta pregunta al analizar la obra del Espíritu en la santificación de sus santos al conformarlos a la imagen del Salvador.

SER LLENO DEL ESPÍRITU

El pasaje específico del Nuevo Testamento sobre la llenura del Espíritu es Efesios 5.18, donde Pablo escribió: «No os embriaguéis con vino, en lo cual hay disolución; antes bien sed llenos del Espíritu». En contraste con la embriaguez, que se manifiesta en el comportamiento irracional y fuera de control, los que están llenos del Espíritu se someten conscientemente a su santa influencia.

Cabe destacar que la orden «sed llenos» está en tiempo presente, lo que indica que debe ser una experiencia continua en la vida de cada cristiano. Como ya hemos visto, todos los creyentes son bautizados por el Espíritu (1 Corintios 12.13; Gálatas 3.27), que viene a morar en ellos (Romanos 8.9) y por medio del cual son sellados (Efesios 1.13) en el momento de la salvación.[22] Estas realidades se producen una sola vez. No obstante, si los creyentes deben crecer en la semejanza de Cristo, deben ser llenados continuamente con el Espíritu, lo que permite que su poder impregne sus vidas para que todo lo que piensen, digan y hagan refleje su divina presencia.

El libro de Hechos proporciona varias ilustraciones de la realidad de que la llenura del Espíritu Santo es una experiencia que se repite.[23] Aunque estaba lleno inicialmente el día de Pentecostés, Pedro volvió a llenarse del Espíritu en Hechos 4.8 cuando predicó con valentía ante el Sanedrín. Muchas de las personas que estaban llenas del Espíritu en Hechos 2 se llenaron otra vez en Hechos 4.31, momento en el que hablaron «con denuedo la palabra de Dios». En Hechos 6.5, Esteban se describe como un hombre «lleno de fe y del Espíritu Santo». Hechos 7.55 reitera que estaba «lleno del Espíritu Santo» cuando hizo su apasionada defensa ante los furiosos líderes religiosos.

El apóstol Pablo fue lleno del Espíritu en Hechos 9.17, poco después de su conversión, y otra vez en Hechos 13.9, cuando se enfrentó con valentía al falso profeta Elimas. Una vez que fueron llenos del Espíritu Santo, los apóstoles y sus colegas quedaron facultados para edificar a los creyentes en la iglesia (cp. Hechos 11.22–24) y proclamar sin temor el evangelio, incluso en medio de la severa persecución del mundo (cp. Hechos 13.52).

Cuando consideramos las epístolas del Nuevo Testamento, donde a los creyentes se les dan instrucciones adecuadas para la vida eclesial, encontramos que ser lleno del Espíritu no se demuestra mediante experiencias de éxtasis, sino por la manifestación del fruto espiritual. En otras palabras, los cristianos llenos del Espíritu Santo exhiben el fruto del Espíritu que Pablo identifica como «amor, gozo, paz, paciencia, benignidad, bondad, fe, mansedumbre, templanza» (Gálatas 5.22–23). Ellos son «guiados por el Espíritu» (Romanos 8.14), es decir, su comportamiento no está dirigido por sus deseos carnales, sino por el poder santificador del Espíritu Santo. Como Pablo explica en Romanos 8.5–9:

> Porque los que son de la carne piensan en las cosas de la carne; pero los que son del Espíritu, en las cosas del Espíritu. Porque el ocuparse de la carne es muerte, pero el ocuparse del Espíritu es vida y paz. Por cuanto los designios de la carne son enemistad contra Dios; porque no se sujetan a la ley de Dios, ni tampoco

pueden; y los que viven según la carne no pueden agradar a Dios. Mas vosotros no vivís según la carne, sino según el Espíritu, si es que el Espíritu de Dios mora en vosotros. Y si alguno no tiene el Espíritu de Cristo, no es de él.

El tema del apóstol es que los que están llenos del Espíritu buscan agradar a Dios mediante la aplicación de la santidad práctica (cp. 2 Corintios 3.18; 2 Pedro 3.18).

La trágica ironía es que el movimiento que se cataloga a sí mismo como «lleno del Espíritu» resulta notorio por la inmoralidad sexual, las irregularidades financieras y la mundanalidad ostentosa en la vida de sus líderes más visibles. Como vimos en el capítulo cuatro, el movimiento carismático se ve manchado con regularidad por el escándalo. No importa cuántas veces las personas sean «muertas en el Espíritu» o «hablen en lenguas», es el fruto de sus vidas el que revela la verdadera naturaleza de sus corazones. Aquellos cuya conducta se caracteriza por las obras de la carne (Gálatas 5.19–21) no están llenos del Espíritu, no importa cuántos episodios extáticos afirmen haber experimentado.

Después de ordenarles a los creyentes que sean llenos del Espíritu en Efesios 5.18, Pablo continúa en los versículos siguientes dando ejemplos concretos de lo que esto significa. Los que están llenos del Espíritu se caracterizan por cantos de júbilo en adoración (5.19), corazones llenos de acción de gracias (5.20) y la sumisión de unos a otros (5.21). Si están casados, el matrimonio de ellos honra a Dios (5.22–33). Si tienen hijos, su crianza se desarrolla con paciencia en el evangelio (6.1–4). Si trabajan para un amo terrenal, trabajan duro para honrar al Señor (6.5–8). Si tienen personas que trabajan para ellos, tratan a sus subordinados con benevolencia y justicia (6.9). *Esto* es lo que manifiesta un cristiano lleno del Espíritu Santo. Su influencia en nuestras vidas nos hace relacionarnos rectamente con Dios y los demás.

En Colosenses 3.16—4.1, un pasaje paralelo a Efesios 5.18—6.9, Pablo explica que si los creyentes dejan que «la palabra de Cristo more en abundancia en [ellos]», van a responder del mismo modo cantando salmos, himnos y cantos espirituales. Harán todo en el nombre del Señor Jesús, «dando gracias a Dios Padre por medio de él». Las esposas estarán sujetas a sus maridos y los maridos, a su vez, amarán a sus esposas. Los hijos obedecerán a sus padres y los padres no exasperarán a sus hijos. Los siervos trabajarán diligentemente para sus amos y los amos responderán tratando a sus trabajadores con justicia.

Una comparación de Colosenses 3.16 con Efesios 5.18 muestra la relación inseparable entre los dos pasajes, ya que el fruto producido en cada caso es el mismo. Por lo tanto, podemos ver que obedecer el mandamiento de ser llenos del Espíritu no implica exageración emocional o encuentros místicos. Resulta de la lectura, la meditación y la sumisión a la Palabra de Cristo, permitiéndole a las Escrituras que penetran nuestros corazones y mentes. Dicho de otra manera, estamos llenos del Espíritu Santo cuando estamos llenos de la Palabra, la cual él inspiró y a la que le dio poder. Cuando ordenamos nuestros pensamientos según la enseñanza bíblica, aplicando su verdad a nuestra vida cotidiana, nos ponemos cada vez más bajo el control del Espíritu.

De modo que ser lleno del Espíritu es entregar nuestro corazón a la autoridad de Cristo, permitiendo que su Palabra domine nuestras actitudes y acciones. Sus pensamientos se convierten en el objeto de nuestra intercesión, sus normas se convierten en nuestra búsqueda más excelsa, y su voluntad se convierte en nuestro mayor deseo. Cuando nos sometemos a la verdad de Dios, el Espíritu nos lleva a vivir de una manera que honra al Señor.

Por otra parte, al santificar el Espíritu a los santos individualmente mediante el poder de la Palabra, los fortalece para mostrarse amor unos a otros en el cuerpo de Cristo como un todo (1 Pedro 1.22–23). De hecho, es en el contexto de la edificación de los creyentes dentro de la iglesia que las epístolas del Nuevo Testamento hablan de los dones del Espíritu (cp. 1 Pedro 4.10–11). Significativamente, los dones espirituales no son la señal de ser lleno del Espíritu Santo. La santificación sí lo es. Cuando los creyentes son santificados, permaneciendo bajo el control del Espíritu, son adiestrados para utilizar eficazmente sus dones espirituales con el propósito de servir a los demás.

Siempre que las epístolas del Nuevo Testamento hablan de los dones espirituales, el énfasis está en mostrarse amor los unos a los otros, nunca en la gratificación propia o la autopromoción (Romanos 12; 1 Corintios 13). Como Pablo les dijo a los corintios de manera precisa: «A cada uno le es dada la manifestación del Espíritu *para provecho*» *de los demás* (1 Corintios 12.7). A pesar de que la señal de los dones espectaculares no continuó más allá de la época fundacional de la iglesia (un asunto que establecimos en los capítulos 5 al 8), los creyentes hoy están siendo dotados por el Espíritu Santo con el propósito de edificar el cuerpo de Cristo mediante los dones de la enseñanza, el liderazgo, la administración y otros. Al ministrar a los demás, utilizando sus dones para edificar a la iglesia mediante el poder del Espíritu, los creyentes se convierten en una influencia santificadora en la vida de sus hermanos en Cristo (Efesios 4.11–13; Hebreos 10.24–25).

Andar en el Espíritu

El Nuevo Testamento describe la vida llena del Espíritu Santo mediante la analogía de caminar en el Espíritu. Pablo lo expresó de esta manera en Gálatas 5.25: «Si vivimos por el Espíritu, andemos también por el Espíritu». Así como caminar requiere dar un paso a la vez, ser llenos del Espíritu consiste en vivir bajo el control del Espíritu pensamiento a pensamiento, decisión a decisión. Los que están verdaderamente llenos del Espíritu dan cada paso con él.

Una encuesta del Nuevo Testamento revela que, como creyentes, se nos manda a caminar en novedad de vida, pureza, contentamiento, fe, buenas obras, una manera digna del evangelio, amor, luz, sabiduría, de modo semejante a Cristo y en la verdad.[24] Sin embargo, para tener estas cualidades que caracterizan la forma de caminar, primero tenemos que caminar en el Espíritu. Él es el que produce el fruto de justicia en y a través de nosotros.

Tal como Pablo explicó: «Andad en el Espíritu, y no satisfagáis los deseos de la carne. Porque el deseo de la carne es contra el Espíritu, y el del Espíritu es contra la carne; y éstos se oponen entre sí, para que no hagáis lo que quisiereis» (Gálatas 5.16–17). El concepto de *andar* se refiere al modo normal de vida de una persona. Aquellos cuyas vidas se caracterizan por *andar en la carne* demuestran que aún no son salvos. Por el contrario, los que *andan en el Espíritu* dan evidencia de que pertenecen a Cristo.

En Romanos 8.2–4, el apóstol Pablo se refirió a este mismo tema: «Porque la ley del Espíritu de vida en Cristo Jesús me ha librado de la ley del pecado y de la muerte. Porque lo que era imposible para la ley, por cuanto era débil por la carne, Dios, enviando a su Hijo en semejanza de carne de pecado y a causa del pecado, condenó al pecado en la carne; para que la justicia de la ley se cumpliese en nosotros, que no andamos conforme a la carne, sino conforme al Espíritu».

Debido a que el poder del pecado ha sido roto para los creyentes, ellos tienen la capacidad de cumplir con la ley de Dios mediante el poder del Espíritu Santo. Los que andan según el Espíritu son capaces de hacer las cosas que agradan a Dios. El irredento, por el contrario, está enemistado con Dios y dominado por las obras carnales (cp. vv. 5–9).

El Señor se deleita en la excelencia moral y espiritual de los que le pertenecen (cp. Tito 2.14). Como Pablo dijo a los efesios: «Porque somos hechura suya, creados en Cristo Jesús para buenas obras, las cuales Dios preparó de antemano para que anduviésemos en ellas» (Efesios 2.10). Pedro reiteró esta verdad con las siguientes palabras: «Como aquel que os llamó es santo, sed también vosotros santos en toda vuestra manera de vivir; porque escrito está: Sed santos, porque yo soy santo» (1 Pedro 1.15–16; cp. Hebreos 12.14). Después de haber sido regenerados por la gracia aparte de las obras, los creyentes procuran seguir a Cristo (1 Tesalonicenses 1.6) y el Espíritu Santo les permite precisamente hacerlo. Por lo tanto, es la profunda alegría de ellos que, mediante el poder del Espíritu, «renunciando a la impiedad y a los deseos mundanos, vivamos en este siglo sobria, justa y piadosamente» (Tito 2.12).

Por supuesto, esto no significa que los cristianos ya no lucharán más contra el pecado y la tentación. Aunque hemos sido hechos nuevas criaturas en Cristo (2 Corintios 5.17), todos los creyentes todavía batallamos contra la carne pecadora, esa parte aún no redimida de nuestra humanidad caída que nos tienta a pecar. La carne es el enemigo interno, el remanente del viejo hombre que pelea contra los deseos piadosos y justos (Romanos 7.23). Ser presa de la carne es entristecer al Espíritu Santo (Efesios 4.28–31).

Por el contrario, si los creyentes precisan obtener la victoria sobre los deseos de su carne y crecer en santidad, deben actuar en el poder del Espíritu. Resulta imperativo vestirse «de toda la armadura de Dios» (Efesios 6.11), incluyendo «la espada del Espíritu, que es la palabra de Dios» (v. 17), con el fin de defenderse de los fieros ataques del maligno y mortificar la carne. Como Pablo explica en Romanos 8.13–14: «Si por el Espíritu hacéis morir las obras de la carne, viviréis. Porque todos los que son guiados por el Espíritu de Dios, éstos son hijos de Dios».

La única defensa del creyente contra el asalto constante del pecado es la protección proporcionada por el Espíritu Santo, quien arma a sus santos con la verdad de las Escrituras. Por otro lado, el poder individual del creyente para el crecimiento espiritual está en la obra santificadora del Espíritu, mientras él hace crecer y fortalece a su pueblo mediante la leche pura de la Palabra (1 Pedro 2.1–3; cp. Efesios 3.16). Aunque la vida cristiana requiere disciplina espiritual personal (1 Timoteo 4.7), es vital recordar que no podemos santificarnos a través de nuestros propios esfuerzos (Gálatas 3.3; Filipenses 2.12–13). Fue el Espíritu Santo quien nos apartó del pecado en el momento de la salvación (2 Tesalonicenses 2.13). Y a medida que nos sometemos a su influencia cada día, nos da poder para lograr nuestra victoria sobre la carne.

Por lo tanto, andar en el Espíritu mediante la influencia intrínseca de la Palabra es cumplir con la capacidad y el potencial supremos de nuestra vida en este mundo como hijos de Dios.

SER SEMEJANTES A LA IMAGEN DE CRISTO

Si queremos saber cómo es una vida llena del Espíritu, no necesitamos mirar más allá de nuestro Señor Jesucristo. Él se destaca como el principal ejemplo de alguien que actuó plena y perfectamente bajo el control del Espíritu.[25] Durante el ministerio terrenal de Jesús, el Espíritu fue su compañero inseparable. En su encarnación, el Hijo de Dios se despojó voluntariamente, poniendo a un lado el uso independiente de sus atributos divinos (Filipenses 2.7–8). Él se hizo carne y se sometió por completo a la voluntad de su Padre y al poder del Espíritu Santo (cp. Juan 4.34). Como les dijo a los líderes religiosos en Mateo 12.28: «Yo por el Espíritu de Dios echo fuera los demonios». Sin embargo, ellos negaron la verdadera fuente de su poder, insistiendo en que en realidad era Satanás el que estaba obrando por medio de él. En respuesta, el Señor les advirtió que semejante blasfemia tiene consecuencias eternas: «Por tanto os digo: Todo pecado y blasfemia será perdonado a los hombres; mas la blasfemia contra el Espíritu no les será perdonada» (v. 31). El Espíritu Santo facultó tan evidentemente cada aspecto del ministerio de Jesús, que negarlo como la fuente del poder de Cristo era cometer un pecado imperdonable, muestra de un corazón duro y no arrepentido, lleno de incredulidad.

El Espíritu Santo estuvo activo en el nacimiento virginal, como el ángel Gabriel le explicó a María: «El Espíritu Santo vendrá sobre ti, y el poder del Altísimo te cubrirá con su sombra; por lo cual también el Santo Ser que nacerá, será llamado Hijo de Dios» (Lucas 1.35). El Espíritu estuvo activo en la tentación de Jesús al llevarlo al desierto (Marcos 1.12) y en la preparación de Jesús para usar la espada del Espíritu y defenderse de los ataques del diablo (Mateo 4.4, 7, 10). El Espíritu estuvo activo en el lanzamiento del ministerio público de Jesús (Lucas 4.14), facultándolo para echar fuera demonios y hacer milagros de sanidad (Hechos 10.38). Al final del ministerio de Jesús, el Espíritu Santo estuvo todavía en acción, facultando al Cordero perfecto de Dios para soportar la cruz (Hebreos 9.14). Incluso después de la muerte de Cristo, el Espíritu estuvo íntimamente involucrado en la resurrección de nuestro Señor (Romanos 8.11).

En todo momento, la vida de nuestro Señor estuvo bajo el poder del Espíritu Santo. Jesucristo fue perfectamente lleno del Espíritu Santo, actuando siempre bajo el control total del Espíritu. Su vida de obediencia absoluta y perfecta conformidad a la voluntad del Padre es un testimonio del hecho de que nunca hubo un tiempo en que no anduviera por el Espíritu. Por lo tanto, el Señor Jesús es el prototipo perfecto de lo que significa vivir una vida llena del Espíritu: en plena obediencia y en conformidad completa a la voluntad de Dios.[26]

¿Es de extrañar, entonces, que el Espíritu Santo trabaje activamente en los corazones de sus santos para hacerlos semejantes a la imagen de Jesucristo? Para el Espíritu es un gran deleite dar testimonio del Hijo de Dios (Juan 15.26). El Espíritu glorifica a Cristo, guiando a las personas hacia él (Juan 16.14) y compeliéndolas a someterse gozosamente a su señorío (1 Corintios 12.3). Esto es lo que le interesa al Santo Espíritu, no golpear a las personas, lanzándolas por el suelo, haciendo cosas sin sentido y provocándoles una agitación emocional. El circo carismático de confusión no conforma a nadie a la imagen de Cristo, quien refleja a la perfección la imagen de su Padre (Colosenses 1.15). Por lo tanto, este es un modelo totalmente falso de la santificación.

Pablo se explayó sobre este aspecto del ministerio enfocado en Cristo del Espíritu en 2 Corintios 3.18. Allí escribió: «Por tanto, nosotros todos, mirando a cara descubierta como en un espejo la gloria del Señor, somos transformados de gloria en gloria en la misma imagen, como por el Espíritu del Señor». Aun cuando como creyentes somos expuestos a la gloria de Cristo según se revela en su Palabra —reflejando su vida perfecta de obediencia y descansando en su sacrificio perfecto por el pecado— el Espíritu nos transforma cada vez más a la imagen de nuestro Salvador.

La santificación es la obra del Espíritu mediante la cual nos muestra a Cristo, en su Palabra, y luego progresivamente nos moldea según esa misma imagen. De modo que, mediante el poder del Espíritu, contemplamos la gloria del Salvador y nos volvemos más y más como él. El Espíritu Santo no solo les presenta a los creyentes al Señor Jesucristo en el momento de su salvación, energizando su fe en el evangelio, sino también continúa revelándoles la gloria de Cristo al iluminar la

Palabra en sus corazones. De este modo, hace que ellos crezcan progresivamente en la semejanza de Cristo durante toda la vida.

En Romanos 8.28–29, en medio de un profundo discurso de Pablo sobre el ministerio del Espíritu, el apóstol escribió: «Y sabemos que a los que aman a Dios, todas las cosas les ayudan a bien, esto es, a los que conforme a su propósito son llamados. Porque a los que antes conoció, también los predestinó para que fuesen hechos conformes a la imagen de su Hijo, para que él sea el primogénito [o el preeminente] entre muchos hermanos». Estos versículos familiares subrayan el gran propósito de nuestra salvación, que es conformarnos a la imagen de Jesucristo para que sea eternamente glorificado como el preeminente entre los muchos que han sido hechos semejantes a él.

Los versículos anteriores en Romanos 8 subrayan el hecho de que el Espíritu Santo libera a los creyentes del poder de la ley (vv. 2–3), mora en ellos (v. 9), los santifica (vv. 12–13), los adopta en la familia de Dios (vv. 14–16), los ayuda en sus debilidades (v. 26) e intercede en su favor (v. 27). El propósito de todo esto es hacernos semejantes a la imagen de Jesucristo. Esta semejanza solo se realizará plenamente en la vida venidera (Filipenses 3.21; 1 Juan 3.2). Sin embargo, en este lado del cielo, el Espíritu nos ayuda a crecer en la semejanza de Cristo, llegando a ser más y más como el Señor al que amamos (cp. Gálatas 4.19). Por lo tanto, para los que se preguntan si están en realidad llenos del Espíritu Santo, la pregunta correcta no es: «¿He tenido una experiencia de éxtasis?», sino: «¿Estoy volviéndome cada vez más como Cristo?».

En todo esto, el propósito de Dios es hacer que los creyentes sean como su Hijo a fin de crear una gran multitud de la humanidad redimida y glorificada sobre la cual el Señor Jesucristo reinará con preeminencia eterna. Para siempre, los redimidos glorificarán al Salvador a cuya semejanza han sido hechos. Para siempre, se unirán a los ángeles en el cielo y exclamarán:

El Cordero que fue inmolado es digno de tomar el poder, las riquezas, la sabiduría, la fortaleza, la honra, la gloria y la alabanza. Y a todo lo creado que está en el cielo, y sobre la tierra, y debajo de la tierra, y en el mar, y a todas las cosas que en ellos hay, oí decir: Al que está sentado en el trono, y al Cordero, sea la alabanza, la honra, la gloria y el poder, por los siglos de los siglos. (Apocalipsis 5.12–13)

La obra santificadora del Espíritu

En el Nuevo Testamento queda claro que ser un cristiano «lleno del Espíritu» no tiene nada que ver con hablar galimatías sin sentido, caerse al suelo en un trance hipnótico, o cualquier otro encuentro místico de supuesto poder extático. Más bien, se relaciona con la sumisión de nuestros corazones y mentes a la Palabra de Cristo, andando en el Espíritu y no en la carne, y creciendo día a día en amor y afecto por el Señor Jesús en el servicio de todo su cuerpo, que es la iglesia.

En verdad, la vida cristiana en toda su plenitud es una vida que desea ser vivida en el poder del Espíritu Santo. Él debe ser la influencia dominante en nuestros corazones y vidas. Solo él nos capacita para vivir victoriosamente sobre el pecado, satisfacer las justas demandas de la ley y agradar a nuestro Padre celestial. Es el Espíritu Santo el que nos lleva a una mayor intimidad con Dios. Él ilumina las Escrituras, glorifica a Cristo en nosotros y para nosotros, nos guía a la voluntad de Dios, nos fortalece y también nos ministra por medio de otros creyentes. El Espíritu intercede por nosotros constantemente y sin cesar delante del Padre, de acuerdo siempre con la perfecta voluntad de Dios. Y hace todo esto para conformarnos a la imagen de nuestro Señor y Salvador, lo que garantiza que un día seremos totalmente perfeccionados cuando veamos a Cristo cara a cara.

En lugar de estar irremediablemente distraídos por las falsificaciones carismáticas, los creyentes necesitan redescubrir el verdadero ministerio del Espíritu Santo, el cual es activar su poder en nosotros mediante su Palabra, a fin de que en realidad podamos vencer el pecado para gloria de Cristo, bendición de su iglesia y beneficio de los perdidos.

Once

EL ESPÍRITU Y LAS ESCRITURAS

L a Reforma Protestante es justamente considerada como el más grande avivamiento en los últimos mil años de historia de la iglesia, un movimiento tan masivo que alteró de forma radical el curso de la civilización occidental. Nombres como Martín Lutero, Juan Calvino y John Knox todavía son bien conocidos hoy, cinco siglos después de que vivieran. Y a través de sus escritos y sermones, estos reformadores valientes, y otros como ellos, dejaron un legado perdurable para las generaciones de creyentes que les han seguido.

Sin embargo, el verdadero poder detrás de la Reforma no fluyó de un solo hombre o un grupo de hombres. Sin duda, los reformadores dieron pasos audaces y se ofrecieron como sacrificio por la causa del evangelio, pero aun así, el triunfo arrollador del avivamiento del siglo dieciséis no puede en última instancia ser acreditado a sus increíbles actos de valor o sus brillantes obras de enseñanza. No, la Reforma solo puede explicarse por algo mucho más profundo: una fuerza infinitamente más potente que cualquiera que los simples mortales pudieran producir por sí mismos.

Tal como todo verdadero avivamiento, la Reforma fue la consecuencia inevitable y explosiva de la Palabra de Dios chocando como una ola masiva contra las delgadas barricadas de la tradición humana y la religión hipócrita.

Cuando la gente común de Europa tuvo acceso a las Escrituras en su propio idioma, el Espíritu de Dios usó esa verdad eterna para traer convicción a sus corazones y convertir sus almas. El resultado fue totalmente transformador, no solo para la vida de los pecadores individuales, sino para todo el continente en el que residían.

El principio de la *sola Scriptura* (solo las Escrituras) fue la manera de los reformadores de reconocer que el poder imparable tras el avance explosivo de la reforma religiosa era la Palabra de Dios con el poder del Espíritu. Hablando de la Reforma, un historiador observa:

> La historia de este cambio es contada a través de las vidas de aquellos que [participaron], *y en el centro estaba la Biblia.* Una placa en la catedral de San Pedro en Ginebra describe al reformador Juan Calvino simplemente como «siervo de la Palabra de Dios». [Martín] Lutero dijo: «Todo lo que he hecho es exponer, predicar y escribir la Palabra de Dios, y aparte de esto no he hecho nada [...] Es la Palabra la que ha hecho grandes cosas [...] No he hecho nada, la Palabra ha hecho y conseguido todo».[1]

Para los reformadores, *sola Scriptura* significaba que la Biblia era la única palabra revelada de Dios y por lo tanto la verdadera autoridad del creyente para la sana doctrina y una vida recta. Ellos entendieron que la Palabra de Dios es poderosa, transformadora y totalmente suficiente «para enseñar, para redargüir, para corregir, para instruir en justicia, a fin de que el hombre de Dios sea perfecto, enteramente preparado para toda buena obra» (2 Timoteo 3.16–17). Al igual que los padres de la iglesia que habían venido antes que ellos, estos hombres consideraron de forma correcta a la Palabra de Dios como el fundamento autoritativo de su fe cristiana.[2] Ellos aceptaron la inerrancia, la infalibilidad y la precisión histórica de la Biblia sin duda alguna, y con gusto se sometieron a su verdad divina.

A pesar de que eran parte de una gran agitación social, los reformadores entendieron que la verdadera batalla no era sobre política, dinero o tierras. Era una lucha por la verdad bíblica. Y cuando la verdad del evangelio brilló, por el poder del Espíritu Santo, se encendieron las llamas del avivamiento.

De la Reforma a la ruina

Al igual que una antorcha ardiendo a medianoche, la luz de la Reforma en verdad brilló refulgente contra la oscuridad de la corrupción católica romana. Sin embargo, con el paso de los siglos, los fuegos de la reforma religiosa comenzaron lentamente a enfriarse en Europa. Tanto es así que el lugar de nacimiento del más grande avivamiento de la historia con el tiempo dio lugar al falso evangelio del liberalismo teológico. Doscientos veintidós años después de la muerte de Martín Lutero, nació otro influyente teólogo alemán llamado Friedrich Schleiermacher. No obstante, a diferencia de Lutero, Schleiermacher dejó que las dudas abrumaran su alma y en consecuencia rechazó la verdad del evangelio que sus padres luteranos le habían enseñado. La crisis de fe de Schleiermacher lo sumergió en las profundidades siniestras de la incredulidad; y mientras se hundía, arrastró a otros con él, creando una resaca de incredulidad que pronto cuestionó los fundamentos del cristianismo bíblico. En realidad, con el tiempo se engulló todo el mundo de la educación teológica y ahogó a las denominaciones con mentiras acerca de la Biblia.

Mientras estudiaba en la Universidad de Halle, Schleiermacher fue expuesto a los ataques antibíblicos de los pensadores de la Ilustración, incrédulos escépticos que negaban la veracidad histórica de la Biblia y filósofos seculares que exaltaban la razón humana por encima de la revelación divina. Tal asalto fue demasiado para que el joven e impresionable Schleiermacher lo soportara. Su duda pronto dio paso a la negación pura y simple. Su biógrafo relata la trágica historia:

> En una carta a su padre, Schleiermacher deja caer la insinuación leve de que sus maestros no pueden hacerle frente a las dudas generalizadas que asedian a muchos jóvenes en la actualidad. Su padre no se da cuenta de lo que quiere decirle. Él mismo ha leído algo de la literatura escéptica, le comenta, y puede asegurarle a Schleiermacher que no vale la pena perder el tiempo en eso. Durante seis meses enteros no hay una palabra más de su hijo. Luego viene la bomba. En una conmovedora carta del 21 de enero de 1787, Schleiermacher admite que las dudas a las que alude son las suyas. Su padre ha dicho que la fe es «la prerrogativa de la Deidad», es decir, el derecho real de Dios.

Schleiermacher confesó: «La fe es la prerrogativa de la Deidad, dice usted. ¡Ay! Querido padre, si cree que sin esta fe nadie puede alcanzar la salvación en el otro mundo, ni tranquilidad en este —y tal, lo sé, es su creencia— ¡ah!, entonces ore a Dios para que me la conceda, porque yo la he perdido. No puedo creer que el que se llamaba a sí mismo el Hijo del Hombre sea el Dios verdadero y eterno, no puedo creer que su muerte fue una expiación vicaria».[3]

Las palabras de Schleiermacher resuenan con dolor. Sin embargo, este probaría ser simplemente el dolor del rechazo, no del arrepentimiento. Como un Judas Iscariote del siglo dieciocho, Schleiermacher traicionó su patrimonio de fe, abandonó los reclamos de verdad de las Escrituras y rechazó el evangelio, negando tanto la deidad de Cristo como su obra vicaria en la cruz.

Sorprendentemente, a pesar de que le dio la espalda al evangelio bíblico, Schleiermacher no deseaba abandonar la religión por completo. En cambio, buscó una nueva autoridad en la que basar su «cristianismo». Si las Escrituras no eran más su fundamento, Schleiermacher tendría que encontrar un nuevo fundamento. Lo halló en el Romanticismo.

El Romanticismo —que hizo hincapié en la belleza, la emoción y la experiencia— fue una respuesta filosófica al enfoque racionalista de la Ilustración sobre la ciencia empírica y la razón humana. Fue el racionalismo de la Ilustración (y su antisobrenaturalismo inherente) el que había causado en primer lugar que Schleiermacher dudara de su fe cristiana. Ahora, en un esfuerzo por restaurar una apariencia de ese cristianismo, él se dirigió a los principios filosóficos del Romanticismo. Su obra principal, *On Religion: Speeches to Its Cultured Despisers* [Sobre la religión: discursos a sus menospreciadores cultivados], fue publicada por primera vez en 1799. Esta sirvió de base para su posterior tratado *The Christian Faith* [La fe cristiana], que fue publicado entre los años 1821 y 1822, y luego revisado y reeditado entre los años 1830 y 1831.

En estas obras, Schleiermacher trató de defender la religión de los críticos de la Ilustración argumentando que la base para creer en Dios no se encuentra en las pretensiones de verdad objetiva de las Escrituras (el punto principal de ataque racionalista), sino más bien en los sentimientos personales de la conciencia religiosa (un punto más allá del alcance del Racionalismo).[4] De forma irónica, al tratar de defender su fe mediante la confirmación emocional, destruyó lo mismo que él estaba reclamando proteger.

Neciamente, Schleiermacher buscó reemplazar el fundamento sobre el cual el cristianismo se basa intercambiando las verdades objetivas de las Escrituras por las experiencias espirituales subjetivas. Ese tipo de manipulación teológica lleva inevitablemente a consecuencias desastrosas (Salmo 11.3). En el caso de Schleiermacher, la siembra de sus ideas venenosas llevó a la cosecha mortal del liberalismo teológico, una forma de religión que se llamaba a sí misma «cristiana» y negaba al mismo tiempo la exactitud, la autoridad y el carácter sobrenatural de la Biblia.

Desde la época de Schleiermacher ha habido varias iteraciones de su idea pionera: intentos de encontrar una base autorizada para el cristianismo en algo más que la Palabra de Dios revelada. Más tarde, un alemán llamado Albrecht Ritschl, por ejemplo, argumentó que el cristianismo debía definirse en términos de la *conducta ética en la sociedad*. Las ideas de Ritschl dieron a luz al evangelio social, que sustituyó al evangelio bíblico en muchas iglesias protestantes tradicionales, tanto en Europa como en Norteamérica. En lugar de hacer hincapié en el pecado personal y la salvación del juicio eterno, el evangelio social despojó a la Biblia de su verdadero mensaje y se centró en cambio en un intento de moralismo impotente para salvar a la sociedad de sus males culturales.

El evangelio social no salvó a nadie de la ira de Dios. No obstante, se convirtió en la forma predominante del cristianismo liberal en el siglo veinte, haciendo que la mayoría de las principales denominaciones naufragara en las afiladas rocas de la incredulidad. Autores populares y pastores importantes arrojaron las ideas de Ritschl a las masas. Sin embargo, la esencia del liberalismo volvió una vez más a identificarse con Schleiermacher y su afirmación equivocada de que el cristianismo se podría construir sobre una base distinta a la verdad bíblica.

Al igual que cualquier forma de religión falsa, el liberalismo teológico comenzó como un abandono de la autoridad de la Palabra de Dios. Siglos antes, la iglesia católica romana medieval había experimentado algo similar, aunque más gradual, al intercambiar la autoridad de las Escrituras por la autoridad de la tradición eclesiástica y el decreto papal. Es por ello que la Reforma era necesaria. Al apartarse de la sola autoridad de las Escrituras, tanto el catolicismo romano como el liberalismo teológico se convirtieron en enemigos del verdadero cristianismo, versiones fraudulentas de la misma cosa que decían representar.

La moderna falsificación carismática ha seguido por ese mismo camino, basando su sistema de creencias en algo que no es la sola autoridad de las Escrituras y envenenando a la iglesia con una idea retorcida de la fe. Al igual que la iglesia católica romana medieval, enturbia la clara enseñanza de las Escrituras y oscurece el verdadero evangelio, y como Schleiermacher, eleva los sentimientos subjetivos y las experiencias personales al lugar de mayor importancia. El daño que estos dos sistemas corruptos han causado a las vidas de millones es semejante a la devastación doctrinal por la propagación del error y la confusión carismáticos.

Aunque muchos carismáticos afirman de labios la primacía a las Escrituras, en la práctica niegan tanto su autoridad como su suficiencia. Preocupados por los encuentros místicos y los éxtasis emocionales, los carismáticos buscan una revelación continua del cielo, lo que significa que para ellos la Biblia por sí sola no es suficiente. Dentro de un modelo carismático, la revelación bíblica debe complementarse con «palabras de Dios» personales, supuestas impresiones del Espíritu Santo y otras experiencias religiosas subjetivas. Ese tipo de pensamiento es un rechazo a la autoridad y la suficiencia de las Escrituras (2 Timoteo 3.16–17). Y constituye una receta para el desastre teológico de gran alcance.

HONRAR AL AUTOR DE LA PALABRA

Cualquier movimiento que no honra la Palabra de Dios no puede legítimamente pretender honrar a Dios. Si vamos a reverenciar al Soberano omnipotente del universo, debemos someternos por completo a lo que él ha hablado (Hebreos 1.1–2). Cualquier otra cosa es tratarlo con desprecio y revelarse contra su señorío. No hay nada más ofensivo para el Autor de las Escrituras que no tener en cuenta, negar o distorsionar la verdad que ha revelado (Apocalipsis 22.18–19). Manipular la Palabra de Dios significa tergiversar lo que él escribió. Rechazar sus exigencias es llamarlo mentiroso. Ignorar su mensaje es hacerle un desaire al Espíritu Santo que lo inspiró.

Al ser la perfecta revelación de Dios, la Biblia refleja el glorioso carácter de su Autor. Debido a que él es el Dios de la verdad, su Palabra es infalible. Debido a que él no puede mentir, su Palabra es inerrante. Debido a que él es el Rey de reyes, su Palabra es absoluta y suprema. Los que desean agradarlo deben obedecer su Palabra. Por el contrario, los que dejan de darle honor a las Escrituras sobre cualquier otra cosa que reclame ser verdad, deshonran a Dios mismo.

De vez en cuando alguien podría sugerir que una visión tan elevada de las Escrituras hace de la Biblia misma un objeto de culto. No obstante, si usted afirma que las Escrituras son muy superiores (e infinitamente más autoritativas) que los sueños y visiones carismáticos contemporáneos, es prácticamente seguro que será etiquetado como un *bibliólatra*.

Tal acusación malinterpreta por completo lo que significa honrar la Palabra de Dios. No es el libro físico al que veneramos, sino a Dios, que se ha revelado a sí mismo de manera infalible en él. Por otra parte, las Escrituras se representan en 2 Timoteo 3.16 como el aliento mismo de Dios, lo que significa que hablan con *su* autoridad. No puede haber ninguna fuente más confiable de la verdad. Considerar cualquier punto de vista inferior sobre las Escrituras (o dar a entender que creer en la veracidad absoluta de la Biblia es un tipo de idolatría) es una grave afrenta a Dios. Él mismo ha exaltado su Palabra el lugar más alto. David hizo explícito esto en el Salmo 138.2. Hablándole a Dios, él exclamó: «Porque has engrandecido tu nombre, y tu palabra sobre todas las cosas».[5]

Debido a que reconocieron a Jesucristo como la única cabeza de la iglesia, los reformadores con mucho gusto se rindieron a su Palabra como la única autoridad dentro de la misma. Es decir, reconocieron lo que todos los verdaderos creyentes a lo largo de la historia han afirmado: que la Palabra de Dios sola es nuestra norma suprema de doctrina y práctica. En consecuencia, también se enfrentaron a una autoridad falsa que trataría de usurpar el lugar que le corresponde a las Escrituras, y al hacerlo, expusieron la corrupción de todo el sistema católico romano.

Del mismo modo, los creyentes hoy están llamados a defender la verdad contra todos los que buscan socavar la autoridad de las Escrituras. Como escribió Pablo: «Porque las armas de nuestra milicia no son carnales, sino poderosas en Dios para la destrucción de fortalezas, derribando argumentos y toda altivez que se levanta contra el conocimiento de Dios, y llevando cautivo todo pensamiento a la obediencia a Cristo» (2 Corintios 10.4–5). Judas instruyó igualmente a sus lectores a contender «ardientemente por la fe que ha sido una vez dada a los santos» (v. 3). Al hacer referencia a «la fe», Judas no estaba apuntando a un cuerpo indefinible de doctrinas religiosas, sino que hablaba de las verdades objetivas de las Escrituras que comprenden la fe cristiana (cp. Hechos 2.42; 2 Timoteo 1.13–14). Como el resto del versículo deja claro:

Judas define *la fe* en pocas palabras, con términos específicos como *que ha sido una vez dada a los santos*. La frase «una vez dada» se refiere a algo que se lleva a cabo o se completa de una vez por todas, con resultados duraderos y sin necesidad de repetición. Mediante el Espíritu Santo, Dios reveló la fe cristiana (cp. Romanos 16.26; 2 Timoteo 3.16) a los apóstoles y sus asociados en el primer siglo. Sus enseñanzas, junto con las escrituras del Antiguo Testamento, constituyen el «conocimiento verdadero» de Jesucristo, y son todo lo que los creyentes necesitan para la vida y la santidad (2 Pedro 1.3; cp. 2 Timoteo 3.16–17).

Los escritores del Nuevo Testamento no descubrieron las verdades de la fe cristiana mediante experiencias religiosas místicas. Más bien Dios, con determinación y seguridad, entregó su cuerpo completo de revelación en las Escrituras. Cualquier sistema que reclame una nueva revelación o una nueva doctrina debe ser descartado como falso (Apocalipsis 22.18–19). La Palabra de Dios es suficiente en sí misma, es todo lo que los creyentes necesitan para contender por la fe y oponerse a la apostasía dentro de la iglesia.[6]

Desde el mismo principio, la batalla entre el bien y el mal ha sido una batalla por la verdad. La serpiente en el huerto del Edén comenzó su tentación cuestionando la veracidad de la instrucción previa de Dios: «Pero la serpiente era astuta, más que todos los animales del campo que Jehová Dios había hecho; la cual dijo a la mujer: ¿Conque Dios os ha dicho: No comáis de todo árbol del huerto? [...] Entonces la serpiente dijo a la mujer: No moriréis; sino que sabe Dios que el día que comáis de él, serán abiertos vuestros ojos, y seréis como Dios, sabiendo el bien y el mal» (Génesis 3.1, 4–5). Poner en duda la revelación directa de Dios ha sido la táctica de Satanás desde siempre (cp. Juan 8.44; 2 Corintios 11.44).

Con la eternidad en juego, no es de extrañar que las Escrituras se reserven sus palabras más duras de condenación para los que pusieran mentiras en la boca de Dios, usurpando su Palabra con experiencias peligrosas que son insignificantes en comparación. La serpiente fue maldecida en el huerto de Edén (Génesis 3.14) y a Satanás se le comunicó su inevitable final (v. 15). En el Israel del Antiguo Testamento, la falsa profecía era una ofensa capital (Deuteronomio 13.5, 10), un punto claramente ilustrado por la masacre de Elías de los cuatrocientos cincuenta profetas de Baal tras el enfrentamiento en el Monte Carmelo (1 Reyes 18.19, 40). Sin embargo, los hijos de Israel casi nunca expulsaron a los falsos profetas, y al darle la bienvenida al error en medio del pueblo, también invitaron al juicio de Dios sobre ellos (Jeremías 5.29–31). Considere la actitud del Señor hacia los que intercambian su Palabra verdadera por una falsificación:

Porque este pueblo es rebelde, hijos mentirosos, hijos que no quisieron oír la ley de Jehová; que dicen a los videntes: No veáis; y a los profetas: No nos profeticéis lo recto, decidnos cosas halagüeñas [...] Por tanto, el Santo de Israel dice así: Porque desechasteis esta palabra, y confiasteis en violencia y en iniquidad, y en ello os habéis apoyado; por tanto, os será este pecado como grieta que amenaza ruina, extendiéndose en una pared elevada, cuya caída viene súbita y repentinamente. (Isaías 30.9–13)

¿No castigaré esto? dice Jehová; ¿y de tal gente no se vengará mi alma? Cosa espantosa y fea es hecha en la tierra; los profetas profetizaron mentira, y los sacerdotes dirigían por manos de ellos; y mi pueblo así lo quiso. (Jeremías 5.29–31)

Me dijo entonces Jehová: Falsamente profetizan los profetas en mi nombre; no los envié, ni les mandé, ni les hablé; visión mentirosa, adivinación, vanidad y engaño de su corazón os profetizan. Por tanto, así ha dicho Jehová sobre los profetas que profetizan en mi nombre, los cuales yo no envié, y que dicen: Ni espada ni hambre habrá en esta tierra; con espada y con hambre serán consumidos esos profetas. Y el pueblo a quien profetizan será echado en las calles de Jerusalén por hambre y por espada, y no habrá quien los entierre a ellos, a sus mujeres, a sus hijos y a sus hijas; y sobre ellos derramaré su maldad. (Jeremías 14.14–16)

Así ha dicho Jehová el Señor: ¡Ay de los profetas insensatos, que andan en pos de su propio espíritu, y nada han visto! [...] Vieron vanidad y adivinación mentirosa. Dicen: Ha dicho Jehová, y Jehová no los envió; con todo, esperan que él confirme la palabra de ellos. ¿No habéis visto visión vana, y no habéis dicho adivinación mentirosa, pues que decís: Dijo Jehová, no habiendo yo hablado? Por tanto, así ha dicho Jehová el Señor: Por cuanto vosotros habéis hablado vanidad, y habéis visto mentira, por tanto, he aquí yo estoy contra vosotros, dice Jehová el Señor. Estará mi mano contra los profetas que ven vanidad y adivinan mentira; no estarán en la congregación de mi pueblo, ni serán inscritos en el libro de la casa de Israel, ni a la tierra de Israel volverán; y sabréis que yo soy Jehová el Señor. (Ezequiel 13.3, 6–9)

El tema de estos pasajes es inequívoco: Dios aborrece a los que tergiversan su Palabra o hablan mentira en su nombre. El Nuevo Testamento responde a los falsos profetas con la misma severidad (cp. 1 Timoteo 6.3–5; 2 Timoteo 3.1–9; 1 Juan 4.1–3; 2 Juan 7–11). Dios no tolera a los que falsifican la revelación divina. Es un delito que él trata personalmente y su castigo es rápido y mortal. Sabotear la verdad bíblica de alguna manera, añadiéndole o restándole, o mezclándola con el error, es invitar a la ira divina (Gálatas 1.9; 2 Juan 9–11). Cualquier distorsión de la Palabra es una afrenta contra la Trinidad y, en especial, contra el Espíritu de Dios a causa de su íntima relación con las Escrituras.

Martín Lutero lo expresó de esta manera: «Cada vez que escuche a alguien presumir que ha recibido algo por inspiración del Espíritu Santo y esto no tiene ningún fundamento en la Palabra de Dios, no importa lo que sea, dígale que es la obra del diablo».[7] Y en otro lugar dijo: «Lo que no tiene su origen en las Escrituras es sin duda del mismo diablo».[8]

En el resto de este capítulo, ya que consideramos el verdadero ministerio del Espíritu Santo, vamos a tratar tres facetas de su obra en y por medio de las Escrituras: inspiración, iluminación y capacitación.

El Espíritu Santo inspiró las Escrituras

Dentro de la Trinidad, el Espíritu Santo actúa como el agente divino de transmisión y comunicación. Él es el Autor divino de las Escrituras, mediante el cual Dios reveló su verdad (1 Corintios 2.10). Aunque el Espíritu trabajó por medio de muchos escritores humanos, el mensaje resultante es enteramente suyo. Es la Palabra perfecta y pura de Dios.

El proceso por el cual el Espíritu Santo transmitió la verdad divina a través de agentes humanos se llama *inspiración*. El apóstol Pedro nos da una idea de ese proceso en 2 Pedro 1.20–21: «Ninguna profecía de la Escritura es de interpretación privada, porque nunca la profecía fue traída por voluntad humana, sino que los santos hombres de Dios hablaron siendo inspirados por el Espíritu Santo». El punto de vista de Pedro es que la Biblia no es una colección falible de conocimientos humanos, sino que consiste en la perfecta revelación de Dios mismo, ya que el Espíritu Santo obró a través de hombres de Dios para comunicar la verdad divina. La palabra *interpretación* traduce el término griego *epilusis*, que habla de algo que se libera o se envía.[9] Pedro quiere decir que ninguna profecía de las Escrituras surgió o se originó a partir de las reflexiones privadas de los hombres, no fue producto de la iniciativa o la voluntad humanas, sino el resultado de la obra sobrenatural del Espíritu por medio de santos hombres de Dios.

A medida que estos hombres de Dios eran guiados por el Espíritu Santo, él supervisó sus palabras y las utilizó para producir las Escrituras. Al igual que un barco es arrastrado por el viento para llegar a su destino final, los autores humanos de las Escrituras fueron inspirados por el Espíritu de Dios para comunicar exactamente lo que él deseaba. En ese proceso, el Espíritu llenó sus mentes, almas y corazones con la verdad divina, mezclándola de manera soberana y sobrenatural con sus estilos únicos, vocabularios y experiencias, y guiándolos para producir un resultado inerrante y perfecto.

En Hebreos 1.1–2 se nos ofrece una mayor comprensión de la manera en que Dios reveló su verdad, tanto en el Antiguo como en el Nuevo Testamentos. El autor de Hebreos escribió: «Dios, habiendo hablado muchas veces y de muchas maneras en otro tiempo a los padres por los profetas, en estos postreros días nos ha hablado por el Hijo, a quien constituyó heredero de todo, y por quien asimismo hizo el universo».

En el versículo 1 se indica que la revelación del Antiguo Testamento fue entregada por los profetas que hablaron las cosas que Dios les mandó que dijeran. Del mismo modo, el versículo 2 explica que la revelación del Nuevo Testamento llegó por medio del Señor Jesucristo (cp. Juan 1.1, 18); y por extensión a través de sus apóstoles, a quienes autorizó para comunicar la verdad divina a la iglesia (cp. Juan 14—16). Tanto en el Antiguo como en el Nuevo Testamentos, las Escrituras consisten en la infalible declaración personal de Dios: su perfecta revelación dada por medio de sus voceros elegidos y escrita exactamente de la manera que él quería.

En todo esto, el Espíritu de Dios estuvo involucrado de forma íntima. Según 1 Pedro 1.11, fue específicamente el Espíritu Santo quien obró por medio de los profetas del Antiguo Testamento (cp. 1 Samuel 19.20; 2 Samuel 23.2; Isaías 59.21; Ezequiel 11.5, 24; Marcos 12.36). Por otra parte, fue el Espíritu quien supervisó a los escritores del Antiguo Testamento en cuanto a lo que escribieron (cp. Hechos 1.16; 2 Pedro 1.21). En el aposento alto, el Señor les aseguró a sus discípulos que enviaría el Espíritu Santo para recordarles las cosas que les había dicho (Juan 14.17, 26), una promesa que se cumplió en la redacción de los evangelios. También prometió que el Espíritu les daría revelación adicional

(Juan 16.13–15; cp. 15.26). Esa revelación, dada a los apóstoles por el Espíritu Santo, trajo a la luz las epístolas del Nuevo Testamento. Por lo tanto, cada parte de las Escrituras, desde el Antiguo hasta el Nuevo Testamento, constituye la Palabra inspirada por el Espíritu de Dios.

En 2 Timoteo 3.16–17, Pablo escribió: «Toda la Escritura es inspirada por Dios, y útil para enseñar, para redargüir, para corregir, para instruir en justicia, a fin de que el hombre de Dios sea perfecto, enteramente preparado para toda buena obra». La frase «inspirada por Dios» significa literalmente «respirada por Dios», y sin duda incluye una referencia implícita al Espíritu Santo: el aliento omnipotente del Todopoderoso (Job 33.4; cp. Juan 3.8; 20.22). Por supuesto, el énfasis de Pablo en ese pasaje está en los beneficios plenamente suficientes que los creyentes disfrutan mediante las Escrituras respiradas por Dios. Todo lo que necesitamos para la vida y la piedad se nos ha revelado en la Palabra, de manera que los creyentes pueden estar completa y enteramente preparados para honrar al Señor en todas las cosas.

La Biblia es un libro sobrenatural que proporciona beneficios sobrenaturales. Se nos ha dado como un regalo del Espíritu Santo, quien reveló sus verdades a hombres piadosos, inspirándolos a hablar y escribir la Palabra de Dios sin errores o incoherencias. No obstante, el Espíritu ha hecho más que darnos la Biblia, también promete ayudarnos a entenderla y aplicar sus verdades, un asunto que nos lleva a una segunda forma en la que el Espíritu obra por medio de las Escrituras.

El Espíritu Santo ilumina las Escrituras

La revelación divina sería inútil para nosotros si fuéramos incapaces de comprenderla. Por esto el Espíritu Santo ilumina las mentes de los creyentes, de modo que sean capaces de comprender las verdades de las Escrituras y someterse a sus enseñanzas. El apóstol Pablo explicó el ministerio de iluminación del Espíritu en 1 Corintios 2.14–16. Él escribió: «Pero el hombre natural no percibe las cosas que son del Espíritu de Dios, porque para él son locura, y no las puede entender, porque se han de discernir espiritualmente. En cambio el espiritual juzga todas las cosas; pero él no es juzgado de nadie. Porque ¿quién conoció la mente del Señor? ¿Quién le instruirá? Mas nosotros tenemos la mente de Cristo». Mediante la iluminación de la Palabra, el Espíritu Santo les permite a los creyentes discernir la verdad divina (cp. Salmo 119.18), realidades espirituales que los inconversos son incapaces de comprender verdaderamente.

La triste realidad es que resulta posible estar familiarizado con la Biblia y aun así no entenderla. Los líderes religiosos del tiempo de Jesús eran estudiosos del Antiguo Testamento, pero dejaron de captar por completo el propósito de las Escrituras (Juan 5.37–39). Cristo le preguntó a Nicodemo, dejando al descubierto su ignorancia acerca de los principios básicos del evangelio: «¿Eres tú maestro de Israel, y no sabes esto?» (Juan 3.10). Desprovistos del Espíritu Santo, los incrédulos operan solo en el reino del hombre natural. Para ellos, la sabiduría de Dios parece una tontería. Incluso después que Jesús resucitó de entre los muertos, los fariseos y los saduceos todavía se negaron a creer (Mateo 28.12–15). Esteban se enfrentó a ellos con estas palabras: «¡Duros de cerviz, e incircuncisos de corazón y de oídos! Vosotros resistís siempre al Espíritu Santo; como vuestros padres, así también vosotros» (Hechos 7.51; cp. Hebreos 10.29).

La verdad es que ningún pecador puede creer y aceptar las Escrituras sin la capacitación divina del Espíritu Santo. Como observó Martín Lutero: «En las cosas espirituales y divinas, que pertenecen a la salvación del alma, el hombre es como una estatua de sal, como la mujer de Lot, sí, como un tronco y una piedra, como una estatua sin vida, que no usa ni ojos ni boca, ni sentido ni corazón [...] Toda enseñanza y predicación no significan nada para él, hasta que es iluminado, convertido y regenerado por el Espíritu Santo».[10]

Hasta que el Espíritu Santo intervenga en el corazón del no creyente, el pecador seguirá rechazando la verdad del evangelio. Cualquiera puede memorizar hechos, escuchar sermones y obtener un cierto nivel de comprensión intelectual sobre los puntos básicos de la doctrina bíblica. No obstante, si carece del poder del Espíritu, la Palabra de Dios nunca penetrará en el alma pecadora.[11]

Por el contrario, los creyentes han sido vivificados por el Espíritu de Dios, que ahora mora en ellos. De modo que los cristianos tienen un Maestro de la verdad residente que ilumina su comprensión de la Palabra, lo que les permite conocer y someterse a la verdad de las Escrituras (cp. 1 Juan 2.27). Aunque la obra de inspiración del Espíritu se aplicó solo a los autores humanos de las Escrituras, su ministerio de iluminación es para todos los creyentes. La inspiración nos ha dado el mensaje inscrito en las páginas de las Escrituras. La iluminación inscribe ese mensaje en nuestros corazones, permitiéndonos entender lo que significa cuando confiamos en que el Espíritu de Dios haga brillar la luz de la verdad intensamente en nuestra mente (cp. 2 Corintios 4.6).

Tal como Charles Spurgeon explicó: «Si usted no entiende un libro de un escritor desaparecido, no puede preguntarle su significado, pero el Espíritu que inspiró las Sagradas Escrituras vive para siempre, y se deleita en abrirles la Palabra a los que buscan su instrucción».[12] Es un glorioso ministerio del Espíritu Santo que él abra las mentes de sus santos para que comprendan las Escrituras (cp. Lucas 24.45), de modo que podamos conocer y obedecer su Palabra.

Por supuesto, la doctrina de la iluminación no significa que los creyentes pueden develar todos los secretos teológicos (Deuteronomio 29.29) o que no necesitamos maestros piadosos (Efesios 4.11–12). Tampoco nos impide que nos disciplinemos para el propósito de la piedad (1 Timoteo 4.8) o que llevemos a cabo el arduo trabajo del estudio cuidadoso de la Biblia (2 Timoteo 2.15).[13] Sin embargo, podemos acercarnos a nuestro estudio de la Palabra de Dios con alegría y entusiasmo, sabiendo que a medida que investiguemos las Escrituras con espíritu de oración y diligencia, el Espíritu Santo iluminará nuestros corazones para comprender, aceptar y aplicar las verdades que estamos estudiando.

A través de su ministerio de inspiración, el Espíritu Santo nos ha dado la Palabra de Dios. Mediante su ministerio de iluminación, nos ha abierto los ojos para comprender y someternos a la verdad bíblica. No obstante, él no se detiene allí.

EL ESPÍRITU LES DA PODER A LAS ESCRITURAS

En concierto perfecto con su ministerio de iluminación, el Espíritu Santo le da poder a su Palabra para que vaya trayendo convicción a los corazones de los no creyentes y santifique los corazones de los redimidos. En los dos capítulos anteriores, consideramos la obra del Espíritu en la salvación y la santificación. Vale la pena repetir aquí que su Palabra es el instrumento que él utiliza para llevar a cabo con poder estos dos ministerios.

En el evangelismo, el Espíritu Santo le da energía a la proclamación del evangelio bíblico (1 Pedro 1.12), usando la predicación de su Palabra para penetrar el corazón y traer convicción al pecador (cp. Romanos 10.14). Como Pablo les dijo a los tesalonicenses: «Pues nuestro evangelio no llegó a vosotros en palabras solamente, sino también en poder, en el Espíritu Santo y en plena certidumbre» (1 Tesalonicenses 1.5). En otra parte, Pablo les explicó a los creyentes de Corinto: «Y ni mi palabra ni mi predicación fue con palabras persuasivas de humana sabiduría, sino con demostración del

Espíritu y de poder, para que vuestra fe no esté fundada en la sabiduría de los hombres, sino en el poder de Dios» (1 Corintios 2.4–5). Si el Espíritu no le diera poder a la proclamación de su Palabra, nadie podría responder con fe salvadora. Charles Spurgeon ilustra vívidamente este asunto con estas palabras:

> A menos que el Espíritu Santo bendiga la Palabra, nosotros que predicamos el evangelio somos de todos los hombres los más dignos de lástima, porque hemos intentado una tarea que es imposible. Hemos entrado en un ámbito en el que solo lo sobrenatural funciona. Si el Espíritu Santo no renueva los corazones de nuestros oyentes, nosotros no podemos hacerlo. Si el Espíritu Santo no los regenera, nosotros no podemos. Si él no envía la verdad a morar en sus almas, sería como si habláramos al oído de un cadáver.[14]

El Espíritu Santo es la fuerza omnipotente detrás de la promesa del Señor en Isaías 55.11: «Así será mi palabra que sale de mi boca; no volverá a mí vacía, sino que hará lo que yo quiero, y será prosperada en aquello para que la envié». Sin su capacitación divina, la predicación del evangelio sería nada más que letra muerta cayendo en corazones muertos. Sin embargo, mediante el poder del Espíritu, la Palabra de Dios es «viva y eficaz, y más cortante que toda espada de dos filos; y penetra hasta partir el alma y el espíritu, las coyunturas y los tuétanos, y discierne los pensamientos y las intenciones del corazón» (Hebreos 4.12).

Sin el Espíritu Santo, el sermón más elocuente no es más que pura palabrería, ruido vacío y oratoria sin vida, pero cuando va acompañado del Espíritu omnipotente de Dios, el más simple mensaje de las Escrituras penetra a través de los corazones endurecidos por la incredulidad y transforma vidas.

El apóstol Pablo describe igualmente la Palabra de Dios como «la espada del Espíritu» en Efesios 6.17. En ese contexto, las Escrituras se representan como un arma poderosa del Espíritu que los creyentes deben utilizar en su lucha contra el pecado y la tentación (cp. Mateo 4.4, 7, 10). La Palabra de Dios no es solo el medio divinamente facultado por el cual los pecadores son regenerados (cp. Efesios 5.26; Tito 3.5; Santiago 1.18), sino es también el medio por el cual los creyentes resisten el pecado y crecen en santidad. Cuando Jesús oró en Juan 17.17, le habló a su Padre de los que habrían de creer en él: «Santifícalos en tu verdad; tu palabra es verdad». Ya hemos visto los efectos santificadores de la

Palabra inspirada de Dios en 2 Timoteo 3.16–17, donde Pablo explicó que las Escrituras inspiradas son suficientes para preparar por completo a los creyentes a fin de que alcancen la madurez espiritual.

En 1 Pedro 2.1–3, Pedro hizo una observación similar: «Desechando, pues, toda malicia, todo engaño, hipocresía, envidias, y todas las detracciones, desead, como niños recién nacidos, la leche espiritual no adulterada, para que por ella crezcáis para salvación, si es que habéis gustado la benignidad del Señor». Los que han probado la gracia de Dios en la redención continúan creciendo en santidad mediante la interiorización de su Palabra. Los verdaderos creyentes son reconocidos por el hambre de las Escrituras, deleitándose en la Palabra de Dios con la misma intensidad que un niño ansía la leche (cp. Job 23.12; Salmo 119). Y en todo esto, estamos siendo conformados a la imagen de Cristo, un ministerio que el Espíritu lleva a cabo mediante la exposición de nuestro corazón a la revelación bíblica acerca del Salvador (2 Corintios 3.18). Él hace posible que «la palabra de Cristo more en abundancia en vosotros» (Colosenses 3.16), una frase que es paralela al mandato paulino de «sed llenos del Espíritu» (Efesios 5.18), para que el fruto de una vida transformada se vea en la forma en que expresamos nuestro amor a Dios y los demás (cp. Efesios 5.19—6.9; Colosenses 3.17—4.1).

Cuando el poder del Espíritu Santo se manifiesta, no produce caídas sin sentido al suelo, un desbordante balbuceo incoherente, zumbidos de éxtasis o sofocos de emoción. Todos esos comportamientos nada tienen que ver con su auténtico ministerio. En realidad, son una burla a su obra genuina. Cuando el Espíritu Santo se está moviendo, los pecadores son liberados del pecado por medio del poder de su Palabra y transformados en nuevas criaturas en Cristo. Ellos se emocionan por la santidad, adoran con entusiasmo, reciben poder para el servicio y desean aprender las Escrituras. Debido a que aman la verdadera obra del Espíritu, aman el Libro que él le ha dado a la iglesia. Por lo tanto, sus vidas se caracterizan por un amor reverente, profundo y fiel tanto a la Palabra de Dios como al Dios de la Palabra.

SE HONRA AL ESPÍRITU AL HONRAR LAS ESCRITURAS

Aunque los carismáticos dicen representar al Espíritu Santo, su movimiento ha mostrado una persistente tendencia a enfrentarlo contra las Escrituras, como si un compromiso con la verdad bíblica de alguna manera pudiera apagar, contristar o de alguna manera inhibir el ministerio del Espíritu.[15] Sin embargo, nada podría estar más lejos de la verdad. La Biblia es el libro del Espíritu Santo. Es el instrumento que él utiliza para traer convicción de pecado, de justicia y de juicio a los incrédulos. Es la espada con la cual le da poder a la proclamación del evangelio, que penetra profundamente en los corazones de los que están espiritualmente muertos y los eleva a la vida espiritual. Es el medio por el cual le da rienda suelta a su poder santificador en las vidas de los que creen, haciéndolos crecer en la gracia mediante la leche pura de la enseñanza bíblica.

Por lo tanto, rechazar las Escrituras es rechazar el Espíritu. Ignorar, despreciar, torcer o desobedecer la Palabra de Dios es deshonrar a aquel que la inspiró, la ilumina y la faculta. En cambio, aceptar de todo corazón la verdad bíblica y someterse a ella es disfrutar de la plenitud del ministerio del Espíritu, siendo lleno de su poder santificador, guiado por él en justicia, y preparado con su armadura en la batalla contra el pecado y el error. Charles Spurgeon lo explicó de esta manera a su congregación:

> Tenemos una palabra más segura de testimonio, una roca de la verdad sobre la que descansamos, porque nuestra norma infalible consiste en: «Escrito está...». La Biblia, toda la Biblia y nada más que la Biblia, es nuestra religión [...] Se dice que es difícil de entender, pero no es así para los que buscan la guía del Espíritu de Dios [...] Un bebé en la gracia enseñado por el Espíritu de Dios puede conocer la mente del Señor acerca de la salvación, y encontrar su camino al cielo con solo la guía de la Palabra. Que sea profunda o simple, esa no es la cuestión, sino que es la Palabra de Dios, una verdad pura e infalible. He aquí la infalibilidad, y en ninguna otra parte [...] Este gran e infalible libro [...] es nuestro único tribunal de apelación [...] [Es] la espada del Espíritu en los conflictos espirituales que nos esperan [...] El Espíritu Santo está en la Palabra y es, por lo tanto, la verdad viviente. Ah, cristianos, sabed esto, y así hagan de la Palabra el arma elegida de guerra.[16]

La Biblia es un libro vivo, ya que el Espíritu viviente de Dios le da energía y la autoriza. La Palabra nos convence, nos instruye, nos prepara, nos fortalece, nos protege y nos permite crecer. O más exactamente, el Espíritu Santo hace todas estas cosas cuando activa la verdad de las Escrituras en nuestros corazones.

Al ser creyentes, honramos más al Espíritu cuando honramos a las Escrituras, estudiándolas con diligencia, aplicándolas con cuidado, fortaleciendo nuestras mentes con sus preceptos y aceptando sus enseñanzas con todo nuestro corazón. El Espíritu nos ha dado la Palabra. Él nos ha abierto los ojos para comprender sus vastas riquezas. Y él le da poder a su verdad en nuestras vidas mientras nos conforma a la imagen de nuestro Salvador.

Es difícil imaginar por qué alguien pudiera desdeñar o ignorar las palabras de este Libro, en especial a la luz de las bendiciones prometidas por Dios que resultan de estimarlo. Como declara el salmista:

Bienaventurado el varón que no anduvo en consejo de malos, ni estuvo en camino de pecadores, ni en silla de escarnecedores se ha sentado; sino que en la ley de Jehová está su delicia, y en su ley medita de día y de noche. Será como árbol plantado junto a corrientes de aguas, que da su fruto en su tiempo, y su hoja no cae; y todo lo que hace, prosperará. (Salmo 1.1–3)

DOCE

UNA CARTA ABIERTA A MIS AMIGOS CONTINUACIONISTAS

*E*ste capítulo final es un llamamiento personal a los demás líderes del movimiento evangélico conservador que proclaman el evangelio verdadero, sin embargo, insisten en aceptar la idea de la continuación de los dones de revelación y milagrosos en la edad moderna.

He titulado este capítulo «Una carta abierta a mis *amigos* continuacionistas», porque quiero hacer hincapié, desde el principio, en que considero como hermanos en Cristo y amigos en el ministerio a todos los que son fieles compañeros obreros en la Palabra y el evangelio, incluso si le dan un lugar de legitimidad a la experiencia carismática. Tengo buenos amigos entre los que se autodenominan «carismáticos reformados» o «evangélicos continuacionistas».

El movimiento carismático está lleno de falsos maestros y charlatanes espirituales de la peor especie, como se ilustra acertadamente sintonizando el canal TBN (o cualquiera de las diversas cadenas de televisión carismáticas más pequeñas). En realidad, no considero a mis amigos continuacionistas como individuos de la misma clase que estos charlatanes espirituales y evidentes falsificadores. Me dirijo a los líderes cristianos que han demostrado su compromiso con Cristo y su Palabra a través de los años. Su lealtad a la autoridad de las Escrituras y los fundamentos del evangelio ha sido constante e influyente, y es sobre esa base que compartimos una rica comunión en la verdad.

Estoy agradecido por las numerosas contribuciones que algunos de ellos han hecho a la verdad y la vida de la iglesia. Me he beneficiado personalmente, junto con mi congregación, de los libros escritos por autores continuacionistas, incluso teologías sistemáticas, comentarios bíblicos, biografías históricas, obras devocionales y tratados que defienden doctrinas fundamentales como la expiación vicaria, la inerrancia de la Biblia y las funciones que Dios les ha asignado a los hombres y las mujeres.

En cuanto al tema carismático, muchos continuacionistas evangélicos han condenado con valentía ciertos aspectos de ese movimiento que reconocen están en contradicción directa con la Palabra de Dios, incluso las demandas indignantes del evangelio de la prosperidad. Por otra parte, los excesos extraños que caracterizan el movimiento no son tolerados. Incluso el término *continuacionista* es una protesta implícita contra la corrupción generalizada que caracteriza a la corriente principal de la enseñanza carismática. Como un autor continuacionista explicó: «El término *carismático* a veces se ha asociado con el error doctrinal, las afirmaciones sin fundamento de sanidades, las irregularidades financieras, las predicciones extravagantes e incumplidas, un excesivo énfasis en los dones del habla y algunos peinados lamentables [...] Por eso he empezado a identificarme con más frecuencia como continuacionista en lugar de carismático».[1]

Ese tipo de distanciamiento es fundamental, ya que coloca una línea necesaria de distinción entre los carismáticos tradicionales y los evangélicos conservadores que creen en la continuación de los dones. Sin embargo, no creo que va lo bastante lejos. Estoy agradecido porque las doctrinas en las que estamos de acuerdo superan a las cosas en las que no coincidimos. No obstante, esto no significa que estas últimas pueden dejarse a un lado fácilmente.

De modo que, aunque doy gracias porque estamos juntos por el evangelio, también estoy convencido de que la unidad que compartimos en lo fundamental del evangelio no debe impedirnos abordar otros temas del mismo, sino que debe motivarnos a afinarnos entre sí en aras de la precisión bíblica. El amor a la verdad, sin ninguna falta de caridad personal, es lo que me motiva a escribir un libro como este. Es también lo que me obliga a expresar claramente que creo que la posición continuacionista expone a la iglesia evangélica al continuo peligro de la mutación carismática.

CASI CESACIONISTAS

Antes de hablar de las peligrosas consecuencias de mantener una posición conservadora carismática (por ejemplo, el continuacionismo), resulta importante establecer una de las grandes ironías de esa posición: en realidad, los continuacionistas evidencian una forma incipiente de cesacionismo. Voy a explicar lo que quiero decir.

La posición continuacionista afirma que la profecía moderna es falible y no autoritativa, reconoce que la práctica frecuente moderna de hablar en lenguas no consiste en auténticos idiomas extranjeros, y por lo general niega que los milagros de sanidad como los registrados en los evangelios y los Hechos se estén repitiendo hoy. Por otra parte, los continuacionistas admiten que el oficio único del apostolado cesó después del primer siglo de la historia de la iglesia. Por lo tanto, los continuacionistas están de acuerdo en que no ha habido apóstoles en los últimos mil novecientos años, y que cualquier don de profecía infalible de los tiempos del Nuevo Testamento ha cesado (con la revelación inerrante continuando solo en la Biblia).

Gran parte de los continuacionistas reconoce que la capacidad milagrosa de hablar con fluidez en auténticos idiomas extranjeros, tal como se describe en Hechos 2, no sobrevivió más allá de la era apostólica. Y por lo general aceptan que las curaciones instantáneas, innegables, públicas y completas como las realizadas por Cristo y sus apóstoles no se han repetido desde el primer siglo. Como un conocido pastor continuacionista declaró en una reciente entrevista: «Me parece, tanto por la Biblia como por la experiencia, que hubo un extraordinario afloramiento de bendición sobrenatural que rodeó a la encarnación, el cual no ha sido duplicado en algún otro momento de la historia. Nadie ha sanado como Jesús sanó. Nunca falló, lo hizo perfectamente, resucitó a los muertos, tocó y todas las llagas se fueron, y nunca arruinó las cosas».[2]

Esta observación es absolutamente correcta: los milagros de Cristo y por extensión los de sus apóstoles fueron únicos e irrepetibles. Reconocer este hecho cierto es aceptar la premisa fundamental del cesacionismo.

Quienes deseen hacer una comparación justa y sincera entre los fenómenos carismáticos de la actualidad y los milagros de Cristo y sus apóstoles, rápidamente descubrirán que es imposible ser un continuacionista sin reservas. Es más que evidente que las versiones carismáticas modernas del apostolado, la profecía, las lenguas y las sanidades no coinciden con los precedentes bíblicos. Cualquier persona con un mínimo de integridad tendrá que admitirlo. No obstante, al admitir esto, corroboran la esencia del argumento cesacionista, sin importar las protestas que se hagan en sentido contrario.

Sin embargo, los continuacionistas insisten en usar la terminología de la Biblia para describir las prácticas carismáticas contemporáneas que *no* coinciden con la realidad bíblica. Por lo tanto, cualquier impresión personal o fantasía pasajera puede ser catalogada como «el don de profecía», al hablar en jerga se le llama «el don de lenguas», a toda providencia notable se le designa como un «milagro», y cada respuesta positiva a las oraciones por sanidad se ve como prueba de que una persona tiene el *don* de sanidad. Todo esto plantea un problema importante, ya que *no* es así como el Nuevo Testamento describe estos dones. Por lo tanto, que cualquier pastor o líder de la iglesia evangélica aplique la terminología bíblica a lo que no se corresponde con la práctica bíblica no solo es confuso, sino potencialmente peligroso para la enseñanza de la que esa persona es culpable.

LAS RAMIFICACIONES PELIGROSAS DE LA POSICIÓN CONTINUACIONISTA

Algunos continuacionistas conservadores podrían considerar este tema como secundario y relativamente menor, teniendo solo pequeñas ramificaciones para la iglesia en general. Otros parecen cómodamente indiferentes a la cuestión, lo que supone que casi no piensan en absoluto en esto. En realidad, las implicaciones son enormes y las consecuencias posiblemente desastrosas. He aquí ocho razones.

1. La posición continuacionista le da una ilusión de legitimidad al movimiento carismático en general.

Aunque los continuacionistas teológicamente conservadores respetables representan una pequeña minoría dentro del movimiento carismático, le proporcionan a todo el movimiento un aura de credibilidad teológica y respeto.

Cuando escribí *Charismatic Chaos* hace más de veinte años, la gente me acusó de hacerle frente solo al lado alocado del movimiento carismático. Estoy seguro de que algunos dirán lo mismo de este libro. Sin embargo, esta obra trata en específico de la *corriente principal* del movimiento carismático. Los continuacionistas reformados son los que están realmente al margen, ya que no constituyen un ejemplo de la gran mayoría de los carismáticos. No obstante, cuando eruditos continuacionistas notables le dan credibilidad a las interpretaciones carismáticas o dejan de condenar directamente las prácticas carismáticas, le proporcionan cobertura teológica a un movimiento que debe ser expuesto por sus peligros en lugar de defendido.

Uno de los más respetados estudiosos del Nuevo Testamento en el mundo evangélico proporciona un ejemplo de esto. Como exégeta cuidadoso que trata de ser fiel al texto del Nuevo Testamento, este hombre identifica correctamente el don de lenguas con los idiomas auténticos. Sin embargo, sus presuposiciones continuacionistas le impiden llegar a la conclusión de que el don de lenguas ha cesado. Como resultado, se ve obligado a elaborar una hipótesis desconcertante en la que afirma que los balbuceos modernos pueden parecer galimatías, pero es posible que constituyan un idioma racional al mismo tiempo. En un amplio debate sobre este asunto, proporciona el siguiente ejemplo para ilustrar su punto de vista:

Supongamos que el mensaje es:

Alabad al Señor, porque su misericordia es eterna.

Retire las vocales para lograr:

LBD L SÑR PRQ S MSRCRD S TRN.

Esto puede parecer un poco extraño, pero si tenemos en cuenta que el hebreo moderno se escribe sin la mayoría de los vocales, se puede imaginar que con la práctica es posible leer la frase muy bien. Ahora quite los espacios y, a partir de la primera letra, vuelva a escribir la secuencia usando cada tercera letra, avanzando a través de la secuencia hasta que se agoten todas las letras. El resultado es:

LLRRSRTBSPSRDRDÑQMCSN.

Ahora agregue un sonido «a» después de cada consonante y rompa la unidad en trozos arbitrarios:

LALARA RASARA TABASA PASARADA

RADAÑA QAMACASANA.

Creo que resulta indistinguible de las transcripciones de algunas lenguas modernas. Sin duda, es muy similar a algunas que he escuchado. No obstante, el punto importante es que transmite la información *siempre y cuando se sepa el código*.

Cualquiera que conozca los pasos que he dado podría invertir el proceso con el fin de recuperar el mensaje original [...]

Parece, entonces, que las lenguas pueden tener información cognitiva, aunque no sean idiomas humanos conocidos, al igual que un programa de computadora es un «lenguaje» que transmite una gran cantidad de información a pesar de que no sea un «lenguaje» que alguien realmente hable.[3]

Si bien esta propuesta es innovadora, no tiene ningún fundamento exegético y añade una complejidad innecesaria que no se justifica a partir de la descripción del Nuevo Testamento del don de lenguas. Explicaciones únicas de este tipo, aunque bien intencionadas, tratan de hacer lo imposible. Todos los esfuerzos para conciliar el milagro bíblico de hablar lenguas extranjeras y la práctica moderna del parloteo sin sentido fallan.

Si esta interpretación no viniera de uno de los autores académicos más respetados de nuestro tiempo, probablemente no obtendría ninguna atención en cualquier foro serio. No obstante, debido a la reputación de este escritor en particular como erudito evangélico distinguido, muchos carismáticos se aferran a su idea como si fuera una defensa creíble de su posición. Pero no lo es. Se trata de un intento desesperado y evidente de defender lo indefendible. Teorías inverosímiles como estas provenientes de fuentes dignas de crédito solo sirven para legitimar un movimiento que en realidad se basa en argumentos insostenibles y falacias exegéticas.

En una entrevista en línea, otro pastor continuacionista insiste en que la versión moderna del habla extática es una expresión legítima del don, a pesar de que admite que a menudo se falsifica en los círculos carismáticos. Hablando de su propio deseo de hablar en lenguas, señala:

Esta misma mañana me encontraba caminando por mi sala de estar [...] [y] pensaba en las lenguas. Me dije: «Hace tiempo que no considero lo de las lenguas». Así que hice una pausa [...] Y le pedí: «Señor, todavía estoy ansioso de hablar en lenguas. ¿Quieres darme ese don?».

Ahora bien, en ese momento usted puede tratar de decir «banana» a la inversa si quiere. Yo solía sentarme en el coche fuera de la iglesia cantando en lenguas, pero sabía que no eran tal cosa. Solo estaba inventando. Y me decía: esto no lo es.

Sé que no es así. No obstante, eso es lo que ellos tratan que uno haga si pertenece a ese grupo determinado. Y yo solo hice todo lo posible para tratar de conseguirlo, y el Señor siempre me ha dicho sin palabras: «No». «No» [...]

Sin embargo, no me imagino que esta sea su última palabra. Y así, de vez en cuando, solo me vuelvo a él como un niño y le digo: «Muchos de mis hermanos y hermanas tienen este juguete, tienen este don. ¿Puedo tenerlo?».[4]

Este testimonio ilustra la angustia causada por un mal entendimiento de los dones: desear que Dios le dé algo que él eliminó de la iglesia hace mucho tiempo. Por un lado, estoy agradecido porque este pastor sea lo bastante franco para reconocer que nunca ha experimentado el fenómeno contemporáneo, sobre todo porque la versión moderna constituye una experiencia falsa. Por el otro, la creencia de este respetado pastor en que el éxtasis ininteligible puede ser una expresión genuina de los dones espirituales le otorga legitimidad a todos los que asocian el balbuceo sin sentido con el Espíritu de Dios. Aunque este pastor es un conocido defensor de la sana doctrina en muchos aspectos vitales, su posición en lo que respecta a las lenguas proporciona una plataforma de verosimilitud para millones de carismáticos que son mucho menos responsables de lo que él es.

2. La posición continuacionista degrada la naturaleza milagrosa de los verdaderos dones que Dios le concedió a la iglesia del primer siglo.

Los relatos evangélicos, junto con el libro de Hechos, registran los milagros más grandes y espectaculares que jamás hayan ocurrido en toda la historia humana. Dios le estaba dando una nueva revelación a la iglesia, a través de sus apóstoles y profetas, para que el Nuevo Testamento se pudiera escribir. El Espíritu Santo los capacitó con el don de lenguas para que hablaran palabras extranjeras que nunca habían aprendido. Y les otorgó el don de sanidad a determinados individuos, lo que les permitió sanar a las personas que estaban ciegas, lisiadas, sordas y leprosas con el fin de validar su mensaje. El propósito de esos milagros y su relación con la presentación inicial de la verdad del evangelio se hace diáfano en Hebreos 2.3–4: «[La salvación contenida en el evangelio] habiendo sido anunciada primeramente por el Señor, nos fue confirmada por los que oyeron, testificando Dios juntamente con ellos, con señales y prodigios y diversos milagros y repartimientos del Espíritu Santo según su voluntad». Este pasaje bíblico priva de sentido la noción carismática de que las señales, los prodigios, los milagros, así como los dones de lenguas, profecía y sanidad, pertenecen a la experiencia cotidiana de todos los cristianos.

Además, cuando los continuacionistas utilizan la terminología de los dones del Nuevo Testamento, pero luego definen esos términos para adaptarse a la práctica carismática, deprecian el carácter extraordinario de la *cosa real*. Como resultado, empequeñecen la manera gloriosa en que el Espíritu Santo obró en las etapas iniciales de la historia de la iglesia. Si los dones que se practican en las iglesias carismáticas hoy son equivalentes a los descritos en el Nuevo Testamento, entonces esos dones originales no eran milagrosos en absoluto. Hacer declaraciones que están llenas de errores no es coherente con el don bíblico de la profecía. Hablar galimatías no representa el verdadero don de lenguas. Y orar por sanidad, a sabiendas de que esas oraciones no serán contestadas, no constituye el don apostólico de la sanidad.

Como cristianos evangélicos, deseamos ver al Dios trino honrado y su Palabra exaltada. Cuando los carismáticos secuestran la terminología del Nuevo Testamento y redefinen los dones bíblicos, degradan lo que Dios hizo milagrosamente en el primer siglo. Los continuacionistas conservadores ayudan en esta falsedad.

3. La posición continuacionista limita severamente la capacidad de sus defensores para hacerle frente a otros que caen en la confusión carismática.

Con la concesión de mérito a las premisas básicas de un movimiento degradado, los continuacionistas terminan renunciando a la capacidad de hacerle frente a otros líderes evangélicos que practican el comportamiento carismático extraño o hacen afirmaciones extravagantes basados en supuestas revelaciones de Dios.

Un ejemplo claro de esto salió a la luz hace unos años, cuando un popular pero provocativo joven pastor comenzó a afirmar que Dios le estaba mostrando visiones gráficas de personas específicas que participaban en actos sexuales, los cuales incluían violación, fornicación y acoso sexual de niños.[5] Con un aire de valentía temeraria, el pastor describió sus supuestas visiones a su audiencia con detalles escandalosos, de tal manera que el resultado constituyó una clara violación de Efesios 5.12, 1 Timoteo 4.12 y una multitud de otros pasajes bíblicos. Esos mensajes fueron puestos a disposición del público a través de la página web de su ministerio.

Obviamente, las visiones de ese tipo no provienen de Dios, sino de una imaginación que ha sido expuesta de forma excesiva a las influencias mundanas.

Aunque los cesacionistas se apresuraron a señalar la presunción pornográfica del pastor, algunos líderes continuacionistas se encontraron en un dilema. Por un lado, no podían estar a gusto con las imágenes lascivas que este joven reclamaba haber recibido de Dios. Por el otro, no podían negar definitivamente su afirmación de que el Espíritu Santo le estaba dando nueva revelación, sin importar lo escabrosa o llamativa que fuera. Al final, se quedaron incómodamente en silencio, lo que fue interpretado como una aceptación.

Otros ejemplos también podrían enumerarse, lo que demuestra que, si bien los carismáticos reformados quieren distanciarse de la corriente principal del movimiento carismático, se han colocado en una posición que hace que resulte casi imposible para ellos formular una crítica eficaz. Un pastor evangélico influyente reiteró hace poco el hecho de que se había sentido francamente intrigado por el movimiento de la Tercera Ola en la década de 1990, viendo al Vineyard Movement de John Wimber como un auténtico avivamiento.[6] Un conocido teólogo sistemático insinúa que estar muerto en el Espíritu puede ser una cosa buena, siempre y cuando se obtengan resultados positivos en las vidas de las personas.[7] Otro autor evangélico muy leído renunció a su pastorado en 1993 para convertirse en una especie de mentor teológico en el Kansas City Prophets.[8] Cuando ese grupo se fragmentó, el antiguo mentor dejó Kansas City y fundó un ministerio propio que tiene un enfoque mucho más discreto de los dones carismáticos. No obstante, él sigue insistiendo en que la profecía falible es genuina.[9]

En lugar de hacerle frente a los errores carismáticos, los líderes continuacionistas se encuentran repetidamente a sí mismos coqueteando con los aspectos de un movimiento que está lleno de errores graves y posee un liderazgo corrupto. Debido a que han permitido que el movimiento carismático moderno redefina los dones para ellos, han debilitado seriamente su capacidad para hacerle frente a ese error con autoridad. No obstante, renunciar a ese alto nivel exegético es completamente innecesario.

4. Al insistir en que Dios sigue dando nueva revelación para los cristianos de hoy, el movimiento continuacionista le abre las puertas a la confusión y el error.

La aceptación de la profecía falible en los círculos continuacionistas ha expuesto a todo el movimiento evangélico a las doctrinas erradas que acompañan a esas profecías.

Las innumerables falsas profecías de Jack Deere, Paul Cain, Bob Jones y los profetas de Kansas City son suficientes para ilustrar este punto. Cuando me reuní en privado en mi oficina con Jack Deere, el antiguo profesor del Seminario Teológico de Dallas, y el autoproclamado profeta Paul Cain en 1992, Deere trató de convencerme de que él representaba un segmento doctrinalmente sano del movimiento carismático. Trajo a Cain para probarnos a mí y dos de mis compañeros ancianos que el don de profecía sigue operando en la iglesia. Durante nuestra reunión, Cain se mostró casi totalmente incoherente, actuando como un borracho. Aunque Deere se disculpó por el comportamiento extraño de Cain, quiso hacernos creer que era el resultado de la unción del Espíritu.

Mientras la conversación avanzaba, ambos hombres reconocieron que sus profecías con frecuencia estaban equivocadas. Por supuesto, hemos señalado que las Escrituras condenan definitivamente toda falsa profecía. Los profetas bíblicos tuvieron un nivel del ciento por ciento de exactitud. La defensa de Deere fue señalar la obra de un evangélico que abogó por la continuación del don profético.[10] Al apoyar la posibilidad de la profecía falible, este teólogo evangélico respetado les proporcionó a Deere y Cain un barniz de legitimidad, a pesar del hecho de que ellos estaban violando claramente los requisitos bíblicos para la profecía que se encuentran en Deuteronomio 13 y 18. La premisa continuacionista popular de que el don de profecía del Nuevo Testamento es con frecuencia erróneo invita abiertamente a los falsos profetas a la iglesia (cp. Mateo 7.15), promoviendo al mismo tiempo una forma de credulidad congregacional en la que incluso los cristianos sinceros pueden ser inducidos a creer que Dios está hablando (cuando en realidad no es así).

Algunos años más tarde, el ministerio de Paul Cain se vio desacreditado cuando admitió tanto una larga práctica de embriaguez como de homosexualidad. Irónicamente, ninguno de los otros llamados profetas de ese movimiento previó esto. De hecho, lo habían aclamado como el profeta superior con el mejor don. ¡Demasiado discernimiento profético! Si tales profetas carismáticos no saben la verdad acerca de sus asociados, las personas a las que influyen no tienen ninguna esperanza de saberlo tampoco.

A pesar de lo expuesto sobre Paul Cain, algunos líderes continuacionistas siguen insistiendo en que él realmente profetizó, aunque luego fue dado a conocer como un charlatán inmoral. En las palabras de un líder evangélico:

Paul Cain era profeta en aquellos días y ha sido desacreditado por completo. Fui a un evento de Paul Cain y profetizó sobre mí. Y se equivocó. Lo vi predicar dos veces y la forma en que usaba la Biblia era como si fuera un manual básico para llegar a algo real, y lo real era: «El hombre a mi espalda con la camiseta roja se va a Australia en tres semanas, y está nervioso, pero quiero asegurarle que su visa vendrá». Ahora bien, eso pasó, y creo que realmente sucedió. En mi teología cabe que el Espíritu Santo puede hacer eso, pero Paul Cain puede ser un charlatán. Era un charlatán, lo creo. Aunque en realidad profetizó.[11]

Si bien es cierto que los falsos profetas a veces pueden hacer predicciones precisas (por ejemplo, Balaam [Números 23.6–12]; Caifás [Juan 11.49–51]), esta anécdota ilustra la confusión inherente a la posición continuacionista. ¿Por qué alguien no etiqueta al inmoral Paul Cain como un falso profeta cuando da falsas profecías? Acreditarle al Espíritu Santo las palabras que podrían ser de los demonios a través de la boca del falso profeta es un grave error de juicio que destaca el peligroso juego que los continuacionistas se ven obligados a jugar.

La posición continuacionista invita a cualquier cristiano a interpretar cualquier impresión personal o sentimiento subjetivo como una posible revelación de Dios. Por otra parte, se elimina la norma autorizada y objetiva para cuestionar la legitimidad de la supuesta revelación de Dios que una persona alegue haber recibido. Dentro del paradigma continuacionista, es normal que una persona no sepa con certeza si una idea proviene de Dios o de alguna otra fuente. Sin embargo, eso es un subproducto directo de la teología carismática corrupta que degrada y elimina el discernimiento, desviando a las personas de la verdad.

Este punto se ilustra claramente por medio de la experiencia de un pastor continuacionista conocido, cuya vida fue sacudida por una mujer en la congregación que se le acercó con una supuesta palabra de Dios. Él cuenta la historia de esta manera:

Una mujer vino a mí, mientras mi esposa estaba embarazada de mi cuarto hijo. Ella comentó: «Tengo una profecía muy difícil para usted». Le contesté: «Está bien». Ella dijo (en realidad, la escribió y me la dio): «Su mujer va a morir al dar a luz y va a tener una hija». Regresé a mi estudio. Le di las gracias y le dije: «Se lo agradezco». Olvido lo que digo, pero esto no, yo no quería oír eso. De vuelta en mi estudio, me puse de rodillas y lloré [...] Y cuando llegó nuestro cuarto hijo, no hija, di un grito, como siempre lo hago, pero este grito fue un poco más fuerte, porque supe tan pronto como nació el niño que esa no era una verdadera profecía.[12]

Si la profecía falsa puede tener ese tipo de efecto en la vida de este líder evangélico, imagínese las consecuencias devastadoras que tendría sobre los laicos que no tienen su nivel de discernimiento bíblico.

Dentro del movimiento carismático general este problema es mucho peor que con los teológicamente conservadores continuacionistas, ya que no están restringidos por la sana doctrina de la teología reformada. El hecho de que el mundo carismático esté lleno de falsos maestros y estafadores espirituales no es ciertamente una coincidencia. Se trata de la obra del padre de la mentira. La elevación de las experiencias imaginadas y las impresiones subjetivas ha abierto la puerta a todo tipo de engaño. La idea de que los cristianos deben esperar con regularidad recibir una revelación extrabíblica de Dios a través de experiencias místicas, junto con la idea escandalosa de que incluso revelaciones erróneas son expresiones auténticas del don profético, ha creado el desastre teológico que es el movimiento carismático. Tristemente, algunos estudiosos continuacionistas conservadores no están en condiciones de detener la masacre.

5. Al insistir en que Dios sigue dando nueva revelación para los cristianos de hoy, el movimiento continuacionista niega tácitamente la doctrina de la *sola Scriptura*.

En este punto, todo el movimiento está más concisamente definido. En esencia, se trata de una desviación que los aleja de la autoridad absoluta de las Escrituras.

Obviamente, ningún continuacionista conservador negaría el canon cerrado por completo. Tampoco negaría la autoridad o la suficiencia de las Escrituras. En realidad, mis amigos continuacionistas se encuentran entre algunos de los más destacados defensores de la infabilidad de la Biblia, y estoy agradecido por su compromiso con la primacía de las Escrituras y su afirmación incondicional del hecho de que la Escritura sola es nuestra guía autorizada para la doctrina y la práctica.

Sin embargo, en realidad la visión continuacionista incumple en lo que respecta a la suficiencia única de las Escrituras en los niveles más prácticos, ya que les enseña a los creyentes a buscar una revelación adicional de Dios fuera de la Biblia. Como resultado, las personas están condicionadas a esperar impresiones y palabras de Dios más allá de lo que se registra en las páginas de las Escrituras. Mediante el uso de términos como *profecía, revelación o una palabra de parte del Señor*, la posición continuacionista tiene un potencial real para dañar a las personas mediante la unión de sus conciencias a un mensaje erróneo o su manipulación a fin de que tomen decisiones imprudentes (porque creen que Dios las está dirigiendo a hacerlo así). Aunque los continuacionistas insisten en que la profecía congregacional no tiene autoridad (al menos, no en el nivel corporativo), no es difícil imaginar un sinnúmero de formas en las que podría ser objeto de abuso por parte de líderes de la iglesia sin escrúpulos.

Por un lado, los continuacionistas insisten en que la profecía moderna es una revelación de Dios. Por el otro, reconocen que a menudo está llena de errores y equivocaciones, por lo que les advierten a las personas que nunca basen sus decisiones futuras en una palabra profética. Ese tipo de doble discurso solo amplía la confusión teológica inherente a la posición continuacionista.

En esencia, el punto de vista continuacionista permite que la gente diga: «Así dice el Señor» (o: «Tengo una palabra de parte del Señor») y después dé un mensaje que está lleno de errores y, por lo tanto, es en verdad algo que el Señor no dijo. Como resultado, se permite a las personas atribuirle al Espíritu de verdad mensajes que no son ciertos. Esto raya en la presunción blasfema y pone a sus defensores en una situación espiritual precaria. Obviamente, este tipo de error no puede ser apoyado por las Escrituras. Por lo tanto, los defensores de la profecía moderna son finalmente forzados a defender su punto de vista apelando a las anécdotas. Ellos hacen de su propia experiencia la autoridad, en vez de la clara enseñanza de las Escrituras, y esto socava más el principio de la Reforma de la *sola Scriptura*.

6. Al permitir una forma irracional de hablar en lenguas (por lo general como un lenguaje privado de oración), el movimiento continuacionista abre la puerta al éxtasis sin sentido de la adoración carismática.

Los continuacionistas por lo general definen el don de lenguas como un lenguaje de oración devocional que está disponible para todos los creyentes. A diferencia del don apostólico (descrito en Hechos 2), las lenguas no consisten primariamente de auténticos idiomas humanos. Por el contrario, se caracterizan por la vocalización incoherente de sílabas que luego son catalogadas como «lenguas de ángeles» o un «lenguaje celestial». Aunque los continuacionistas son más cuidadosos que los carismáticos convencionales en cuanto al control de la práctica de la glosolalia en los servicios de la iglesia, las lenguas siguen siendo alentadas para su uso en la oración privada.

Cualquier afirmación de la moderna glosolalia, aun si es relegada solo a la oración en privado, anima a los creyentes a buscar una intimidad espiritual más profunda con Dios por medio de experiencias *místicas, confusas* e incluso *sin sentido*. Esta es una práctica peligrosa para los creyentes, que están llamados a *renovar* sus mentes, no *pasar por alto* sus facultades intelectuales, ni someter la razón a la emoción cruda. Cualquier énfasis en las lenguas también puede fomentar el orgullo espiritual en la iglesia (como sucedió con los corintios). Los que han experimentado el «don» pueden fácilmente verse a sí mismos como superiores a los que no lo tienen. Por otra parte, la visión continuacionista de las lenguas apoya un uso egoísta de los dones. En 1 Corintios 12 resulta claro que todos los dones fueron dados para la edificación de los demás en el cuerpo de Cristo, y no para propósitos de engrandecimiento personal, incluidas la manipulación de las propias pasiones.

Apoyar el balbuceo le abre la puerta al pentecostalismo más amplio, ya que «hablar en lenguas» es el sello distintivo del movimiento pentecostal. A partir de ahí, se inicia un camino hacia el ecumenismo, ya que este fenómeno se vive en muchos grupos doctrinalmente diversos (incluidos los católicos y aun religiones no cristianas). Una vez más, el continuacionista se encuentra en un dilema doctrinal. Si las lenguas modernas son un don del Espíritu Santo, ¿por qué los católicos y otros grupos no cristianos, que están desprovistos del Espíritu, las hablan?

Jesús declaró que la verdadera oración no se debe caracterizar por la vana repetición, y el apóstol Pablo recalcó que el verdadero Dios no es un Dios de confusión. Sin embargo, el trastorno confuso y la repetición sin sentido de sonidos sin significado están en contradicción directa con estos requerimientos bíblicos. El punto de vista continuacionista (que las lenguas pueden ser auténticas lenguas humanas) no solo es ajeno a la descripción clara de las Escrituras, sino también al testimonio universal de la historia de la iglesia. Nadie en la historia de la iglesia equiparó el «don de lenguas» con hablar galimatías hasta que el movimiento carismático moderno lo hizo. Las únicas excepciones posibles proceden de los herejes, los grupos sectarios y las religiones falsas, todas fuentes de las que los evangélicos conservadores tendrían razón en desear distanciarse.

7. Al afirmar que el don de sanidades ha continuado hasta el presente, la posición continuacionista afirma la misma premisa básica que subyace en los ministerios fraudulentos de los sanadores por fe carismáticos.

Los continuacionistas definen el don de sanidades como la posibilidad ocasional de curar (cuando Dios lo quiere), principalmente mediante la oración. Tales curaciones no siempre son eficaces, visibles e inmediatas en cuanto a los resultados previstos, sin embargo, los que tienen el don de sanidades, o el don de fe, pueden ver sus oraciones por los enfermos respondidas con más frecuencia o rapidez.

Los continuacionistas se apresuran a diferenciar este don moderno de los ministerios de sanidad de Cristo y los apóstoles (según constan en el libro de Hechos). Considerando que estas curaciones eran claramente milagrosas, inmediatas, públicas e innegables, la comprensión continuacionista de la sanidad se reduce en esencia a una oración para que alguien consiga curarse y que *puede* ser respondida en un período prolongado de tiempo. Creo profundamente en el poder de la oración. Todos los cesacionistas lo hacen. Sin embargo, los actos especiales de la providencia divina en respuesta a la oración *no* son equivalentes al don milagroso de sanidad que se describe en el Nuevo Testamento. Reducir el don de esa manera es menospreciar lo que sucedía en el primer siglo de la historia de la iglesia.

A pesar de su intento por distanciarse de los sanadores por fe de la corriente principal del movimiento carismático, los continuacionistas les dan una legitimidad necesaria al afirmar una continuación del don bíblico de sanidad. Es una crueldad absoluta darles algún mérito a los sanadores fraudulentos que se aprovechan de la gente desesperada vendiéndoles falsas esperanzas. Para ser justos, cuando los continuacionistas evangélicos asumen el tema del evangelio de la prosperidad de la salud y las riquezas, por lo general se destacan en su denuncia de ese error. Estoy agradecido por su condena de un evangelio tan falso, solo me hubiera gustado que hablaran más sobre el tema. Sin embargo, ¿por qué defender un «don de sanidades» moderno en absoluto? Hacerlo constituye una plataforma para los charlatanes y estafadores. Permitan que el don de sanidades se reconozca por lo que realmente era: la milagrosa capacidad dada por Dios para sanar instantáneamente a las personas de la misma manera que Cristo y sus apóstoles. Hoy no existe tal don, pues si así fuera, por qué no están los sanadores curando en los hospitales o entre los heridos de guerra.

Al igual que hacen con el don de profecía (donde la exactitud de la profecía se ve como dependiente de la fe del profeta), los continuacionistas tienden a ver el éxito de las curaciones como dependiente de la fe del sanador. Aunque esto es mejor que colocar la responsabilidad en la fe de la persona que está siendo sanada (como Benny Hinn y la mayoría de los otros sanadores carismáticos hacen), aun así sirve como una excusa conveniente cuando los enfermos no se curan. No obstante, ninguna clase de «curación» que deja a *la mayoría* de las personas enfermas y discapacitadas en lugar de sanas y saludables puede coincidir con el don bíblico. ¿Por qué no reconocer esto?

8. La posición continuacionista deshonra en última instancia al Espíritu Santo, al distraer a las personas de su verdadero ministerio mientras las cautiva con falsificaciones.

Todos los verdaderos creyentes aman a Dios el Padre, al Señor Jesucristo y al Espíritu Santo. Ellos están profundamente agradecidos por la obra del Espíritu que incluye regeneración, morada, seguridad, iluminación, convicción, comodidad, llenado y capacitación santificadora. Ellos nunca quieren hacer nada que menoscabe el honor debido a su nombre, ni tampoco desean distraer a los demás de su verdadera obra. Sin embargo, sin querer, la posición continuacionista sí hace tales cosas.

La herramienta principal que el Espíritu Santo usa para santificar a los creyentes es su Palabra inspirada. Al insistir en que Dios habla directamente mediante la revelación intuitiva, las experiencias místicas y los dones falsificados, los continuacionistas en realidad disminuyen los verdaderos medios de santificación de Dios. Como resultado, los creyentes se sienten tentados a apartarse de la Palabra y por lo tanto pierden la espiritualidad genuina, eligiendo en su lugar la esterilidad de los sentimientos subjetivos, las experiencias emocionales y los encuentros imaginarios. No obstante, ser lleno del Espíritu en verdad resulta de tener morando en uno la Palabra de Dios (Efesios 5.18; Colosenses 3.16–17). Andar en el Espíritu se demuestra mediante el fruto de una vida cambiada (cp. Gálatas 5.22–23). La evidencia de la obra del Espíritu se mide en términos de crecimiento en santidad y semejanza a Cristo, no por arrebatos emocionales o experiencias extáticas.

En realidad, la posición continuacionista establece obstáculos en el camino hacia la santificación y el crecimiento espiritual, porque respalda el paradigma de las prácticas que no conducen a una mayor santidad o a la semejanza de Cristo. De esa manera, distrae a los creyentes de la verdadera obra del Espíritu e interfiere con la misma.

Un llamado final a la acción

Estoy convencido de que los peligros inherentes a la posición continuacionista son tales que una clara advertencia debe ser emitida. Hay demasiado en juego para que mis amigos reformados carismáticos y evangélicos continuacionistas ignoren las implicaciones de su punto de vista. Como líderes en el mundo evangélico, ejercen una gran influencia, así que la trayectoria que establezcan determinará el curso de la próxima generación de ministros jóvenes y el futuro del evangelicalismo. Por eso, un límite tiene que ser establecido, y los que están dispuestos a ponerse de pie y defender la verdadera obra del Espíritu deben hacerlo.

El Nuevo Testamento nos llama a guardar cuidadosamente lo que ha sido confiado a nosotros (2 Timoteo 1.14). Debemos mantenernos firmes en la verdad del evangelio, la fe una vez dada a los santos (Judas 3). Cualquier compromiso con el error y el subjetivismo de la teología carismática permite que el enemigo entre en nuestro terreno. Estoy convencido de que el movimiento carismático general le abrió la puerta al más grande error teológico quizás más que cualquier otra aberración doctrinal en el siglo veinte (inclusive el liberalismo, la psicología y el ecumenismo). Esa es una declaración audaz, lo sé. No obstante, la prueba está a nuestro alrededor. Una vez que se le permite al experiencialismo que entre, no hay ningún tipo de herejía o maldad que no pueda introducirse en la iglesia.

La teología carismática es el fuego extraño de nuestra generación y los cristianos evangélicos no deben coquetear con ella a ningún nivel. No puedo entender por qué alguien querría legitimar una práctica que no tiene precedente bíblico, sobre todo cuando la práctica moderna ha demostrado ser una puerta de acceso a todo tipo de error teológico. Los continuacionistas parecen felizmente inconscientes de esto y despreocupados por lo mismo. Su fracaso en cuanto a notar cómo su enseñanza socava la autoridad, la suficiencia y la singularidad de las Escrituras equivale a una transgresión negligente.

Tal como dije en la introducción de este libro, es hora de que la verdadera iglesia responda. En un momento en que hay un resurgimiento del evangelio bíblico y un renovado interés en las *solas* de la Reforma, es inaceptable permanecer de brazos cruzados. Todos los que son fieles a las Escrituras deben levantarse y condenar todo lo que asalta la gloria de Dios. Estamos obligados a aplicar la verdad en una defensa audaz del nombre sagrado del Espíritu Santo. Si decimos ser leales a los reformadores, debemos comportarnos con su mismo nivel de coraje y convicción, contendiendo seriamente por la fe. Tiene que haber una guerra colectiva contra los abusos generalizados hacia el Espíritu de Dios. Este libro es un llamado a unirse a la causa para defender su honor.

Mi oración es que mis amigos continuacionistas (y todos lo que quieran unirse a esta causa) vean los peligros de la teología carismática, rechacen con valentía lo que la Biblia condena como un error, y apliquen juntos el mandato de Judas 23, rescatando almas del fuego extraño de la falsa espiritualidad.

Agradecimientos

E l trabajo de Nathan Busenitz, profesor de teología e historia de la iglesia en el The Master's Seminary, fue crucial en la planificación, elaboración y revisión de este trabajo. Su comprensión de la doctrina y las raíces históricas del pentecostalismo, junto con sus habilidades literarias y teológicas, contribuyeron enormemente al proyecto. Sin su colaboración y diligencia incansable de principio a fin, hubiera sido imposible cumplir con los plazos de la casa publicadora y las expectativas de los lectores. Le estoy profundamente agradecido a Nathan, y me siento privilegiado de tenerlo como compañero en el ministerio. Gracias también a Phil Johnson, quien aplicó su mano hábil como editor al borrador final. Mi especial agradecimiento a Bryan Norman y el personal editorial de Thomas Nelson por la orientación editorial, el estímulo y las sugerencias útiles a lo largo del camino.

Apéndice

Voces provenientes de la historia de la iglesia

Tradicionalmente, los carismáticos han reconocido que los dones milagrosos de la iglesia del primer siglo cesaron en algún momento de la historia de la iglesia primitiva. En lugar de argumentar que los dones continuaron a lo largo de los siglos, afirman en cambio que estos volvieron en 1901, cuando Agnes Ozman supuestamente habló en lenguas. Los que sostienen este punto de vista a menudo apelan a «la lluvia temprana y tardía» de Joel 2.23, insistiendo en que la lluvia temprana estuvo representada por la venida del Espíritu en Pentecostés y la tardía constituyó un segundo derramamiento del Espíritu en el siglo veinte. Sin embargo, ellos fallan en darse cuenta de que, el contexto de Joel 2, versículo 23, es una promesa sobre precipitaciones literales durante el reino milenario. La lluvia temprana se refiere a la lluvia de otoño y la tardía a la de primavera. En el contexto, Joel estaba explicando que en la tierra milenaria estas dos lluvias caerán «como al principio». Su punto era que, debido a la bendición de Dios durante ese tiempo futuro, los cultivos y la vegetación crecerán en abundancia. Los siguientes versículos (vv. 24–26) aclaran muy bien este punto. Así que la lluvia temprana y la tardía no tienen nada que ver ni con el día de Pentecostés ni con el movimiento pentecostal moderno. Basar todo un movimiento en una tergiversación intencional de un pasaje es oneroso.

Reconociendo el engaño de esa posición tradicional, otros carismáticos han intentado trazar una línea de dones milagrosos que continuó a lo largo de la totalidad de la historia de la iglesia. Para hacer esto, o bien tienen que redefinir los dones a fin de que encajen en los relatos históricos (de forma muy parecida a como redefinen los dones para adaptarlos a las experiencias modernas), o se ven obligados a alinearse con grupos marginales como los montanistas, los radicales extremos de la Reforma, los cuáqueros, los *shakers*, los jansenistas, los irvingitas, o incluso sectas como los mormones. No obstante, algunos continuacionistas insisten en que la posición carismática ha sido normativa de toda la historia de la iglesia y son los cesacionistas los que representan un nuevo enfoque de la vida cristiana. Varios incluso han ido tan lejos como para afirmar que el cesacionismo es un producto del racionalismo naturalista de la Ilustración.

Este apéndice, por lo tanto, pretende ayudar a aclarar las cosas. No solo prueba que el cesacionismo no fue un producto de la Ilustración, sino también demuestra la forma en que los líderes prominentes a lo largo de la historia de la iglesia han entendido la enseñanza bíblica sobre este tema tan importante. ¿Cuáles fueron sus conclusiones con respecto a la perpetuación de los dones de revelación y milagros de la era apostólica? Sea usted el juez.

JUAN CRISÓSTOMO (C. 344–407)

[Refiriéndose a 1 Corintios 12:] «Este tema es muy oscuro, pero la oscuridad se produce por nuestra ignorancia de los hechos referidos y su cesación, siendo tal como entonces solía ocurrir, pero sin tener ahora ya lugar».[1]

AGUSTÍN (354–430)

«En los primeros tiempos, el Espíritu Santo descendió sobre los creyentes y hablaron en lenguas que no habían aprendido, según el Espíritu les daba que hablasen. Estas fueron señales que se adaptaron a ese tiempo. Tal anuncio del Espíritu

Santo en todas las lenguas tuvo lugar para mostrar que el evangelio de Dios iba a proclamarse por medio de todos los idiomas a lo largo y ancho de toda la tierra. Esto fue una señal, y luego desapareció».[2]

«Porque, ¿quién espera en estos días que las personas a quienes se les imponen las manos para que reciban el Espíritu Santo deban inmediatamente empezar a hablar en lenguas? Sin embargo, se entiende que de forma invisible e imperceptible, a causa del vínculo de la paz, el amor divino es derramado en sus corazones, para que sean capaces de decir: "Porque el amor de Dios ha sido derramado en nuestros corazones por el Espíritu Santo que nos fue dado"».[3]

Teodoreto de Ciro (c. 393–c. 466)

«En otros tiempos a los que aceptaron la predicación divina y fueron bautizados para su salvación se les dio señales visibles de la gracia del Espíritu Santo que obraba en ellos. Algunos hablaron en lenguas que no conocían y nadie les había enseñado, mientras que otros realizaron milagros o profetizaron. Los corintios también hicieron estas cosas, pero no utilizaron los dones como debían haberlo hecho. Estaban más interesados en mostrarlos que en su uso para la edificación de la iglesia [...] Incluso en nuestro tiempo la gracia se le ofrece a los que son juzgados dignos del santo bautismo, pero no puede asumir la misma forma que tenía en aquellos días».[4]

Martín Lutero (1483–1546)

«En la iglesia primitiva, el Espíritu Santo fue enviado de manera visible. Él descendió sobre Cristo en la forma de una paloma (Mateo 3.16), y en la semejanza del fuego sobre los apóstoles y otros creyentes (Hechos 2.3). Este derramamiento visible del Espíritu Santo era necesario para el establecimiento de la iglesia primitiva, como lo fueron también los milagros que acompañaron el don del Espíritu Santo. Pablo explicó el propósito de estos dones milagrosos del Espíritu en 1 Corintios 14.22: "Las lenguas son por señal, no a los creyentes, sino a los incrédulos". Una vez que la iglesia se estableció y anunció debidamente por medio de estos milagros, el aspecto visible del Espíritu Santo cesó».[5]

«Cada vez que escuche a alguien presumir de que tiene algo por inspiración del Espíritu Santo y esto no encuentre ningún fundamento en la Palabra de Dios, no importa lo que sea, le digo que esa es la obra del diablo».[6]

«Lo que no tiene su origen en las Escrituras es sin duda del mismo diablo».[7]

Juan Calvino (1509–1564)

«Aunque Cristo no dice exactamente si deseaba que [el obrar milagros] fuera un don ocasional, o uno que permaneciera en su iglesia para siempre, es más probable que los milagros solo se prometieran para ese tiempo, a fin de brindar-le luz al nuevo y hasta ese entonces desconocido evangelio [...] Ciertamente vemos que su uso cesó poco después [de la era apostólica], o por lo menos resul-taban tan raros que es posible deducir que no fueron igual de comunes en todas las edades. Fue debido a la codicia absurda y el egoísmo de los que siguieron [en la historia posterior de la iglesia], que se inventaron mentiras vacías con el fin de no mostrar una total falta milagros. Esto le abrió la puerta de par en par a las mentiras de Satanás, permitiendo no solo que los delirios tomaran el lugar de la fe, sino que hombres sencillos se salieran del camino recto con el pretexto de las señales».[8]

«Ese don de sanidad, como el resto de los milagros que el Señor quiso mostrar por un tiempo, se ha desvanecido con el fin de hacer que la nueva predicación del evangelio sea maravillosa por siempre».[9]

JOHN OWEN (1616–1683)

«Los dones que en su propia naturaleza exceden todo el poder de todas nuestras facultades, esa dispensación del Espíritu, hace mucho que cesaron, y cualquiera que ahora los finja puede con justicia ser sospechoso de una ilusión entusiasta».[10]

THOMAS WATSON (1620–1686)

«Claro, hay tanta necesidad de ordenación hoy como en la época de Cristo y el tiempo de los apóstoles, siendo que los dones extraordinarios de la iglesia ahora cesaron».[11]

MATTHEW HENRY (1662–1714)

«Lo que estos dones fueron en general se nos explica en el cuerpo del capítulo [1 Corintios 12], a saber, oficios y poderes extraordinarios, otorgados a los ministros y cristianos en los primeros siglos, para la convicción de los no creyentes y la propagación del evangelio».[12]

———

«El don de lenguas fue un nuevo producto del Espíritu de profecía y dado por una razón particular, que los límites judíos fueran derribados y todas las naciones pudieran ser llevadas a la iglesia. Ese y otros dones de profecía, siendo una señal, hace tiempo que han cesado y fueron puestos a un lado, y no tenemos ningún apoyo para esperar el resurgimiento de ellos; sino, por el contrario, se nos dirige a considerar a las Escrituras la palabra profética más segura, más segura que las voces del cielo, y somos dirigidos a prestarles atención, escudriñarlas y aferrarnos a ellas, 2 Pedro 1.19».[13]

JOHN GILL (1697–1771)

«En los primeros tiempos, cuando se otorgó el don de hacer milagros, no fue dado a todos, solo a algunos, y ahora no hay nadie que lo posea».[14]

JONATHAN EDWARDS (1703–1758)

«En los días de su carne [de Jesús], sus discípulos tenían una medida de los dones milagrosos del Espíritu, permitiéndoles enseñar y hacer milagros. Sin embargo, después de la resurrección y la ascensión, tuvo lugar el derrame más completo y extraordinario del Espíritu con sus dones milagrosos, comenzando el día de Pentecostés, luego de que Cristo resucitara y ascendiera al cielo. Y como consecuencia de esto, no solo aquí y allá una persona extraordinaria recibió estos dones extraordinarios, sino que eran comunes en la iglesia, y así continuó durante toda la vida de los apóstoles, o hasta la muerte del último de ellos, el apóstol Juan, que tuvo lugar alrededor de cien años después del nacimiento de Cristo, de modo que los primeros cien años de la era cristiana, o el primer siglo, fue la época de los milagros.

»No obstante, poco después de eso el canon de las Escrituras se completó cuando el apóstol Juan escribió el libro de Apocalipsis poco antes de su muerte, y estos dones milagrosos ya no continuaron en la iglesia. Ahora se había completado una revelación escrita establecida de la mente y la voluntad de Dios, en la que Dios había registrado por completo una norma permanente y suficiente para su iglesia en todas las edades. Y debido a que la iglesia y la nación judías habían sido depuestas, y la iglesia cristiana y la última dispensación de la iglesia de Dios establecidas, los dones milagrosos del Espíritu ya no eran necesarios, por lo que cesaron; ya que a pesar de que habían continuado en la iglesia por algunos años, luego pasaron, y

Dios hizo que terminaran porque no había ninguna ocasión futura para ellos. De este modo se cumplió lo dicho por el texto: "Las profecías se acabarán, y cesarán las lenguas, y la ciencia acabará". Y ahora parece haber llegado el fin de todos estos frutos del Espíritu, y no tenemos ninguna razón para esperar que ellos aparezcan nunca más».[15]

«Los dones extraordinarios del Espíritu, como el don de lenguas, milagros, profecías y otros, se llaman extraordinarios porque los tales no se dan en el curso de la providencia de Dios. No se otorgan en la forma de la providencia ordinaria de Dios para sus hijos, sino solo en ocasiones extraordinarias, ya que fueron otorgados a los profetas y apóstoles a fin de que pudieran revelar la mente y la voluntad de Dios antes de que el canon de las Escrituras estuviera completo, y del mismo modo a la iglesia primitiva, para la creación y el establecimiento de esta en el mundo. Sin embargo, ya que el canon de las Escrituras se ha completado y la iglesia cristiana se encuentra plenamente fundada y establecida, estos dones extraordinarios han cesado».[16]

JAMES BUCHANAN (1804–1870)

«Los dones milagrosos del Espíritu han sido retirados desde hace tiempo. Se utilizaron para un propósito temporal. Eran los andamios que Dios empleó para la construcción de un templo espiritual. Cuando ya no se necesitó el andamiaje, fue derribado, pero el templo sigue en pie, y está ocupado por su Espíritu que mora en nosotros, pues como está escrito: "¿No sabéis que sois templo de Dios, y que el Espíritu de Dios mora en vosotros?" (1 Corintios 3.16)».[17]

ROBERT L. DABNEY (1820–1898)

«Después que se estableció la iglesia primitiva, ya no existía la misma necesidad de señales sobrenaturales, y Dios, que nunca desperdicia sus recursos, los retiró [...]

Los milagros, si llegaran a ser ordinarios, dejarían de ser milagros, y los hombres podrían referirse a ellos como leyes habituales».[18]

Charles Spurgeon (1834–1892)

«Querido hermano, honre al Espíritu de Dios como honraría a Jesucristo si estuviera presente. Si Jesucristo morara en su casa, usted no lo ignoraría, no continuaría con sus negocios como si no estuviera allí. No pase por alto la presencia del Espíritu Santo en su alma. Le ruego, no viva como si no hubiera oído que hay un Espíritu Santo. Ofrézcale su adoración constante. Reverencie al augusto invitado que ha tenido a bien hacer de su cuerpo su morada sagrada. Ámelo, obedézcale, adórele.

»Tenga cuidado de no imputar las vanas imaginaciones de su fantasía al Espíritu Santo. He visto al Espíritu de Dios deshonrado vergonzosamente por personas —y espero que estuvieran locas— que han dicho que esto y aquello le ha sido revelado por Dios. En los últimos años no ha habido una sola semana en la que no me hayan molestado con las revelaciones de hipócritas o maníacos. Algunos medio lunáticos son muy aficionados a venir a verme con mensajes del Señor para mí, y les ahorraría algunos problemas si les digo de una vez por todas que no voy a escuchar ninguno de sus estúpidos mensajes [...] Nunca sueñe que los eventos se le revelan por medio del cielo, o puede llegar a ser como uno de esos idiotas que se atreven a imputarles sus locuras flagrantes al Espíritu Santo. Si usted siente tal ardor en su lengua por decir tonterías, atribúyaselas al diablo, no al Espíritu de Dios. Cualquier cosa que el Espíritu deba revelarnos ya está en la Palabra de Dios, pues él no añade nada más a la Biblia, y nunca lo hará. Dejemos que las personas que tienen revelaciones de esto, aquello y lo otro vayan a la cama y despierten en sus sentidos. Solo me gustaría que siguieran el consejo y no insultaran más al Espíritu Santo al mentir con sus tonterías».[19]

«Ellos habían alcanzado la cumbre de la piedad. Habían recibido "los poderes del siglo venidero". No dones milagrosos, los cuales nos son negados en estos días, sino todos esos poderes con los que el Espíritu Santo dota a un cristiano».[20]

«Las obras del Espíritu Santo que son concedidas en este momento a la iglesia de Dios resultan en todos los sentidos tan valiosas como los dones milagrosos anteriores que se han retirado de nosotros. La obra del Espíritu Santo, la cual hace que los hombres sean despertados de su muerte en el pecado, no es inferior al poder que hizo que los hombres hablaran en lenguas».[21]

«Como resultado de la ascensión de Cristo al cielo, la iglesia recibió apóstoles, los hombres que fueron seleccionados como testigos porque habían visto en persona al Salvador, un oficio que necesariamente se extinguió, y con razón, ya que el poder milagroso también se retiró. Ellos resultaron necesarios de manera temporal, y fueron dados por el Señor ascendido como un legado escogido. Los profetas también pertenecen a la iglesia primitiva».[22]

«Debemos hacer que los no creyentes se conviertan; Dios tiene miríadas de sus elegidos entre ellos, y debemos ir a buscarlos de una manera u otra. Muchas dificultades se han eliminado ahora, todas las tierras están abiertas para nosotros, y la distancia se ve casi descartada. Es cierto que no tenemos las lenguas pentecostales, pero los idiomas se aprenden ahora con facilidad, mientras el arte de la imprenta representa un equivalente completo del don perdido».[23]

GEORGE SMEATON (1814–1889)

«Los dones sobrenaturales o extraordinarios fueron temporales, y estaban destinados a desaparecer cuando la iglesia se fundara y el canon inspirado de las Escrituras quedara cerrado; ellos eran una prueba externa de una inspiración interna».[24]

ABRAHAM KUYPER (1837–1920)

«Los carismas [los dones del Espíritu] deben por lo tanto considerarse en un sentido económico. La iglesia es una gran familia con muchos deseos; una institución que debe ser eficaz por medio de muchas cosas. Los dones son a la iglesia lo que la luz y el combustible son a la familia, no existen para sí, sino para la familia, y para ser puestos a un lado cuando los días son largos y cálidos. Esto se aplica directamente a los carismas, muchos de los cuales, dados a la iglesia apostólica, no son de utilidad a la iglesia del presente día».[25]

WILLIAM G. T. SHEDD (1820–1894)

«Los dones sobrenaturales de inspiración y milagros que los apóstoles poseían no siguieron a sus sucesores ministeriales, porque ya no eran necesarios. Todas las doctrinas del cristianismo se les habían revelado a los apóstoles y entregado a la iglesia de forma escrita. No hubo más necesidad de una inspiración infalible. Y las credenciales y la autoridad dada a los primeros predicadores del cristianismo por medio de actos milagrosos no necesitaban continuar repitiéndose de era en era. Una época de milagros bien autenticados es suficiente para establecer el origen divino del evangelio. En un tribunal humano, no es necesaria una serie indefinida de testigos. Los hechos se establecen "por boca de dos o tres testigos". El caso, una vez decidido, no se vuelve a abrir».[26]

BENJAMIN B. WARFIELD (1887–1921)

«Estos dones [...] fueron parte de las credenciales de los apóstoles como los agentes autorizados de Dios en la fundación de la iglesia. Su función los limita de manera distintiva a la iglesia apostólica y necesariamente cesaron con ella».[27]

ARTHUR W. PINK (1886–1952)

«Así como hubo oficios extraordinarios (apóstoles y profetas) en el comienzo de nuestra dispensación, del mismo modo hubo dones extraordinarios, y como estos últimos no fueron designados por los primeros, una continuidad posterior nunca fue la intención. Los dones dependían de los oficios: ver Hechos 8.14–21; 10.44–46; 19.6; Romanos 1.11; Gálatas 3.5; 2 Timoteo 1.6. Ya no tenemos a los apóstoles con nosotros, y por lo tanto los dones sobrenaturales (cuya comunicación era una parte esencial de "las señales de un apóstol", 2 Corintios 12.12) están ausentes».[28]

D. Martyn Lloyd-Jones (1899–1981)

«Una vez que los documentos del Nuevo Testamento fueron escritos, el oficio de profeta ya no resultó necesario. De ahí que en las epístolas pastorales, que se aplican a una etapa posterior de la historia de la iglesia, cuando las cosas se habían vuelto más estables y ordenadas, no hay ninguna mención de los profetas. Está claro que incluso entonces el oficio de profeta ya no era necesario, y el llamado a maestros y pastores y otros fue a exponer las Escrituras y transmitir el conocimiento de la verdad.

»Debemos señalar de nuevo que a menudo en la historia de la iglesia el problema ha surgido porque las personas pensaron que eran profetas en el sentido del Nuevo Testamento, y que habían recibido revelaciones especiales de la verdad. La respuesta a eso es que, en vista de las Escrituras del Nuevo Testamento, no hay necesidad de más verdad. Esta es una afirmación absoluta. Toda la verdad está contenida en el Nuevo Testamento, y no tenemos necesidad de revelaciones adicionales. Todo ha sido dado, todo lo que es necesario para nosotros está disponible. Por lo tanto, si un hombre dice haber recibido una revelación de una verdad nueva, debemos sospechar de él inmediatamente [...]

»La respuesta a todo esto es que la necesidad de profetas terminó una vez que tuvimos el canon del Nuevo Testamento. Ya no necesitamos revelaciones directas de la verdad; la verdad está en la Biblia. Nunca debemos separar al Espíritu y la Palabra. El Espíritu habla a través de la Palabra, por lo que siempre debemos dudar e indagar sobre cualquier supuesta revelación que no sea del todo consecuente con la Palabra de Dios. En realidad, la esencia de la sabiduría es rechazar por completo el término "revelación" en lo que a nosotros respecta y hablar solo de "iluminación". La revelación ha sido dada de una vez por todas, y lo que necesitamos y lo que por la gracia de Dios podemos tener, y tenemos, es la iluminación del Espíritu para entender la Palabra».[29]

Notas

---◦—◦—◦---

Introducción: Por amor de su nombre

1. Tal como J. C. Ryle lo expresó hace más de un siglo: «Es tan peligroso deshonrar al Espíritu Santo que lo es deshonrar a Cristo» (J. C. Ryle, «Have You the Spirit?» *Home Truths* [Londres: Werthem & MacIntosh, 1854], p. 142).

2. A lo largo de este libro, las tres olas del movimiento moderno pentecostal y carismático generalmente se tratan en conjunto con el término amplio *carismático*, como una forma de referirse a la totalidad del pentecostalismo clásico, la renovación carismática y la Tercera Ola.

3. «El movimiento carismático pone en peligro de forma directa la comprensión bíblica de la misión. Porque hay un cambio aquí en la proclamación central, alejada del Cristo crucificado (1 Corintios 1.22–23; 2.2) hacia las manifestaciones y los dones del Espíritu Santo. Esto lleva a una cierta pérdida de la realidad espiritual y el equilibrio». Tomado de la declaración de la European Convention of Confessing Fellowships en su reunión de Frankfurt, marzo 1990, «World Missions Following San Antonio and Manila» en *Foundations: A Journal of Evangelical Theology*, no. 26 (British Evangelical Council, primavera 1991): pp. 16–17.

4. Por ejemplo, algunos de los primeros líderes de Dallas Theological Seminary «no dudaron en llamar al pentecostalismo tanto una secta como una agencia satánica, una visión poco común entre los evangélicos en la década de 1920» (John Hannah, *An Uncommon Union* [Grand Rapids: Zondervan, 2009], p. 327, n. 61).

5. John Dart, «Charismatic and Mainline», *Christian Century*, 7 marzo 2006, pp. 22–27.

6. George M. Marsden, *Reforming Fundamentalism* (Grand Rapids: Eerdmans, 1987) es un relato detallado de cómo el Seminario Fuller abandonó el principio

de la infalibilidad de la Biblia. Cerca del final del libro, Marsden informa sobre un curso que se imparte en la década de 1980 por C. Peter Wagner (Ibíd., pp. 292–95). Marsden consideró el curso, titulado «Signs, Wonders, and Church Growth», como «una anomalía» en Fuller, dado el movimiento del seminario hacia doctrinas «progresistas». Marsden escribió: «La característica única de este curso fue que, no solo se analizaron "señales y prodigios" en las iglesias cristianas de hoy, sino que también incluyó "clases prácticas" en las que se llevaron a cabo señales y prodigios, incluso curaciones reales en la clase» (Ibíd., p. 292).

7. En gran parte del mundo, el movimiento carismático absorbe sin discernimiento las ideas paganas de falsas religiones locales en su teología. Por ejemplo, en África, una tradición obsesiva con curanderos, espíritus demoniacos y la adoración de ancestros ha sido largamente asimilada por iglesias pentecostales ahí. El híbrido resultante se llama a sí mismo «cristiano» pero está de hecho enraizado en paganismo tribal. Para más información, ver Conrad Mbewe, «Why Is the Charismatic Movement Thriving in Africa», *Grace to You blog* (24 julio 2013), http://www.gty.org/Blog/B130724.

Capítulo 1: La burla del Espíritu

1. Apóstol Kwamena Ahinful. «Modern-Day Pentecostalism: Some Funny Oddities Which Must Be Stopped», *Modern Ghana*, 3 septiembre 2011, http://www.modernghana.com/newsthread1/348777/1/153509; puntos suspensivos en el original.

2. Por ejemplo, en septiembre de 1986 una mujer murió a causa de las heridas sufridas cuando alguien «muerto en el espíritu» en una reunión de Benny Hinn cayó sobre ella (William M. Alnor, «News Watch», *CRI Journal*, 10 mayo 1994). Más recientemente, una mujer estadounidense de Illinois demandó a la iglesia que visitaba cuando otro feligrés cayó hacia atrás «bajo el poder del Espíritu Santo» y la hirió (Cp. Lyneka Little, «Evangelical Churches Catch Suits from "Spirit" Falls», ABC News, 27 enero 2012, http://abcnews.go.com/blogs/headlines/2012/01/evangelical-churches-catch-suits-from-spirit-falls/).

3. J. Lee Grady, citado por James A. Beverley, «Suzanne Hinn Files for Divorce», *Christianity Today* blog, 19 febrero 2010, consultado agosto 2012, http://blog.christianitytoday.com/ctliveblog/archives/2010/02/suzanne_hinn_fi.html.

4. «List of Scandals Involving Evangelical Christians», *Wikipedia*, consultado agosto 2012, http://en.wikipedia.org/wiki/List_of_scandals_involving_evangelical_Christians. Los treinta y cinco líderes carismáticos que figuran son: 1. Aimee Semple McPherson; 2. Lonnie Frisbee; 3. Marjoe Gortner; 4. Neville Johnson; 5. Jimmy Swaggart; 6. Marvin Gorman; 7. Jim y Tammy Bakker; 8. Peter Popoff; 9. Morris Cerullo; 10. Mike Warnke; 11. Robert Tilton; 12. Melissa Scott; 13. Jim Williams; 14. W. V. Grant; 15. Ian Bilby; 16. Frank

Houston; 17. Roberts Liardon; 18. Pat Mesiti; 19. Paul Crouch; 20. Douglas Goodman; 21. Paul Cain; 22. Wayne Hughes; 23. Ted Haggard; 24. Gilbert Deya; 25. Earl Paulk; 26. Thomas Wesley Weeks, III; 27. Ira Parmenter; 28. Michael Reid; 29. Todd Bentley; 30. Michael Guglielmucci; 31. Eddie Long; 32. Marcus Lamb; 33. Stephen Green; 34. Albert Odulele; y 35. Kong Hee. El artículo también incluye otros cinco que fueron objeto de una investigación del Congreso en 2007 por su posible uso inapropiado de las finanzas: Kenneth Copeland, Benny Hinn, Joyce Meyer, Creflo Dollar y Paula White.

5. Estos videos en YouTube son bien conocidos y aquellos que buscan documentarse pueden encontrar fácilmente estos y otros ejemplos similares a través del motor de búsqueda de YouTube.

6. Benny Hinn, *Buenos Días Espíritu Santo* (Nashville: Grupo Nelson, 1990), p. 12.

7. Ché Ahn, *Spirit-Led Evangelism* (Grand Rapids: Chosen, 2006), p. 135.

8. Kenneth Hagin, *Understanding the Anointing* (Tulsa: Faith Library, 1983), pp. 114–17. Rodney Howard Browne, *Flowing in the Holy Ghost*, ed. rev. (Shippensburg, PA: Destiny Image Publishers, 2000), p. 64. Para más información sobre el incidente en el que Benny Hinn estuvo involucrado, consulte «Elderly Woman "Killed" by Person "Slain in the Spirit" Falling on Her», *National & International Religion Report*, 21 septiembre 1987, p. 4.

9. «Todd Bentley's Violent "Ministry"», consultado abril 2013, http://www.youtube.com/watch?v=EbNy_CmAoB0 (extracto citado comienza a las 5:06).

10. Thomas Lake, «Todd Bentley's Revival in Lakeland Draws 400,000 and Counting», *The Tampa Bay Times*, 30 junio 2008, http://www.tampabay.com/news/religion/article651191.ece. Wagner comisionó a Bentley con estas palabras: «Tu poder se incrementará. Tu autoridad aumentará. Tu favor será mayor». Poco tiempo después, Wagner se distanció de Bentley cuando se hizo pública la evidencia de la relación inapropiada de Bentley con una miembro del personal.

11. Benny Hinn, *Praise-a-Thon*, TBN, abril 1990.

12. Suzanne Hinn en el World Outreach Center, julio 1997. Sus comentarios fueron transmitidos por Comedy Central, *The Daily Show*, «God Stuff», 21 junio 1999.

13. Kenneth D. Johns, *Televangelism: A Powerful Addiction* (Bloomington, IN: Xlibris, 2006), p. 12.

14. Rhonda Byrne, *The Secret* (Nueva York: Atria Books, 2006), p. 46 [*El secreto* (Nueva York: Atria Books, 2007)]. En la página 39, Byrne escribió de manera similar: «Tal como el Genio del universo dice: "Tus deseos son órdenes"». Como George B. Davis señala: Byrne «insiste en que el pensamiento humano, no un Dios personal y soberano, rige el universo y manipula a las personas, las circunstancias y los acontecimientos con el fin de satisfacer el deseo humano. Irónicamente, esto suena como una variación de la misma herejía dada a

conocer hoy por los predicadores de la prosperidad» (*Oprah Theology* [Bloomington, IN: Crossbooks, 2011], p. 74).

15. Kenneth Copeland, *Our Covenant with God* (Fort Worth, TX: KCP, 1987), p. 32, énfasis añadido.

16. *Ever-Increasing Faith*, emisión de TBN, 16 noviembre 1990.

17. Allan Anderson, *An Introduction to Pentecostalism* (Cambridge: Cambridge UP, 2004), p. 221 [*El pentecostalismo: el cristianismo carismático mundial* (Madrid: Tres Cantos, 2007)].

18. S. Michael Houdmann, ed., *God Questions?* (Enumclaw, WA: Pleasant Word, 2009), p. 547. Cp. Tim Stafford, *Miracles* (Grand Rapids: Baker, 2012), p. 162, quien escribió: «En el evangelio de la prosperidad, la riqueza se convierte en el fin, y Dios el medio para alcanzar el fin».

19. Semejantes a versiones modernas de Simón el Mago, los predicadores de la prosperidad insisten en que el poder y la bendición del Espíritu pueden comprarse con cierta cantidad de dinero (cp. Hechos 8.18–24).

20. Paul Crouch, «We Gave It All!», boletín de TBN, octubre 2011, http://www.tbn.org/about-us/newsletter?articleid=1440.

21. Paul Crouch, «Did Jesus Have Praise-a-Thons?», boletín TBN, octubre 2008, http://www.tbn.org/about-us/newsletter?articleid=1218.

22. William Lobdell, «TBN's Promise: Send Money and See Riches», segunda parte, *Los Angeles Times*, 20 septiembre 2004, http://articles.latimes.com/2004/sep/20/local/me-tbn20.

23. Trinity Broadcasting Network de Crouch está valorado en más de mil millones de dólares. Mark I. Pinsky, «Teflon Televangelists», *Harvard Divinity Bulletin* 36, no. 1 (invierno 2008).

24. Del mismo modo, cuando la gente decepcionada por la cruzada de Benny Hinn son enviados sin que se curen, Hinn no se hace responsable. Él dice: «Todo lo que sé es que yo oro por ellos. Lo que pasa entre ellos y Dios es cosa entre ellos y Dios» (Benny Hinn, citado en William Lobdell, «The Price of Healing», *Los Angeles Times*, 27 julio 2003, http://www.trinityfi.org/press/latimes02.html).

25. En el folleto de Kenneth Hagin, *How to Keep Your Healing*, él reconoce tácitamente que muchas de sus «sanidades» eran, en el mejor de los casos, temporales, y en el peor, solo ilusorias. Culpa de ese hecho a la falta de fe de la persona que busca la sanidad: «Si usted no tiene suficiente fe para aferrarse a lo que tiene, el diablo se la va a robar» (Kenneth Hagin, *How to Keep Your Healing* [Tulsa: Rhema, 1989], pp. 20–21).

26. Tomando nota del hecho de que el evangelio de la prosperidad se alimenta tanto de la *necesidad* como de la *codicia*, Paul Alexander escribió: «El mundo está lleno de sufrimiento; esto es un hecho. Dios debe ocuparse del asunto; esto es un hecho. El evangelio de la prosperidad combina estos dos hechos en una teología predicable de esperanza económica que tiene la potencialidad para tomarle el último dólar a una viuda que lucha. Otra dificultad es que las

personas han sido enseñadas por los vendedores a no sentirse satisfechas o contentas, de modo que las personas con más de lo suficiente todavía pueden querer más. La enseñanza de la prosperidad agrava este problema cuando hace un exorbitante hincapié en vincular la avaricia con la bendición de Dios» (Paul Alexander, *Signs and Wonders* [San Francisco: Jossey-Bass, 2009], p. 69).

27. Michael Horton, *Christless Christianity* (Grand Rapids: Baker, 2008), p. 68.

28. Para una discusión más amplia sobre la divinización de los seres humanos dentro de la enseñanza de la Palabra de Fe, consulte Hank Hanegraaff, *Cristianismo en crisis: siglo 21* (Nashville: Grupo Nelson, 2010), pp. 136–74.

29. Paul Crouch, *Praise the Lord*, TBN, 7 julio 1986. Del mismo modo, el «apóstol» de la Lluvia Tardía Earl Paulk dice lo siguiente: «Al igual que los perros tienen cachorros y los gatos tienen gatitos, así Dios tiene pequeños dioses... Hasta que no comprendamos que somos pequeños dioses y empecemos a actuar como pequeños dioses, no podremos manifestar el reino de Dios» (Earl Paulk, *Unmasking Satan* [Atlanta, GA: K Dimension Publishers, 1984], pp. 96–97).

30. Kenneth Copeland, «The Force of Love» (Fort Worth: Kenneth Copeland Ministries, 1987), cinta #02-0028.

31. Creflo Dollar, «Changing Your World», LeSea Broadcasting, 17 abril 2002; énfasis añadido. En otra ocasión, Dollar declaró: «Ahora tengo que establecer este asunto desde el principio, porque no tengo tiempo para ir a través de todo esto, pero les afirmo en este momento que ustedes son dioses, con *d* en minúscula; ya que han salido de Dios, *ustedes son dioses*» (Creflo Dollar, «Made After His Kind», 15 y 22 septiembre 2002; énfasis añadido).

32. Tal como Allan Anderson explica: «Aparte del hecho de que esta enseñanza fomenta el "sueño americano" del capitalismo y promueve la ética del éxito, entre sus características más cuestionables está la posibilidad de que la fe humana se coloque por encima de la soberanía y la gracia de Dios» (Anderson, *An Introduction to Pentecostalism*, p. 221).

33. Myles Munroe, *Praise the Lord*, Trinity Broadcasting Network, 23 febrero 2000.

34. Andrew Wommack, «The Believer's Authority», *The Gospel Truth*, 27 abril 2009, http://www.awmi.net/tv/2009/week17. Cp. Andrew Wommack, *The Believer's Authority* (Tulsa, OK: Harrison House, 2009), pp. 58–59.

35. Peter Masters, *The Healing Epidemic* (Londres: The Wakeman Trust, 1992), pp. 11–12.

36. John MacArthur, *Charismatic Chaos* (Grand Rapids: Zondervan, 1993) [*Los carismáticos: una perspectiva doctrinal* (El Paso, TX: Casa Bautista de Publicaciones, 1994)].

37. En un boletín del año 1991, Jan Crouch informó: «Dios respondió a las oraciones de dos niñas de doce años de edad al resucitar nuestro pollo mascota» («Costa Ricans Say "Thank You for Sending Christian Television!"», boletín *Praise the Lord* [septiembre 1989], pp. 14–15). En un boletín del año 2009, su

historia del pollo había cambiado. Ella escribió: «Cuando tenía doce años de edad, *vi* a Dios sanar a mi pollo mascota cuyo ojo estaba noqueado, *colgando* de una cuerda,... sanado en el nombre de *Jesús*» («Jan Crouch's Miraculous Story», boletín TBN, junio 2009, http://www.tbn.org/about/newsletter/index.php /1280.html; cursivas y puntos suspensivos en el original.)

38. Benny Hinn, *Praise the Lord*, TBN, 19 octubre 1999.

39. Cp. Thabiti Anyabwile, *The Decline of African American Theology* (Downers Grove, IL: InterVarsity, 2007), p. 96.

40. Benny Hinn, *This Is Your Day*, TBN, 3 octubre 1990.

41. «About» en la página oficial de Facebook de Trinity Broadcasting Network, consultado abril 2013, https://www.facebook.com/trinitybroadcastingne-twork /info.

42. «TBN Is Reaching a Troubled World with the Hope of the Gospel», TBN, 12 abril 2012, http://www.tbn.org/announcements/tbn-is-reaching-a-troubled-world -with-the-hope-of-the-gospel.

43. Tal como Candy Gunther Brown destaca: «Lo que parece más censurable y "chamanístico", a los críticos cristianos no pentecostales y a los críticos seculares del consumismo estadounidense, es la preocupación pentecostal con las bendiciones supuestamente "inferiores", "egoístas", "de este mundo", tales como la sanidad o la prosperidad económica, que a menudo se caricaturizan como una "teología de la prosperidad" o un "evangelio de salud y riquezas" que codiciosos estadounidenses "curanderos" han exportado a todo el mundo mediante el uso perturbadoramente exitoso de los medios modernos de comunicación» (Candy Gunther Brown, introducción a *Global Pentecostal and Charismatic Healing* [Oxford: Oxford UP, 2011], p. 11).

44. Paul Alexander advierte de la magnitud de esta teología: «El evangelio de la prosperidad pentecostal apela al *hambre* de los cristianos en una época de riquezas y proclama que si tiene fe en Dios, usted tendrá seguridad económica. Más del noventa por ciento de los pentecostales y carismáticos en Nigeria, Sudáfrica, India y Filipinas, cree que "Dios concederá prosperidad material a todos los creyentes que tengan fe suficiente"» (Alexander, *Signs and Wonders*, pp. 63–64).

45. John T. Allen, *The Future Church* (Nueva York: Doubleday, 2009), pp. 382–83. Allen hace referencia a «Health and Wealth» en *Spirit and Power: A 10-Country Survey of Pentecostals*, Pew Forum on Religion and Public Life, octubre 2006, p. 30, http://www.pewforum.org/uploadedfiles/Orphan_Migrated_Content/pentecostals-08.pdf.

46. Allan Anderson escribió: «¿Hasta qué punto las formas contemporáneas de pentecostalismo se han convertido en "religión popular", en las que se presentan solamente lo que las masas quieren escuchar y omiten fundamentos importantes del evangelio de Cristo? Las razones de la multitud de personas que acuden a las nuevas iglesias tienen que ver con más que el poder del Espíritu... Ellas ofrecen una vida mejor y más próspera a menudo dando

esperanza a las personas que luchan con la pobreza y la desesperación» (Anderson, *An Introduction to Pentecostalism*, p. 280).

47. Harvey Cox, al hablar del crecimiento global del pentecostalismo, señaló: «Los grupos pentecostales y carismáticos son bien conocidos por su adoración emocional explícita y su expresión extática, que se conoce como "hablar en lenguas" o la "oración del corazón". También a menudo se caracterizan por un fenómeno relacionado que los psicólogos denominan "trance" o "comportamiento disociativo". Pero como este libro demuestra claramente, la práctica que inicialmente atrae a la mayoría de las personas a estos grupos, y la que los caracteriza más que cualquier otra, es que ofrecen la sanidad total de la mente, el cuerpo y el espíritu. Las prácticas curativas no solo son integrales, sino que a menudo también sirven como el umbral a través del cual los nuevos reclutas pasan a otras dimensiones del movimiento» (Harvey Cox, prólogo de *Global Pentecostal and Charismatic Healing* [Oxford: Oxford UP, 2011], p. xviii).

48. Tal como dos estudiosos observan: «El movimiento de más rápido crecimiento en el pentecostalismo es el llamado evangelio de la prosperidad o iglesias de salud y riquezas... Para los observadores externos, estas iglesias suelen aparecer como producto del pensamiento mágico y la manipulación psicológica» (Donald E. Miller y Tetsunao Yamamori, *Global Pentecostalism* [Berkeley, CA: University of California Press, 2007], p. 29).

49. Vinson Synan, *An Eyewitness Remembers the Century of the Holy Spirit* (Grand Rapids: Chosen, 2010), pp. 114–15.

50. Martin Lindhardt, *Practicing the Faith* (Nueva York: Berghahn, 2011), pp. 25–26.

51. «La "Palabra de Fe" ha sido uno de los movimientos más populares del pentecostalismo norteamericano. No solo ha sido propagado en los círculos carismáticos, sino que ha influido también en los pentecostales clásicos» (Anderson, *An Introduction to Pentecostalism*, p. 221).

52. David Jones y Russell Woodbridge, *Health, Wealth, and Happiness* (Grand Rapids: Kregel, 2011), p. 16 [*¿Salud, riquezas y felicidad?* (Grand Rapids, MI: Portavoz, 2012)].

53. «En la década de 1980, esta unión se asociaba con vendedores ambulantes y charlatanes: predicadores que robaban a sus seguidores, dormían con prostitutas y lloraban ante las cámaras. Pero en la Norteamérica del siglo XXI, el evangelio de la riqueza ha alcanzado la mayoría de edad. Al vincular la propagación del evangelio con los hábitos y costumbres del capitalismo empresarial, y al cristianizar de forma explícita la búsqueda de la ganancia mundana, la teología de la prosperidad ha ayudado a millones de creyentes a reconciliar su fe religiosa con la riqueza al parecer no bíblica de la nación y la cultura consumista no cristiana» (Ross Douthat, *Bad Religion* [Nueva York: Simon & Schuster, 2012], p. 183).

54. Incluso entre los pentecostales clásicos, el evangelio de la prosperidad se ha convertido en más popular que el hablar en lenguas. «Tal como Ted Olsen señaló en el 2006 en la revista *Christianity Today*, solo la mitad de los pentecostales estadounidenses reportan haber hablado en lenguas, pero el sesenta y seis por ciento estuvo de acuerdo con la premisa de que "Dios concede riquezas a los creyentes"» (Douthat, *Bad Religion*, p. 194).

55. Allan Anderson, en la introducción a *Asian and Pentecostal*, editado por Allan Anderson y Edmond Tang (Costa Mesa, CA: Rengum Books, 2005), p. 2. Estas estadísticas provienen de David B. Barrett, George T. Kurian y Todd M. Johnson, *World Christian Encyclopedia*, segunda edición, vol. 1 (Nueva York: Oxford UP, 2001). Patrick Johnstone y Jason Mandryk, *Operation World* (Carlisle, Reino Unido: Paternoster, 2001), pp. 21, 32, 34, 41, 52 [*Operación mundo* (Bogotá: Centros de Literatura Cristiana, 1995)] tienen cifras significativamente más bajas. Se estima que hay ochenta y siete millones de pentecostales y carismáticos en Asia, en comparación con setenta y dos millones en América del Norte, ochenta y cinco millones en América Latina, ochenta y cuatro millones en África y catorce millones en Europa.

56. Todd M. Johnson, «"It Can Be Done": The Impact of Modernity and Postmodernity on the Global Mission Plans of Churches and Agencies», *Between Past and Future*, Jonathan J. Bonk, ed. (Pasadena, CA: Evangelical Missiological Society, 2003), p. 10.42. Johnson señala: «En 1900 solo un puñado de cristianos había participado en movimientos de renovación. Por el 2000, más de quinientos millones, o el veinticinco por ciento de todos los cristianos, habían participado de la renovación pentecostal carismática».

57. Michael Horton está en lo correcto al señalar: «La celebración de la expansión tan anunciada del cristianismo a las dos terceras partes del mundo (más notable en estos años de *The Next Christendom* de Philip Jenkins), al menos debería ser mitigada por el hecho de que el evangelio de la prosperidad es la versión más explosiva de este fenómeno» (Horton, *Christless Christianity*, p. 67).

58. Ted Olsen, «What Really Unites Pentecostals?», *Christianity Today* (5 diciembre 2006). En línea en: http://www.christianitytoday.com/ct/2006/december/16.18 .html. Olsen da algunos ejemplos concretos: «En Nigeria, el noventa y cinco por ciento de los pentecostales están de acuerdo con esa afirmación, y el noventa y siete por ciento está de acuerdo en que "Dios concede buena salud y alivio de la enfermedad a los creyentes que tienen suficiente fe". En Filipinas, el noventa y nueve por ciento de los pentecostales estuvieron de acuerdo con esta última afirmación».

59. Jones y Woodbridge, *Health, Wealth, and Happiness*, pp. 14–15.

60. John Ankerberg y John Weldon, escribiendo hace dos décadas, advirtieron de este punto ciego en la teología carismática: «El movimiento carismático tiene mucho que integrar de las grandes verdades doctrinales de las Escrituras en la vida de su gente. En su gran énfasis en la experiencia con el Espíritu

Santo, el valor del estudio diligente de la teología es a menudo descuidado» (John Ankerberg y John Weldon, *Cult Watch* [Eugene, OR: Harvest House, 1991], p. viii).

61. Un claro ejemplo de esto se ve en la historia pentecostal. Los primeros pentecostales inicialmente creían que estaban hablando en auténticos idiomas extranjeros como lo hicieron los apóstoles en Hechos 2. Cuando se hizo evidente que sus «lenguas» en realidad consistían en habla irracional, era obvio que algo tenía que cambiar. Lamentablemente, fue su interpretación de la Biblia la que cambió, no la experiencia de ellos.

62. René Pache, *The Inspiration and Authority of Scripture* (Chicago: Moody, 1969), p. 319.

63. «Hay peligros reales en las promesas de instantánea sanidad, plenitud y prosperidad para todos de la "escatología realizada". La preocupación por estos asuntos terrenales viene a menudo a expensas de virtudes cristianas como la humildad, la paciencia y la paz. La libertad del Espíritu reconocida por todos los pentecostales a menudo los hace vulnerables a líderes autoritarios que pueden explotar a sus miembros y causar más división» (Anderson, *An Introduction to Pentecostalism*, p. 280).

64. Además, como Ross Douthat señala: «La estructura empresarial del pentecostalismo, en el que cada iglesia es en realidad una iniciadora, siempre ha atraído a ministros propensos a la especie de autobombo que se justifica con más facilidad por la teología de la prosperidad que por las creencias más ortodoxas de la fe cristiana» (Douthat, *Bad Religion*, p. 194).

65. Incluso algo tan básico y sencillo como la prohibición del Nuevo Testamento contra las pastoras (1 Timoteo 2.12–14) es completamente ignorada por la mayoría de iglesias carismáticas. Algunos de los teleevangelistas carismáticos más conocidos son mujeres, como Joyce Meyer y Paula White.

66. Christopher J. H. Wright, *Knowing the Holy Spirit Through the Old Testament* (Downers Grove, IL: InterVarsity, 2006), p. 73.

Capítulo 2: ¿Una nueva obra del Espíritu?

1. El instituto bíblico, conocido como Bethel, empleaba un enfoque temático de estudio de la Biblia. El historiador Vinson Synan explica que la escuela hizo hincapié en «la idea de "cadena de referencias", que fue muy popular en la época. Los temas principales se estudiaban siguiendo lecturas consecutivas sobre el tema como aparecían en las Escrituras» (Vinson Synan, «The Touch Felt Around the World», *Charisma and Christian Life*, enero 1991, p. 84). Como resultado, ningún libro de la Biblia se estudiaba como una unidad y se ignoraba el contexto más amplio de los pasajes bíblicos.

2. Tal como Ralph Hood, hijo, y Paul W. Williamson explican: «En su escuela bíblica, en un culto de toda la noche, uno de los estudiantes de Parham, Agnes

N. Ozman, recibió el bautismo del Espíritu Santo y habló en lenguas hasta después de la medianoche, era primero de enero de 1901, convirtiéndose así en la primera persona en recibir este tipo de experiencia de acuerdo con esta nueva teología» (Ralph W. Hood, hijo, y Paul Williamson, *Them That Believe* [Berkeley, CA: University of California Press, 2008], pp. 18–19).

3. Charles Parham, citado en Vinson Synan, *The Holiness-Pentecostal Tradition* (Grand Rapids: Eerdmans, 1997), p. 44.

4. Synan, «The Touch Felt Around the World», p. 84.

5. Vinson Synan explica: «El movimiento pentecostal surgió como una escisión en el movimiento de santidad y se puede ver como el resultado lógico de la cruzada de santidad que había perseguido al protestantismo norteamericano, en particular la Iglesia Metodista, desde hacía más de cuarenta años. Los repetidos llamamientos de los dirigentes a la santidad desde el 1894 a un "nuevo Pentecostés" inevitablemente produjeron el estado de ánimo y los fundamentos intelectuales para que un "Pentecostés" se produjera» (Synan, *The Holiness-Pentecostal Tradition*, pp. 105–106).

6. James R. Goff indica: «Parham, entonces, es la clave para la interpretación de los orígenes pentecostales. Formuló la conexión entre bautismo del Espíritu Santo y las lenguas, supervisó el crecimiento inicial y la organización, e inició la visión idílica de las misiones xenoglósicas. La historia de su vida y ministerio revela las raíces sociológicas e ideológicas del pentecostalismo» (James R. Goff, *Fields White unto Harvest* [Fayetteville, AR: University of Arkansas Press, 1988], p. 16).

7. Según Agnus Ozman, «el 2 de enero, algunos de nosotros fuimos a Topeka en una misión. A medida que adorábamos al Señor oré en inglés y luego oré en otro idioma en lenguas». Impreso en la *Apostolic Faith*, 1951; citado de http://www.apostolicarchives.com/articles/article/8801925/173171.htm. Cp. Nils Bloch-Hoell, *The Pentecostal Movement* (Oslo, Noruega: Universitetforlaget, 1964), p. 24.

8. Cp. Jack W. Hayford y S. David Moore, *The Charismatic Century* (Nueva York: Hachette, 2006), p. 38.

9. Ibíd.

10. Martin E. Marty, *Modern American Religion, Volume 1: The Irony of It All: 1893–1919* (Chicago: University of Chicago Press, 1987), pp. 240–41.

11. Joe Newman, *Race and the Assemblies of God Church* (Youngstown, NY: Cambria Press, 2007), p. 50.

12. Cp. Michael Bergunder, «Constructing Indian Pentecostalism», en *Asian and Pentecostal*, Allan Anderson y Edmond Tang, eds. (Costa Mesa, CA: Regnum Books, 2005), p. 181. Bergunder escribió: «Al principio, los pentecostales pensaron que su glosolalia era en realidad idiomas extranjeros con propósitos misioneros. Esto fue pasado por alto, ya que el movimiento pentecostal en silencio abandonó la idea más tarde».

13. Un estudiante de doctorado llamado Charles Shumway trató en vano de demostrar que las lenguas pentecostales primitivas consistían en auténticos idiomas extranjeros. No pudo encontrar una sola persona para validar las afirmaciones de los primeros pentecostales (cp. James R. Goff, *Fields White unto Harvest*, p. 76). En respuesta a las alegaciones de que los intérpretes del gobierno habían validado los supuestos idiomas, Goff afirma: «En su disertación para el doctorado en 1919, Shumway censuró al local *Houston Chronicle* por crédulos informes y afirmó que "las cartas están en manos de varios hombres que eran intérpretes del gobierno o vivían cerca de Houston en aquel momento [cuando Parham enseñaba allí], y hay unanimidad entre ellos en negar todo conocimiento de los hechos alegados"» (p. 98). Las «lenguas» de la Calle Azusa fueron reconocidas de manera similar como no idiomas por testigos oculares que las investigaron (cp. G. F. Taylor, *The Spirit and the Bride* [Falcon, NC: s.e., 1907], p. 52).

14. Cp. Synan, *The Holiness-Pentecostal Tradition*, p. 92. Vinson Synan escribió: «Parham inmediatamente comenzó a enseñar que los misioneros ya no estarían obligados a estudiar idiomas extranjeros para predicar en los campos misioneros. De aquí en adelante, enseñó, solo hay que recibir el bautismo con el Espíritu Santo y podía ir a los rincones más lejanos del mundo y predicar a los nativos en lenguas desconocidas para el hablante».

15. Charles Parham, como se cita en *Topeka State Journal*, 7 enero 1901.

16. Charles Parham, como se cita en *Kansas City Times*, 27 enero 1901.

17. «New Kind of Missionaries: Envoys to the Heathen Should Have Gift of Tongues», *Hawaiian Gazette*, 31 mayo 1901, p. 10. En línea en http://chroniclingamerica. loc.gov/lccn/sn83025121/1901-05-31/ed-1/seq-8/.

18. Jack W. Hayford y S. David Moore, *The Charismatic Century*, p. 42. Como señala René Laurentin del punto de vista de Parham, «Repetidos intentos fracasados de verificar los idiomas han desacreditado la interpretación de glosolalia como funcional» (René Laurentin, *Catholic Pentecostalism* [Nueva York: Doubleday, 1977], p. 68 [*Pentecostalismo católico* (Madrid: Propaganda Popular Católica, 1976)]).

19. Robert Mapes Anderson, *Vision of the Disinherited: The Making of American Pentecostalism* (Nueva York: Oxford UP, 1979), pp. 90–91.

20. Jean Gelbart señala: «El 6 de enero, el *Topeka Daily Capital* publicó un extenso artículo que incluyó una muestra de inspirado "chino" de Agnes Ozman. Cuando este se le llevó a un chino para su traducción, él respondió: "No entiendo. Llévenselo a un japonés"». Jean Gelbart, «The Pentecostal Movement—A Kansas Original», *Religious Kansas: Chapters in a History*, Tim Miller, ed. (Lawrence, KS: University of Kansas, s.f.), http://ksreligion.ku.edu/docs/history/pentecostal_movement.pdf.

21. Para ver un ejemplo de la «escritura en lenguas» de *Los Angeles Daily Times*, junto con una explicación ampliada del fenómeno, ver Cecil M. Robeck, *The*

Azusa Street Mission and Revival (Nashville: Thomas Nelson, 2006), pp. 111–14.

22. «More Trouble», *The Times-Democrat* [Lima, Ohio], 26 septiembre 1906, p. 2.

23. Goff, *Fields White unto Harvest*, p. 5.

24. «Fanatics Admit Zion Murder», *Oakland Tribune*, 22 septiembre 1907, pp. 21–23. En línea en http://www.newspaperarchive.com/oakland-tribune/1907 -09-22/page-17.

25. Ibíd.

26. Cp. Joe Newman, *Race and the Assemblies of God Church*, p. 51. Newman señala: «La muerte de Nettie Smith [en 1904], un niño de nueve años de edad, a quien sus padres se negaron a que recibiera tratamiento médico, sino que buscaron su sanidad mediante las enseñanzas de la Fe Apostólica de Parham, provocaron una protesta contra Parham que le llevó a trasladarse a Texas».

27. Irónicamente, «Parham consideró mucho de lo que presenció en la Calle Azusa como falsificaciones y desacreditó sus experiencias en términos psicológicos» (Ann Taves, *Fits, Trances, and Visions* [Princeton, NJ: Princeton UP, 1999], p. 330.

28. Newman, *Race and the Assemblies of God Church*, p. 53.

29. R. G. Robbins, *Pentecostalism in America* (Santa Barbara, CA: ABC-CLIO, 2010), p. 36.

30. Cp. Craig Borlase, *William Seymour—A Biography* (Lake Mary, FL: Charisma House, 2006), p. 180. La expedición propuesta de Parham fue coherente con los reclamos que había hecho antes. Como Joe Newman explica: «Él afirmó que utilizaría la información que encontró en un viejo documento judío para encontrar el Arca del pacto. Según Parham, el contenido del Arca provocaría que un número masivo de judíos regresara a la Tierra Santa. Parham creía que las personas que hablan inglés eran descendientes de las diez tribus perdidas de Israel que desaparecieron en la cautividad de Asiria en el 722 A.C. Por lo tanto, a su juicio los estadounidenses debían apoyar el sionismo» (Newman, *Race and the Assemblies of God Church*, pp. 51–52).

31. Goff, *Fields White unto Harvest*, p. 146.

32. «Sus puntos de vista sobre la vida eterna, al igual que sus opiniones sobre otras doctrinas, evolucionaron a lo largo de varios años. En 1902 emitió una declaración incoherente afirmando que la mayoría de la humanidad recibiría "la vida humana eterna": "Un Salvador prometido para la humanidad: el plan era restablecer a la humanidad en masa a lo que perdió en la caída de Adán, por la cual los paganos no santificados y muchos recibirán la vida humana eterna. La ortodoxia echaría toda esta multitud a un infierno que arde eternamente, pero nuestro Dios es un Dios de amor y justicia, y las llamas solo alcanzarán a los que sean totalmente reprobados"». Edith Waldvogel Blumhofer, *Restoring the Faith: The Assemblies of God, Pentecostalism, and American Culture* (Champaign, IL: University of Illinois, 1998), p. 45.

33. Ibíd., p. 46.

34. Ibíd., p. 47.

35. El anglo-israelismo es promovido agresivamente hoy por el movimiento «Identidad cristiana», una filosofía de la supremacía blanca cuasi religiosa.

36. *Houston Daily Post*, 13 agosto 1905. Citado en Borlase, *William J. Seymour—A Biography*, pp. 74-75.

37. Grant Wacker, *Heaven Below* (Cambridge, MA: Harvard UP, 2003), p. 232.

38. Frederick Harris, *The Price of the Ticket* (Nueva York: Oxford UP, 2012), p. 89. Grant Wacker enciende un poco los ánimos cuando señala: «Al final, Parham parecía tener tantas dudas de los afroamericanos como las que tenían ellos de él» (Wacker, *Heaven Below*, p. 232).

39. Hayford y Moore, *Charismatic Century*, p. 46.

40. Ibíd. Los autores escriben: «La evidencia inicial, como se llamaría, aunque no aceptada por cada grupo pentecostal, se convirtió en la característica más distintiva del nuevo movimiento emergente nacido en la primera década del siglo XX. Parham fue su arquitecto».

41. Anthony C. Thiselton, *The Hermeneutics of Doctrine* (Grand Rapids: Eerdmans, 2007), p. 438. Algunos pentecostales afirman que si bien Parham fue el «fundador teológico» del movimiento, Seymour merece igual mérito por popularizar el movimiento (cp. Hayford y Moore, *Charismatic Century*, capítulo 3). Cabe señalar, sin embargo, que Parham fue el maestro de Seymour y su mentor pneumatológico, y fue Parham quien proporcionó el marco doctrinal para el avivamiento de la Calle Azusa. Como señala Michael Bergunder: «Charles Parham creó la fórmula teológica triple que se utilizó en la Calle Azusa: (1) El hablar en lenguas como la evidencia inicial del bautismo del Espíritu Santo; (2) los creyentes llenos del Espíritu como la Novia "sellada" de Cristo; y (3) las lenguas xenoglósicas como la herramienta para el avivamiento dramático del fin» (Bergunder, «Constructing Indian Pentecostalism», p. 181).

42. Para más información sobre las estrechas relaciones entre el movimiento de santidad del siglo XIX y el pentecostalismo, ver Donald W. Dayton, «Methodism and Pentecostalism», en *The Oxford Handbook of Methodist Studies* (Nueva York: Oxford UP, 2009), pp. 184-86.

43. Roger E. Olson señala que «los cristianos de santidad creen que todo verdadero creyente en Jesucristo puede experimentar una completa purificación del pecado original y de la "naturaleza carnal" (la naturaleza humana caída, pecaminosa) que "batallan contra el Espíritu". Esta experiencia es conocida como "entera santificación", "erradicación de la naturaleza pecaminosa" y "perfección cristiana"» (Roger E. Olson, *The Westminster Handbook to Evangelical Theology* [Louisville, KY: Westminster John Knox Press, 2004], p. 79).

44. Vinson Synan explica: «En su libro de 1891, *Pentecost*, [R. C.] Horner enseñó que el bautismo del Espíritu Santo era, en realidad, una "tercera obra" de la

gracia subsiguiente a la salvación y a la santificación que facultaba al creyente para el servicio. Este punto de vista fue elaborado en sus dos volúmenes de trabajos *Bible Doctrines* que aparecieron en 1909. También destaca que en las reuniones de Horner había tanto "manifestaciones físicas" como "postración", "éxtasis" y "risa inmediata", lo que le llevó a ser separado de la Iglesia Metodista. El efecto de mayor alcance de la enseñanza de Horner fue separar en el tiempo y el propósito las experiencias de la santificación de segunda bendición y la "tercera bendición" del "bautismo en el Espíritu Santo", una distinción teológica que se convirtió en crucial para el desarrollo del pentecostalismo» (Synan, *The Holiness-Pentecostal Tradition*, p. 50).

45. E. W. Kenyon, citado en Simon Coleman, *The Globalization of Charismatic Christianity* (Cambridge: Cambridge UP, 2000), p. 45.

46. David Jones y Russell S. Woodbridge explican el impacto de esta escuela en el pensamiento de Kenyon: «Charles Emerson, el presidente de la escuela, fue un ministro de iglesias unitarias y universalistas en Nueva Inglaterra y más tarde se convirtió en un practicante de la Ciencia Cristiana... [Además], Ralph Waldo Trine, el evangelista del Nuevo Pensamiento, fue compañero de Kenyon en la Escuela Emerson. Si bien no está claro exactamente cuánto Kenyon observó mientras estaba bajo la tutela de Emerson, como su pensamiento revela más adelante, se convirtió claramente familiarizado con los principios básicos del Nuevo Pensamiento» (Jones y Woodbridge, *Health, Wealth, and Happiness*, p. 51).

47. Cp. Dennis Hollinger, «Enjoying God Forever», *The Gospel and Contemporary Perspectives*, vol. 2, ed. Douglas J. Moo (Grand Rapids: Kregel, 1997), p. 22.

48. Ibíd.

49. Coleman, *The Globalization of Charismatic Christianity*, p. 45.

50. Cp. Allan Anderson, «Pentecostalism», en *Global Dictionary of Theology*, eds. William A. Dyrness y Veli-Matti Karkkainen (Downers Grove, IL: InterVarsity, 2008), p. 645.

51. E. W. Kenyon, *Jesus the Healer* (Seattle: Kenyon's Gospel Publishing Society, 1943), p. 26 [*Jesús el sanador* (New Kensington, PA: Whitaker House, 2011)]. Citado en Jones y Woodbridge, *Health, Wealth, and Happiness*, p. 52.

52. E. W. Kenyon, citado en Dale H. Simmons, *E. W. Kenyon and the Postbellum Pursuit of Peace, Power, and Plenty* (Lanham, MD: Scarecrow Press, 1997), p. 172.

53. Kenyon dijo una vez: «No importa los síntomas que pueda sentir en el cuerpo. Me río de ellos y en el Nombre de Jesús le ordeno al autor de la enfermedad que abandone mi cuerpo» (citado en Hollinger, «Enjoying God Forever», p. 23).

54. E. W. Kenyon, citado en Simmons, *E. W. Kenyon*, p. 235, énfasis añadido.

55. Ibíd., p. 246.

56. Hollinger, «Enjoying God Forever», p. 23.

57. Cp. Anderson, «Pentecostalism», p. 645. Allan Anderson señala: «El desarrollo del movimiento fue estimulado por las enseñanzas de los evangelistas sanadores como William Branham y Oral Roberts, teleevangelistas populares contemporáneas y el movimiento carismático».

58. Cp. D. R. McConnell, *A Different Gospel* (Peabody, MA: Hendrickson, 1988), pp. 8–12.

59. Harvey Cox, «Foreword» en *Global Pentecostal and Charismatic Healing*, por Candy Gunther Brown (Oxford: Oxford UP, 2011), p. xviii.

60. Timothy C. Tennent, *Theology in the Context of World Christianity* (Grand Rapids: Zondervan, 2007), p. 2. Cp. Allan Anderson, quien escribió acerca del movimiento en África: «La "pentecostalización" del cristianismo africano se puede llamar la "Reforma Africana" del siglo XX que ha modificado radicalmente el carácter del cristianismo africano, incluso las antiguas iglesias "misiones"» (*An Introduction to Pentecostalism* [Cambridge: Cambridge UP, 2004], p. 104).

61. Vinson Synan, *An Eyewitness Remembers the Century of the Holy Spirit* (Grand Rapids: Chosen, 2010), p. 157.

62. Robyn E. Lebron señala: «Los pioneros pentecostales tenían hambre por el cristianismo auténtico, y se les veía en busca de efusiones espirituales pasadas, tales como el Primer Gran Despertar (entre los años 1730 y 1740) y el Segundo Gran Despertar (1800–1830), para inspiración e instrucción» (Robyn E. Lebron, *Searching for Spiritual Unity* [Bloomington, IN: Crossbooks, 2012], p. 27).

63. Russell Sharrock escribió: «Aunque teológicamente el metodismo ha ejercido la influencia más importante en el movimiento pentecostal, metodológicamente el Avivamiento (en particular el norteamericano) ha sido la influencia más determinante. El predecesor norteamericano y contemporáneo del metodismo, el Gran Despertar, y su hijo único, el Avivamiento en la frontera, cambiaron drásticamente la comprensión norteamericana, el uso y la aplicación de la fe cristiana... La contribución distintiva del Avivamiento a la religión norteamericana, y por lo tanto al pentecostalismo, fue la individualización y emocionalización de la fe cristiana» (Russel Sharrock, *Spiritual Warfare* [Morrisville, NC: Lulu Enterprises, 2007], p. 115).

64. Justo L. González, *The Story of Christianity*, vol. 2 (Grand Rapids: Zondervan, 2010), p. 289. [*Historia del cristianismo* (Miami: Spanish House, 2010)].

65. Douglas Gordon Jacobsen, introducción para *A Reader in Pentecostal Theology* (Bloomington, IN: Indiana UP), p. 6.

66. Charles Chauncy, citado en Michael J. McClymond, «Theology of Revival» en *The Encyclopedia of Christianity*, vol. 5, ed. Erwin Fahlbusch (Grand Rapids: Eerdmans, 2008), p. 437.

67. George Marsden, *A Short Life of Jonathan Edwards* (Grand Rapids: Eerdmans, 2008), p. 68.

68. Ibíd., pp. 65–66.

69. Cp. Philip F. Gura, *Jonathan Edwards: America's Evangelical* (Nueva York: Hill and Wang, 2005), pp. 119–20.

70. Marsden, *A Short Life of Jonathan Edwards*, pp. 70–71.

71. Por ejemplo, el apóstol Pablo señala en 2 Corintios 7.10 que las tristezas pueden ser de Dios (que conduce al arrepentimiento) o del mundo (que conduce a la muerte).

72. Marsden, *A Short Life of Jonathan Edwards*, p. 71.

73. Douglas Sweeney, *Jonathan Edwards* (Downers Grove, IL: InterVarsity, 2009), pp. 120–21. Sweeney señala que Edwards continuó este tema en «una serie de publicaciones en avivamiento: *Distinguishing Marks of a Work of the Spirit of God* (1741), *Some Thoughts Concerning the Present Revival of Religion in New England* (1743), *Religious Affections* (1746), *y True Grace, Distinguished from the Experience of Devils* (1753), que en conjunto representan el cuerpo más importante de literatura en toda la historia cristiana en el reto de discernir la verdadera obra del Espíritu Santo».

74. Edwards señaló igualmente que las respuestas emocionales no eran la verdadera prueba de la conversión personal. Por el contrario, el verdadero avivamiento produciría frutos a largo plazo, un cambio visible en el comportamiento y el estilo de vida de los afectados por la obra del Espíritu. En su *Religious Affections*, Edwards explicó que «la práctica cristiana es el signo de los signos, en este sentido es la gran prueba, que confirma y corona todos los otros signos de santidad. No hay una sola gracia del Espíritu de Dios, sino que la práctica cristiana es la prueba más adecuada de la verdad de ella» (Jonathan Edwards, *Religious Affections* [New Haven: Yale, 1959], p. 444).

75. Douglas A. Sweeney señala: «Durante el resto de su ministerio de avivamiento [Edwards] carga con la responsabilidad de ayudar a otros a discernir la presencia del Espíritu en sus vidas, de "probar los espíritus", distinguiendo el Espíritu de Dios de las falsificaciones» (Sweeney, *Jonathan Edwards* [Downers Grove, IL: IVP Academic, 2009], p. 120).

76. Cp. R. C. Sproul y Archie Parrish, introducción a *The Spirit of Revival: Discovering the Wisdom of Jonathan Edwards* (Wheaton, IL: Crossway, 2008).

77. Jonathan Edwards, «The Distinguishing Marks of a Work of the Spirit of God». Este extracto es de una versión adaptada y abreviada para los lectores modernos en el Apéndice 2 de John MacArthur, *Reckless Faith* (Wheaton, IL: Crossway, 1994), p. 219.

Capítulo 3: Probemos los espíritus (primera parte)

1. La encarnación, que Dios el Hijo se hiciera un verdadero ser humano, es una parte esencial del evangelio. Si Jesucristo no vino verdaderamente en carne, habría sido incapaz de pagar la pena del pecado en la cruz, ya que su muerte física hubiera sido nada más que una ilusión. Él no habría sido capaz de actuar

como mediador perfecto entre Dios y el hombre, ya que él mismo nunca habría experimentado realmente la existencia humana (cp. Hebreos 2.17–18).

2. Jonathan Edwards, «The Distinguishing Marks of a Work of the Spirit of God», *The Great Awakening* (New Haven: Yale, 1972), p. 249.

3. Ibíd., p. 250.

4. Jack W. Hayford y S. David Moore, *The Charismatic Century* (Nueva York: Warner Faith, 2006), cap. 1. I; énfasis en el original.

5. Steven J. Lawson, *Men Who Win* (Colorado Springs: NavPress, 1992), p. 173.

6. Cp. Lee E. Snook, *What in the World Is God Doing?* (Minneapolis, MN: Augsburg Fortress, 1999), p. 28. Snook escribió: «En la práctica, estas iglesias subordinan con frecuencia al Hijo, el Verbo de Dios encarnado, al Espíritu, una vez más lo que implica que a menos que una persona que ha recibido el Espíritu, como estas iglesias entienden el Espíritu, la fe en Cristo se considera como formalista, no sincera y cuestionable en su suficiencia para salvación».

7. Kenneth D. Johns, *The Pentecostal Paradigm* [Bloomington, IN: Xlibris, 2007], p. 23. En este punto, Thomas Edgar informa la perspectiva de Donald W. Dayton: «Dayton dice que esto es más que un simple cambio en la terminología, ya que "cuando se convierte 'la perfección cristiana' en 'bautismo del Espíritu Santo', hay una gran transformación teológica". Algunos de los cambios que menciona son "un cambio de cristocentrismo a un énfasis en el Espíritu Santo, que es bastante radical en carácter", "un nuevo énfasis en el poder" y el cambio del "énfasis en el objetivo y la naturaleza de la vida 'santa' a un evento que tiene lugar» (Thomas R. Edgar, *Satisfied by the Promise of the Spirit* [Grand Rapids: Kregel, 1996], p. 218 [*Satisfecho con la promesa del Espíritu* (Grand Rapids, MI: Portavoz, 1997]). Según Dayton, el cambio comenzó a tener lugar de «un patrón cristocéntrico de pensamiento y más cercano a uno pneumatocéntrico» comenzando con John Fletcher, el sucesor metodista de John Wesley (Donald W. Dayton, *Theological Roots of Pentecostalism* [Peabody, MA: Hendrickson, 1987], p. 52 [*Raíces teológicas del pentecostalismo* (Grand Rapids, MI: Libros Desafío, 2008]). Dayton y Faupel arguyen, además, que «en el pentecostalismo se produjo un cambio de la cristología a la pneumatología que hace hincapié en el Espíritu contra Cristo» (Peter Althouse, *Spirit of the Last Days* [Londres: T & T Clark, 2003], p. 63). Cp. Karla O. Poewe, «Rethinking the Relationship of Anthropology to Science and Religion», en *Charismatic Christianity as a Global Culture* [Columbia, SC: University of South Carolina Press, 1994], p. 239, quien señala que las iglesias carismáticas ponen el «énfasis en el "Espíritu Santo" (en lugar de en Cristo)».

8. Johns, *The Pentecostal Paradigm*, p. 23.

9. Frank Viola, *From Eternity to Here* (Colorado Springs: David C. Cook, 2009), p. 295.

10. Ronald E. Baxter, *Charismatic Gift of Tongues* (Grand Rapids: Kregel, 1981), pp. 125–26.

11. En un momento de franqueza, el autor carismático Timothy Sims reconoce: «Si nosotros, como miembros de la comunidad cristiana carismática, queremos volver a una posición de equilibrio y credibilidad dentro de la Iglesia, tenemos que entender una cosa. Debemos darnos cuenta de que el énfasis desmedido con el tiempo conduce al error. Por lo tanto hay que empezar de nuevo a poner el énfasis en la obra redentora de Cristo y las verdaderas riquezas disponibles mediante su muerte, sepultura y resurrección. Solo entonces podremos esperar reparar y restaurar parte de la credibilidad que hemos perdido, trayendo sanidad a aquellos que han sido afectados por nuestros mensajes equivocados» (Timothy Sims, *In Defense of the Word of Faith* [Bloomington, IN: AuthorHouse, 2008], p. 131). J. Lee Grady, editor de la revista *Charisma*, reconoce este mismo problema: «El Espíritu no vino para exaltarse a sí mismo, fue enviado para glorificar a Cristo. En todo nuestro énfasis en el ministerio, los dones y el poder del Espíritu Santo, seamos cuidadosos en magnificar al único que el Espíritu vino a magnificar» (J. Lee Grady, *What Happened to the Fire?* [Grand Rapids: Chosen, 1994], p. 172).

12. Rick M. Nañez, *Full Gospel, Fractured Minds?* (Grand Rapids: Zondervan, 2005), p. 76. Según Nañez, Gee también criticó otros aspectos del movimiento pentecostal tales como: «La fabricación de la doctrina sacada de textos aislados, la interpretación de las Escrituras sobre la base de la mera opinión, confundiendo sentimientos con fe y dejando a un lado la responsabilidad por las llamadas direcciones del Espíritu. Todas eran acusaciones formuladas por él contra las fraternidades del Evangelio Completo de su época».

13. J. Hampton Keathley, *ABCs for Christian Growth* (Richardson, TX: Biblical Studies Foundation, 2002), p. 204. Keathley escribió: «El Espíritu Santo nunca llama la atención hacia sí mismo ni hacia los hombres, sino que centra toda la atención en el Señor Jesucristo y lo que Dios ha hecho en su Hijo y mediante él. Su propósito por medio de todos sus ministerios es desarrollar nuestra fe, esperanza, amor, adoración, obediencia, compañerismo y *compromiso con Cristo*. Esta verdad y este enfoque se convierten en un criterio por el cual podemos juzgar cualquier movimiento espiritual y su autenticidad de la Biblia» (énfasis en el original).

14. Floyd H. Barackman observa: «Debemos sospechar de cualquier movimiento o ministerio que exalta al Espíritu Santo sobre el Señor Jesús, ya que es el propósito del Espíritu Santo dar testimonio de Jesucristo y exaltarlo (Juan 15.26; 16.14–15)» (Floyd H. Barackman, *Practical Christian Theology* [Grand Rapids: Kregel, 2001], p. 212).

15. Cabe señalar que, al centrarse en el Espíritu Santo, por lo general los carismáticos destacan solo los supuestos dones y el poder del Espíritu. En el proceso, ignoran el fruto del Espíritu, así como la obra del Espíritu de regeneración, santificación, iluminación, sellado y otras. Como Michael Catt observa, hablando de los carismáticos: «Desde los primeros años del siglo XX, los

creyentes se han obsesionado con los dones del Espíritu más que con el fruto del Espíritu» (Michael Catt, *The Power of Surrender* [Nashville: B&H, 2005], p. 188).

16. Matthew Henry, *Matthew Henry's Commentary on the New Testament*, comentarios de Juan 16.16–22 [*Comentario bíblico de Matthew Henry* (Barcelona: Clie, 2013)].

17. Kevin DeYoung, *The Holy Spirit* (Wheaton, IL: Crossway, 2011), p. 17. Cita interna de J. I. Packer, *Keep in Step with the Spirit* (Grand Rapids, MI: Baker, 2005), p. 57 (énfasis en el original).

18. Selwyn Hughes explica: «El propósito total de la venida del Espíritu no fue glorificarse a sí mismo o a la persona que lo recibe, sino glorificar a Jesucristo... Si se glorificaba a sí mismo, entonces haría que el cristianismo se centrara en el Espíritu en lugar de centrarse en Cristo. El cristianismo que no está vinculado a la Encarnación no podrá concebir cómo es Dios en realidad. El cristianismo centrado en el Espíritu nos dejaría salirnos por la tangente en todo tipo de zonas extrañas de subjetividad» (Selwyn Hughes, *Every Day with Jesus Bible* [Nashville: Holman Bible Publishers, 2003], p. 745).

19. Bruce Ware, *Father, Son, and Holy Spirit* (Wheaton, IL: Crossway, 2005), p. 123.

20. D. Martyn Lloyd-Jones, *Great Doctrines of the Bible: God the Holy Spirit* (Wheaton, IL: Crossway, 2003), 2: p. 20; énfasis añadido.

21. James Montgomery Boice, *Foundations of the Christian Faith* (Downers Grove, IL: InterVarsity, 1986), p. 381 [*Los fundamentos de la fe cristiana* (Miami: Unilit, 1996)].

22. Charles R. Swindoll, *Growing Deep in the Christian Life* (Portland: Multnomah, 1986), p. 188 [*Arraigados en la fe* (Miami: Vida, 1995)].

23. Dan Phillips, *The World-Tilting Gospel* (Grand Rapids: Kregel, 2011), pp. 272–73.

24. De manera similar Alexander MacLaren enseñó: «Prueben los espíritus. Si algo que se hace llamar doctrina cristiana viene a usted y no glorifica a Cristo, es condenado en sí mismo. Pues nadie le puede exaltar lo suficiente y no hay enseñanza que pueda presentarle de manera demasiado exclusiva y urgente como la única salvación y vida de toda la tierra. Y si es, como mi texto nos dice, que el gran Espíritu que enseña está por venir, para "guiarnos a toda verdad", glorificar a Cristo y mostrarnos lo que es suyo, entonces también es cierto: "En esto conoced el Espíritu de Dios: Todo espíritu que confiesa que Jesucristo ha venido en carne, es de Dios; y todo espíritu que no confiesa que Jesucristo ha venido en carne, no es de Dios; y este es el espíritu del anticristo"» (Alexander MacLaren, *Expositions of St. John, Chapters 15–21* [Reimpresión por Kessinger Publishing, s.f.], p. 81).

25. El pastor coreano David (Paul) Yonggi Cho «se estaba muriendo de tuberculosis [cuando] se convirtió al cristianismo. Se recuperó y aspiraba a ser médico,

pero más tarde Jesús se le apareció en medio de la noche vestido como un bombero, lo llamó a predicar y lo llenó con el Espíritu Santo» (D. J. Wilson, «Cho, David Yonggi», *The New International Dictionary of Pentecostal and Charismatic Movements*, ed. Stanley M. Burgess [Grand Rapids: Zondervan, 2002], p. 521).

26. «Oral Roberts tells of talking to 900-foot Jesus», *Tulsa World*, 16 octubre 1980, http://www.tulsaworld.com/archives/oral-roberts-tells-of-talking-to--foot-jesus/article_bbe49a4e-e441-5424-8fcf-1d49ede6318c.html.

27. Linda Cannon, *Rapture* (Bloomington, IN: AuthorHouse, 2011), pp. 16, 63, 107–108.

28. Heidi y Rolland Baker, *Always Enough* (Grand Rapids: Chosen, 2003), capítulo 4.

29. El obispo Tom Brown informa que vio a Jesucristo «sentado en una silla de ruedas con una manta sobre las piernas» (Tom Brown, «What Does Jesus Really Look Like?» [El Paso, TX: Tom Brown Ministries, s.f.], consultado septiembre 2012, http://www.tbm.org/whatdoes.htm.

30. Choo Thomas, *Heaven Is So Real!* (Lake Mary, FL: Charisma, 2006), p. 23 [*¡El cielo es tan real!* (Lake Mary, FL: Casa Creación, 2011)].

31. Jeff Parks, citado en Brenda Savoca, *The Water Walkers* (Maitland, FL: Xulon, 2010), p. 163.

32. En palabras de Creflo Dollar: «Si Jesús vino como Dios, entonces ¿por qué Dios tuvo que ungirlo? Jesús vino como hombre, por eso era legal ungirlo. Dios no necesita la unción, él es la unción. Jesús vino como hombre, y a la edad de treinta años Dios estuvo preparándolo para demostrarnos y darnos un ejemplo de lo que un hombre, con la unción, puede hacer» (Creflo Dollar, «Jesus' Growth into Sonship», audio, 8 diciembre 2002).

33. Cp. Kenneth Copeland: «¿Por qué Jesús no se proclamó abiertamente como Dios durante sus treinta y tres años en la tierra? Por una sola razón. No había venido a la tierra como Dios, había venido como hombre» (Kenneth Copeland, citado en Jones y Woodbridge, *Health, Wealth, & Happiness*, p. 70 [*¿Salud, riquezas y felicidad?* (Grand Rapids, MI: Portavoz, 2012)]).

34. En palabras de Benny Hinn: «Él [Jesús] que es justo por elección, dijo: "La única manera en que puedo detener el pecado es volviéndome pecado. No puedo pararlo solo por dejar que me toque; el pecado y yo debemos convertirnos en una sola cosa". ¡Escuchen esto! Él, que es de la naturaleza de Dios, se hizo de la naturaleza de Satanás cuando se volvió pecado» (Benny Hinn, *This Is Your Day*, TBN, 1 diciembre 1990). De manera similar, Kenneth Copeland enseñó: «La justicia de Dios se hizo pecado. Él aceptó la naturaleza de pecado de Satanás en su propio espíritu. Y en el momento en que lo hizo, clamó: "Dios mío, Dios mío, ¿por qué me has desamparado?" Usted no sabe lo que pasó en la cruz. ¿Por qué cree que Moisés, instruido por Dios, levantó la serpiente en ese palo en lugar de un cordero? Eso solía molestarme. Le pregunté: "¿Por qué querrías

poner allí una serpiente, la señal de Satanás? ¿Por qué no pusiste un cordero en ese palo?" Y el Señor me dijo: "Debido a que era una señal de Satanás que estaba colgada en la cruz". Y agregó: "Yo acepté, en mi propio espíritu, la muerte espiritual; y la luz se apagó"» (Kenneth Copeland, «What Happened from the Cross to the Throne», 1990, cinta de audio #02-0017, lado 2).

35. En palabras de Kenneth Hagin: «Jesús probó la muerte espiritual de cada hombre. Y su Espíritu y el hombre interior fueron al infierno en mi lugar. ¿No se da cuenta? La muerte física no podía quitarle sus pecados. Él gustó la muerte por cada hombre. Él está hablando de experimentar la muerte espiritual» (Citado en Jones y Woodbridge, *Health, Wealth, & Happiness*, p. 70). Para un tratamiento académico completo de esta enseñanza en los círculos de Palabra de Fe, ver William P. Atkinson, *The 'Spiritual Death' of Jesus* (Leiden, Países Bajos: Brill, 2009).

36. Kenneth Copeland, *Believer's Voice of Victory*, TBN, 21 abril 1991.

37. Dollar, «Jesus' Growth into Sonship».

38. Para más detalles, ver el capítulo 1.

39. Kenneth Copeland, «Take Time to Pray», *Believer's Voice of Victory* 15, no. 2 (febrero 1987): p. 9.

40. Jeremy Morris, *The Church in the Modern Age* (Nueva York: I. B. Tauris, 2007), p. 197.

41. Allan Anderson, *An Introduction to Pentecostalism*, p. 152 [*El pentecostalismo* (Madrid: Akal, 2007)].

42. «Sanidades, profecías y hablar en lenguas son cosas comunes en los cultos de católicos carismáticos... Los católicos carismáticos no son diferentes de otros tipos de creyentes católicos en términos de liderazgo espiritual. Todos miran a la ciudad del Vaticano en Italia y al líder mundial de la Iglesia Católica Romana, el Papa» (Katie Meier, «Charismatic Catholics», *Same God, Different Churches* [Nashville: Thomas Nelson, 2005], s. n. p., edición de Google Books en línea en books.google.com/books?isbn=1418577685.

43. La expresión latina *ex opere operato* significa «por la obra realizada» o (de acuerdo con *The Catechism of the Catholic Church*) «literalmente: "Por el hecho mismo de la acción que se está realizando"». En el sistema católico romano, por lo tanto, los sacramentos no son simples signos, símbolos y testimonios de la gracia divina hacia los creyentes, sino que son causas instrumentales esenciales para el otorgamiento de la gracia. La doctrina católica trata a los sacramentos como obras meritorias necesarias para la salvación. Los siete sacramentos son el bautismo, la confirmación, la eucaristía, la penitencia, la unción de los enfermos, las órdenes sacerdotales y el matrimonio. De los siete, solo el bautismo y la eucaristía son ordenanzas apropiadas para la iglesia. Sin embargo, «la Iglesia [Católica Romana] afirma que para los creyentes son necesarios los [siete] sacramentos del Nuevo Pacto para la salvación» (U. S. Catholic Church,

Catechism of the Catholic Church, 2a ed. [Nueva York: Doubleday Religion, 2006], p. 319).

44. Emilio Antonio Núñez, *Crisis and Hope in Latin America* (Pasadena, CA: William Carey Library, 1996), p. 306. Núñez escribió: «Parece que la mayoría de los carismáticos católicos no han abandonado su devoción mariana. Ellos siguen creyendo en su amor por María. Se la venera como nunca antes».

45. T. P. Thigpen, «Catholic Charismatic Renewal», *The New International Dictionary of Pentecostal and Charismatic Movements* (Grand Rapids: Zondervan, 2002), p. 465.

46. National and International Religion Report, *Signswatch*, invierno 1996, citado en J. Walter Veith, *Truth Matters* (Delta, BC: Amazing Discoveries, 2007), p. 298.

47. En ese sentido, R. Andrew Chesnut explica que «el catolicismo carismático y el pentecostalismo comparten el elemento común del pneumacentrismo, y una de las principales funciones del Espíritu es sanar creyentes individuales de sus aflicciones terrenales» (R. Andrew Chesnut, «Brazilian Charism», en *Introducing World Christianity*, ed. Charles E. Farhadian [Oxford: Wiley-Blackwell, 2012], p. 198).

48. David K. Bernard, «The Future of Oneness Pentecostalism», en *The Future of Pentecostalism in the United States*, eds. Eric Patterson y Edmund Rybarczyk (Lanham, MD: Lexington, 2007), p. 124.

49. Peter Hocken observa: «Si bien las iglesias unitarias (por ejemplo, la Iglesia Pentecostal Unida blanca, las Asambleas Pentecostales del Mundo negras) en general no han tenido comunión activa con los pentecostales trinitarios, que consideran su doctrina como una desviación, siempre han sido consideradas de alguna manera en el movimiento pentecostal» (Peter Hocken, *The Challenges of the Pentecostal, Charismatic, and Messianic Jewish Movements* [Burlington, VT: Ashgate, 2009], p. 23).

50. William K. Kay, *Pentecostalism* (Londres: SCM Press, 2009), p. 14. John Ankerberg y John Weldon igualmente indican: «Los movimientos pentecostales, carismáticos y de confesión positiva en este país podrían estar en condición espiritual más grave de lo que creen. Aquellos cristianos que forman parte de estos movimientos tienen que evaluar con cuidado lo que sus líderes están enseñando (o dejando de enseñar). Por ejemplo, al menos una cuarta parte de todos los pentecostales, lo que representa más de 5.000 iglesias y millones de cristianos profesos, son miembros de la Iglesia Pentecostal Unida, una organización que niega rotundamente la Trinidad y enseña otros errores graves» (John Ankerbert y John Weldon, *Cult Watch* [Eugene, OR: Harvest House, 1991], p. viii).

51. Gregg Allison, *Historical Theology* (Grand Rapids: Zondervan, 2011), pp. 235–36.

52. Entrevista a Joel Osteen, *Larry King Live*, CNN, salió al aire 20 junio 2005. Transcripción disponible en http://transcripts.cnn.com/TRANSCRIPTS /0506/20/lkl.01.html.

53. Entrevista a Joel Osteen, *Fox News Sunday with Chris Wallace*, FOX News, salió al aire 23 diciembre 2007. Transcripción parcial disponible en http://www.foxnews.com/story/0,2933,318054,00.html.

54. Joseph Smith, *History of The Church of Jesus Christ of Latter-day Saints*, 7 vols, introducción y notas por B. H. Roberts (Salt Lake City: The Church of Jesus Christ of Latter-day Saints, 1932–1951), 2: p. 428. Smith informó: «El hermano George A. Smith se levantó y empezó a profetizar, cuando se oyó un ruido como el sonido de un viento recio que soplaba, el cual llenó el templo, y toda la congregación se levantó simultáneamente, siendo inspirados por un poder invisible, y muchos comenzaron a hablar en lenguas y a profetizar, otros vieron visiones gloriosas. Después vi que el Templo estaba lleno de ángeles, hecho que declaré a la congregación».

55. George A. Smith, citado en *Journal of Discourses*, 26 vols. (Londres: Latter-day Saints' Book Depot, 1854–1886), 11: p. 10.

56. Benjamin Brown, «Testimony for the Truth», *Gems for the Young Folks* (Salt Lake City: Juvenile Instructor Office, 1881), p. 65.

57. Allan Anderson, *An Introduction to Pentecostalism*, p. 24, explica que «los mormones practicaban el hablar en lenguas durante los primeros años, pero disuadieron su práctica más tarde». Cp. Donald G. Bloesch, *The Holy Spirit* (Downers Grove, IL: InterVarsity, 2000), pp. 180–81.

58. Cp. Edgar, *Satisfied by the Promise of the Spirit*, p. 218, n. 108.

59. Rob Datsko y Kathy Datsko, *Building Bridges between Spirit-Filled Christians and Latter-day Saints* (eBookIt, 2011), p. 16.

60. Cp. Grant Wacker, *Heaven Below* (Cambridge, MA: Harvard UP, 2003), p. 180.

61. Ver el libro del presidente del Fuller Seminary, Richard Mouw, titulado *Talking with Mormons: An Invitation to Evangelicals* (Grand Rapids: Eerdmans, 2012). Como el título lo indica, es un estímulo para que los cristianos evangélicos entablen un diálogo con los mormones a fin de alcanzar una mayor unidad.

62. John T. Allen, *The Future Church* (Nueva York: Doubleday, 2009), pp. 382–83. Allen explica: «Tal vez el elemento más controvertido de la perspectiva pentecostal sea el llamado "evangelio de la prosperidad", es decir, la creencia de que Dios recompensará a los que tienen fe suficiente con prosperidad material y salud física. Algunos analistas distinguen entre los "neopentecostales", que se centran en el evangelio de la prosperidad, y el pentecostalismo clásico, orientado a los dones del Espíritu tales como sanidades y lenguas. Sin embargo, los datos del Pew Forum indican que el evangelio de la prosperidad es en realidad un rasgo definitorio de todo el pentecostalismo; más del noventa por ciento de los pentecostales en la mayoría de los países mantienen estas creencias».

63. Allan Anderson, *An Introduction to Pentecostalism*, p. 221. Anderson escribió: «Aparte del hecho de que esta enseñanza fomenta el "sueño americano" del capitalismo y promueve la ética del éxito, entre sus características más cuestionables se encuentra la posibilidad de que la fe humana sea colocada por encima de la soberanía y la gracia de Dios. La fe se convierte en una condición para la acción de Dios y la fortaleza de la fe se mide por los resultados. La prosperidad material y financiera y la salud a veces son vistas como una prueba de la espiritualidad y el papel positivo y necesario de la persecución y el sufrimiento a menudo son pasados por alto».

64. Daniel J. Bennett, *A Passion for the Fatherless* (Grand Rapids: Kregel, 2011), p. 86.

65. Bruce Bickel y Stan Jantz, *I'm Fine with God... It's Christians I Can't Stand* (Eugene, OR: Harvest House, 2008), p. 94.

66. Cp. John Phillips, *Exploring the Pastoral Epistles* (Grand Rapids: Kregel, 2004), pp. 349–50. Phillips señala: «Nadie en los tiempos bíblicos predicó lo que, en nuestra consentida era, se llama el evangelio de la prosperidad. Este falso evangelio propugna la filosofía de dígalo y reclámelo. Se dice que la salud y la riqueza son patrimonio innato de todos los creyentes. Todo este concepto es ajeno al Nuevo Testamento, a la experiencia personal y a la historia eclesiástica. El evangelio de la prosperidad se basa en un total fracaso para distinguir entre la bendición del Antiguo Testamento y la bendición del Nuevo Testamento, entre la nación de Israel y la iglesia de Dios, y entre el pueblo terrenal de Dios y su pueblo celestial».

67. En su tratado sobre *Distinguishing Marks of a Work of the Spirit of God*, Edwards también enumeró una serie de criterios que, a su juicio, no probaban o refutaban la implicación del Espíritu de forma concluyente. Por ejemplo, Edwards afirmó que el hecho de que ciertos aspectos de un movimiento sean extraordinarios o novedosos no lo descalificaba automáticamente de ser considerado una verdadera obra del Espíritu. El hecho de que las personas respondan con llanto y otras muestras físicas de emoción no prueba nada. Tampoco el hecho de que la obra produzca una fuerte impresión en la imaginación de la gente, algo que Edwards señaló categóricamente como diferente de las visiones experimentadas por los profetas bíblicos. Edwards llegó a indicar que solo porque algunas de las personas involucradas se comportaran de manera extraña e imprudente, o incluso si algunas de ellas se apartaran por errores graves y prácticas escandalosas, no demuestra necesariamente que la obra *en su conjunto* no sea del Espíritu. (Curiosamente, Edwards incluyó el énfasis carismático extrabíblico de los reformadores radicales durante la Reforma protestante como un ejemplo de las prácticas erróneas que sin embargo no refutan la autenticidad de la Reforma.) Al realizar estas disposiciones, Edwards estaba claramente hablando de *excepciones* poco ortodoxas e indeseables, no *la regla*. Su discusión sobre los «signos positivos» que se encuentran en 1 Juan 4.1–8,

deja claro que Edwards nunca consideraría un movimiento que *se caracterizara* por falsa doctrina o conducta escandalosa como siendo dirigido por el poder del Espíritu Santo. De la misma manera que él denunció las experiencias extáticas y místicas de los cuáqueros y otros como ellos, sin duda Edwards habría lamentado lo que sucede en los principales círculos carismáticos.

Capítulo 4: Probemos los espíritus (segunda parte)

1. Jonathan Edwards, «Distinguishing Marks», pp. 250–51. En su tratado sobre *Religious Affections*, Edwards reiteró la verdad de que una vida santa es la única señal segura de avivamiento personal.
2. Mark J. Cartledge dice del pentecostalismo: «Es en gran parte una religión de los pobres, y se estima que el ochenta y siete por ciento de los pentecostales viven por debajo del nivel de pobreza (Barrett y Johnson, 2002: 284). Pero también es una tradición a menudo asociada con el evangelio de la salud y la riqueza, especialmente en las naciones y regiones en desarrollo» (Mark J. Cartledge, «Pentecostalism», en *The Wiley-Blackwell Companion to Practical Theology* [Chichester, West Sussex, Reino Unido: Blackwell, 2012], p. 587).
3. Paul Alexander, *Signs and Wonders* (San Francisco: Jossey-Bass, 2009), pp. 63–64.
4. Steve Bruce, *God Is Dead* (Malden, MA: Blackwell, 2002), p. 182.
5. Philip Jenkins, *The New Faces of Christianity* (Nueva York: Oxford UP, 2006), p. 93.
6. Kevin Starr, *Material Dreams* (Nueva York: Oxford UP, 1991), pp. 142–143.
7. Ibíd.
8. La vida secreta de Frisbee era bien conocida por sus amigos y compañeros ministros carismáticos. Este punto se presenta varias veces en la película documental *Frisbee: The Life and Death of a Hippie Preacher*. En 39:55 del documental, un amigo cercano de Frisbee dice: «Al final del matrimonio, él me dijo que había estado visitando tarde algunos bares de homosexuales. Fue algo difícil de entender para mí, cómo podía ir de fiesta el sábado por la noche y predicar el domingo por la mañana». Sorprendentemente, la siguiente línea hablada, un segundo más tarde, afirma: «Y el Espíritu de Dios se movía, no había duda al respecto».
9. Ibíd., 41:19.
10. Matt Coker, «The First Jesus Freak», *OC Weekly*, 3 marzo 2005, http://www.ocweekly.com/2005-03-03/features/the-first-jesus-freak/.
11. Cp. Ian G. Clark, *Pentecost at the Ends of the Earth: The History of the Assemblies of God in New Zealand (1927—2003)* (Blenheim, NZ: Christian Road Ministries, 2007), p. 186.
12. Jonathan C. Smith, *Pseudoscience and Extraordinary Claims of the Paranormal* (Malden, MA: John Wiley & Sons, 2010), p. 290.

13. Hanna Rosin, «White Preachers Born Again on Black Network; TV Evangelists Seek to Resurrect Ministries», *Washington Post*, 3 septiembre 1998.

14. Cp. «Testimonials», página en línea de Peter Popoff Ministries, http://peterpopoff.org/testimonials.

15. Smith, *Pseudoscience and Extraordinary Claims of the Paranormal*, p. 290.

16. Susan Wise Bauer, *The Art of the Public Grovel: Sexual Sin and Public Confession in America* (Princeton, NJ: Princeton University, 2008), p. 238.

17. Mark Silk, *Unsecular Media* (Champaign, IL: University of Illinois, 1998), p. 83.

18. David Cloud, «Recent Pentecostal Scandals», Fundamental Baptist Information Service, Way of Life Literature, 29 diciembre 2008, http://www.wayoflife.org/database/pentecostalscandals.html. Cp. Pam Sollner, «Minister Removed after Confession of Sexual Misconduct», *Olathe News*, 30 noviembre 1991, http://www.religionnewsblog.com/16929/minister-removed-after-confession-of-sexual-misconduct.

19. ABC News, *Primetime Live*, 21 noviembre 1991.

20. «Clarence McClendon Cuts Ties with Foursquare after Divorce News», *Charisma*, 31 julio 2000, http://www.charismamag.com/component/content/article/134-j15/peopleevents/people-events/92-clarence-mcclendon-cuts-ties-with-foursquare-after-divorce-news. Cp. Lee Grady, «Sin in the Camp», *Charisma*, febrero 2002, http://www.charismamag.com/site-archives/130-departments/first-word/560-sin-in-the-camp.

21. Steven Lawson, «Most Students, Church Members Defend Liardon after Confession», *Charisma*, 28 febrero 2002, http://www.charismamag.com/site-archives/134-peopleevents/people-events/568-most-students-church-members-defend-liardon-after-confession-.

22. William Lobdell, «Televangelist Paul Crouch Attempts to Keep Accuser Quiet», *Los Angeles Times*, 12 septiembre 2004, http://articles.latimes.com/2004/sep/12/local/me-lonnie12.

23. Paul Cain, «A Letter of Confession», http://archive.is/idoRi.

24. CNN, *Paula Zahn Now*, 19 enero 2006.

25. Kevin Roose, «The Last Temptation of Ted», *GQ*, febrero 2011, http://www.gq.com/news-politics/newsmakers/201102/pastor-ted-haggard.

26. Lillian Kwon, «Ted Haggard Aims for Simplicity with New Church», *The Christian Post*, 26 julio 2010, http://www.christianpost.com/news/ted-haggard-aims-for-simplicity-with-new-church-46055/.

27. Cp. Audrey Barrick, «Evangelist's Husband Apologizes, Pleads Guilty to Assault», *The Christian Post*, 12 marzo 2008, http://m.christianpost.com/news/evangelist-s-husband-apologizes-pleads-guilty-to-assault-31498/

28. Tracy Scott, «Juanita Bynum shares "lesbian" testimony», *S2S Magazine*, 17 julio 2012, http://s2smagazine.com/18050/juanita-bynum-shares-lesbian-testimony/.

29. David Roach, «Faith Healer Todd Bentley Separates from Wife, Draws Criticism from Charismatics», Baptist Press News, 19 agosto 2008, http://www.sbcbaptistpress.net/BPnews.asp?ID=28727.

30. Elissa Lawrence, «Disgraced Pastor Michael Guglielmucci a Porn Addict», *The Australian*, 24 agosto 2008, http://www.theaustralian.com.au/news/fraud-pastor-a-porn-addict-says-shocked-dad/story-e6frg6n6-1111117284239.

31. Cp. Laura Strickler, «Senate Panel Probes 6 Top Televangelists», CBS News, 11 febrero 2009, http://www.cbsnews.com/8301-500690_162-3456977.html.

32. Naimah Jabali-Nash, «Bishop Eddie Long Hit with Third Sex Lawsuit, Ga. Church Has Not Made Statement», CBS News, 22 septiembre 2010, http://www.cbsnews.com/8301-504083_162-20017328-504083.html.

33. Jim Gold, «Televangelist Creflo Dollar Arrested in Alleged Choking Attack on Daughter», NBC News, 8 junio 2012, http://usnews.nbcnews.com/_news/2012/06/08/12126777-televangelist-creflo-dollar-arrested-in-alleged-choking-attack-on-daughter.

34. «Evangelists Hinn, White Deny Affair Allegations», CBN News, 26 julio 2010, http://www.cbn.com/cbnnews/us/2010/July/Evangelists-Hinn-White-Deny-Affair-Allegations/.

35. Adrienne S. Gaines, «Benny Hinn Admits "Friendship" with Paula White but Tells TV Audience It's Over», *Charisma*, 10 agosto 2010, http://www.charismamag.com/site-archives/570-news/featured-news/11683-benny-hinn-admits-friendship-with-paula-white-but-tells-tv-audience-its-over.

36. Stoyan Zaimov, «Benny Hinn Says Wife's Drug Problems Led to Divorce, Praises God's Reconciling Power», *The Christian Post*, 13 junio 2012, accedido octubre 2012, http://global.christianpost.com/news/benny-hinn-says-wifes-drug-problems-led-to-divorce-praises-gods-reconciling-power-76585/.

37. Ejemplos adicionales también podrían ser citados. Por ejemplo, en el año 2010, el teleevangelista Marcus Lamb, fundador de Daystar Television Network, reconoció públicamente que varios años antes había participado en una relación extramarital. En el año 2011, el pastor pentecostal Albert Odulele con sede en Londres confesó haber agredido sexualmente tanto a un muchacho de catorce años de edad como a un joven de veintiún años. En el año 2012, Ira Parmenter, el pastor de jóvenes de Colwood Pentecostal Church, hizo titulares cuando fue arrestado por tener un romance prolongado con una chica de dieciséis años de edad. (Sam Hodges, «Former Employee Sues Daystar Founder Marcus Lamb over His Extramarital Affair with Another Employee», *The Dallas Morning News*, 3 diciembre 2010, http://www.dallasnews.com/incoming/20101203-exclusive-former-employee-sues-daystar-founder-marcus-lamb-over-his-extramarital-affair-with-another-employee.ece. Janet Shan, «London-Based Pastor Albert Odulele Pleads Guilty to Sexual Assault of 14 Year Old Boy, Says He "Battled" Sexuality for Years», *Hinterland Gazette*, 11 marzo 2011, http://hinterlandgazette.com/2011/03/london-based-pastor

-albert-odulele.html. Markham Hislop, «Former BC Youth Pastor Ira Parmenter Arrested for Sexual Exploitation of Young Girl», *Calgary Beacon*, 15 mayo 2012, http://beaconnews.ca/blog/2012/05/former-bc-youth-pastor-ira-parmenter -arrested-for-sexual-exploitation-of-young-girl/).

38. David Van Biema, «Are Mega-Preachers Scandal-Prone?», *Time*, 28 septiembre 2007, http://content.time.com/time/nation/article/0,8599,1666552,00.html.

39. J. Lee Grady, *The Holy Spirit Is Not for Sale* (Grand Rapids: Baker, 2010), p. 87.

40. Chad Brand, citado en Roach, «Faith Healer Todd Bentley Separates from Wife».

41. Ibíd.

42. Jonathan Edwards, «The Distinguishing Marks of a Work of the Spirit of God», *The Great Awakening* (New Haven: Yale, 1972), p. 253.

43. Earl Radmacher, *Salvation* (Nashville: Thomas Nelson, 2000), p. 150. Radmacher añade: «La Palabra de Dios sin el Espíritu de Dios no tiene vida. Por otro lado, el Espíritu de Dios sin la Palabra de Dios está mudo. Para decirlo de otra manera, centrarse en la Palabra de Dios sin el Espíritu de Dios conduce al formalismo, mientras que centrarse en el Espíritu de Dios aparte de la Palabra de Dios conduce al fanatismo. Pero centrarnos en ambos: la Palabra de Dios y el Espíritu de Dios, dará lugar al crecimiento a imagen de Cristo».

44. Martyn Percy escribió: «Una burla repetida con frecuencia contra los evangélicos es que ellos creían en una Trinidad diferente al resto de la cristiandad: el Padre, el Hijo y la Sagrada Escritura» («Whose Time Is It Anyway?», en *Christian Millennarianism*, ed. Stephen Hunt [Bloomington, IN: Indiana UP, 2001], p. 33).

45. C. Peter Wagner, «The New Apostolic Reformation Is Not a Cult», *Charisma News*, 24 agosto 2011, http://www.charismanews.com/opinion/31851-the-new -apostolic-reformation-is-not-a-cult.

46. Para más información sobre el ministerio de Peter Wagner, ver el capítulo 5.

47. Jack Deere, citado en Mark Thompson, «Spiritual Warfare: What Happens When I Contradict Myself», *The Briefing*, no. 45/46 (24 abril 1990): p. 11. Esta cita se tomó de una conferencia de Jack Deere en el año 1990.

48. Jack Deere, *The Gift of Prophecy* (Ventura, CA: Gospel Light, 2008), p. 141.

49. Donald G. Bloesch, *The Holy Spirit* (Downers Grove, IL: InterVarsity, 2000), pp. 187–88.

50. Jonathan Edwards explicó: «Otra regla para juzgar los espíritus puede ser dada... mediante la observación de la forma en que opera un espíritu que está obrando en un pueblo... [Si] funciona como un espíritu de verdad, llevando las personas a la verdad, convenciéndolas de las cosas que son verdad, podemos determinar con seguridad que se trata de un espíritu de justicia y verdad» (*The Works of President Edwards in Four Volumes* [Nueva York: Robert Carter & Brothers, 1879], I: p. 542).

51. Frederick Dale Bruner, *A Theology of the Holy Spirit: The Pentecostal Experience and the New Testament Witness* (Grand Rapids: Eerdmans, 1970), p. 21.

52. Jack Cottrell escribió: «A pesar de todas las protestas en sentido contrario, lo cierto es que en la práctica, no a nivel teórico, los continuacionistas elevan la experiencia por sobre la Palabra de Dios como la norma final de fe y práctica» (*The Holy Spirit* [Joplin, MO: College Press, 2007], p. 445).

53. Por ejemplo, ver: «Hi. I'm Kathy, I'm a born again, Spirit-filled, Charismatic Mormon» en Mormon.org, accedido marzo 2013, http://mormon.org/me/6kpv.

54. John Ankerberg y John Weldon, *Cult Watch* (Eugene, OR: Harvest House, 1991), p. viii.

55. William Menzies, citado en Stephen Eugene Parker, *Led by the Spirit* (Sheffield, Reino Unido: Sheffield Academic, 1996), p. 21.

56. John Arnott, *The Father's Blessing* (Lake Mary, FL: Charisma House, 1995), p. 127. En la página 119, Arnott escribió de manera similar: «Si tienes miedo de temblar, reír o caer al suelo, habla con Dios al respecto... Arrepiéntete y elige ser vulnerable... Puedes analizarlo y probarlo más tarde».

57. William E. Brown, *Making Sense of Your Faith* (Wheaton, IL: Victor, 1989), p. 55.

58. Edwards, «The Distinguishing Marks of a Work of the Spirit of God», p. 256.

59. Telford C. Work, «Theological FAQ: You Describe Yourself as Pentecostal. What Is Pentecostalism About?», 7 marzo 2003, http://www.westmont.edu/~work/faq/pentecostal.html.

60. Cp. Gordon Fee, comentarista carismático que sostiene que «Pablo creía en una comunión inmediata con Dios por medio del Espíritu que a veces pasaba por alto la mente» (Gordon Fee, *God's Empowering Presence* [Peabody, MA: Hendrickson, 2009], p. 219).

61. Cp. C. J. Knieper, *I Am... in Charge!* (Summersville, SC: Holy Fire, 2008), p. 8. Tony Campolo y Mary Albert Darling igualmente sugieren un método de oración de vaciado mental en su libro *Connecting Like Jesus* (San Francisco: Wiley, 2010), p. 59.

62. Annette Ware-Malone, *Life's Achievements after a Death of a Child* (Bloomington, IN: AuthorHouse, 2007), pp. 5–6.

63. Margaret M. Poloma, *Main Street Mystics* (Oxford: Altamira, 2003), p. 5.

64. Tomando nota de la forma en que la Calle Azusa fue percibida por los de afuera, un autor informa: «Un titular en el diario *Los Angeles Times* de la reunión de Azusa dice: "Extraña Babel en lenguas; nueva secta de fanáticos está surgiendo; Escena salvaje la noche pasada en la Calle Azusa"» (May Ling Tan-Chow, *Pentecostal Theology for the Twenty-First Century* [Burlington, VT: Ashgate, 2007], p. 43).

65. Charles Parham, citado en Grant Wacker, *Heaven Below*, p. 125.

66. Peter Masters, «The Law of a Sound Mind», *Trinity Review* no. 272 (noviembre/diciembre 2007), http://www.trinityfoundation.org/PDF/The%20Trinity%20Review%2000246%20Review272masters.pdf.

67. En su tratado sobre «The Mind», Jonathan Edwards dejó claro que Dios no pasa por alto la mente para alcanzar el corazón con la verdad. Cp. Jonathan Edwards, «The Mind», *The Philosophy of Jonathan Edwards from His Private Notebooks*, ed. Harvey G. Townsend (Eugene: University of Oregon, 1955), pp. 21ss.

68. Mark E. Moore, «Eyeing the Tongue», en *Fanning the Flame* (Joplin, MO: College Press, 2003), p. 218.

69. Raymond C. Ortlund, hijo, *Proverbs* (Wheaton, IL: Crossway, 2012), p. 60.

70. Esta opinión se basa en un malentendido de 1 Corintios 14.4. Como escribí en *Charismatic Chaos*: «Pablo no estaba recomendando el uso de las lenguas para la edificación propia, sino condenando a las personas que utilizaban el don en violación de su propósito y sin tener en cuenta el principio del amor... Los corintios estaban utilizando las lenguas para edificarse a sí mismos en un sentido egoísta. Sus motivos no eran sanos, sino egocéntricos. La pasión de ellos por las lenguas surgió de un deseo por ejercer los más espectaculares y llamativos dones ante otros creyentes. El punto de Pablo es que nadie se beneficia de este tipo de exposición, excepto la persona que habla en lenguas, y el valor principal que salga de ello es la edificación de su propio ego» (John MacArthur, *Charismatic Chaos* [Grand Rapids: Zondervan, 1992], p. 279). Vamos a discutir el don de lenguas con más detalle en el capítulo 7.

71. William J. McRae, *The Dynamics of Spiritual Gifts* (Grand Rapids: Zondervan, 1976), p. 33.

72. Cp. Harry Loewen, *Luther and the Radicals* (Waterloo, ON: Wilfrid Laurier UP, 1974), p. 32.

73. Edwards, «The Distinguishing Marks of a Work of the Spirit of God», pp. 256–57.

74. Por ejemplo, John Wimber, fundador del Vineyard Movement, cuando se encontró por primera vez con las manifestaciones visibles del poder del Espíritu las justificó recordando «los acontecimientos descritos por Jonathan Edwards, Juan Wesley y George Whitefield», es decir, el Gran Despertar (John White, *When the Spirit Comes with Power* [Downers Grove, IL: InterVarsity, 1988], p. 159) [*Cuando el Espíritu Santo llega con poder* (Grand Rapids, MI: Zondervan, 2012)].

75. Que el Espíritu Santo estaba obrando en la congregación de Corinto, a pesar de su mal entendimiento de los dones espirituales, se ve en pasajes como 1 Corintios 2.12; 3.16; 6.11, 19.

Capítulo 5: ¿Apóstoles entre nosotros?

1. C. Peter Wagner, *The Changing Church* (Ventura, CA: Gospel Light, 2004), p. 9 [*La iglesia innovadora* (Buenos Aires: Peniel, 2005)].

2. Ibíd., p. 10.

3. Según el historiador pentecostal Vinson Synan: «En 2004, en su libro *Aftershock! How the Second Apostolic Age Is Changing the Church*, Wagner hizo afirmaciones grandilocuentes sobre este nuevo movimiento. Afirmó que el movimiento carismático era "una visión inconclusa" y que el Movimiento de la Nueva Renovación Apostólica había tomado su lugar como la ola del futuro» (Vinson Synan, *An Eyewitness Remembers the Century of the Spirit*, reimpresión [Grand Rapids: Chosen Books, 2011], p. 185).

4. C. Peter Wagner, *The Changing Church*, p. 12.

5. Ibíd., p. 10.

6. Ibíd., p. 12.

7. C. Peter Wagner citado en David Cannistraci, *Apostles and the Emerging Apostolic Movement* (Ventura, CA: Renew, 1996), p. 12.

8. C. Peter Wagner, *Wrestling with Alligators, Prophets and Theologians* (Ventura, CA: Gospel Light, 2010), p. 207.

9. Ibíd., p. 208.

10. Ibíd., p. 243.

11. «Europe Nearly Free of Mad Cow Disease», *EUbusiness*, 16 julio 2010, http://www.eubusiness.com/news-eu/madcow-food-safety.5l7.

12. «History of ICA», sitio en la red de International Coalition of Apostles, http://www.coalitionofapostles.com/about-ica/history-of-ica/.

13. Synan, *An Eyewitness Remembers the Century of the Holy Spirit*, p. 183.

14. Ibíd., p. 184.

15. «Rates», sitio en la red de International Coalition of Apostles, http://www.coalitionofapostles.com/membership/rates/.

16. C. Peter Wagner, *Apostles Today* (Ventura, CA: Gospel Light, 2007), p. 79.

17. Cp. Synan, *An Eyewitness Remembers the Century of the Holy Spirit*, p. 183.

18. Peter Hocken, *The Challenges of the Pentecostal, Charismatic, and Messianic Jewish Movements* (Cornwall, Reino Unido: MPG, 2009), p. 43.

19. C. Peter Wagner, *The Changing Church*, p. 15.

20. Ibíd.

21. Ibíd., p. 17.

22. Ibíd., p. 18.

23. Ibíd.

24. Ibíd., p. 9.

25. Synan, *An Eyewitness Remembers the Century of the Holy Spirit*, p. 183.

26. Peter Hocken, *The Challenges of the Pentecostal, Charismatic, and Messianic Jewish Movements*, pp. 43-44.

27. Frederick Dale Bruner explica: «Los pentecostales se refieren con frecuencia a su movimiento como un digno sucesor y tal vez incluso superior a la Reforma del siglo XVI y el avivamiento evangélico inglés del siglo XVIII, y casi siempre como una fiel reproducción del movimiento apostólico del primer siglo»

(Frederick Dale Bruner, *A Theology of the Holy Spirit* [Grand Rapids: Eerdmans, 1970], p. 27).

28. En su *Table Talk*, Martín Lutero explicó: «La causa principal por la que me sentí mal con el Papa fue la siguiente: el Papa se jactó de que él era la cabeza de la iglesia, y condenó todo lo que no estuviera bajo su poder y autoridad... Además, tomó sobre sí el poder, el gobierno y la autoridad sobre la iglesia cristiana, y sobre las Sagradas Escrituras, la Palabra de Dios, [diciendo que] nadie debe atreverse a exponer las Escrituras, sino solo él, y de acuerdo con sus presunciones ridículas, se hizo señor de la iglesia» (Martín Lutero, *The Table Talk of Martin Luther*, trad. al ingles y ed. William Hazlitt (Londres: Bell & Daldy, 1872), pp. 203–204).

29. C. Peter Wagner, *The Changing Church*, p. 21.

30. David du Plessis, «Pentecost Outside Pentecost», folleto, 1960, p. 6.

31. Samuel Waldron, *To Be Continued?* (Amityville, NY: Calvary Press, 2007), p. 27.

32. Wayne Grudem, *Systematic Theology* (Grand Rapids: Zondervan, 1994), p. 911 [*Teología sistemática* (Miami: Vida, 2007)].

33. Citado en Ernest L. Vermont, *Tactics of Truth* (Maitland, FL: Xulon, 2006), p. 94, n. 19.

34. En la historia de la iglesia primitiva, los creyentes entendían que «la doctrina de los apóstoles» era la que debía ser atendida y guardada (cp. Ignacio, *Epistle the Magnesians*,13; *Epistle to the Antiochians*,1) Por lo tanto, las «memorias de los apóstoles» eran tenidas como canónicas y con autoridad dentro de la iglesia primitiva (cp. Ireneo, *Against Heresies*, 2.2.5; Justino, *First Apology*, 67; Victorino, *Commentary on the Apocalypse*, 10.9).

35. Grudem, *Systematic Theology*, pp. 905–906.

36. Cp. Nathan Busenitz, «Are There Still Apostles Today», *The Cripplegate*, 21 julio 2011, http://thecripplegate.com/are-there-still-apostles-today/.

37. Ignacio, *Epistle to the Magnesians*, énfasis añadido.

38. Ireneo, *Against Heresies*, 4.21.3.

39. Tertuliano, *Against Marcion*, p. 21, énfasis añadido.

40. Lactancio, *The Divine Institutes*, 4.21.

41. *The Epistle to Diognetus*, p. 11; *Fragments of Papias*, p. 5; cp. Policarpo, *Epistle to the Philippians*, p. 6; Ignacio, *Against Heresies*, 1.10.

42. Clemente, *First Epistle of Clement to the Corinthians*, p. 42.

43. Ignacio, *Epistle to the Antiochians*, p. 11, énfasis añadido.

44. Cp. Agustín, *On Christian Doctrine*, 3.36.54; *Reply to Faustus*, 32.13; *On Baptism*, 14.16; Juan Crisóstomo, *Homily on 1 Thess. 1:8–10*; *Homily on Heb. 1:6–8*.

45. Eusebio, *Ecclesiastical History*, libro 8, introducción.

46. Basilio, *On the Spirit*, 29.72

47. Tertuliano, *Against Marcion*, p. 21.

48. Grudem, *Systematic Theology*, p. 911.
49. «Finding Your Place in the Apostolic Vision», febrero 1999, citado en «"A Christian Seer" Speaks Out» *Delusion and Apostasy Watch News,* http://www. cephas-library.com/apostasy/facilitators_of_change_1.html.
50. Thomas Edgar, *Satisfied by the Promise of the Spirit*, p. 232.

Capítulo 6: La locura de los profetas falibles

1. Bill Hamon, *Prophets and Personal Prophecy* (Shippensburg, PA: Destiny Image, 1987), p. 176 [*Profetas y profecía personal* (Shippensburg, PA: Destiny Image, 2007)].
2. Jack Deere, *The Beginner's Guide to the Gift of Prophecy* (Ventura, CA: Regal, 2008), pp. 131–32.
3. Mike Bickle y Bob Jones, «Visions and Revelations», cinta de audio # 5. Título de MP3: «4-Vision and Revelations–1988», tiempo: 10:32–15:58, http://archive. org/details/VisionsAndRevelations-MikeBickleWithBobJones1988.
4. Pam Sollner, «Minister Removed after Confession of Sexual Misconduct», *Olathe News* (Kansas), 30 noviembre 1991, http://www.religionnewsblog. com/16929/minister-removed-after-confession-of-sexual-misconduct.
5. Durante veinticinco años o más, Jones ha estado emitiendo una profecía anual que él llama «La vara del pastor». Gran parte de ella es incoherente, y las partes que son comprensibles están equivocadas en su mayoría. Las únicas declaraciones que no son manifiestamente erróneas son predicciones genéricas que casi cualquier persona puede hacer o pronósticos ambiguos que están abiertos a múltiples interpretaciones, del tipo de adivinación propio de escritores del horóscopo. He aquí una muestra de cómo las adivinaciones de Jones son incoherentes y absurdas normalmente. La siguiente cita es un extracto de su pronóstico en «La vara del pastor» del año 2012. Después de denigrar el papel de la inteligencia en la comprensión de la verdad revelada por Dios, él dice: «Esto es lo que él [el Espíritu Santo] está empezando a tratar: que ustedes se convirtieran literalmente en esclavos de amor, que la mente se convirtiera en un esclavo de amor del Espíritu de Dios que está en usted. Cada uno de ustedes cuando nació, una parte de Dios el Padre se manifestó en su concepción. Cuando fue concebido, lo fue para vivir para siempre y va a vivir para siempre en algún lugar. Usted determina dónde va a vivir. Y cuando esa semilla en usted está preparada para irrumpir es cuando empieza a ver a Cristo. Primero lo ve en la Palabra escrita. Pero es hora de que vayamos y pongamos en práctica esa Palabra, pero dejemos que el Espíritu de Dios entre en nosotros, en que el Espíritu Santo pueda revelar a nuestro espíritu el futuro. Y cuando esto [se señala la cabeza] se convierte en el esclavo de amor, hace solo lo que oye aquí [se señala el abdomen]». Tomado de predicciones «Shepherd's Rod» de Bob Jones del año 2012, pronunciadas en Morningstar Ministries, 2 octubre 2011.

Vídeo en línea en http://www.youtube.com/watch?v=CYJmgmbSHP0 (extracto comienza a las 4:23).

6. «Bob Jones», sitio en la red de Morningstar Ministries, Harvest Festival 2012, http://www.morningstarministries.org/biographies/bob-jones.

7. Benny Hinn, *This Is Your Day*, TBN, 2 abril 2000.

8. Vídeo de Rick Joyner, disponible en Kyle Mantyla, «Joyner: Japan Earthquake Will Unleash Demonic Nazism on America», Right Wing Watch, 16 marzo 2011, http://www.rightwingwatch.org/content/joyner-japan-earthquake-will -unleash-demonic-nazism-america.

9. Wayne Grudem, «Prophecy», en *The Kingdom and Power*, ed. Gary Greig (Ventura, CA: Gospel Light, 1993), p. 84.

10. Wayne Grudem, *The Gift of Prophecy in the New Testament and Today*, edición revisada (Wheaton, IL: Crossway, 2000), p. 90; énfasis añadido.

11. Ibíd., p. 100; énfasis añadido.

12. Wayne Grudem, «A Debate on the Continuation of Prophecy», con Ian Hamilton, 2010 Evangelical Ministry Assembly, http://thegospelcoalition. org/blogs/justintaylor/2012/02/23/a-debate-on-the-continuation-of-prophe- cy/. Los comentarios de Grudem se encuentran a los 59:53.

13. Henry Blackaby, *Experiencing God* (Nashville: LifeWay, 1990), p. 168 [*Experiencia con Dios* (Nashville: B&H Español, 2009)].

14. John MacArthur, *Charismatic Chaos* (Grand Rapids: Zondervan, 1992), p. 67.

15. Sarah Young, *Jesus Calling—Women's Edition* (Nashville: Thomas Nelson, 2011), p. xii.

16. *Westminster Confession of Faith*, 1.6; énfasis añadido.

17. D. Martyn Lloyd-Jones, *Christian Unity* [Grand Rapids: Baker, 1987], pp. 189–91.

18. Waldron, *To Be Continued?*, p. 65.

19. Para un estudio exhaustivo de esta cuestión (que devasta la posición carismática), ver las varias series de David F. Farnell, «Is the Gift of Prophecy for Today?» en *Bibliotheca Sacra*, pp. 1992–93. En cuanto al profeta Agabo, Farnell escribió: «Esta continuidad entre la profecía del Antiguo Testamento y la del Nuevo Testamento también se demuestra por Agabo. Él modeló su estilo profético directamente después de los profetas del Antiguo Testamento... Esto se puede ver de varias maneras. Él presentó su profecía con la fórmula: "Esto es lo que dice el Espíritu Santo" (Hechos 21.11), que se asemeja mucho a la fórmula profética del Antiguo Testamento de "así dice el Señor" tan frecuentemente proclamada por los profetas del Antiguo Testamento (por ejemplo, Isaías 7.7; Ezequiel 5.5; Amós 1.3, 6, 11, 13; Abdías 1; Miqueas 2.3; Nahum 1.12; Zacarías 1.3–4). Esta misma frase introductoria presenta las palabras del Señor Jesús a las siete iglesias en el libro del Apocalipsis (cp. Apocalipsis 2.1, 8, 12, 18; 3.1, 7, 14). Del mismo modo que muchos profetas del Antiguo Testamento, Agabo presentó sus profecías mediante acciones simbólicas (Hechos 21.11; cp. 1 Reyes 11.29–40;

22.11; Isaías 20.1–6; Jeremías 13.1–11; Ezequiel 4.1–17; 5.1–17). Al igual que los profetas del Antiguo Testamento, Agabo fue facultado por el Espíritu Santo como el mensajero profético (Hechos 11.28; cp. Números 11.25–29; 1 Samuel 10.6, 10; 2 Samuel 23.2; Isaías 42.1; 59.21; Zacarías 7.12; Nehemías 9.30). Semejante a los profetas del Antiguo Testamento, las profecías de Agabo se cumplieron con exactitud (Hechos 11.27–28; 21.10–11, cp. 28.17)».

20. Farnell, «Is the Gift of Prophecy for Today?» en *Bibliotheca Sacra*, pp. 1992–93. En cuanto a la función de los profetas del Nuevo Testamento en la iglesia, Farnell explica: «Los profetas en el Antiguo Testamento sirvieron como la voz de Jehová a la comunidad teocrática de Israel. Ellos eran los destinatarios de las revelaciones directamente de Yahvé, cuyas revelaciones proclamaban a la nación (Isaías 6.8–13; Jeremías 1.5–10; Ezequiel 2.1–10). Así como los profetas del Antiguo Testamento sirvieron como la voz profética de comunicación e instrucción de Jehová, los profetas del Nuevo Testamento operaban con la misma capacidad. Efesios 2.20 señala que los profetas del Nuevo Testamento también actuaban como voces proféticas para la comunidad creyente... Efesios 2.20, entonces, apunta a la función estratégica y el papel fundamental desempeñado por los profetas del Nuevo Testamento en la formación de la iglesia. Los profetas, en asociación con los apóstoles, tuvieron el importante estatus de ayudar a sentar los cimientos de la iglesia. Esto indica el alto grado de prestigio de los profetas del Nuevo Testamento en la comunidad cristiana. Su alto rango en el listado de personas con dones en 1 Corintios 12.28 los coloca en segundo lugar, solamente superado por los apóstoles, en utilidad para el cuerpo de Cristo. Por otra parte, Pablo instó a sus lectores a desear la profecía por encima de los otros dones (cp. 1 Corintios 14.1)».

21. Ibíd.

22. Wayne Grudem, *Bible Doctrine*, ed. Jeff Purswell (Grand Rapids: Zondervan, 1999), p. 411 [*Doctrina bíblica* (Miami: Vida, 2005)].

23. Wayne Grudem, *The Gift of Prophecy in the New Testament and Today*, p. 80.

24. Para más información sobre Agabo, ver Nathan Busenitz, «Throwing Prophecy under the Agabus», *The Cripplegate*, 15 marzo 2012, http://thecripplegate. com/throwing-prophecy-under-the-agabus/.

25. Robert Saucy, «An Open but Cautious Response», en *Are Miraculous Gifts for Today? Four Views*, ed. Wayne Grudem (Grand Rapids: Zondervan, 1996), p. 231 [*¿Son vigentes los dones milagrosos?* (Barcelona: CLIE, 2004)].

26. Adaptado de John MacArthur, *1 Thessalonians, MacArthur New Testament Commentary* (Chicago: Moody, 2002), p. 196. Es importante entender que «los apóstoles y sus compañeros recibieron, hablaron y escribieron el texto del Nuevo Testamento, y otros portavoces entregaron declaraciones sobrenaturales de la revelación práctica para ciertos asuntos temporales (cp. Hechos 11.27–30). Pero la profecía también incluyó la proclamación de la palabra previamente revelada de Dios. Romanos 12.6 apoya esta afirmación: "si el de profecía, úsese

conforme a la medida de la fe". En el original, la última frase dice: "de acuerdo con la proporción de la fe", que indica que una persona con el don de la profecía tenía que hablar de acuerdo con el cuerpo divinamente revelado de la doctrina cristiana. El Nuevo Testamento consideraba siempre *la fe* sinónima de la colección de la verdad revelada anteriormente (Hechos 6.7; Judas 3, 20). Así Pablo instruyó a los romanos que las profecías deben estar perfectamente de acuerdo con "la fe", que es la Palabra de Dios. Del mismo modo, Apocalipsis 19.10 concluye: "porque el testimonio de Jesús es el espíritu de la profecía". La profecía genuina da a conocer la revelación propia de Cristo según Dios y nunca se desvía de la verdad de las Escrituras».

27. Fred L. Volz, *Strange Fire: Confessions of a False Prophet* (Aloha, OR: TRION, 2003), p. 41.

28. Ibíd., p. 43.

29. Charles Spurgeon, sermón titulado «The Paraclete», 6 octubre 1872, *The Metropolitan Tabernacle Pulpit: Sermons Preached and Revised*, vol.18 (Pasadena, TX: Pilgrim Publications, 1984), p.563. Énfasis añadido.

Capítulo 7: Lenguas torcidas

1. Nicola Menzie, «Televangelist Juanita Bynum Raises Brows with "Tongues" Prayer on Facebook», *The Christian Post*, 31 agosto 2011, http://www.christianpost.com/news/televangelist-juanita-bynum-raises-brows-with-tongues-prayer-on-facebook-54779/.

2. J. Lee Grady, *The Holy Spirit Is Not for Sale* (Grand Rapids: Chosen Books, 2010), p. 184.

3. Dennis Bennett, *How to Pray for the Release of the Holy Spirit* (Alachua, FL: Bridge-Logos, 2008), p. 106.

4. Joyce Meyer, *Knowing God Intimately* (Nueva York: Warner Faith, 2003), p. 147 [*Conozca a Dios íntimamente* [Lake Mary, FL: Casa Creación, 2003)].

5. William Samarin, *Tongues of Men and Angels* (Nueva York: Macmillan, 1972), pp. 227–28. Cp. Felicitas D. Goodman, «Glossolalia», en *The Encyclopedia of Religion*, ed. Mircea Eliade (Nueva York: Macmillan, 1987), 5: p. 564. Damboriena está de acuerdo y afirma: «Las "lenguas" que he oído consisten en balbuceos completamente ininteligibles de sonidos y palabras que ni siquiera los pentecostales a mi alrededor (y algunos de ellos ya habían sido bendecidos con el don) eran capaces de entender». Prudencio Damboriena, *Tongues as of Fire: Pentecostalism in Contemporary Christianity*, (n.p.: Corpues Books, 1969), p. 105.

6. Samarin, *Tongues of Men and Angels*, pp. 127–128.

7. Kenneth L. Nolen, «Glossolalia», en *Encyclopedia of Psychology and Religion*, eds. David A. Leeming, Kathryn Madden y Stanton Marlan (Nueva York: Springer, 2010), 2: p. 349.

8. Fraser Watts, «Psychology and Theology», en *The Cambridge Companion to Science and Religion*, ed. Peter Harrison (Cambridge UP, 2010), p. 201.

9. Descripción del libro *70 Reasons for Speaking in Tongues: Your Own Built-In Spiritual Dynamo* de Bill Hamon (Tabor, SD: Parsons Publishing House, 2010), books.google.com/books?isbn=160273013X.

10. John Bevere, *Drawing Near* (Nashville: Thomas Nelson, 2004), p. 243 [*Acércate a Él: una vida de intimidad con Dios* (Lake Mary, FL: Casa Creación, 2007)].

11. Larry Christenson, «Bypassing the Mind», en *The Holy Spirit in Today's Church*, ed. Erling Jornstad (Nashville: Abingdon, 1973), p. 87.

12. Robert Carroll, *The Skeptic's Dictionary* (Hoboken, NJ: John Wiley & Sons, 2003), p. 155.

13. Salvatore Cucchiari, «Between Shame and Sanctification», *American Ethnologist* 17, no. 4 (1990): p. 691.

14. Kenneth L. Nolen explica: «La mayoría de los pentecostales han llegado a la conclusión de que no es el propósito de Dios otorgar idiomas para el trabajo misionero y han tenido que volver a evaluar la comprensión bíblica de la glosolalia» (Nolen, «Glossolalia», *Encyclopedia of Psychology and Religion*, p. 349).

15. Vicki Mabrey y Roxanna Sherwood, «Speaking in Tongues: Alternative Voices in Faith», *Nightline*, ABC, 20 marzo 2007, http://abcnews.go.com/Nightline/story?id=2935819&page=1.

16. Ibíd.

17. Nolen, «Glossolalia», *Encyclopedia of Psychology and Religion*, p. 349. «Algunos consideran como glosolalia los cantos de los médicos brujos vudú, los animistas africanos, los monjes budistas tibetanos, las oraciones de los hombres santos hindúes y los sonidos primitivos básicos producidos por otras personas en sus entornos religiosos. Muchos de estos fieles hacen sonidos y expresiones parecidas a las supuestas lenguas que aparecen en la glosolalia de los cultos pentecostales y carismáticos... La glosolalia puede ocurrir en algunos trastornos psiquiátricos conocidos, tales como la esquizofrenia y la psicosis maníaco depresiva o como consecuencia de trastornos neurológicos». Cp. Robert Gromacki, *The Modern Tongues Movement* (Grand Rapids: Baker Books, 1976), pp. 5–10. Gromacki se refiere al hablar frenético (glosolalia) que se produce entre las antiguas religiones griega y de los primitivos fenicios, las religiones de misterio grecorromanas, el islam, el paganismo entre los esquimales y el paganismo en el Tíbet y China. Cabe destacar que Gerhard F. Hasel, *Speaking in Tongues* (Berrien Springs, MI: Adventist Theological Society, 1991), pp. 14, 18, también incluye a los «chamanes» y «brujos» en la lista de los que hablan en lenguas paganas.

18. W. A. Criswell, «Facts Concerning Modern Glossolalia», en *The Holy Spirit in Today's Church*, ed. Erling Jornstad (Nashville: Abingdon, 1973), pp. 90–91.

19. Norman Geisler, *Signs and Wonders* (Wheaton, IL: Tyndale, 1998), p. 167.

20. En ocasiones, *glossa* también puede referirse al órgano de la lengua. Sin embargo, a menudo se refiere a las lenguas humanas en las Escrituras. Por ejemplo, la palabra *glossa* también aparece unas treinta veces en la Septuaginta (la versión griega del Antiguo Testamento) y siempre significa el lenguaje humano.

21. Gregorio Nacianceno, *The Oration on Pentecost*, pp. 15–17, citado en Philip Schaff, *The Nicene and Post-Nicene Fathers (NPNF)*, segunda serie, (Christian Classics Ethereal Library, 2009), 7: pp. d384–85. En este mismo pasaje, Gregorio señala que el don de lenguas deshizo lo que ocurrió en la torre de Babel.

22. Juan Crisóstomo, *Homilies on First Corinthians,* 35.1. Citado en Philip Schaff, *The Nicene and Post-Nicene Fathers (NPNF)*, primera serie, 12: p. 209.

23. Agustín, *Homilies on the First Epistle of John,* 6.10. Citado en Agustín, *Homilies on the Gospel of John*, trad. Bonifacio Ramsey (Hyde Park, NY: New City Press, 2008), p. 97.

24. Norman L. Geisler, *Signs and Wonders* (Wheaton, IL: Tyndale, 1998), p. 167. Incluso cuando dos o más intérpretes pentecostales diferentes escuchan la misma grabación de audio de uno que habla en lenguas, sus interpretaciones son totalmente distintas, lo que sugiere que las propias lenguas no son lenguas reales que se puedan traducir. (Cp. John P. Kildahl, «Six Behavioral Observations about Speaking in Tongues», en *Gifts of the Spirit and the Body of Christ*, ed Elmo J. Agrimoson [Minneapolis: Augsburg, 1974], p. 77.)

25. Thomas Edgar, *Satisfied by the Promise of the Spirit* (Grand Rapids: Kregel, 1996), p. 147 [*Satisfecho con la promesa del Espíritu* (Grand Rapids, MI: Portavoz, 1997)].

26. Cp. Gromacki, *The Modern Tongues Movement*, pp. 5–10.

27. Por supuesto, cualquier referencia al final del evangelio de Marcos se debe tratar con cuidado, ya que es probable que Marcos 16.9–21 no formaba parte del texto original. Aunque no sea original de Marcos, no obstante, refleja el punto de vista de la iglesia primitiva y por lo tanto es útil en esta discusión.

28. El comentarista carismático Gordon Fee reconoce la legitimidad de la opinión del indicativo (Gordon D. Fee, *The First Epistle to the Corinthians* [Grand Rapids: Eerdmans, 1987], p. 624) [*Primera epístola a los corintios* (Buenos Aires: Nueva, 1994). Fee enumera una serie de académicos adicionales que tienen ese mismo punto de vista.

29. Citado de Albert Barnes, *Notes on the New Testament: 1 Corinthians* (Grand Rapids: Baker, reimpresión 1975), p. 240.

30. Queda claro de los otros ejemplos que usa Pablo en los versículos 2 y 3 que estaba empleando licencia literaria para destacar la superioridad del amor sobre incluso la más impresionante forma de dones espirituales imaginable. Por lo tanto, es probable que sea mejor entender las «lenguas de ángeles» como una hipérbole.

31. Anthony Thiselton observa en su comentario a este pasaje: «El punto importante aquí es que pocos o ninguno de los argumentos "cesacionistas" serios depende de una exégesis específica de 1 Corintios 13.8–11... Estos versículos no deben utilizarse como una polémica por ningún lado en este debate» (*New International Greek New Testament Commentary*, pp. 1063–64).

32. Tal como he explicado en otra parte con respecto a este pasaje: «Para los cristianos el estado eterno comienza ya sea en la muerte, cuando van a estar con el Señor, o en el rapto, cuando el Señor los tome para que estén con él... En esta vida, aun con la Palabra de Dios completada y la iluminación de su Espíritu, vemos por espejo, oscuramente. En nuestro estado actual no somos capaces de ver más. Pero cuando entremos en la presencia del Señor, entonces le veremos cara a cara. Ahora solo podemos conocer en parte, pero entonces [nosotros] conoceremos con pleno conocimiento» (John MacArthur, *First Corinthians* [Chicago: Moody, 1984], p. 366 [*Primera corintios* (Grand Rapids, MI: Portavoz, 2003)]).

33. Thomas Edgar, *Satisfied by the Promise of the Spirit* (Grand Rapids: Kregel, 1996), p. 246.

34. Obviamente, el contenido de los dones de revelación del primer siglo se ha transmitido a lo largo de las generaciones posteriores a la historia de la iglesia en las Escrituras del Nuevo Testamento. Por lo tanto, los pastores dotados son capaces de proclamar la palabra profética, ya que fielmente predican y enseñan la Palabra escrita de Dios. En ese sentido, la profecía continúa hasta hoy (y continuará a lo largo de la era de la iglesia), aunque Dios no está dando *nueva* revelación profética a su iglesia. Un día, después de que la era de la iglesia haya terminado, Dios volverá a dar nueva revelación por medio de profetas (durante la Tribulación y el Milenio; cp. Isaías 11.9; 29.18; Jeremías 23.4; Apocalipsis 11.3). En la era de la iglesia, sin embargo, la entrega de una nueva revelación se limita a la etapa en que se fundó la iglesia (Efesios 2.20).

35. Severiano de Gabala, *Pauline Commentary from the Greek Church*, citado en 1–2 Corinthians, Ancient Christian Commentary Series, p. 144, en referencia a 1 Corintios 14.28.

36. Aunque algunos carismáticos tratan de forzar las lenguas en Romanos 8.26 y 2 Corintios 5.13, el contexto de los pasajes deja en claro que el don de lenguas no estaba a la vista.

Capítulo 8: Falsas sanidades y falsas esperanzas

1. Cathy Lynn Grossman, «Oral Roberts Brought Health-and-Wealth Gospel Mainstream», *USA Today*, 15 diciembre 2009, http://content.usatoday.com/communities/Religion/post/2009/12/oral-roberts-health-wealth-prosperity-gospel/1.

2. John MacArthur, «Measuring Oral Roberts's Influence», blog de *Grace to You*, 18 diciembre 2009, http://www.gty.org/Blog/B091218.

3. Por supuesto, parte de la culpa también va a Kenneth Hagin. Pero hay que señalar, Hagin y Roberts a menudo servían juntos y sus ministerios se apoyaron mutuamente. Por otra parte, el heredero de la posición de Hagin como líder de los predicadores de la Palabra de Fe es Kenneth Copeland, quien entró en el ministerio de la televisión después de trabajar como chofer y piloto de Oral Roberts. Así que, aunque no sería muy exacto retratar a Oral Roberts como un defensor agresivo de las doctrinas de Palabras de Fe, él actuó más como un aliado que un oponente al movimiento. Podríamos decir que su relación con ese movimiento era reminiscencia de un abuelo consentidor que se negaba a corregir a un nieto fuera de control.

4. David E. Harrell, hijo, *Oral Roberts: An American Life* (Bloomington, IN: Indiana University, 1985), p. 66.

5. Ibíd.

6. Vinson Synan, citado en William Lobdell, «Oral Roberts Dies at 91», *Los Angeles Times*, 16 diciembre 2009, http://www.latimes.com/news/obituaries/la-me-oral-roberts16-2009dec16,0,3407978.story.

7. Además de ser influenciado por Oral Roberts, Benny Hinn ha reconocido el impacto en su vida de Kathryn Kuhlman, una de los amigos de Oral Roberts y compañera de las sanadoras por fe.

8. Benny Hinn, «Pastor Benny Hinn Joins Believers Worldwide in Tribute to a Great Leader and Friend», sitio en la red de Benny Hinn Ministries, accedido enero 2013, http://www.bennyhinn.org/articles/articledesc.cfm?id=6858.

9. El programa *Dateline NBC* salió al aire 27 diciembre 2009. Hinn emitió un programa de réplica 29 diciembre 2009 que contó con un video de Oral Roberts donde afirma: «El ministerio de Benny para mí se caracteriza por la unción del Espíritu Santo» (*Praise the Lord*, TBN, 29 diciembre 2002).

10. Hinn renunció a su puesto como regente de ORU en 2008. Cp. Laura Strickler, «Major Shakeup at Oral Roberts University», CBS News, 15 enero 2008, http://www.cbsnews.com/8301-501263_162-3716774-501263.html.

11. «Television», sitio en la red de Benny Hinn Ministries, http://www.bennyhinn.org/television/weeklyguide.

12. Benny Hinn, *He Touched Me* (Nashville: Thomas Nelson, 1999), contraportada [*Dios me tocó* (Nashville: Grupo Nelson, 2000)].

13. «About», sitio en la red de Benny Hinn Ministries, http://www.bennyhinn.org/about-us.

14. Ibíd.

15. Rafael D. Martínez, «Miracles Today? A Benny Hinn Layover in Cleveland, Tennessee Remembered», Spirit Watch Ministries, www.spiritwatch.org/firehinncrusade.htm. Martínez estaba informando acerca de un culto de sanidad celebrado en octubre de 2007.

16. Ibíd.

17. William Lobdell, *Losing My Religion* (Nueva York: Harper Collins, 2009), p. 183. Cp. William Lobdell, «The Price of Healing», *Los Angeles Times*, 27 julio 2003, http://www.trinityfi.org/press/latimes02.html.

18. Ibíd., p. 181.

19. Benny Hinn, *This is Your Day for a Miracle* (Lake Mary, FL: Creation House, 1996), p. 21 [*Hoy es el día de tu milagro* (Nashville: Grupo Nelson, 1997).

20. Benny Hinn, *The Anointing* (Nashville: Thomas Nelson, 1997), p. 49; énfasis añadido [*La unción* (Miami: Unilit, 1992).

21. Hinn, *This Is Your Day*, p. 29.

22. Benny Hinn, *The Miracle of Healing* (Nashville: J. Countryman, 1998), p. 91.

23. Lobdell, *Losing My Religion*, pp. 183–84.

24. Hinn, *The Miracle of Healing*, p. 89.

25. Benny Hinn, *Praise the Lord*, TBN, 6 diciembre 1994.

26. Benny Hinn, Cruzada de Milagros, Birmingham, AL, 28 marzo 2002.

27. Hinn, *The Miracle of Healing*, p. 79.

28. Benny Hinn, *Rise and Be Healed* (Orlando, FL: Celebration Publishers, 1991), p. 47 [*Levántate y sé sano* (Miami: Carisma, 1993)].

29. Justin Peters, *An Examination and Critique of the Life, Ministry and Theology of Healing Evangelist Benny Hinn*, tesis inédita de maestría en teología (Ft. Worth, TX: Southwestern Baptist Seminary, 2002), p. 68. Cita insertada de Stephen Strang, «Benny Hinn Speaks Out», *Charisma*, agosto 1993, p. 29.

30. Rafael Martínez, «Miracles Today?», http://www.spiritwatch.org/firehinn-crusade.htm.

31. Hinn, *He Touched Me*, p. 177.

32. Hinn, *The Anointing*, p. 181.

33. Strang, «Benny Hinn Speaks Out», p. 29.

34. Benny Hinn, *Praise-a-Thon*, TBN, 2 abril 2000.

35. Richard Fisher, *The Confusing World of Benny Hinn* (Saint Louis, MO: Personal Freedom Outreach, 1999), p. 146.

36. Benny Hinn, *This Is Your Day*, TBN, 15 agosto 1996.

37. En 2009, Hinn dijo a *Nightline* de la cadena ABC: «Yo no haría esto por el dinero... Lo que está preguntando es: "¿Estoy usando la llamada mentira, que las curaciones realmente suceden, para ganar dinero?". Por supuesto que no». Dan Harris, «Benny Hinn: "I Would Not Do This for Money"», *Nightline*, ABC, 19 octubre 2009, http://abcnews.go.com/Nightline/benny-hinn-evange-lical-leader-senate-investigation-speaks/story?id=8862027.

38. William Lobdell, «Onward Christian Soldier», *Los Angeles Times*, 8 diciembre 2002, http://articles.latimes.com/2002/dec/08/magazine/tm-lobdell49/2.

39. Lobdell, *Losing My Religion*, p. 182.

40. Mike Thomas, «The Power and the Glory», *Orlando Sentinel*, 24 noviembre 1991, http://articles.orlandosentinel.com/1991-11-24/news/9111221108_1_benny-hinn-holy-spirit-slain. Cp. Dan Harris que dice de Hinn: «Él vuela en un

avión privado, se aloja en hoteles de lujo, lleva buena ropa y joyas» (Harris, «Benny Hinn: "I Would Not Do This for Money"»).

41. Lobdell, *Losing My Religion*, p. 182.

42. Thomas Edgar, *Miraculous Gifts* (Neptune, NJ: Loizeaux Brothers, 1983), p. 99.

43. Harris, «Benny Hinn: "I Would Not Do This for Money"».

44. Ibíd.

45. Hinn, *The Anointing*, p. 179.

46. Ibíd., p. 81.

47. Cp. Greg Locke, *Blinded by Benny* (Murfreesboro, TN: Sword of the Lord Publishers, 2005), p. 41. Según Locke, el incidente ocurrió el domingo 30 abril 2000 y fue publicado en el *Kenya Times*.

48. Benny Hinn, *Rise and Be Healed*, p. 32.

49. William Lobdell, «The Price of Healing», *Los Angeles Times*, 27 julio 2003, http://www.trinityfi.org/press/latimes02.html.

50. Harris, «Benny Hinn: "I Would Not Do This for Money"».

51. Benny Hinn, *Praise the Lord*, TBN, 29 diciembre 2002.

52. Lobdell, *Losing My Religion*, pp. 185–86.

53. Hinn, *The Anointing*, p. 95.

54. Mike Thomas, «The Power and the Glory», p. 12.

55. Hank Hanegraaff, *Christianity in Crisis* (Eugene, OR: Harvest House, 1993), p. 341 [*Cristianismo en crisis* (Nashville, TN: Grupo Nelson, 2010].

56. Anthony Thomas, citado en «Do Miracles Actually Occur?», *Sunday Morning*, CNN, 15 abril 2001, http://transcripts.cnn.com/TRANSCRIPTS/0104/15/sm.13.html.

57. Robin Finn, «Want Pathos, Pain and Courage? Get Real», *New York Times*, 15 abril 2001, http://www.nytimes.com/2001/04/15/tv/cover-story-want-pathos-pain-and-courage-get-real.html .

58. Hinn, *The Miracle of Healing*, p. 53.

59. D. R. McConnell, *A Different Gospel* (Peabody, MA: Hendrickson, 1995), p. 151.

60. Hinn, *The Miracle of Healing*, p. 69.

61. Fisher, *The Confusing World of Benny Hinn*, p. 222.

62. Bob McKeown, «Do You Believe in Miracles?», *The Fifth Estate* (Canadian Broadcasting Corporation), http://www.cbc.ca/fifth/main_miracles_multi-media.html.

63. Fisher, *The Confusing World of Benny Hinn*, p. 224.

64. Hinn, *He Touched Me*, p. 184.

65. Benny Hinn, transmission del Orlando Christian Center, TBN, 9 diciembre 1990.

66. Ibíd.

67. Cp. Fisher, *The Confusing World of Benny Hinn*, p. 7.

68. Benny Hinn, *Praise the Lord*, TBN, 6 diciembre 1990.

69. Por supuesto, el milagro de la regeneración y la salvación es una obra sobrenatural que Dios sigue haciendo hoy día.

Capítulo 9: El Espíritu Santo y la salvación

1. A. W. Tozer, *The Knowledge of the Holy* (Nueva York: HarperCollins, 1978), p. 1 [*El conocimiento del Dios santo* (Miami: Vida, 1996)].

2. Charles Spurgeon, «The Paraclete», *The Metropolitan Tabernacle Pulpit*, vol. 18 (Londres: Passmore & Alabaster, 1872), p. 563.

3. En su *Systematic Theology* (Grand Rapids: Zondervan, 2000), Wayne Grudem enumera «El orden de la salvación» de la siguiente manera: 1) la elección (Dios escoge las personas que serán salvas), 2) El llamado del evangelio (el anuncio del mensaje del evangelio), 3) la regeneración (el nuevo nacimiento), 4) la conversión (la fe y el arrepentimiento), 5) la justificación (la legitimación legal correcta), 6) la adopción (llegar a ser miembro de la familia de Dios), 7) la santificación (la conducta correcta en la vida), 8) la perseverancia (permanecer como cristiano), 9) la muerte (yendo a estar con el Señor) y 10) la glorificación (recibir un cuerpo resucitado). Si aceptamos el orden de Grudem, vemos que la elección se produjo en la eternidad pasada. El llamado del evangelio ocurre en esta vida, cuando los pecadores reciben convicción mediante la Palabra. La regeneración, la conversión, la justificación y la adopción se realizan juntas en el momento de la salvación. La santificación progresiva comienza en la salvación y continúa durante toda la vida del creyente. Para los creyentes, la muerte trae la entrada inmediata al cielo y el final de toda lucha con el pecado. Por último, la recepción del cuerpo resucitado del creyente ocurre en el rapto de la iglesia. En cada uno de estos aspectos de la salvación, el Espíritu Santo es quien hace la obra. Nuestro propósito en este capítulo no es ofrecer un análisis detallado de lo que los teólogos llaman el *ordo salutis*. Más bien, es poner de relieve algunas de las formas en que el Espíritu trabaja específicamente con respecto a la salvación de sus santos.

4. Andreas J. Köstenberger, *John* en *Baker Exegetical Commentary on the New Testament* (Grand Rapids: Baker, 2004), p. 471.

5. Arthur W. Pink, *The Holy Spirit* (Grand Rapids: Baker, 1970), capítulo 15, http://www.pbministries.org/books/pink/Holy_Spirit/spirit_15.htm.

6. Un comentarista explicó la participación del Dios trino en la salvación de esta manera: «Nuestra salvación involucra las tres personas de la Deidad (Efesios 1.3-14; 1 Pedro 1.2). No se puede ser salvo aparte de la gracia electiva del Padre, el sacrificio de amor del Hijo y el ministerio del Espíritu de convicción y regeneración» (Warren Wiersbe, *The Wiersbe Bible Commentary: New Testament* [Colorado Springs: David C. Cook, 2007], p. 460).

7. Thomas Goodwin, *The Works of Thomas Goodwin, Volume VIII: The Object and Acts of Justifying Faith* (Edimburgo: James Nichol, 1864), pp. 378–79.

Capítulo 10: El Espíritu y la santificación

1. Mahesh Chavda, *Hidden Power of Speaking in Tongues* (Shippensburg, PA: Destiny Image, 2011), p. 44.
2. Meredith B. McGuire, *Lived Religion* (Oxford: Oxford UP, 2008), p. 253. n. 63. McGuire explica que la «bendición de Toronto» de la década de 1990 significó «una poderosa e inmediata experiencia de la bendición por el Espíritu Santo, que se manifestó por "dones del Espíritu", como la risa histérica, temblores, hablar en lenguas, danzar, estar "muertos en el Espíritu" y a menudo acompañada por un profundo sentido de sanidad interior o transformación».
3. Sandy Davis Kirk, *The Pierced Generation* (Filadelfia, PA: eGen, 2013), p. 63.
4. William Elwood Davis, *Christian Worship* (Bloomington, IN: AuthorHouse, 2004), pp. 99–100.
5. Frank Sizer, *Into His Presence* (Shippensburg, PA: Destiny Image, 2007), p. 102.
6. Patricia King, «Encountering the Heavenly Realm», en *Powerful Encounters* (Maricopa, AZ: XP, 2011), p. 116.
7. Wesley Campbell, *Welcoming a Visitation of the Holy Spirit* (Lake Mary, FL: Charisma House, 1996), p. 24.
8. Benny Hinn, *Good Morning, Holy Spirit* (Nashville: Thomas Nelson, 1990), p. 103 [*Buenos días Espíritu Santo* (Miami, FL: Unilit, 1990)].
9. Benny Hinn, *He Touched Me* (Nashville: Thomas Nelson, 1999), p. 83.
10. Kenneth Hagin, «Why Do People Fall Under the Power?» (Tulsa: Faith Library, 1983), pp. 4–5, 9–10. Hagin informa de historias tanto de una mujer que estaba de pie como una estatua durante tres días como de otra que levitaba fuera del escenario. Para más información acerca de estas historias, ver el capítulo 7 de mi libro, *Charismatic Chaos* (Grand Rapids: Zondervan, 1992).
11. Ron Rhodes explica: «A muchos de los que creen en este fenómeno les gusta citar algunos pasajes en su apoyo, tales como Génesis 15.12–21, Números 24.4, 1 Samuel 19.20 y Mateo 17.6. Pero en todos los casos están leyendo su propio significado en el texto» (Ron Rhodes, *5-Minute Apologetics for Today* [Eugene, OR: Harvest House, 2010], p. 222).
12. *Dictionary of Pentecostal and Charismatic Movements* (Grand Rapids: Zondervan, 1988), p. 790. Citado en Hank Hanegraaf, *The Bible Answer Book* (Nashville: Thomas Nelson, 2004), p. 82.
13. Podríamos añadir que, en los pasajes donde se registra la dirección de sus caídas, los que cayeron en la presencia de la gloria de Dios lo hicieron sobre sus rostros (Josué 5.14; Números 22.31; Jueces 13.20; Ezequiel 1.28; 3.23; 43.3; 44.4). No cayeron hacia atrás, por lo que no necesitaban un «receptor» que fuera colocado detrás de ellos. La única excepción a esto podría ser los soldados que detuvieron a Jesús en Juan 18.6. Pero estos eran incrédulos en el proceso de cometer un terrible crimen. La experiencia de ellos de caer al suelo, es difícil que sea un ejemplo a imitar por los cristianos.

14. A menudo los carismáticos señalan algunas de las manifestaciones físicas que se produjeron durante el Gran Despertar como un precedente para sus prácticas modernas. A esa idea, Erwin Lutzer responde: «¿No hay casos de personas que estaban "muertos en el espíritu" en los avivamientos pasados? Las historias que han llegado hasta nosotros desde los días de Jonathan Edwards y Juan Wesley a menudo se utilizan para justificar los actuales fenómenos visto tan a menudo en la televisión. Sí, hay informes de "manifestaciones" de varios tipos, pero tenga en cuenta que (1) muchos de los que "se cayeron", lo hicieron bajo una profunda convicción de pecado y (2) los renovadores no solo desalentaron la práctica, sino que creyeron que este tipo de sucesos a menudo restaba al mensaje del evangelio en sí. Y (3) estas manifestaciones no ocurrían porque las personas fueron tocadas por un evangelista que les daba una sacudida de energía espiritual. Por último, (4) estas manifestaciones no fueron expuestas públicamente para animar a otros a tener la misma experiencia» (Erwin W. Lutzer, *Who Are You to Judge* [Chicago: Moody, 2002], pp. 101–102).

15. Hank Hanegraaff, *The Bible Answer Book* (Nashville: Thomas Nelson, 2004), p. 83.

16. Richard J. Gehman, *African Traditional Religion in Biblical Perspective* (Nairobi, Kenia: East African Educational Publishers, 2005), p. 302.

17. Rob Datsko y Kathy Datsko, *Building Bridges Between Spirit-Filled Christians and Latter-day Saints* (Sudbury, MA: eBookit, 2011), p. 82.

18. Ibíd., p. 83.

19. Ron Rhodes, *5-Minute Apologetics for Today*, p. 222.

20. Michael Brown, *Whatever Happened to the Power of God?* (Shippensburg, PA: Destiny Image, 2012), p. 69.

21. J. Lee Grady, *The Holy Spirit Is Not for Sale* (Grand Rapids: Chosen Books, 2010), pp. 47–48.

22. Tal como he explicado en otra parte, «hay siete referencias en el Nuevo Testamento al bautismo con el Espíritu. Es significativo que estas referencias están en el modo indicativo. Ninguna de ellas es de naturaleza imperativa o exhortativa... Lo básico que todo cristiano debe entender es que Pablo nunca dijo: "Sean bautizados en el Espíritu". Los creyentes han sido bautizados en el cuerpo de Cristo por medio del Espíritu, como Pablo dice claramente en 1 Corintios 12.13. No hay una segunda obra de gracia. No hay una experiencia adicional» (John MacArthur, *The Charismatics* [Grand Rapids: Lamplighter, 1978], pp. 189, 191).

23. Es importante recordar que la *narración* bíblica no siempre es *normativa*. Por lo tanto, las historias de milagros en los evangelios y los Hechos deben entenderse como *descriptivas*, no *prescriptivas*, lo que significa que registran la historia única de lo que sucedía en el primer siglo, y no pretenden esbozar un modelo para las siguientes generaciones de creyentes. (Como vimos en el capítulo 6, la mera presencia de los apóstoles en la iglesia era una característica única que se

limita al primer siglo.) Las epístolas del Nuevo Testamento, sin embargo, no nos enseñan a ser llenos del Espíritu. Y en la Carta a los Efesios, el apóstol Pablo nos dice exactamente lo que esto significa en nuestras vidas.

24. Los creyentes deben andar en novedad de vida (Romanos 6.3–5), en pureza (Romanos 13.13), con contentamiento (1 Corintios 7.17), con fe (2 Corintios 5.7), en las buenas obras (Efesios 2.10), como es digno del evangelio (Efesios 4.1), en amor (Efesios 5.2), en luz (Efesios 5.8–9), en sabiduría (Efesios 5.15–16), de manera semejante a Cristo (1 Juan 2.6) y en verdad (3 Juan 3–4).

25. Para un estudio cronológico del ministerio terrenal del Señor Jesucristo, ver mi armonía de los evangelios titulada *Una vida perfecta* (Nashville: Grupo Nelson, 2014).

26. El hecho de que el Señor Jesucristo, lleno del Espíritu, nunca experimentó ninguno de los comportamientos extraños a menudo reivindicados por los carismáticos solo debe confirmarnos el hecho de que estas supuestas experiencias no son del Espíritu de Dios.

Capítulo 11: El Espíritu y las Escrituras

1. Larry Stone, *The Story of the Bible* (Nashville: Thomas Nelson, 2010), p. 65; énfasis añadido.

2. Para un estudio profundo del compromiso de los padres de la iglesia con el principio de *sola Scriptura*, ver William Webster, *Holy Scripture*, vol. 2 (Battle Ground, WA: Christian Resources, 2001).

3. Brian A. Gerrish, *A Prince of the Church* (Filadelfia: Fortress, 1984), p. 25.

4. Un artículo en *Time*, 8 marzo 1968, titulado «Theology: Taste for the Infinite», http://www.time.com/time/magazine/article/0,9171,899985,00.html, resume el enfoque de Schleiermacher con estas palabras: «Si Dios no está muerto, ¿cómo puede el hombre probar que vive? Pruebas racionales no pueden convencer a los escépticos; la Biblia sola es autoridad únicamente para el creyente convencido; el universo desmitificado ya no señala a un creador invisible. Un enfoque para una respuesta que atrae cada vez más a los pensadores protestantes modernos es la evidencia innegable de la experiencia religiosa; los hombres tienen la intuición de su dependencia de Dios. La popularidad de esta idea, a su vez, conduce de nuevo al estudio de Friedrich Schleiermacher, el teólogo que desarrolló por primera vez esto como base de la fe cristiana».

5. Para más información sobre la suprema autoridad de la palabra de Dios, ver John MacArthur, *2 Timothy* en *The MacArthur New Testament Commentary*, notas sobre 2 Timoteo 3.16.

6. Adaptado de John MacArthur, *Jude* en *The MacArthur New Testament Commentary*, Judas 3.

7. Martín Lutero, *Luther's Works*, vol. 23, ed. Jaroslav Pelikan (St. Louis: Concordia, 1959), pp. 173–74.

8. Ibíd., vol. 36, p. 144.

9. La palabra también se encuentra en el caso genitivo, una construcción gramatical que sirve para indicar procedencia u origen.

10. Martín Lutero, citado en *The Solid Declaration of the Formula of Concord*, pp. 2.20–22. Citado de *Triglot Concordia: The Symbolical Books of the Evangelical Lutheran Church: German-Latin-English* (St. Louis: Concordia, 1921).

11. Cp. Thomas Watson, en *A Puritan Golden Treasury*, comp. I. D. E. Thomas (Carlisle, PA: Banner of Truth, 2000), p. 143. Watson escribió: «El hombre natural puede tener excelentes nociones de la divinidad, pero Dios nos debe enseñar a conocer los misterios del evangelio después de una manera espiritual. Un hombre puede ver las figuras en una línea, pero no puede decir cómo transcurre el día a menos que el sol brille, por lo que podemos leer muchas verdades en la Biblia, pero no podemos conocerlas para salvación, hasta que Dios por su Espíritu brille sobre nuestra alma... Él no solo informa a nuestra mente, sino que inclina nuestra voluntad».

12. Charles Spurgeon, *Commenting and Commentaries* (Londres: Sheldon and Company, 1876), pp. 58–59.

13. El puritano Richard Baxter expresó esta verdad con esta sobria advertencia: «No es la obra del Espíritu decirle el significado de las Escrituras y darle el conocimiento de la divinidad, sin su propio estudio y esfuerzo, sino bendecir ese estudio y darle el conocimiento por el mismo... Rechazar el estudio con el pretexto de la suficiencia del Espíritu, es rechazar las mismas Escrituras» (Richard Baxter, en *A Puritan Golden Treasury*, comp. I. D. E. Thomas (Carlisle, PA: Banner of Truth, 2000), p. 143.

14. Charles Spurgeon, «Our Omnipotent Leader», sermón no. 2465 (predicado 17 mayo 1896), http://www.ccel.org/ccel/spurgeon/sermons42.xx.html. En otra parte, Spurgeon agregó: «El poder que está en el evangelio no consiste en la elocuencia del predicador, de lo contrario los hombres serían los convertidores de almas, ni reside en el aprendizaje del predicador, de lo contrario, consistiría en la sabiduría de los hombres. Podríamos predicar hasta que nuestras lenguas se pudrieran, hasta que se agotaran nuestros pulmones y muriéramos, pero nunca un alma se convertiría a menos que el Espíritu Santo sea con la Palabra de Dios, para darle el poder de convertir el alma» (Charles Spurgeon, «Election: Its Defenses and Evidences» [sermón 1862], http://www.biblebb.com/files/spurgeon/2920.htm).

15. Para más información sobre este punto, ver el capítulo 4. Cabe señalar que no todos los que creen en la continuación de los extraordinarios dones carismáticos harían tales afirmaciones. Por ejemplo, yo estoy agradecido por esos continuacionistas evangélicos conservadores que han tomado una posición firme sobre este asunto. John Piper tiene toda la razón cuando explica: «El Espíritu inspiró la Palabra y por lo tanto, él va donde la Palabra va. Lo más que usted conoce y ama la Palabra de Dios, lo más que experimentará el Espíritu de

Dios» (John Piper, *Desiring God* [Sisters, OR: Multnomah, 1996], p. 127 [*Sed de Dios* (Barcelona: Publicaciones Andamio, 2001)]). Bob Kauflin escribió de manera similar: «Nuestras iglesias no pueden ser guiadas por el Espíritu a menos que sean alimentadas con la Palabra. Una iglesia que es dependiente del poder del Espíritu en su culto se comprometerá con el estudio, la proclamación y la aplicación de la Palabra de Dios en su culto personal y congregacional. La Palabra y el Espíritu no estaban destinados a ser separados. De hecho, el Espíritu de Dios es el que inspiró la Palabra de Dios... El Espíritu de Dios y su Palabra van de la mano» (Bob Kauflin, *Worship Matters* [Wheaton, IL: Crossway, 2008], pp. 89–90).

16. Charles Spurgeon, «Infallibility—Where to Find It and How to Use It», *The Metropolitan Tabernacle Pulpit*, vol. 20 (Londres: Passmore & Alabaster, 1874), pp. 698–99, 702.

Capítulo 12: Una carta abierta a mis amigos continuacionistas

1. Bob Kauflin, *Worship Matters* (Wheaton, IL: Crossway, 2008), p. 86.
2. John Piper en una entrevista con David Sterling, «A Conversation with John Piper», *The Briefing*, 27 octubre 2011, http://matthiasmedia.com/briefing/2011/10/a-conversation-with-john-piper/.
3. D. A. Carson, *Showing the Spirit* (Grand Rapids: Baker Books, 1987), pp. 85–86 [*Manifestaciones del Espíritu* (Barcelona: Publicaciones Andamio, 2000)].
4. John Piper, «What Is Speaking in Tongues?», vídeo en línea; grabado diciembre 2012, publicado por David Mathis, «Piper on Prophecy and Tongues», blog de *Desiring God*, 17 enero 2013, http://www.desiringgod.org/blog/posts/piper-on-prophecy-and-tongues.
5. Para más información sobre profecías espeluznantes de Mark Driscoll, ver Phil Johnson, «Pornographic Divination», blog de *Pyromaniacs*, 15 agosto 2011, http://teampyro.blogspot.com/2011/08/pornographic-divination.html.
6. John Piper, entrevista con David Sterling.
7. Wayne Grudem, *Systematic Theology* (Grand Rapids: Zondervan, 1994), p. 640.
8. En cuanto a la relación de Sam Storms con Mike Bickle y la KCP, ver Mike Bickle, *Growing in the Prophetic* (Lake Mary, FL: Charisma House, 2008), pp. 120–21.
9. Cp. Sam Storms, «A Third Wave View», en *Four Views of the Miraculous Gifts*, ed. Wayne Grudem (Grand Rapids: Zondervan, 1996), pp. 207–12.
10. Cp. Wayne Grudem, *The Gift of Prophecy* (Wheaton, IL: Crossway, 1988).
11. John Piper, entrevista con David Sterling.
12. John Piper, «What Is the Gift of Prophecy in the New Covenant?», vídeo en línea; grabado diciembre 2012, publicado por David Mathis, «Piper on

Prophecy and Tongues», blog de *Desiring God*, 17 enero 2013, http://www. desiringgod.org/blog/posts/piper-on-prophecy-and-tongues.

Apéndice: Voces provenientes de la historia de la iglesia

1. Juan Crisóstomo, *Homilies on 1 Corinthians*, 36.7. Crisóstomo está comentando 1 Corintios 12.1–2 y presentando todo el capítulo. Citado de Gerald Bray, ed., *1–2 Corinthians*, Ancient Christian Commentary on Scripture (Downers Grove, IL: InterVarsity, 1999), p. 146.

2. Agustín, *Homilies on the First Epistle of John*, 6.10. Citado de Philip Schaff, *Nicene and Post-Nicene Fathers*, primera serie (Peabody, MA: Hendrickson, 2012), 7: pp, 497–98.

3. Agustín, *On Baptism, Against the Donatists*, 3.16.21. Citado de Philip Schaff, *NPNF*, primera serie, 4: p. 443. Ver también *The Letters of Petilian, the Donatist*, 2.32.74.

4. Teodoreto de Ciro, *Commentary on the First Epistle to the Corinthians*, pp. 240, 243; en referencia a 1 Corintios 12.1, 7. Citado de Bray, *1–2 Corinthians*, ACCS, p. 117.

5. Martín Lutero, *Commentary on Galatians 4*, trad. Theodore Graebner (Grand Rapids: Zondervan, 1949), pp. 150–72. Esto es del comentario de Lutero Gálatas 4.6.

6. Martín Lutero, *Luther's Works*, vol. 23, ed. Jaroslav Pelikan (St. Louis: Concordia. 1959), pp. 173–74.

7. Martín Lutero, *Luther's Works*, vol. 36, ed. Jaroslav Pelikan (St. Louis: Concordia. 1959), p. 144.

8. Juan Calvino, *A Harmony of the Gospels Matthew, Mark, and Luke*, Calvin's Commentaries, trad. A. W. Morrison (Grand Rapids: Zondervan, 1972), III: p. 254. (Este comentario es respecto a Marcos 16.17.)

9. Juan Calvino, *Institutes of the Christian Religion*, edición de 1536, trad. Ford Lewis Battles (Grand Rapids: Zondervan, 1986), p. 159.

10. John Owen, *The Works of John Owen*, ed. William H. Goold (reimpresión; Edimburgo: Banner of Truth, 1981), IV: p. 518.

11. Thomas Watson, *The Beatitudes* (Edimburgo: Banner of Truth, 1994), p. 14.

12. Matthew Henry, *Matthew Henry's Commentary on the Whole Bible* (Old Tappan, NJ: Fleming H. Revell, s.f.), VI: p. 567. Este comentario se basa en las observaciones introductorias de Henry de 1 Corintios 12.1–11.

13. Ibíd., IV: p. ix. Este comentario está en el prólogo de Henry a su comentario de los profetas del Antiguo Testamento.

14. John Gill, *Gill's Commentary* (Grand Rapids: Baker Books, 1980), VI: p. 237. Gill está comentando sobre 1 Corintios 12.29.

15. Jonathan Edwards, *Charity and its Fruits* (Nueva York: Robert Carver & Brothers, 1854), pp. 447–49.

16. Ibíd., pp. 42–43.

17. James Buchanan, *The Office and Work of the Holy Spirit* (Nueva York: Robert Carver, 1847), p. 67.

18. Robert L. Dabney, «Prelacy a Blunder», en *Discussions: Evangelical and Theological* (Richmond, VA: Presbyterian Committee of Publication, 1891), II: pp. 236–37.

19. Charles Spurgeon, sermón titulado «The Paraclete», 6 octubre 1872, *The Metropolitan Tabernacle Pulpit* (Pasadena, TX: Pilgrim Publications, 1984), XVIII: p. 563. Énfasis añadido.

20. Charles Spurgeon, sermón titulado «La perseverancia final», 20 de abril 1856, *The New Park Street Púlpito* (Pasadena, TX. Pilgrim, 1981), II: p. 171.

21. Charles Spurgeon, sermón titulado «Final Perseverance», 13 julio 1884, *The Metropolitan Tabernacle Pulpit* (Pasadena, TX: Pilgrim Publications, 1985), XXX: p. 386.

22. Charles Spurgeon, sermón titulado «The Ascension of Christ», 26 marzo 1871, *The Metropolitan Tabernacle Pulpit* (Pasadena, TX: Pilgrim, 1984), XVII: p. 178.

23. Charles Spurgeon, «Forward!» en *An All-Around Ministry* (Carlisle, PA: Banner of Truth, 2000), pp. 55–57.

24. George Smeaton, *The Doctrine of the Holy Spirit* (Edimburgo: T & T Clark, 1882), p. 51.

25. Abraham Kuyper, *The Work of the Holy Spirit*, trad. al inglés Henri De Vries (Nueva York: Funk & Wagnalls, 1900), p. 182.

26. W. G. T. Shedd, *Dogmatic Theology* (Nueva York: Charles Scribner's Sons, 1888), II:p. 369.

27. Benjamin B. Warfield, *Counterfeit Miracles* (Nueva York: Charles Scribner's Sons, 1918), p. 6.

28. Arthur W. Pink, *Studies in the Scriptures* (Lafayette, IN: Sovereign Grace, 2005), IX: p. 319.

29. D. Martyn Lloyd-Jones, *Christian Unity* (Grand Rapids: Baker, 1987), pp. 189–91.

ÍNDICE

Índice de las escrituras

Acerca del autor

J ohn MacArthur ha servido como pastor y maestro de Grace Community Church en Sun Valley, California, desde 1969. Su ministerio de predicación expositiva es inigualable en su amplitud e influencia. En cuatro décadas de ministerio desde el mismo púlpito, ha predicado versículo por versículo a través de todo el Nuevo Testamento (y varias secciones clave del Antiguo Testamento). Es presidente de The Master's College and Seminary, y se le puede escuchar todos los días en el programa de radio «Grace to You» (trasmitido por centenares de estaciones de radio de todo el mundo). Es autor de varios libros que han sido un éxito de ventas como *La Biblia de estudio MacArthur*, *The Gospel According to Jesus*, *Doce hombres comunes y corrientes* y *Una vida perfecta*.

Para obtener más detalles acerca de John MacArthur y sus recursos de enseñanza bíblica, póngase en contacto con Grace to You en el 800-55-GRACE o en www.gty.org.